W0274278

WILDER KAISER

Gebhard Bendler

VON SOMMERFRISCHLERN, KLETTERLEGENDEN, SKIPIONIEREN UND DEM BERGDOKTOR

200 Jahre Alpingeschichte und Reisekultur

Tyrolia-Verlag • Innsbruck-Wien

INHALT

„ICH WEISS KEINE ANDERE BERGGRUPPE, AN DER ICH SO SEHR HÄNGE …“

Der Wilde Kaiser ist ein Gebirgszug der Nördlichen Kalkalpen in Tirol. Er ist der zentrale Teil des Kaisergebirges, das sich aus der größeren, höheren und mächtigeren Kette des Wilden Kaisers und des – wie der Name schon sagt – sanfteren Zahmen Kaisers im Norden zusammensetzt. Beide Bergketten werden durch das Kaisertal im Westen und durch das Kaiserbachtal im Osten voneinander getrennt. Der Wilde Kaiser erstreckt sich zwischen den Zentren Kufstein im Westen und St. Johann im Osten über eine Strecke von etwa 20 km. Die höchste Erhebung des Wilden Kaisers ist die Ellmauer Halt mit 2344 m. Daneben gibt es rund vierzig weitere Gipfel. Soweit einleitend einige wenige Sätze zur Geografie.

Der Autor Fritz Schmitt schrieb 1944 über den Wilden Kaiser: „Ich habe die Alpen kreuz und quer durchstreift, überstiegen und überflogen, aber ich weiß keine andere Berggruppe, an der ich so sehr hänge, deren Anblick mich stets von neuem mit einem Hochgefühl der Freude erfüllt. Ist es das saubere lichte Grau der Felsen, ist es die Eigenart, ja der Adel mancher Berggestalt, ist es der Gesamtanblick aus dem lieblich hingebreiteten Bauernland im Süden oder der von dem Wogenkamm begrünter Vorberge im Norden?“[1]

So euphorisch und subjektiv, ja vielleicht sogar schwülstig diese Liebeserklärung heute klingen mag, so gültig ist sie im Kern. Ich bin in Schwendt auf der Nordseite des Wilden Kaisers aufgewachsen und hatte den Wilden Kaiser täglich vom Wohnzimmer aus im Blick. Wenn man dort wohnt, wird der Anblick zur Selbstverständlichkeit. Er wird alltäglich und banal. Seit ich nicht mehr dort lebe, verstehe ich Fritz Schmitt viel besser. Jedes Mal, wenn ich wieder dort bin, berührt mich sein Anblick erneut – anders als früher. Der „Koasa“ ist einfach nur schön, so kitschig das auch klingen mag.

Im Zentrum dieses Buches steht jedoch nicht mein privater Blick von Norden aus, sondern der von Schmitt beschriebene „Gesamtanblick aus dem lieblich hingebreiteten Bauernland im Süden.“ Die Dörfer auf der Südseite des Wilden Kaisers – Going, Ellmau, Scheffau und Söll – haben sich 2006 zum Tourismusverband Wilder Kaiser zusammengeschlossen und die Idee zu diesem Buch angeregt. Der Tourismus ist in diesen Dörfern der wichtigste Wirtschaftsfaktor. Der Blick dieses Buches richtet sich auf die Geschichte dieser Entwicklungen, die in etwa 200 Jahre zurückverfolgt werden können: auf die ersten Sommerfrischler, die ersten Bergsteiger, Wintersportler, Gastronomen, Tourismuspioniere usw. Während der umfangreichen Recherchen zu diesem Buch musste ich bald feststellen, an dem Anspruch, alles abzuhandeln, kann ich nur scheitern. Daher habe ich versucht, einzelne Aspekte zu vertiefen – freilich letztlich nach subjektivem Ermessen. Es gäbe noch so viel(e) Geschichte(n) zu verstehen und zu erzählen! Rasch kam ich auch zum Schluss: Ein Buch mit dem Titel „Wilder Kaiser“ wäre mehr als unvollständig, würde es nur die Südseite in den Blick nehmen. Die touristischen Entwicklungen gingen nämlich zunächst hauptsächlich von Kufstein aus, und auch manch anderer Orte auf der Nordseite des Kaisergebirges steht ebenso am Beginn dieser Entwicklungen, die nur im größeren Kontext verstanden werden können. Die touristische Geschichte der Region ist zudem viel mehr als nur irgendein Stück Tiroler Regionalgeschichte. Das behaupte ich nicht nur, weil ich hier aufgewachsen bin und ein gewisser „Campanilismus“ damit unweigerlich einhergehen mag, sondern weil im Wilden Kaiser tatsächlich (neben den Dolomiten) das Fundament des Klettersports gelegt worden ist. Viele dieser Kletterpioniere wie auch der ersten touristischen Erschließer kamen aus München, womit ein Teil Münchener Alpingeschichte und Identität ganz eng mit der Region verknüpft ist. Im Vergleich der Besucherzahlen kommt man jedoch rasch zum Schluss, dass das Klettern zwar für den Mythos Wilder Kaiser bestimmend war, aber nur die wenigsten zum Klettern in die Region kamen und kommen. Andere Faktoren, wie das Wandern oder Skifahren, spielen hier eine größere Rolle, über allem steht jedoch immer die von Schmitt beschworene Schönheit der Landschaft. Wie diese Landschaft zur Tourismusdestination wurde, darum geht es auf den folgenden Seiten. Viel Vergnügen!

Innsbruck im Sommer 2016
Gebhard Bendler

1 Fritz Schmitt: Das Buch vom Wilden Kaiser, München 1942, S. 13.

Aussicht von der Hohen Salve gegen Süden, gezeichnet von Anton Sattler im August 1862. Unten dasselbe Panorama, fotografiert im 21. Jahrhundert

VON DER WALLFAHRT ZUM AUTOMOBIL

Kapitel 1

DIE ANFÄNGE DES TOURISMUS

„In Tirol sind die Leute ziemlich häßlich (kein Wunder, da sie beständig neben so abscheulichen Bergen wohnen müssen!) und insbesondere die Weibsbilder durch ihre Kleidung sehr entstellt." So urteilte der Reisende Freiherr von Pöllnitz 1735 bei seinem Aufenthalt in St. Johann in Tirol. Erst im 19. Jahrhundert begannen sich Menschen stärker für die Berge zu interessieren. Zunächst blieben viele von ihnen während ihrer Sommerfrische aber noch im Tal und genossen den Anblick der Berge aus der Ferne.

EINE WALLFAHRT AUF DIE HOHE SALVE

„32 rüstige Träger, alle gleich gekleidet, mit ausgeschmückten Schützenhüten, rothen Hosenträgern und zierlichen Leibgurten, waren für die Tragsessel Ihrer Majestät und die Damen bestimmt; unter andere flinke Burschen waren tragbare Ruhebänke, Steigeisen und die sonstigen Bedürfnisse der Berg-Caravane vertheilt. Voran ein Zug Landesschützen, in ihrer Mitte die Fahne, mit dem Namenszuge Franz des I. im Herzschilde, darnach die Erzherzogin mit Ihren Damen, um sich und rückwärts die männliche Suite und Volk, Letztere alle zu Fuß, denn das kegelförmig aufsteigende Salvengebirge duldet auf seinen schmalen, durch Weidegrund sich schlängelnden Wegen keine Reitpferde."[1]

So setzte sich der menschliche Zug in Bewegung. Sinn dieser Unternehmung im Jahre 1823 war, niemand Geringeren als Marie Louise von Österreich, Tochter von Kaiser Franz I. und zweite Frau Napoleons, auf den Gipfel der Hohen Salve zu tragen. Dieser liegt, umgeben von den Dörfern Söll, Itter, Hopfgarten und Brixen, in den Kitzbüheler Alpen, südlich des Kaisergebirges. Als die Adelige schließlich auf dem 1823 m hohen Grasberg ankam, der durch seine runde, sanfte Form von allen Seiten leicht zugänglich war, flogen hunderte Hüte der bereits dort wartenden Schaulustigen in die Luft. Die Musik wirbelte und Böllerschüsse verkündeten die erfolgreiche Besteigung. Nach einiger „Erholung und Erquickung" im eigens für den hohen Gast errichteten Zelt begab sich „Höchstdieselbe"[2] zur Anhörung der heiligen Messe in die auf dem Gipfel befindliche Wallfahrtskirche.

Historische Postkarte vom Gipfel der Hohen Salve mit **Österreichs höchstgelegener Wallfahrtskirche**

Marie Louise von Österreich, verheiratet mit Napoleon

Solche Unternehmungen können wie Wallfahrten und Pilgerreisen als Vorform des modernen Tourismus bezeichnet werden. In einer Zeit vor moderner Sozialgesetzgebung und organisierter Arbeitswelt, als der Begriff „Urlaub" noch unbekannt war, wurden diese Reisen und Ausflüge zur Erholung und zum „Ausbrechen aus der dörflichen Sozialkontrolle"[3] genutzt. Noch im 18. Jahrhundert brachten die Menschen ihre Freizeit zu einem Gutteil für kirchliche Verpflichtungen auf. Standen auf dem ersten Blick religiose Motive im Vordergrund, so finden sich auf den zweiten Blick Variationen des Fluchtmotivs: Man wollte dem Alltag entkommen, eine Arbeitspause einlegen, Abwechslung. Dementsprechend ist in einer Beschreibung zur Hohen Salve von 1841 zu lesen: „Mit Vorliebe wallen viele Fromme nach jenem erhabenen Punkte, wo es leichter wird, der Niederung und des Erdenstaubes zu vergessen, und das Gemüth himmelwärts zu erheben."[4] Wie aus zahlreichen zeitgenössischen Klagen hervorgeht, waren Wallfahrten aber zugleich auch Vergnügungsausflüge, bei denen etwa der Besuch von Wirtshäusern eine zentrale Rolle spielte. Auch auf der Hohen Salve gab es eine Art Wirtshaus: das Haus des „Salvenhüters", der dort oben als Mesner seinen Dienst versah und Wallfahrende bewirtete.

Außerdem hatte er die Aufgabe, vor herannahenden Gewittern zu warnen, indem er eine weiße Fahne schwang. Daraufhin wurden im Tal die Kirchturmglocken geläutet.[5]

Die Tätigkeit eines solchen „Salvenhüters" ist bereits für das Jahr 1617 belegt. Zwischen 1806 und 1813 war der Ausschank auf der Salve jedoch verboten. Der Grund dafür findet sich in einer ausgearteten Kirchenfeier. Am Bartholomäustag, dem 26. August, begaben sich jedes Jahr Hunderte aus der näheren und weiteren Umgebung auf den Gipfel, um in und vor der Wallfahrtskirche die Messe zu feiern. Im Anschluss an die katholische Pflichtübung folgte weltliches Feiern. Dabei trugen die Burschen aus den umliegenden Talschaften sogenannte „Bauernturniere" oder „Ranggelfeste" aus, die den „Hogmoar", also den Stärksten des Umlandes, im gegenseitigen Kräftemessen küren sollten. Beeinflusst durch nicht unerheblichen Alkoholkonsum entwickelte sich die Konkurrenz im Jahre 1806 zu einer Massenschlägerei mit etwa vierzig Beteiligten und zahllosen Blessierten. Daraufhin untersagte man nicht nur den Alkoholausschank, sondern auch die Abhaltung der feiertägigen Gottesdienste. Als sich jedoch über die Jahre zahlreiche illegale Zechstuben in den Bauernhöfen und Almhütten rund um den Berg bildeten, sah die Obrigkeit ein, dass ein Verbot wenig sinnvoll war, und hob es wieder auf.[6]

↓ Postkarte der **Hohen Salve** von Foto Jöchler aus den 1950er Jahren
↓↓ Panoramablick von der Hohen Salve nach Norden: Den **gesamten Wilden Kaiser** im Blick

Der gastronomische Aspekt, der auf diese Weise selbst an einem kleinen Wallfahrtsort wie auf der Hohen Salve Gewicht hatte, war ein Grund für die große wirtschaftliche Bedeutung des Wallfahrens, aber nicht der einzige. Neben kulinarischem Konsum und Beherbergung bildete auch der Handel mit Devotionalien, die als Vorläufer touristischer Souvenirs betrachtet werden können, eine wichtige ökonomische Säule.

Der Aufstieg der großen Wallfahrtsorte in Österreich, wie Maria Zell oder St. Wolfgang, begann Mitte des 14. Jahrhunderts.[7] Allmählich entstanden viele kleinere Wallfahrtsorte, die ein fast flächendeckendes Netzwerk bildeten; darunter die Kirche auf der Hohen Salve, die, zumal es kaum Wallfahrtskirchen auf Berggipfeln gibt, die höchstgelegene Österreichs ist und nicht nur deshalb eine Sonderrolle einnimmt: Kaum woanders vermischten sich schon so früh und so deutlich religiöse mit touristisch-bergsteigerischen Motiven. Und kaum woanders wurde die Brücke vom Pilgertum hin zu den Anfängen des Alpinismus und Tourismus so augenfällig geschlagen. Schon 1589 wurde das kleine Gotteshaus auf dem Salvengipfel in der Matrikel des Bistums Chiemsee schriftlich erwähnt. Der Bau ging auf die Privatinitiative eines Bauers aus Brixen im Thale zurück, der es aus Dank für die Heilung von einer Krankheit errichten ließ. Durch die exponierte Lage wurde die Kirche oftmals von Blitzen getroffen; mehrmals brannte sie dadurch sogar ab, zum Beispiel 1618 und 1640.[8] Bis 1819 sind mehr als zwanzig kleinere und größere Brandschäden dokumentiert.[9]

Geweiht ist die höchstgelegene Wallfahrtskirche Österreichs Johannes dem Täufer. König Herodes hatte diesen – so steht es in der Bibel – enthaupten und dessen abgetrennten Kopf auf einer Schale bringen lassen. Entsprechend seines Martyriums sollte Johannes dem Volksglauben nach Linderung bei Kopfleiden aller Art bieten. Auf der Hohen Salve bürgerte sich daraufhin ein heute eigenartig anmutender Kult ein: Viele Hilfesuchende brachten geschnitzte oder aus Lehm gebrannte Nachbildungen des Johanneshaupts mit, das sie einmal um den Altar trugen und in der Kirche hinterließen. Im Laufe der Zeit sammelten sich auf diese Weise hunderte von Häuptern an.[10] Damit bildete die Hohe Salve das Tiroler Zentrum der Johanneshauptverehrung.[11]

Franz Michael Vierthaler (1758–1824) war ein Pädagoge und Schulreformer, Schriftsteller und Journalist. 1790 wurde er erster Direktor des ersten Lehrerseminars im deutschen Sprachraum in Salzburg. Vierthaler verfasste Schulbücher und Kinderbücher und hatte die Redaktion einer Salzburger Zeitung über. Aufklärende Bildung lag ihm am Herzen.

VON DER PILGERREISE ZUR FUSSREISE

Der Brauch des Schädelauflegens kam auf der Hohen Salve jedoch schon Anfang des 19. Jahrhunderts in die Kritik. Dem Pädagogen und Publizisten Franz Michael Vierthaler, einem Vertreter der Aufklärung, missfielen die hunderten Köpfe, teils an der Mauer hängend, teils in einer Wanne hinter dem Altar aufeinander geworfen liegend. Rational analysierte er: „Die gutmüthige Simplicität weiß indeß auch diese zum Gegenstande ihrer Frömmigkeit zu benutzen. Andächtige Mütter und Väter holen sich einen Johanneskopf aus der Wanne; tragen ihn auf dem Teller um den Alter herum, und legen ihn dann auf diesem unter frommen Gebeten und einem kleinen Opfer hin. Es ist schwer diesen alten Ritus von der hohen Salve zu verdrängen. Der Versuch des denkenden Seelsorgers […] mißlang.“ [12]

Postkarte von der **Hohen Salve** aus den 1960er Jahren mit **Blick gegen den Wilden Kaiser**

Dieser Auszug stammt aus einem Reisebericht von 1819. Das Besondere an diesem Text ist – neben der Haltung zur Johanneshauptverehrung – die Art der Reise, die darin dokumentiert ist: eine „Fußreise“.

Nun mag der Einwand erfolgen: Was soll besonders daran sein, auf die Salve zu *gehen*? Wie sollte man sonst auf die Salve kommen, wenn man nicht, wie Marie Louise, getragen wird? Und ist nicht das Gehen der Inbegriff des Wallfahrens, des Buß- und Bittganges? Bei diesem neuen Typus der Fußreise handelte es sich jedoch nicht um eine Pilgerreise, die vordergründig einen religiösen Zweck verfolgte, im Mittelpunkt stand die Reise selbst. Vierthalers Ziel war also nicht primär die Hohe Salve, der Ausflug dorthin bildete nur eine Etappe innerhalb einer großen Rundwanderung durch Salzburg und Tirol – ganz nach Goethes Diktum: „Man reist ja nicht, um anzukommen, sondern um zu reisen“. Freilich war Wandern nichts Neues. Für viele Bevölkerungskreise bildete es die einzige Fortbewegungsmöglichkeit – man denke beispielsweise an Wanderhändler und Handwerker auf der Walz. Aber Wandern als Freizeitvergnügen, als freiwillige Betätigung ohne ökonomische Notwendigkeit, ohne religiöse Absichten, nur um des Wanderns willen – das war von einzelnen Ausnahmen abgesehen relativ neu. Damit ist nicht gesagt, dass vorher niemand Vergnügen beim Wandern empfunden hätte. Doch häuften sich Ende des 18. und am Beginn des 19. Jahrhunderts die schriftlichen Dokumentationen dieser neuen Wanderlust, die ein großes und in dieser Form noch nie dagewesenes Ausmaß erreicht.

Vierthaler war gewissermaßen der erste Besteiger der Hohen Salve, der die Unternehmung in einem Buch, einer Reisebeschreibung, einer Art Wanderführer veröffentlichte und damit frühe „Tourismuswerbung" betrieb. Ob Marie Louise ihren Ausflug auf die Hohe Salve unternahm, nachdem sie Vierthalers Buch gelesen hatte? Dies ist leider nicht zu rekonstruieren. Faktum ist, dass das Buch vier Jahre davor erschienen war und dass die Hohe Salve nach der Besteigung durch die berühmte Adelige hoch im Kurs stand. Viele weitere Adelige sowie kaiserliche Beamte, aber auch Menschen von niedrigerem Stand begaben sich auf die Spuren der noblen Dame. Die Salve als Wallfahrtsort – oder womöglich eher schon als Aussichtsberg – wurde zu einem prestigeträchtigen Ziel. Wer sich auch auf diesen Berg begab, häufte symbolisches Kapital an, wie der Soziologe Pierre Bourdieu das Sammeln von sozialem Prestige durch bestimmte Aktivitäten bezeichnete. Man gehörte danach zum erlesenen Kreis der Bergsteiger, genoss die gleichen Aus- und Einsichten, teilte gemeinsame Erfahrungen und konnte mehr oder minder Ähnliches erzählen. Wer auf der Salve oder einem ähnlichen Aussichtsberg war, erfuhr innerhalb seiner sozialen Gruppe aus Bürgern und Adeligen, die sich immer mehr für die „schöne Aussicht" in die „erhabene und reizende" Bergwelt interessierte, soziale Anerkennung. Gepilgert wurde nun nicht mehr in erster Linie zur Wallfahrtskirche, sondern zum Ort, an dem bereits Marie Louise von Österreich war. Gepilgert wurde nicht mehr zum heiligen Johannes, sondern zur schönen Aussicht. Bereits in Vierthalers Bericht und auch in jenem über Marie Louises Besteigung erscheint die Wallfahrt also zweitrangig. Im Zentrum stehen der Panoramablick auf die umliegenden Gebirgsketten, der detaillierte Schilderung erfährt, sowie die geografisch akribischen Versuche, Berge und Gebirgszüge zu benennen und einzuordnen. Zugleich wird vermittelt und geschult, wie die Gebirgsmassen wahrzunehmen sind: als ästhetischer Genuss.

Die **Hohe Salve** mit der bekannten Wallfahrtskapelle

Touristen genießen die **Aussicht von der Hohen Salve** in den 1950er-Jahren.

VON BAUERN-, LOTTER- UND KURBÄDERN

Marketing mit berühmten Namen zu betreiben, ist keine Erfindung der jüngsten Zeit. Schon im frühen 19. Jahrhundert wurde beispielsweise mit Marie Louise im Brixental eine Art Werbung betrieben. Dort benannten die Förderer des Fremdenverkehrs eine Badeanstalt mit eisenhaltigem Wasser, die 200 Kurgästen Platz bot, nach ihr: das Marie-Louisen-Bad in Brixen. Der immer beliebter werdende Besuch von Heilbädern entwickelte sich zum frühen Tourismusfaktor in ganz Europa. Im Vergleich zu Wallfahrten sowie Jahr- und Viehmärkten mit temporärem Besucheranstieg hatten die Bäder länger Saison und daher größere wirtschaftliche Bedeutung. Mondäne Badeorte wuchsen im 19. Jahrhundert wie Pilze aus dem Boden. Ein Grund dafür lag darin, dass der Adel gegenüber dem erstarkenden Bürgertum an Einfluss verlor und es sich immer weniger Angehörige der Nobilität leisten konnten, ein eigenes Lustschloss für die Sommerfrische zu erbauen; stattdessen nutzten sie zunehmend die palastartigen Hotels der Badeorte. Der gesundheitliche Aspekt des Kuraufenthaltes spielte dabei nicht unbedingt die Hauptrolle, vielmehr handelte es sich um eine gesellschaftliche Verpflichtung: Wer etwas auf sich hielt, musste zum Kuraufenthalt. Das ländliche Bad Ischl und das alpine Bad Gastein entwickelten sich auf diese Weise zu aristokratischen Nobelorten.

Viel weniger prestigeträchtig, aber nicht minder gesellig ging es in den Tiroler Badeorten zu. Der Münchener Reiseschriftsteller Ludwig Steub zählte nicht weniger als 120 solcher Bademöglichkeiten in Vorarlberg und Tirol.[13] Auch am Fuße des Wilden Kaisers war eine zu finden: das Bad Lengau in Söll. Das dort aus der Quelle sprudelnde kalische Schwefelwasser entfaltete seine Wirkung angeblich gegen die Gicht, chronische Ausschläge und Geschwüre. Einer Legende zufolge sollen selbst die Tiroler Landesfürsten, allen voran Margarete Maultasch, bereits im Mittelalter in Söll den Sommeraufenthalt und die Heilkräfte der Quelle genossen haben.[14] Im 19. Jahrhundert war das Baden in Söll aber Angelegenheit aller sozialen Schichten. Steub berichtete, dass Armut in den Bädern ebenso zahlreich vertreten gewesen sei wie Reichtum. Für ganz arme Leute gab es sogar eigene Bäder im Tiroler Unterland, die sogenannten Lotterbäder. Konnte sich ein Bauernknecht nicht einmal den

Wellness anno dazumal: Inserat im Reiseführer „Kufstein und seine Umgebung. Ein Führer für Fremde und Einheimische", herausgegeben von Eduard Lippott, Kufstein 1904

Eintritt in eine solche Anstalt leisten, nahm er ein erholsames Heubad, das angeblich Gicht und Gliederschmerzen entgegenwirkt.

Das Leben in einem Bad dürfte recht gemütlich und fröhlich verlaufen sein. In den Tiroler „Badln" stand dabei nicht immer das Baden im Vordergrund. So widmete man dem Kegelspiel oder Bocciaspiel – in Tirol „Watschelen" genannt – und vielen anderen Vergnügungen meist mehr Zeit als der eigentlichen Gesundheitspflege. Tagesausflüge und kurze Spaziergänge standen genauso auf dem Programm wie ausgiebige kulinarische Genüsse. Kredenzt wurden zum Beispiel „Bauernbrateln" (Kalbsbraten) mit Knödeln; vormittags und nachmittags gab es eine „Marende", eine Jause. Auch bei kurzen Ausflügen war das Stillen des Hungers zentral. Humorvoll bezeichnete der Reiseschriftsteller Heinrich Noë diese lukullischen Ausflugseskapaden deshalb als „Knödelpartien"[15].

Im katholischen Tirol war es nicht unüblich, dass ein Geistlicher in einem Bad zugegen war – offiziell zur Sorge um das seelische Wohl der Kurgäste, inoffiziell als Sittenwächter. Meist handelte es sich um Ordensgeistliche, Kapuziner oder Franziskaner, die sich alle paar Wochen abwechselten und in der – in unmittelbarer Nähe des Bades erbauten – Kapelle die Messe lasen. Als Sittenwächter fungierten die Patres insofern, als Bädern in vielen Ländern der Ruf vorauseilte, „verderblichen Einfluss" auszuüben. Auch in Tirol fehlte in den bescheidenen Badstuben aus Kostengründen oftmals die Trennung zwischen Männern und Frauen, was als Anlass zur Sorge galt. Doch trotz Anwesenheit des Ordensmannes hätten sich die Bauern keinerlei Zwang in ihren weltlichen Fröhlichkeiten auferlegt, wusste ein Chronist. So war es während des langen Badens in der Wanne

Usus, Wein zu trinken. Wie in den Bädern des Großbürgertums und Adels galt auch hier der Spruch: „Außen Wasser, innen Wein / Lasst uns alle fröhlich sein.“ [16]

Viele solcher Kurorte und „Bauernbadln“ gerieten wieder in Vergessenheit. Auch über das Bad Lengau war bereits in einem 1862 erschienenen Buch über Heilquellen und Kurorte in Österreich zu lesen, dass es im Verfall sei.[17]

AUF SOMMERFRISCHE

Besonders in Südtirol, wo die Sommermonate im Tal unerträglich heiß sein können, flüchteten die Bürger zu dieser Zeit gerne in höhere Regionen. Am Ritten, oberhalb von Bozen, entstanden bereits im 18. Jahrhundert regelrechte Sommerfrischekolonien der wohlhabenden Städter. Aber auch im Norden bürgerte sich der Brauch ein, die Stadt im Sommer für einige Wochen zu verlassen und aufs Land zu ziehen – oder zumindest die Familie dorthin zu schicken, während deren Oberhaupt in der Stadt den Geschäften nachging. Unter den „gebildeten Ständen“ [18] Münchens erfreute sich der bayerische Grenzort Oberaudorf mit Blick aufs Kaisergebirge großer Beliebtheit. Seit die Bahnlinie von München über Rosenheim nach Tirol führte, war der Ort in kurzer Zeit bequem erreichbar. Steub spöttelte, dass dort im Sommer so viele Bekannte anzutreffen seien, dass man den Eindruck erhalte, man sei nicht fortgegangen, sondern wandle noch immer durch die Straßen der bayerischen Hauptstadt.[19]

Von Oberaudorf aus unternahmen die feinen Herrschaften ausgedehnte Spaziergänge und Wanderungen, die sie im erstmals 1865 erschienenen „Wegweiser“ von Theodor Trautwein nachschlagen konnten.

Frühe Tourismuswerbung: Lithografie von Stießberger nach G. Pezolt aus dem Buch „Die interessantesten Punkte von Salzburg, Tyrol und Salzkammergut“ (1839)

Der erste detaillierte Reise- und Wanderführer von Theodor Trautwein für die Bayerischen und Tiroler Alpen, 1865

Dieser immer wieder neu aufgelegte und aktualisierte Reise- und Wanderführer galt bald als *das* Standardwerk für die bayerischen und Tiroler Gebiete. Literarisch ansprechender und unterhaltsamer als der nüchterne „Wegweiser“ waren die Reiseschilderungen von Heinrich Noë. In der Tradition des Reiseschriftstellers Steub stehend, berichtete er stilistisch gekonnt von seinen Reisen und Ausflügen nach Tirol. Den Sommerfrischlern in Oberaudorf, die – wie er schrieb – des bayerischen Bieres oder der zahlreicheren städtischen Gesellschaft wegen den bayerischen Ort einem Tiroler Dorf auf der anderen Innseite vorzogen, empfahl er eine Wanderung über die nahe Grenze nach Tirol. Von Oberaudorf konnte man mit dem Floß eine Überfahrt über den (die Grenze bildenden) Inn machen. Dort ließen sich „Spaziergänge in Gegenden machen, welche viel weniger bekannt sind, als es ihre Schönheit verdient.“ Besonders begeisterte ihn der Walchsee, an dessen Oberfläche sich das Kaisergebirge spiegelt: „Ein wie unvergleichliches Land müßte Tirol sein, wenn viele seiner Talbecken mit solchen Wassern ausgegossen wären und die hohe Landschaft häufig ihr lebendiges Gegenbild fände.“ [20]

Noë interessierte sich jedoch nicht nur für die kontrastreiche Landschaft, die er mit naturalistischer Detailgetreue sprachlich reproduziert. Seine wirkungsvollen Stimmungsbilder entwarf er auch, indem er von den Begegnungen mit den Menschen

Postkartenmotiv des Malers **Edward Harrison Compton,** 1903

dort erzählte. Dabei interessierte er sich vor allem für die „einfachen" Leute und deren Leben. Auf seinem winterlichen Weg zum Walchsee traf er einmal auf zwei besondere Charaktere: „Endlich aber holte mich doch ein Paar ein, dessen Aussehen etwas versprach. Es waren zwei Männer in den schlechtesten Kleidern. Beide hatten ihre Ohren mit Taschentüchern umwickelt und schritten stumm nebeneinander her, wie wenn sie fürchteten, die Schutzgeister ihres Branntweinfrühstückes möchten ihnen durch den geöffneten Mund entfliehen. […] Der eine war Hadern- oder Lumpensammler. Aus seinem Munde erfuhr ich, daß es für sein Geschäft keine günstigere Zeit gibt als eben diesen germanischen Eismonat. Die Sommer- und Herbstarbeit nützt die Gewänder der Bauern ab, welche von diesen so lange getragen werden, bis sie durch die Kleidergeschenke, welche um den Jahreswechsel herum stattfinden, völlig überflüssig werden. Indessen schien selbst diese glänzendste Periode seines Geschäftsbetriebes den Hadernsammler nicht davor zu schützen, daß er selbst in Lumpen gehen mußte." [21] Sein Kompagnon war wandernder

Grüße vom **Hintersteinersee,** 1908

Musikant, der mit Gelegenheitsauftritten in den Wirtshäusern sein Glück versuchte. Das kärgliche Honorar der Bauern gestatte ihm jedoch nichts als ein äußerst bescheidenes Leben, das vom Alkohol gezeichnet war.

Mit solchen Beschreibungen versuchte Noë, den touristischen Blick zu erweitern und neue, abseitige Perspektiven zu eröffnen. Obwohl er gegenüber der Großstadt eine zivilisationskritische Haltung

Der **Hintersteinersee** als Postkartenmotiv von Foto Jöchler in den 1950er Jahren.

Postkarte vom Hechtsee, 1912 (Verlag Lippott und Karg)

↑↑ **Postkarte aus Kufstein** (1898) mit der beliebten Teufelskanzel (links unten)
↑ Postkarte aus **Kufstein,** abgeschickt im Jahr 1918

einnahm und seine Reisen gewissermaßen auch als Flucht vor den bürgerlichen und zivilisatorischen Zwängen verstanden werden können, verklärte er das Leben und die sozialen Verhältnisse in den Alpen nicht unkritisch romantisierend. Seine Sittengemälde und Landschaftsstudien trugen erheblich dazu bei, dass sich Walchsee als Sommerfrischeort am Kaisergebirge etablierte. Darüber hinaus waren vor allem die anderen Seen rund um Kufstein und ums Kaisergebirge, wie der Hechtsee, der Stimmersee oder der Hintersteiner See, beliebte Sommerfrischeattraktionen.

Der älteste und bedeutendste Sommerfrischeort am Fuße des Kaisergebirges war allerdings die Kleinstadt Kufstein. Als „Einfallstor" ins Land Tirol führte im sprichwörtlichen Sinn kein Weg an der Grenzstadt vorbei. Reisende auf dem Weg nach Italien machten dort seit alters her Station. Mit der Eröffnung der Eisenbahnlinie änderte sich die Situation aber grundlegend, und die Kufsteiner mussten erkennen, dass die Fuhrleute und Güterwagen, die früher über den Brenner gereist und in Kufstein zugekehrt waren, nicht mehr kommen würden. Deshalb waren sie bemüht, so Steub, sich mit den Berühmtheiten der Wissenschaft und

Kunst, mit Professoren und Staatsbeamten – kurz: mit der ganzen gebildeten Welt – zu befreunden. „So findet sich in den Sommermonaten ein ansehnliches Bruchstück der deutschen Gelehrten-Republik hier ein, und in Aurachers schönem Keller sind oft neben Tiroler Alpenliedern die tiefsinnigen Gespräche über Staat und Kirche, Glauben und Wissen, die deutsche Vergangenheit und Zukunft zu vernehmen.“ [22]

Wer die Annehmlichkeiten Bayerns und Tirols – welche sich in mancherlei Hinsicht unterscheiden – vereint genießen und sich dabei nicht an einem einsamen Ort aufhalten wolle, der wähle Kufstein als Sommerfrischeort. Das empfahl der zweite große Tirol-Werber Heinrich Noë. Erklärend führte er aus: „Kufstein unterscheidet sich nach außen wie nach innen wesentlich von anderen gleichgroßen und noch viel größeren Städten. Das Leben ist reger und betriebsamer, die Geselligkeit launiger als anderswo, und dumpfe Kopfhängerei wird weniger gefunden. Die mannigfaltige, reiche, quellenfrische Natur, der Zufluß von Fremden, die Leichtigkeit des Verkehres unterstützen die Einwirkung, welche sichtbar auch von der Nachbarschaft eines Landes hervorgebracht wird, welchem immerhin größere Rührigkeit zuzuschreiben ist.“ [23] Die liberale Haltung, die Noë in der Stadt ausmachte, meinte er auch an der vorteilhaften Architektur der Häuser zu erkennen: In Brixen in Südtirol zum Beispiel sei diese nicht zu finden, obwohl es ebenso an der Bahnlinie liegt.

↓ Der Maler **Edward Harrison Compton** malte auf Auftrag viele Postkartenmotive rund um das Kaisergebirge (1903).
↓↓ Der **Untere Stadtplatz in Kufstein.** Der Autor Heinrich Noë meinte, dass sich die liberale Haltung der Einwohner in der vorteilhaften Architektur der Stadt widerspiegeln würde (Postkarte nach einem Gemälde von Leopold Scheiring).

ANDREAS HOFER ALS TOURISTENATTRAKTION

Die frühen Reisebeschreibungen, -handbücher und -führer widmen sich meist auch der Bevölkerung und enthalten ethnografische Darstellungen, die einen vermeintlich typischen „Volkscharakter“ herausarbeiten. Viele dieser Stereotype und Klischees sind bis heute in abgeschwächter Form präsent und prägen die touristische Wahrnehmung der Bevölkerung. Kennzeichnend ist ein verklärend hierarchischer Blick von außen, wie er in den folgenden zwei Beispielen deutlich wird:

„Der Charakter des Unterinntalers ist gutmütig, heiter, lenksam, bieder und männlich, in geistiger Beziehung steht er dem Oberinntaler entschieden zurück, er kann sich weder an Tiefe des Verstandes, noch an Schärfe des Urteils diesem gleichstellen. Doch gilt der Unterinntaler als der uneigennützigste und liebenswürdigste der tirolischen Bewohner. Neben diesen Eigenschaften macht sich laute Lebenslust, mit stark hervortretender Sinnlichkeit gepaart, geltend, deshalb ist auch im Unterland die Heimat des Volksgesanges.“ [24]

„Neben der Lustigkeit zeichnet Muth, Hartnäckigkeit und Ausdauer den Unterinnthaler aus. Der Hass gegen Baiern war hier am stärksten. Ich hörte einige Anekdoten, die den hiesigen Bauer, bei aller Grausamkeit gegen den gehassten Feind, doch in seiner ganzen Naivität zeigen. Oft sah man einen Landmann plötzlich seine Arbeit im Stiche lassen, den Säbel ergreifen, und mit den Worten fortgehen: ‚Heint muss i a Boafack dastöch'n!‘“ [25]

Der Mythos des wehrhaften und freiheitsliebenden, aber auch primitiv-naiven Bauern, der sich, wie David gegen Goliath, gegen Napoleon und die Bayern auflehnt, findet sich in vielen Reiseführern. Sie gaben den zum „Freiheitskampf“ stilisierten Aufstand um 1809 großen Raum und förderten damit einen regelrechten historischen Kriegstourismus. Ehemalige Kriegsschauplätze in einzelnen Dörfern und in ihrer Umgebung wurden als „Merkwürdigkeiten" besprochen, die einstigen Quartiere der Rädelsführer und Geburts- sowie Wohnhäuser der Aufständischen als besondere Sehenswürdigkeiten hervorgehoben. Auf den vorgegebenen Routen konnte man der längst beseitigten Spur der Verwüstung folgen oder sie auf einer Fußreise abwandern. Die Schweiz hatte Wilhelm Tell, Tirol Andreas Hofer: zwei romantisch verklärte Freiheitshelden, die in der Wahrnehmung mancher Reiseautoren[26] nur die wilden Alpen als noch unberührten Ort einer ursprünglichen Freiheit hervorbringen konnten. Somit konstruierten Reiseführer, insbesondere englische, die Touristenattraktion „Freiheitskampf" von außen mit.

Die meisten Tiroler hingegen waren sich der historischen, geschweige denn touristischen Dimension dieses Aufstandes noch nicht bewusst. Erst langsam entdeckte man, dass damit kommerzielle Erfolge zu erzielen waren. So brachte man Hinweisschilder auf Gasthöfen und Geburtshäusern an und errichtete Denkmäler. Ein Beispiel stellt der Postwirt in Söll dar. Im Februar 1809 war der Oberkommandant des Tiroler Freiheitskampfes, Andreas Hofer, zu Besuch im Postwirt Söll, um unter anderem seinen alten Freund, den Schützenhauptmann und Gastwirt Josef Rainer, zu besuchen. Mit dieser historischen Tatsache warb man bereits im 19. Jahrhundert und sie findet auch heute noch auf der Homepage des Hotels Erwähnung. Auch in Kirchdorf (rund um den „Freiheitskämpfer" Rupert Wintersteller), in Kufstein in Verbindung mit dem dortigen Andreas-Hofer-Denkmal oder in Kössen finden sich solche Beispiele.

↑↑ Aus Kirchdorf stammte Schützenhauptmann **Ruppert Wintersteller,** der als **Held der napoleonischen Befreiungskriege** gefeiert wurde. Postkarten um 1900 werben mit dieser Attraktion und weisen auf das ihm zu Ehren errichtete Denkmal als touristische Sehenswürdigkeit hin.
↑ Der Postwirt in Söll in den 1950er Jahren (Foto Jöchler)

OHNE VERKEHR KEIN „FREMDENVERKEHR". AUF WELCHEN WEGEN KAMEN DIE ERSTEN TOURISTEN?

Der kürzeste Weg von Wien nach Innsbruck führt entlang der Südseite des Wilden Kaisers über Salzburg, Bad Reichenhall, Lofer und St. Johann. Daher existiert diese Straße schon seit alters her und bildete lange Zeit die Hauptverkehrslinie zwischen der Hauptstadt des Habsburgerreiches und der Residenzstadt der Tiroler Landesfürsten. In früheren Jahrhunderten waren für die Erhaltung dieser Straße noch die Anrainer und Ortsgemeinden zuständig. Erst Ende des 17. Jahrhunderts übernahm die Regierung diese Aufgabe. Zu diesem Zeitpunkt war die Straße am Pass Strub bei Lofer, wo sie durch eine Schlucht führte, bereits so stark beschädigt, dass die Fuhrleute sie nicht mehr ohne große Gefahr benützen konnten. Wie aus einem Schreiben der Regierung hervorgeht, griffen die Behörden aber nicht nur zur Beseitigung dieser Schäden ein, sondern kurioserweise auch zur „Aufhebung des [damit verbundenen] sträflichen gotslästerlichen fluechen der fuehrleuthen" [27].

Von Norden führte der Hauptverkehrsweg zum Wilden Kaiser durch das Inntal nach Kufstein. Anders als in der Gegenwart bildete der Weg durch das Inntal früher aber nicht die Nord-Süd-Haupt-

Kufstein und der neue Bahnhof (um 1860). Links erkennt man noch die Überbleibsel der einst bedeutenden Innschifffahrt.

verkehrsachse von Deutschland nach Italien – zumindest nicht für den Personenverkehr. Das ist heute angesichts der zur Selbstverständlichkeit gewordenen Inntal- und Brennerautobahn nur mehr schwer nachvollziehbar. Schon die Römer bevorzugten den kürzeren Weg von Innsbruck nach Garmisch-Partenkirchen, um in die Hauptstadt der Provinz Raetien, Augsburg, zu gelangen; auch die spätere Via Imperii verlief auf dieser Route nach Nürnberg. Und noch Johann Wolfgang von Goethe wählte für seine Italienreise im Jahr 1786 den Weg von München über Mittenwald und den Zirler Berg nach Innsbruck, denn dies war der kürzeste und mit der Kutsche auch der schnellste Weg. Viele hauptsächlich adelige Italienreisende, die auf ihrer obligaten „Grand Tour" antike Stätten aufsuchten, folgten seinem Vorbild. Etliche Reisebeschreibungen trugen diesem Umstand Rechnung, weshalb das Tiroler Unterland darin meist nicht vorkam und lange eine touristisch wenig beachtete Randzone blieb.

Erst als 1858 die Eisenbahnlinie Rosenheim–Innsbruck eröffnet wurde, änderte sich dies grundlegend. Nun führte der schnellste und bequemste Weg nach Innsbruck durch das Unterinntal. Entlang der Strecke zählten die Gasthäuser in Bahnhofsnähe zu den Gewinnern. Doch fanden sich auch Verlierer. So büßte die Innschifffahrt mit dem Bahnbau ihre Bedeutung ein, und Hall, Endstation der Innschifffahrt und somit wichtigster Warenumschlagplatz des Landes, musste nach wirtschaftlichen Alternativen Ausschau halten. Auch die Frequenz auf der Reichsstraße zwischen Wörgl und Salzburg, entlang des Kaisergebirges, ließ nach – sehr zum

Der **Kufsteiner Bahnhof** um 1900

Die Skepsis gegenüber dem **neuen technischen Ungetüm Eisenbahn** schwand am Land erst langsam (Kufsteiner Bahnhof im Jahr 1913).

Leidwesen der Wirte, die seit Jahrhunderten auf den Durchzugsverkehr angewiesen waren. Wenig Gefallen an dem neuen Verkehrsmittel fand verständlicherweise auch das traditionelle Transportgewerbe. Als der Plan auftauchte, eine Bahnlinie von Salzburg nach Wörgl zu bauen, und zwar auf dem kürzesten und kostengünstigsten Weg über Going, Ellmau und Söll, protestierten die Fuhrleute; sie fürchteten um ihre Existenz. Auch der Bauernstand war von den möglichen technischen Innovationen nicht angetan. Einige konservative Bauern waren beispielsweise fest davon überzeugt, dass das „funkensprühende Dampfross" beim Vorbeifahren ihre Wälder anzünden würde. Zudem sorgten sie sich – nicht zu Unrecht – um eine Überschwemmung der regionalen Märkte mit billigeren Lebensmitteln aus dem Ausland und den landwirtschaftlich ergiebigeren Ebenen der Habsburgermonarchie. Der Ausbau der Ost-West-Achse sollte den Binnenhandel innerhalb des sich weit ins heutige Osteuropa erstreckenden Reichs fördern. Manch kluger Kopf hinter den Plänen argumentierte zudem mit der touristischen Bedeutung der künftigen Verbindungen für die Entstehung neuer Sommerfrischeorte.[28] An diese prophezeiten wirtschaftlichen Möglichkeiten wollten die Entscheidungsträger von Söll, Scheffau, Ellmau und Going jedoch nicht recht glauben.

In Kitzbühel sah die Situation anders aus. Dort übte der fortschrittlich und liberal gesinnte Josef Pirchl das Amt des Bürgermeisters aus und setzte sich vehement für einen Bahnanschluss ein: Wenn auch die Kosten des Bahnbaues durch das Brixental wesentlich höher seien, als sie es für die kürzere Strecke über das Söllland wären, gleiche dies der zu erwartende Gewinn durch Handelsgüter aus Kitzbühel wieder aus. Auf der Strecke entlang des Kaisergebirges gebe es außer den Sensenfabriken in

Eine frühe Aufnahme von Kufstein mit dem Bahnhof (Foto Anton Karg, 1868)

Ellmau und Scheffau keine bedeutende Industrie. Kitzbühel hingegen sei nicht nur als Bergbauort und Behördensitz von Bedeutung, sondern habe sich auch als Handelszentrum für Vieh, Holz und Milchprodukte etabliert – begünstigt durch die geografische Lage am Ausgang des Brixentales und die Nähe zum salzburgischen Pinzgau. Außerdem – und hier bewies Pirchl großen Weitblick – sei Kitzbühel als aufstrebender Sommerfrischeort eines Bahnanschlusses würdig.

Um sein Anliegen durchzusetzen, nutzte Pirchl seine Kontakte in Wien: Mit dem damaligen Kriegsminister Franz Khuen hatte er in den Feldzügen von 1859 und 1866 gekämpft. Gemeinsam mit zwei Wirten und einem Glasfabrikanten reiste Pirchl nach Wien, sprach bei diversen Ministerien vor und erhielt zuletzt sogar eine Audienz beim Kaiser. Die Hartnäckigkeit zahlte sich aus: Obwohl die Linie von Wörgl über Kitzbühel um 7,5 km länger war und um 1.700.000 Gulden mehr kosten sollte als die ursprünglich geplante, wurde sie gebaut.[29]

Ein weiterer Grund, der für die Trasse sprach, war militärischer Art: Nach dem Krieg von 1866 gegen Preußen wollten die Strategen keine Bahnlinie in Grenznähe bauen. Die Linie durch das Brixental, die weiter von der Grenze entfernt war als jene über Söll, wurde demnach bevorzugt. Entscheidend war letztlich jedoch Pirchls Einsatz, denn auch im Brixental gab es, genauso wie im Söllland, vehemente Gegner des Bahnprojektes; allen voran der konservative Dekan von Brixen, Josef Schober, der die Eisenbahn in seinen Predigten als Erfindung des Teufels brandmarkte und durch die hereinbrechende technische Moderne den Glauben in Gefahr sah. 1875 wurde schließlich die neue Bahn eröffnet und Kitzbühels Aufstieg als Tourismuszentrum nahm seinen Anfang.[30]

Wie hätten sich wohl die Orte an der Südseite des Wilden Kaisers entwickelt, wenn die Bahn, wie ursprünglich geplant, dort gebaut worden wäre? Mit hoher Wahrscheinlichkeit wären sie, genauso wie Kitzbühel oder das Brixental, Jahre früher zu bedeutenden Tourismusorten aufgestiegen.

Als sich der touristische und damit auch wirtschaftliche Erfolg in Kitzbühel und anderen Orten mit Bahnanschluss allmählich einstellte, blickten auch einige Söllländler mit Wehmut auf die verpasste Chance.[31] Das Argument der kürzesten Wegstrecke war immer noch gültig und so tauchten bald wieder Pläne einer direkten Bahnlinie zwischen Salzburg und Wörgl auf. Sie sollte über das „kleine deutsche Eck" führen, also entlang der alten Reichsstraße über Lofer und Bad Reichenhall, und die Strecke von Wien nach Innsbruck um 100 km sowie die Fahrzeit der Personenzüge um 3 bis 4 Stunden verkürzen.

Die **Bahnhofshalle in Kufstein** um 1880

Ellmau
um 1890

Viel stärker als noch bei den ersten geplanten Bahnlinien wurde nun die touristische Bedeutung des Projektes hervorgehoben. Es erschienen sogar eigene Aufsätze, die sich nur mit dem Aspekt Tourismus beschäftigten, zum Beispiel 1912 in einer Zeitung des Alpenvereins.[32] Der an der Innsbrucker Univer-

Ellmau um 1900 mit dem **Gasthof Lobewein** und dem Dorfbrunnen, der ursprünglich in Kufstein errichtet worden war.

sität lehrende Professor für Volkswirtschaftslehre Franz Myrbach argumentierte damit, dass der stark besuchte und gern „durchkletterte“ Wilde Kaiser viel leichter vom Süden zu erreichen sei als durch das Kaisertal von Kufstein, weshalb die neue Bahnstrecke mit vielen Touristen rechnen könne und die Orte auf der Südseite endlich zu Sommerfrischestationen aufsteigen würden.[33] Der Kitzbüheler Bürgermeister Josef Herold fürchtete offenbar die mögliche touristische Konkurrenz durch die projektierte neue Bahn und schimpfte über die Ideen von Myrbach: „Ellmau ist sicher ein nettes Bauerndörfchen […], als größere Sommerstation würde es aber, auch wenn die Bahn durchführte, nie in Betracht kommen, weil es eben nichts bieten kann“ [34]. Ebenso wenig könnten die anderen Dörfer im Sölllandl rein landschaftlich einem Vergleich mit Kitzbühel standhalten. Was Herold wohl heute von Ellmau denken würde, wenn er durch das Dorf spazieren würde?

Zusätzlich geplant war eine Nebenbahn von der Anschlussstelle Erpfendorf nach Kössen. Gegen das Projekt sprach jedoch – sehr zur Freude Herolds –, dass die neue, kürzere Bahnlinie der viel längeren Giselabahn zu große Konkurrenz machen könnte. Als der Erste Weltkrieg ausbrach und sich das Automobil immer mehr als Verkehrsmittel der Zukunft empfahl, verschwanden die Pläne in der Schublade.

Dieses Bahnprojekt mit der Anschlussbahn nach Kössen war aber nicht das einzige in der Region um den Wilden Kaiser. So plante ein Konsortium um 1900 eine Lokalbahn zwischen Kufstein und Kössen, weil – so wurde argumentiert – „dieses Verkehrsmittel eine Reihe von Gemeinden aus alter Rückständigkeit erlösen und sie der Segnungen modernen Fortschrittes teilhaftig machen kann.“ [35] In erster Linie versprachen sich die Projektwerber den günstigen Transport von Zementmergel, Ton, Torf und vor allem Kohle – Bodenschätze, die man in Kössen abbauen wollte.[36] Darüber hinaus sahen sie großes Potenzial für einen „lebhaften Fremdenverkehr“ am herrlichen Walchsee und an anderen Orten entlang der gesamten Strecke. Mit diesem Argument versuchten die Projektwerber auch die eher skeptischen Bauern vom Nutzen der Bahn und des steigenden Tourismus zu überzeugen: „Der erhöhte Fremdenverkehr wird der Landwirtschaft infolge der lohnenderen Verwertung der Produkte der Viehzucht: Milch und Fleisch, außerordentlich zum Vorteil gereichen.“ [37]

Das Projekt wurde nie realisiert. Zu groß waren die Differenzen der verschiedenen Interessenten. Die Kössener glaubten, dass die Kufsteiner Unternehmer, die das Projekt forcierten, allen voran der

Josef Egger (1852–1925), Unternehmer und Bürgermeister von Kufstein (1904–1919). Während seiner Amtszeit wurden der Grundbesitz der Stadt erweitert, der Thierberg und der Hechtsee gekauft, Realgymnasium, Mittelschule und Krankenhaus gebaut. Außerdem setzte er sich für die Realisierung verschiedener Verkehrsprojekte ein. Als Sohn des Unternehmers Michael Egger erweiterte er dessen Betriebe und galt als reichster Mann im Tiroler Unterland.

Ellmau gegen den Wilden Kaiser (um 1900)

↑↑ **Going** um 1900
↑ **Walchsee** um 1900

Maria Magdalena Hauser-Lederer

Tochter (*1982) von Stanglwirt Balthasar Hauser, als Direktorin Marketing & PR auch verantwortlich für Qualitätssicherung, Großevents, Shops und den gesamten Wellness- und SPA-Bereich im Stanglwirt

Der Stanglwirt blickt auf eine über 400-jährige Tradition zurück. Wie lässt sich eine so lange Geschichte fortführen, ohne dass die Tradition zur Last, zur schnöden Fassade wird?

Meine Geschwister und ich sind bereits die elfte Generation in Folge vieler fleißiger Vorfahren. Für uns ist es ein großes Glück und gleichzeitig auch eine noch größere Herausforderung, auf die hart erarbeiteten Erfolge der vorherigen Generationen aufzubauen und diese vor allen Dingen zu halten. Wir gehen an diese Aufgabe mit ganz viel Dankbarkeit und Demut heran und setzen einen Schritt vor den anderen. Uns liegt es sehr am Herzen, an den alten Werten festzuhalten, gleichzeitig nützt dir aber auch das Bewahren von Traditionen nichts, wenn du stehen bleibst und keinerlei Innovationen umsetzt. Es gibt da ein schönes Sprichwort: „Am guten Alten in Treue halten; am kräftigen Neuen sich stärken und freuen." Genau das ist auch unser Leitsatz für die Zukunft. Unser Vater hat uns jeden Tag vorgelebt, dass es in der Tat möglich ist, Neuerungen unter Bewahrung – und sogar unter Aufwertung – von Traditionen umzusetzen. Bei uns schließt Tradition Innovation nicht aus und umgekehrt – das war beim Stanglwirt schon immer so und wird auch immer so bleiben …

Du hast deine Karriere nach deiner Ausbildung in Australien in einem Hotel in San Diego gestartet. Ist es einfacher, ein Hotel ohne große Geschichte zu führen?

Ich finde es ehrlich gesagt eine wahre Bereicherung, ein Hotel mit so langer Tradition mitführen zu dürfen – da gibt es so viele Geschichten und Anekdoten zu erzählen, und das ist natürlich auch ein großes Geschenk für alle Marketing & PR-Aktivitäten, für die ich im Stanglwirt verantwortlich zeichnen darf. Ich freue mich jedes Mal aufs Neue, wenn ich etwas über die lange Geschichte des Stanglwirts erzählen kann und von dem, was dieses besondere Haus schon alles erlebt hat. Das neue Zauberwort im Marketing lautet ja „Storytelling" und das ist beim Stanglwirt seit jeher Programm.

Was macht den Stanglwirt so erfolgreich? Gibt es dafür ein Rezept?

Ich glaube, es sind die Werte, die der Stanglwirt verkörpert, die gerade in Zeiten wie diesen immer wichtiger werden: Naturverbundenheit, Geschichte, Tradition, Ehrlichkeit, Authentizität, Mühe, Gastfreundschaft und unsere große Landwirtschaft. Wir sind eine Heimat – ein sicherer Hafen für unsere Gäste und diese wissen, was sie bei uns bekommen, da wir bereits seit so langer Zeit immer für sie da sind (bei uns gibt's seit mehr als 250 Jahren keinen Ruhetag!), um eine konstant gute Leistung für sie zu erbringen. Wir haben gerade in den letzten Jahren enorm viel in unsere

Infrastruktur investiert, die es dem Gast ermöglicht, unabhängig von der Wetter- und Schneelage einen rundum schönen Urlaub zu erleben, ohne Kompromisse eingehen zu müssen.

Ich habe einen alten Bericht gefunden, in dem steht, dass schon in den 1920er Jahren Kutschenfahrten reicher englischer Skigäste von Kitzbühel zum Stanglwirt organisiert wurden. Warum kommen so viele Prominente zum Stanglwirt und wie hat das angefangen?

Das könnte mein Vater am besten erzählen, der das seit über 50 Jahren alles live miterlebt hat. Meiner Meinung nach kommt die Prominenz heute vor allem deshalb, weil es bei uns unaufgeregt und bodenständig zugeht und sie hier eine Art Zufluchtsstätte finden. In ihrer kräfteraubenden Welt, die fast das ganze Jahr über aus Glitzer, Glamour und sehr viel Oberflächlichkeit besteht, sehnen sie sich ganz besonders nach wahren Werten und danach, einfach Mensch sein zu dürfen und auch als solcher wahrgenommen zu werden. Nicht als prominente Persönlichkeit, sondern einfach nur als Mensch … und das ist bei uns der Fall, denn bei uns ist *jeder* Gast ein Ehrengast.

Der Stanglwirt ist ein Familienbetrieb. Alle Kinder arbeiten im Betrieb mit. Wie klappt die Zusammenarbeit zwischen den Generationen?

Für meine Geschwister und mich ist es ein großes Glück, gemeinsam mit den Eltern im Betrieb schöne Dinge bewirken und realisieren zu dürfen. Wir hoffen, dass das noch lange so bleibt und dass unsere Eltern gleichzeitig auch Vertrauen in uns haben. Wir alle sehen unseren Betrieb vor allem als unser Daheim, das es zu bewahren gilt. Gemeinsam können wir, so hoffe ich, in eine gute Zukunft blicken, denn wenn man – so wie wir – gemeinsam an einem Strang zieht, geschehen wundervolle Dinge. Und wenn man sich mal streitet und diskutiert, ist das normal und sogar oft sehr förderlich. „Durch Reibung entsteht Wärme", sagt mein Vater oft und darin kann ich ihm nur zustimmen. Gerade wenn man viel miteinander redet und die Dinge ausdiskutiert, ist das ein Zeichen einer gesunden menschlichen Verbindung.

Was ändert sich momentan in der Tourismusbranche am rasantesten? Welche Entwicklungen der letzten Jahre stellen euch vor große Herausforderungen?

Die Ansprüche der Gäste werden immer höher, was zu einem wahren Wettrüsten in der Branche führt. Es wird auch alles immer schnelllebiger: Wenn man nicht schnell genug, teilweise innerhalb von Minuten, auf eine Anfrage antwortet, ist man schon im Nachteil. Man muss Tag und Nacht „online" sein, es gibt einfach keine Pause, und das Hamsterrad dreht sich immer schneller. Gleichzeitig soll man aber vor Elan sprühen und ständig neue Ideen verwirklichen … das ist schon fast ein Widerspruch in sich. Tatsache ist auch, dass der Kampf um gute Mitarbeiter im Tourismus immer härter wird. Es gibt leider nicht viel Nachwuchs. Unsere Branche hat es leider bereits vor vielen Jahren versäumt, das Arbeiten im Tourismus als attraktiv und erstrebenswert zu positionieren – dabei ist unser Beruf einer der schönsten überhaupt! Früher hat man geschaut, wie man sein Haus mit Gästen voll bekommt, nun kämpft man fast mehr um die Gunst der Mitarbeiter als um die Gunst der Gäste. Wir sind jedenfalls sehr stolz auf unsere wunderbaren, fleißigen Mitarbeiter, die ihren Beruf nicht nur als Job, sondern als Berufung ansehen! Dann kommen natürlich noch die Herausforderungen durch die Behörden und die immer strengeren Auflagen – die zum Teil wichtig und berechtigt, aber manchmal auch sehr an den Haaren herbeigezogen sind. Da muss man schon aufpassen, dass man den Mut nicht verliert, bei all den vielen Hürden und Hindernissen, die einem in den Weg gelegt werden.

Wie viel Anteil hat der Wilde Kaiser am Erfolg des Stanglwirts?

Der herrliche Blick auf den Wilden Kaiser ist unser „Meer-Blick" ☺. Ein wahres Gottesgeschenk. Mein Vater hat den Stanglwirt in einer Art „Bogen" gebaut, der zum Wilden Kaiser gerichtet ist und der diesen gedanklich „umarmt", somit bilden der Stanglwirt und der Wilde Kaiser eine Einheit. Aber man kann sich natürlich nicht nur auf den schönen Kaiser-Blick verlassen, denn den hat in unserer wunderbaren Gegend jeder …

Bürgermeister und Industrielle Josef Egger, viel stärker davon profitieren würden als sie selbst. Die Staatsbahndirektion in Innsbruck wiederum fürchtete, dass die Bahn nach Deutschland und Salzburg weitergeführt und damit eine zu starke Konkurrenz für die Giselabahn würde. Als Alternative wurde nun sogar überlegt, eine Abzweigung von St. Johann über Kirchdorf nach Kössen zu bauen. Nach langem Hin und Her ließen auch hier der Erste Weltkrieg und der Siegeszug des Automobils alle Pläne wieder verschwinden. Wobei: Einmal wurden sie noch hervorgekramt, und zwar nach dem Ersten Weltkrieg, als die Waldbahn von Ruhpolding nach Reit im Winkl gebaut wurde. Auf einem Werbeplakat hieß es, dass nun endlich die kürzeste Bahnverbindung von Salzburg nach Kufstein geschaffen werde. Aber auch dazu kam es letztlich nicht. Ursprünglich war die Waldbahn von der bayerischen Forstverwaltung zur Holzlieferung aus der waldreichen Region gebaut und dann, mit Aussicht auf einen touristischen Aufschwung, für den Personenverkehr erweitert worden. Nun konnte man von Salzburg nach Traunstein und dann fast bis nach Kössen mit der Bahn fahren. Bereits 1931 stellte die Bahn ihren Betrieb aber wieder ein. Die Strecke wurde nämlich im Winter immer wieder von Lawinen lahmgelegt. Der Hauptgrund lag jedoch darin, dass infolge der Weltwirtschaftskrise 1929 die Holzlieferungen und auch der Personenverkehr zu stark zurückgegangen waren.

↓ Einer der **ersten Autobusse** in Kufstein um 1910
↓↓ **Ein prall gefülltes Auto** vor dem Gasthof Neuhaus in Kufstein, um 1920

DAS AUTOMOBIL UND DIE EIBERGSTRASSE

Der Bahnbau wirkte sich auch auf den Straßenbau aus. Das Verkehrsnetz verdichtete sich durch das erhöhte Verkehrsaufkommen zunehmend. Das Verkehrsmittel der Zukunft, das Auto, deutete bereits seine Möglichkeiten an, als es zu Beginn des 20. Jahrhunderts in Tirol aufkam. Die Fuhrunternehmer im Bezirk Kufstein und Kitzbühel erkannten, dass ihre Pferde wohl bald ausgedient haben würden, und die Weitblickenden unter ihnen schafften sich um 1910 ihre ersten Automobile an.

Die nächste wichtige Errungenschaft in der Region auf dem Weg der Mobilisierung – und damit auch auf dem Gebiet des Tourismus – war die Eibergstraße. Als Folge des Modernisierungsschubes durch Industrialisierung und Eisenbahn herrschte allgemeine Aufbruchsstimmung – zumindest in den liberalen, fortschrittsorientierten Kreisen. Der Glaube an die technische Machbarkeit wuchs, das Motto „Alles geht" wurde zum neuen Dogma. Kein Wunder, wo doch auf einmal eiserne Ungetüme mit vergleichsweise hoher Geschwindigkeit durch die Gegend preschten, wo Bewegung doch bisher durch die Rohkraft von Mensch und Tier erzeugt werden musste. Die durch schier unglaubliche Ingenieurleistungen angefachte Technikbegeisterung im 19. Jahrhundert trieb dabei interessante Blüten. Heute phantastisch anmutende Projekte, wie die Schmalspurbahn bis Hinterbärenbad oder auf die Gruttenhütte und die Eisenbahn über Kössen, entbehrten jedoch nicht jeglicher Grundlage. Wenn man bedenkt, was tatsächlich realisiert wurde um die Jahrhundertwende, wird unser Schmunzeln über die nicht verwirklichten Pläne weniger. Man denke nur an das Beispiel der Wendelsteinbahn: Die elektrisch betriebene, meterspurige Zahnradbahn überwindet einen Höhenunterschied von 1217 m und war ursprünglich 9,95 km lang; sie führt durch sieben Tunnel, acht Galerien und zwölf Brücken. Auf energisches Betreiben des Industriellen Otto von Steinbeis kam es 1910 zum Baubeginn – im selben Jahr wie bei der Eibergstraße.[38]

Der Ausbau dieser Strecke war schon lange angestrebt, denn der alte Karrenweg erlaubte nur einachsige Gespanne. Bereits 1861 hatte die Stadtgemeinde Kufstein ein Gesuch an die Bezirkshauptmannschaft gerichtet, mit der Bitte um die Einberufung einer Konkurrenz. Unter Konkurrenz verstand man die gemeinsame Finanzierung eines Projektes durch verschiedene Stellen.[39]

Die beteiligten Gemeinden und Interessenten konnten sich jedoch nicht über die Finanzierung einigen, die Kosten waren ihnen zu hoch. Das Projekt schlief ein. Erst 1904 wurde es unter dem Kufsteiner Bürgermeister Josef Egger, einem eifrigen Befürworter des Straßenbaus, wiederbelebt. Die Gemeinden Söll, Scheffau und Ellmau waren der Idee nicht abgeneigt und richteten ein Gesuch an den Tiroler Landtag, um die geplante Straße ins Tiroler Straßenbauprogramm aufzunehmen. Die Idee wurde konkreter und das Ringen zwischen den Behörden und den Bauwerbern begann, ebenso die Streitigkeiten zwischen den Anrainern und verschiedenen Interessenten. Besonderes Interesse am Straßenbau hatte der Zementfabrikant Alois Kraft am Eiberg. Für seinen Betrieb hätte die Straße enorme Vorteile gebracht. Schließlich einigten sich die verschiedenen Projektwerber darauf, die Kosten zwischen Staat, Land, den Gemeinden Kufstein, Söll, Scheffau und Ellmau sowie den Alois-Kraft-Zementwerken aufzuteilen.

Am 9. April 1910 begannen die Bauarbeiten[40] und am 30. Juni 1913 wurde die Straßeneröffnung gefeiert. Wie wenig vor allem die kleinen, ländlichen Gemeinden auf der Südseite des Kaisergebirges vom touristischen Nutzen der Straße überzeugt waren, zeigt, dass sie anfangs strikt dagegen waren, die Eibergstraße für den allgemeinen Automobilverkehr zu öffnen. Für sie standen der Gütertransport und die landwirtschaftliche Nutzung klar im Vordergrund.[41] Schließlich einigte man sich darauf, die Straße für den Automobilverkehr zu öffnen: bei Festsetzung einer Höchstgeschwindigkeit von 15 km/h. Außerdem wurde die Einhebung einer Maut beschlossen.[42] Warum man sich auf die bescheidene Höchstgeschwindigkeit geeinigt hatte, geht aus folgendem Schreiben hervor: „[Die Eibergstraße] ist nach ihrer konstruktiven Anlage für den Automobilverkehr geeignet und steht zu erwarten, dass sie in den Sommermonaten auch häufig von Automobilen benützt werde. Nun besteht in jenen bäuerlichen Kreisen, welche die Straße benützen müssen, die Befürchtung, dass sich durch den Automobilverkehr an einigen gefährlichen Stellen der Straße, wo sie in enger Schlucht neben und zum Teil hoch über dem Bache dahinführt, sehr leicht Unglücksfälle durch Scheuwerden von Pferden und Treibvieh ergeben könnten. Der Verwaltungsausschuss der Straße hat daher als normale Geschwindigkeit für Automobile 15 km festgesetzt und beehrt sich, an den verehrlichen Klub das ergebene Ansuchen zu richten, in seinem Wirkungskreise für die Einhaltung dieser Geschwindigkeit sowie auch dafür Sorge zu [sic] tragen zu wollen, dass die Automobile bei Begegnung mit scheuen Tieren anhalten und im Bedarfsfalle den Motor abstellen. Sollten sich aus Nichtbeachtung dieser Vorsichtsmassregeln Unglücksfälle ergeben, so würde bei der allgemeinen Verstimmung, welche gegen schnell und rücksichtslos fahrende Automobile hierzulande ohnehin schon herrscht, seitens der maßgebenden Behörde die Sperrung der Straße für Automobile verfügt werden, was dem Straßen-Ausschuss und besonders der Stadt Kufstein im Interesse der Hebung des Verkehrs nicht erwünscht wäre."[43]

Der Mauttarif, der auf Betreiben der Gemeinden des Sölllandes eingefordert wurde, erschien

Eine neue Touristenattraktion seit 1914: Rundfahrt um das Kaisergebirge (Bild aus dem Jahr 1928)

Eine Pionierleistung der Straßenbauingenieure am Anfang des 20. Jahrhunderts: die Hohe Brücke über die Weißachklamm am Eiberg.

dem Bürgermeister und der Bevölkerung Kufsteins entschieden zu hoch, denn sie waren dem Tourismus gegenüber offener eingestellt als die Bewohnerinnen und Bewohner der ländlichen Gemeinden. Die Maut kostete damals ebenso viel wie 30 Kilogramm Brot. Laut den erbosten Protestschreiben mehrerer Straßenbenützer kam diese Summe einem Fahrverbot gleich. Die Sölllandler sahen dies anders: „Der Herr Gemeindevorsteher von Ellmau erklärte namens der Konkurrenzgemeinden, dass dieser Tarif ein Gebot der Notwendigkeit sei, da man nicht zulassen könne, dass die Eibergstraße von den Autos, die den Gemeinden keinen Nutzen brächten, ruiniert werde."[44] Der „Tiroler Grenzbote" berichtete von den horrenden Mauttarifen und argumentierte mit dem Tourismus dagegen:

„Kürzlich wurden die Mauttarife für diese neue Straße veröffentlicht. Dieselben enthalten für Personen-Automobile einen Satz von 5 Kronen für die kaum 8 Kilometer lange Strecke. Man weiß nicht, ob diese Taxierung einem Verbot gleichzukommen hat, oder ob sie eine von unberufener Seite eingehobene Luxussteuer sein soll, oder ob man wirklich glaubt, sich dadurch große Einnahmen zu verschaffen, ausgehend von der Absicht, ‚die Autler sollen nur zahlen'. Gleichgültig, welcher Fall hier zutrifft, wollen wir dem Straßenausschuss zu bedenken geben, dass Tirol ein Land ist, dessen fast wichtigste Einnahmequelle der Fremdenverkehr bildet, dessen Förderung in seinen verschiedenen Formen Aufgabe aller Faktoren sein muss, namentlich jener, welche Verkehrswege, also Verkehrserleichterungen schaffen. Besonders hier, an der Schwelle Tirols, haben wir gegenüber dem ganzen Lande die Pflicht dessen guten Ruf als fremdenverkehrs- und automobilfreundliches Land nicht zu gefährden."[45]

Der Bericht war 1914 wenige Monate vor Ausbruch des Ersten Weltkrieges erschienen und zeigt, welche Bedeutung das Automobil in Tirol schon erlangt hatte. Weiter ging der Journalist auf die steigende Bedeutung der bereits tausende Mitglieder zählenden Automobilclubs ein. Es sei zu befürchten, dass die Maut von diesen Clubs in sämtlichen Tages- und Sportzeitungen als „Fremdenausbeutung" scharf kritisiert und vor dem Besuch der Gegend gewarnt werde. Beispiele von Gegenden, die auf diese Weise ruiniert worden seien, gebe es genug. Dass ausgerechnet in Sportzeitungen Kritik zu erwarten war, mag uns heute eigenartig erscheinen. Damals aber galt das Automobil noch viel mehr als Sportgerät und weniger als Fortbewegungsmittel. Dementsprechend sahen sich die Automobilclubs noch stärker als elitäre Motorsportvereine, auch wenn sie keine Wettkämpfe austrugen.

An der hohen Maut scheiterte zunächst auch die Einführung des Postautoverkehrs: Die straßenerhaltenden Gemeinden beanspruchten pro Wagen und Fahrt 1 Krone. Für geraume Zeit wurde der Postautoverkehr deshalb über Kirchbichl und Wörgl nach St. Johann geführt. Die Maut schreckte aber nicht alle ab. Die nun mögliche Rundfahrt um den Wilden Kaiser erfreute sich bei Automobilsportlern großer Beliebtheit. Die Publikationsorgane der Automobilclubs und auch die Tageszeitungen priesen sie als landschaftlich besonders reizvolle Tour an. Kufsteiner Busunternehmer boten die Rundfahrt ab 1914 kommerziell an.[46] Eine neue Art des Reisens und Schauens etablierte sich. An einem halben Tag konnte nun die gesamte Landschaft bequem „konsumiert" werden. Autowandern – ein neuer Begriff war entstanden.

In dieser Zeit vor dem Ersten Weltkrieg wurden im ganzen Land viele neue Postautobuslinien eröffnet. Im Vorfeld dazu wurde zum Beispiel eine Probefahrt von Kufstein nach Kössen durchgeführt,

Auf dem Weg nach Kössen um 1910. **Wiener Sommerfrischler mit nagelneuen Fahrrädern** machen dem Autobus Platz.

um zu testen, ob die Schotterpiste auch tatsächlich für den Autobusverkehr geeignet sei.[47] Interessant sind auch hier die unterschiedlichen Einwände der Gemeinden: Die kleinen, stark landwirtschaftlich geprägten Gemeinden waren mehrheitlich dagegen, weil eine „Gefährdung und Beschädigung von Mensch und Tier zu befürchten sei" und sie die steigenden Erhaltungskosten nicht zahlen wollten. Für Kössen und Kufstein hingegen bedeute ein „gesteigerter Fremdenverkehr geradezu eine Lebensfrage", so der Vertreter der Gemeinde Kössen. Kurze Zeit später fuhr das erste Postauto und der Wilde Kaiser war nun von allen Seiten mit dem Bus zu erreichen.

ANMERKUNGEN ZU KAPITEL 1
DIE ANFÄNGE DES TOURISMUS

1 Archiv für Geschichte, Statistik, Literatur und Kunst 14 (1823), S. 628.
2 Ebenda.
3 Roman Sandgruber: Die Entstehung der österreichischen Tourismusregionen, in: Andrea Leonardi/Hans Heiss: Tourismus und Entwicklung im Alpenraum 18.–20. Jh., Innsbruck u. a. 2003, S. 201.
4 Johann Jakob Staffler: Tirol und Vorarlberg, topographisch, mit geschichtlichen Bemerkungen, Bd. 1, Innsbruck 1841 (2. Aufl.), S. 806.
5 Vgl. Josef Vogl: Die hohe Salve im Brixenthale in Tyrol, München 1859, S. 21–23.
6 Ebenda, S. 25f.
7 Vgl. Sandgruber, Die Entstehung (wie Anm. 3), S. 202.
8 Vgl. Vogl: Die hohe Salve (wie Anm. 5), S. 22; im Gegensatz dazu finden sich bei Sebastian Posch: Brixen im Thale 788–1988. Ein Heimatbuch (= Schlern-Schriften 281), Innsbruck 1988, S. 188 die Jahreszahlen 1619 und 1641ff. für die Zerstörung der Kirche.
9 Vgl. Posch: Brixen im Thale (wie Anm. 8), S. 188.
10 Vgl. Richard Andree: Votive und Weihegaben des katholischen Volks in Süddeutschland. Ein Beitrag zur Volkskunde, Braunschweig 1904, S. 173.
11 Die Verbreitung der Johanneshauptverehrung geht auf die Zeit der Kreuzzüge zurück: Bei der Plünderung von Konstantinopel im 13. Jahrhundert raubte ein Kreuzfahrer den vermeintlichen Schädel von Johannes, der schließlich in Frankreich in der Kathedrale von Amiens landete. Gleich mehrere Kirchengemeinden behaupteten in der Folge, das Original oder Teile davon zu besitzen. Im deutschsprachigen Raum fanden sich in vielen Kirchen nachgebildete Johanneshäupter, oftmals präsentiert auf einem Teller, einer Schale oder Schüssel. Noch heute kann man sich zum Beispiel in der Wallfahrtskirche Violau im Bistum Augsburg an gewissen Tagen ein solches Haupt auflegen lassen.
12 Franz Michael Vierthaler: Meine Wanderungen durch Salzburg, Berchtesgaden und Österreich, Zweiter Theil, Wien 1816, S. 168.
13 Vgl. Ludwig Steub: Alpenreisen, Badekur, online unter: http://www.sagen.at/doku/alpenreisen/badekur.html (Stand: 13.6.2016).
14 Eine Miniaturnachbildung des Häuschens, in dem die Gräfin gewohnt hat, soll im Tiroler Landesmuseum Ferdinandeum zu finden gewesen sein. Vgl. W. Mair: Das Innthal in Tirol und seine Nebenthäler, Innsbruck 1860, S. 31f. Außerdem gibt es dort einen Hinweis auf einen Turm (in Söll, Ortsteil Ried), der angeblich von den Fürsten bewohnt wurde.
15 Vgl. Josef Nevinny: Das Badewesen Tirols und die Heilquellen dieses Landes insbesondere des Brennerbades, Innsbruck 1905, S. 29–33.
16 Ebenda, S. 33.
17 Vgl. August Freiherr von Härdtl: Die Heilquellen und Kurorte des Oesterreichischen Kaiserstaates, Wien 1862, S. 211.
18 Ludwig Steub: Drei Sommer in Tirol, 2. Aufl., Bd. 1, Stuttgart 1871, S. 18.
19 Vgl. ebenda.
20 Heinrich Noë: Das österreichische Seenbuch, München 1867, S. 254–259.
21 Ebenda.
22 Steub: Drei Sommer (wie Anm. 18), S. 27.
23 Heinrich Noë: Das Österreichische Seenbuch, München 1867, S. 247.
24 Alfred Steinitzer: Geschichtliche und kulturgeschichtliche Wanderungen durch Tirol und Vorarlberg, Innsbruck 1905, S. 14.
25 August Lewald: Tyrol vom Glockner zum Orteles und vom Garda- zum Bodensee, München 1938 (2. Aufl.), S. 48. „Boafack" war ein allgemein übliches Schimpfwort für Bayern: „Boa" = Bayer, „Fack" = Schwein.
26 Z. B. Richard Stephen Charnock: Guide to the Tyrol (comprising pedestrian tours made in Tyrol, Styria, Carinthia and Salzkammergut, during the summers of 1852 and 1853), London 1857, S. 31.
27 Zitiert nach Matthias Mayer: Das Tiroler Unterland – heimatgeschichtlich, Bd. 10: Das Sölland, Going 1949, S. 424.
28 Bothe für Tirol und Vorarlberg 1874, S. 213.
29 Vgl. Werner Köfler: Über die 100jährige Salzburg-Tiroler-Bahn. Aus der Vergangenheit für die Gegenwart berichtet das Tiroler Landesarchiv (= Lebendige Geschichte 13), Innsbruck 1975.
30 Bothe für Tirol und Vorarlberg 1875, S. 1275.
31 Innsbrucker Nachrichten, 1.10.1908, S. 8.
32 Vgl. C. C. Hosseus: Die Bedeutung des Saalachtalbahnprojekts für den Turistenverkehr, in: Mitteilungen des Deutschen und Oesterreichischen Alpenvereins (im Folgenden DuOeAV) 38 (1912), S. 123f.
33 Innsbrucker Nachrichten, 30.7.1908, S. 2.
34 Innsbrucker Nachrichten, 3.10.1908, S. 17.
35 Tiroler Grenzbote, 11.1.1903, S. 1.
36 Erklärend sei erwähnt, dass eine deutsche Gewerkschaft in Kössen bereits mehrere Jahre nach Kohlevorkommen in abbauwürdiger Mächtigkeit gesucht hatte. Vgl. Innsbrucker Nachrichten, 7.3.1901. Ein kleines Bergwerk wurde eingerichtet, es versprach Hoffnung auf Gewinn.
37 Tiroler Grenzbote, 26.4.1903, S. 3.
38 Vgl. Hans Treichl: Tor in den Süden. 100 Jahre Eibergstraße, Kufstein 2013, S. 10f.
39 Bothe für Tirol und Vorarlberg, 25.1.1863.
40 Vgl. Treichl: Tor in den Süden (wie Anm. 38), S. 31.
41 Vgl. ebenda, S. 47.
42 Tiroler Grenzbote, 19.7.1913.
43 Tiroler Grenzbote, 2.8.1913.
44 Sitzungsprotokoll Eibergstraßenausschuss, 11.2.1914, zit. nach Treichl: Tor in den Süden (wie Anm. 38), S. 49.
45 Tiroler Grenzbote, 14.2.1914, S. 1.
46 Vgl. Josef Blattl: Kufsteiner Fremdenverkehr in 60 Jahren, in: 60 Jahre Tiroler Grenzbote, Kufstein 1871–1931, Innsbruck 1931, S. 19.
47 Innsbrucker Nachrichten, 3.7.1914, S. 18.

Der Schmetterlingfänger: Um 1900 schon verbrachte der Hauptschuldirektor und Privatgelehrte Carl Suchanek aus Brünn die Sommerfrische am Wilden Kaiser. Oft war der neugierige Forscher mit Schmetterlingsnetz und Botanisierbüchse unterwegs.

SOMMERFRISCHE IM WANDEL …

Frescura: So nannten die Adeligen aus den Städten Norditaliens ihre Sommerlandsitze und zugleich die Zeit, die sie dort verbrachten. Die Bozener dürften als Erste den Begriff übernommen und eingedeutscht haben: frescura – Frische. Eine andere Herkunftserklärung wäre die Ableitung vom italienischen refrigerio – Erfrischung. Aus der adeligen und später bürgerlichen Sommerfrische wurde der Sommerurlaub für alle.

Volkstanz: Sommerfrischler interessierten sich von Anfang an für die vermeintlichen Bräuche der Einheimischen. Nicht immer wurde bei deren Zurschaustellung mit dem kulturellen Erbe sorgsam umgegangen. Im Dienste des Tourismus wurde manche Tradition zwar nicht eigens erfunden, aber wirkungsvoll inszeniert.

Heute wie damals beliebt: Baden
Die Kinder des Fotografen Karl Kaser beim Schwimmen im Walchsee um 1900. Damals war das Badevergnügen noch moralisch bedenklich. Strenge Kleiderordnung herrschte vor allem für die Damen.

Heute gibt es für Sommerfrischler die Erlebniswelten am Berg mit Spiel und Spaß. Um 1900 gab es diese noch nicht, dafür aber viele andere Vergnügungen, wie z.B. Kegeln.

→ Auf der zweiten Terrasse des **Totenkirchls**
↘ Am Grat zur **Vorderen Goinger Halt**

VOM WISSENSCHAFTLICHEN ALPINISMUS ZUM BERGSPORT

Wissenschaftler entdeckten Ende des 18. und zu Beginn des 19. Jahrhunderts die unbekannten Alpen als neues Forschungsfeld. Ihre Bergbesteigungen begründeten sie mit wissenschaftlichen Motiven.

Kapitel 2 AUF DIE GIPFEL

Zuerst begannen Botaniker und dann Geografen den Wilden Kaiser zu durchstreifen, zu beschreiben und zu vermessen. Allmählich erfasste die Bergbegeisterung weitere Kreise und die Motive der Bergsteiger änderten sich. Die neuen selbstbewussten Alpinisten getrauten sich zu behaupten, sie stiegen aus einem einzigen Grund auf die Berge: weil es ihnen Freude bereitet.

DIE ALPENBEGEISTERUNG WÄCHST

„Diese wunderschönen Berge!" Die Alpen als ästhetische Gebilde wahrzunehmen, war lange Zeit keineswegs selbstverständlich. Bis zur Neuzeit wurden die Berge bis auf wenige Ausnahmen hauptsächlich als Hindernisse wahrgenommen, die auf gefährlichen Wegen überwunden werden mussten. Dafür gab es gute Gründe. Die Straßen waren generell in einem schlechten Zustand, nur die Hauptstraßen waren ausgebaut. Sicherungsbauten gegen Steinschlag, Felssturz und drohende Lawinen im Winter gab es nicht, aufwändige Brückenbauten kaum. Bäche und Flüsse mussten entweder weit umfahren oder über Furten unter beträchtlichem Zeitaufwand durchquert werden. Auf dem Weg von Osten her zum Wilden Kaiser zum Beispiel mussten am Pass Strub gefährliche Schluchten passiert werden. Das Durchkommen war beschwerlich, für die Kutschen herrschte massive Absturzgefahr, oft waren Abschnitte unvorhergesehen vermurt und der Weiterweg unmöglich. Noch Anfang des 19. Jahrhunderts erschienen schaurige Berichte über diese einschüchternde Wegstrecke.[1]

Zudem kam es auf Alpenpässen nicht selten zu Überfällen. Berichte über Pilger, die ausgeraubt, misshandelt und getötet wurden, machten die Runde. Im Mittelalter drangen Sarazenen und ungarische Gruppen bis in die Westalpen vor und machten die Alpen unsicher. Diese einfallenden Heerscharen waren ein Grund, warum das dichte und gut ausgebaute Straßennetz der Römer absichtlich nicht mehr gepflegt und erhalten wurde.

Dies soll jedoch nicht darüber hinwegtäuschen, dass die Alpen schon seit Urzeiten besiedelt und die Menschen seit jeher bis in große Höhen vorgedrungen waren, wie zahlreiche archäologische Funde beweisen. Nur den berühmtesten unter ihnen kennt man: den Ötzi. Doch selbst auf der Hohen Salve fand man bronzezeitliche Funde, die den Schluss nahelegen, dass der leicht erreichbare Berg ein Ort kultischer Handlungen war. Und in der Tischofer Höhle im Kaisertal entdeckten Forscher sogar Spuren des Menschen aus der Steinzeit. Oft gelten Berge als Sitz der Götter, etwa der Olymp in Griechenland, oder sie sind Orte der Transzendenz; man denke an den Berg Sinai, wo Moses von Gott die Zehn Gebote erhielt, an den Kailash oder an zahlreiche heilige Berge in Südamerika und anderswo. Immer wieder begegnen sie uns als historisch gewachsene mystische Orte: einstige Plätze von Gotterfahrungen, die sich zu Kultstätten entwickelten.

Ästhetische Berge: Es dauerte lange, bis die Berge als „malerisch" wahrgenommen und von Künstlern als schöne Motive entdeckt wurden (Herbst im Kaisertal, Ölgemälde von Josef Meng 1940).

Persönliche Erfahrungsberichte von Bergbesteigungen sind uns jedoch erst seit dem Mittelalter bekannt. Eine erste solche Beschreibung stammt von Francesco Petrarca, er berichtet von einer Besteigung des Mont Ventoux in der Provence. Von vielen Historikern wurde diese Schilderung als Stiftungsurkunde des Alpinismus gelesen. Heute ist jedoch umstritten, ob Petrarca tatsächlich auf dem Mont Ventoux war oder ob der Text fiktional ist. Womöglich handelt es sich bei der Bergbesteigung um eine Metapher, eine literarisch-theologische Reflexion mit einem Berg als Sinnbild. Noch bevor Petrarca den Mont Ventoux – wie auch immer: fiktiv oder real – erstieg, beschrieb Dante Alighieri in der Göttlichen Komödie den Abstieg in die Hölle; es folgte der Aufstieg auf den Berg der Läuterung gemeinsam mit Vergil. In beiden Fällen, bei Petrarca und Alighieri, dienten die Berge als Projektionsflächen theologischer Reflexionen.

Glaube und Aberglaube gingen Hand in Hand. Noch bis ins 18. Jahrhundert – und in manchen Gegenden der Alpen wesentlich länger – herrschte die Vorstellung, dass in den Bergen Fabelwesen, Dämonen, Drachen, Teufel und Hexen hausen. So war auch das Kaisergebirge als unnütze *terra incognita* reich an Volkssagen, die sich noch in Ortsbezeichnungen wie zum Beispiel „Teufelswurzgarten" wiederfinden. In einer Beschreibung einer Bergtour im Kaisergebirge, unternommen von den zwei aufgeklärten und wissenschaftlich gebildeten Bürgern Anton Sauter und Josef Traunsteiner im Jahr 1830, wird auf die Reste der Sagenstoffe verwiesen:

„Des anderen Tages zogen sie mit dem Anbruche der Morgenröthe aufwärts, und gelangten bald in den Föhrenwald, wo auf einem isolierten Felsen [vor Griesenau] eine Kapelle steht, im Jöchel genannt, nach der Sage hier erbaut, nachdem ein arges Teufelein vom Flecke war gebannt worden, das die vorbei gehenden Kirchgänger neckte und verhöhnte. Bald hatten sie die wilde Schlucht des Kaiserbaches erreicht, die links von himmelhohen Wänden umstarrt, rechts vom grasbewachsenen Hinterkaiser umschlossen ist. Sie wanderten über die Alpen des letzteren hinauf, wo nach dem Sprichworte alle Kräuter der Welt wachsen, wo goldführende, von Venediger Männchen ausgebeutete Quellen aus dem Gebirge sprudeln."[2]

Von der Existenz solcher Teufelchen und Venedigermandln schien lange nicht nur die Alpenbevölkerung überzeugt, auch akademisch Gebildete berichteten darüber. So schreibt der Schweizer Naturwissenschaftler Johann Jakob Scheuchzer noch im 18. Jahrhundert, also im Zeitalter der Aufklärung, über die Existenz alpiner Drachen. Im Hintergrund spielten dabei auch theologische Vorstellungen eine Rolle. Nach der katholischen Kirche, die sich stark an die Lehren Augustinus' hielt, war die Entstehung der unsymmetrischen und unförmigen Berge eine Folge des Sündenfalls. Sie waren also nichts weiter

Der historische Hintergrund zu den „Venedigermandln" ist folgender: Im späten Mittelalter suchten Venezianer nach Mineralien, die sie hauptsächlich zur Glasherstellung benötigten. Meist wurden sie von den Einheimischen aber für Goldsucher gehalten. Aufgrund ihrer fremden Sprache und ihrer ungewöhnlichen Aktivitäten in den Bergen regten sie zur Mythenbildung an. In den Sagen wurden ihnen magische Eigenschaften zugeschrieben (Abbildung aus dem Schwazer Bergbuch 1556).

Hochbetrieb auf der einstigen „Geisterspitze": Der Gipfel der Ellmauer Halt in den 1950er Jahren (Postkarte von Foto Jöchler)

als mahnende und hässliche Ruinen des Paradieses, aus dem Adam und Eva vertrieben wurden: eine *terra maledicta*, Produkt und zugleich Symbol des Gotteszornes, verursacht durch die Sündhaftigkeit der Menschen.

Mit den neuen Geistesströmungen des Humanismus und der Renaissance, aber vor allem durch die Aufklärung mit dem Durchbruch der Wissenschaften wandelte sich dieses Bild allmählich. Jedoch nicht überall: „Überhaupt scheint unser Gebirgsstock für die Geister eine gewisse Anziehungskraft zu besitzen", berichtet der junge, aufgeklärte Jurist Karl Hofmann im Jahr 1869 ironisch über das Kaisergebirge. In Ellmau glaube man die Geister am besten durch eine Verbannung auf den Wilden Kaiser loszuwerden. So sei ihm zum Beispiel „mit überzeugendem Ernste" von „ein Paar Bauern aus der Ellmau"[3] erzählt worden, dass noch vor gar nicht langer Zeit eine Hexe in Ellmau gespukt habe: Wirkungslos zeigten sich hier die altbewährten Bannungsmittel. Kein Gebet half, die Hexe wollte dem Haus einfach keine Ruhe lassen. Da rief man eigens einen Klosterbruder herbei, der sie mit frommen Sprüchen bekämpft und auf den Wilden Kaiser getrieben habe. Die höchste Erhebung des Gebirges, die Ellmauer Halt, führte damals im Volksmund auch noch den Namen „Geisterspitze"[4].

„[Ü]berall spukt es: – kein Wunder! Je großartiger die umgebende Natur, desto mehr ist der Mensch geneigt, übernatürliche Dinge damit in Verbindung zu bringen."[5] Der Blick hat sich gewandelt. Die britische Romantik hatte den Weg für den verklärenden ästhetischen Genuss des *delightful horrors*, des Schaurig-Schönen, mitgeebnet. Für Hofmann selbst ist die „beängstigende" Natur großartig, von magischer Schönheit.

Anton Karg hat am Ende des 19. Jahrhunderts die **Sagenstoffe gesammelt und veröffentlicht.**

BOTANIKER UND GEOGRAFEN ENTDECKEN DEN WILDEN KAISER

Für die frühen dokumentierten Besteigungen spielten wissenschaftliche Motive eine zentrale Rolle: zur Begründung der Gipfelambitionen. Zuallererst veröffentlichten Botaniker oder botanisch Interessierte Berichte über ihre Erkundungstouren im Kaisergebirge in Fachpublikationen. So findet sich der erste bekannte schriftliche Bericht über eine Besteigung im Wilden Kaiser in einem botanischen Taschenbuch[6]. Der bezwungene Berg dürfte der Scheffauer (2111 m) sein, die höchste Erhebung der westlichen Ausläufer des Gebirges. Im August 1794 unternahm der Schwoicher Hilfspriester Franz Berndorffer diese Tour mit einem Uhrmacher aus der Gegend. Erklärtes Ziel war es, die seltene Blume *Linnaea borealis*, das Moos- oder Erdglöckchen, zu suchen – das wird in dem Brief deutlich, der ursprünglich an den Benefiziaten Schmidt in Rosen-

Über dem **Hintersteinersee** thront der Scheffauer als höchste Erhebung des Westkaisers.

Die **Linnaea borealis** im Atlas der Alpenpflanzen

heim gerichtet war. Auch wenn dieser Bericht als „Botanische Excursion“ tituliert ist, so scheint der damit genannte Zweck der Reise nicht das einzige Motiv für das Entstehen des Texts gewesen zu sein. Denn neben dem Botaniker spricht auch der Abenteurer, der Lust an der Gefahr und den Reiz der sportlichen Bewältigung der Schwierigkeiten empfindet, aus den Zeilen. Wichtiger als der botanische Fund scheinen die Besteigung des Gipfels und das Erzählen einer spannenden Geschichte, die die Leserschaft unterhalten soll.

Obwohl dieser Text schon bald in Vergessenheit geriet, findet sich bereits in einem Reisehandbuch aus dem Jahre 1829 eine Empfehlung zur Besteigung des höchsten Gipfels im Westteil des Kaisergebirges; damit war höchstwahrscheinlich der Scheffauer gemeint. Es handelt sich um die erste Aufforderung zu einer Bergtour im Kaisergebirge, die in einem Reiseführer gedruckt wurde. Der Autor kommt darin zuerst auf Kufstein und dann auf das Umland zu sprechen: „Der nahe Kaiserberg enthält treffliche Alpen. Man besteigt ihn am besten vom Dorfe Schwoich, 1 Stunde von Kufstein gelegen. Von hier sind 2 Stunden bis zu den ersten Sennhütten, 1 Stunde auf die sogenannte Steinberger-Alpe und noch ¾ Stunden bis zum sogenannten Freythof, einem Platze, der ein wahrer Kräutergarten genannt zu werden verdient, und von dem man gleichsam im Miniatur-Gemählde, Rosenheim in Baiern, in tiefer Entfernung liegen sieht. Auf den höchsten Gipfel, der über alle umliegenden Gipfel emporraget, sind noch 2½ Stunden.“ [7] Hatte der Autor zuvor den Text des Priesters im botanischen Handbuch gelesen oder eine andere Darstellung verwendet, die wiederum das botanische Handbuch als Quelle genutzt hatte?

Blick vom Westgrat des **Scheffauers** nach Norden in das Inntal

Ganz anders als die abenteuerreiche Schilderung Berndorffers fallen die Berichte früher Besteigungen der Pyramidenspitze (1821), des Kopftörls (1829) und des Treffauers (1853) aus. Über die Ersteigung der ersten beiden Erhebungen wurden Beiträge in der botanischen Fachzeitung „Flora“ [8] veröffentlicht, und dementsprechend wissenschaftlich nüchtern schreiben die Autoren. Über sportliche Motive oder Vergnügen an der Aussicht findet sich darin nichts, lange Listen lateinischer Pflanzenbezeichnungen dominieren.

Die Besteigung des Treffauers durch die erst 20- und 18-jährigen Brüder Robert und Emil Schlagintweit aus München fällt bereits in eine spätere Zeit, als neben botanischem Interesse noch weitere wissenschaftliche Fragestellungen an das Gebirge

Scheffau und im Hintergrund der Gipfel des Sonnecks (links) und des Treffauers (rechts) (Foto Jöchler 1950)

100 Jahre nach der Erstbesteigung 1821 (bzw. nach dem ersten erhaltenen Bericht einer Besteigung) auf dem Weg zur **Pyramidenspitze,** nun mit Skiern (1921)

Das Kopftörl, ein Jochübergang zwischen Totenkirchl (links) und Ellmauer Halt, von Norden aus gesehen (um 1920)

herangetragen wurden. Ergebnis ihrer Besteigungen im Kaisergebirge bildete Robert Schlagintweits Dissertation, die 1854 unter dem Titel „Bemerkungen über die physikalische Geographie des Kaisergebirges“[9] publiziert wurde. Darin finden sich daten- und faktenreiche Darstellungen zu den orografischen und geologischen Verhältnissen, außerdem Temperaturmessungen von Luft und Quellwässern und hypsometrische Beobachtungen. Letzteres sind barometrische Höhenmessungen, denn damals war noch nicht klar, welcher Gipfel der höchste im Kaisergebirge ist. Das Gebirge musste erst vermessen, geordnet und beschrieben werden. Der schwer zugängliche Wilde Kaiser bildete einen dieser weißen Flecken auf der Landkarte, mit dessen geografischer Erforschung man noch wissenschaftliche Reputation erwerben konnte. Nachdem die Botaniker und Mineralogen noch auf der Suche nach Details gewesen waren und sich bemüht hatten, ihre umfangreichen Sammlungen zu vergrößern, ging es nun, in der zweiten Welle der wissenschaftlichen Auseinandersetzung mit dem Gebirge, bereits um die Beschreibung größerer Zusammenhänge und die topografische Erfassung gesamter Gebirgszüge. Die Geografie als Wissenschaft begann sich zu etablieren.

Robert Schlagintweit (links) mit seinen Brüdern Hermann und Adolf. Emil ist auf dem Bild nicht zu sehen.

Obwohl diese Dissertation hauptsächliche nüchterne Datensätze beinhaltet und ästhetische oder sportliche Naturerfahrungen ausklammert, hatte

Darstellung des Wilden Kaisers in der **Dissertation von Schlagintweit**

Blick vom **Hintersteinersee** auf den **Treffauer**

sie einen nicht zu unterschätzenden Einfluss auf die beginnende alpintouristische Erschließung des Kaisergebirges. Jahre später griff ein Gründungsvater des Alpenvereins und Bahnbrecher der touristischen Erschließung des Kaisergebirges, Karl Hofmann, auf diese erste geografische Beschreibung zurück, um das Gebirge weiter zu durchforschen, noch unbestiegene Gipfel zu erobern und – das war nicht unwesentlich – sich soziale Anerkennung zu verschaffen, indem er kapitale Fehler des Werkes korrigierte. Die Brüder waren nämlich zum falschen Schluss gekommen, dass sie mit der ersten „touristischen" Besteigung des Treffauers, geführt vom Einheimischen Mathias Örger, den höchsten Gipfel des Gebirges erstiegen hätten. Die Suche nach dem bergsteigerischen Superlativ, also dem allerhöchsten Gipfel, erfanden im Kaisergebirge jedoch nicht erst die Brüder Schlagintweit.

CARL THURWIESER – „THE FIRST MODERN ALPINIST"

„Ein einziger Tag auf hohem Berge bringt in das gewöhnliche, meist einförmige Leben eine frohere und nachhaltigere Abwechslung, als die buntesten Vergnügen im Thale."[10] Diese Zeilen stammen vom Geistlichen und Alpinisten Carl Thurwieser. Schon 1826 stieg er auf die Ackerlspitze im östlichen Teil des Wilden Kaisers – in der Hoffnung, dass es sich dabei um die höchste Erhebung handle. Neben seiner Arbeit als Geistlicher und Professor war Thurwieser einer der ersten und umtriebigsten Bergsteiger in den Ostalpen. Zwischen 1820 und 1847 führte er mehr als siebzig Bergtouren aus, darunter neben Besteigungen von Ortler und Großglockner auch zahlreiche Erstbesteigungen. Schon als Kind verbrachte der Müllersohn aus dem Tiroler Kramsach seine Freizeit am liebsten in der Natur und den umliegenden Bergen. Dabei erkannte und beschrieb er als einer der ersten den gesundheitlichen Nutzen des Bergsteigens. Darüber hinaus sah er im Bergsteigen einen Ausgleich zu seiner geistig fordernden Tätigkeit, die er schon mit 21 Jahren, nach seiner Priesterweihe, auszuüben begann: „Ich betrachte meine Bergbesteigungen als größere Spaziergänge, wobei die Thätigkeit des Körpers stärker angeregt und in leichter Uebung erhalten wird. Meine Natur fordert solche starken Bewegungen als ein von Jugend auf erworbenes Recht; ihr aber dieses Recht gewaltsam einschränken zu wollen, wäre bei meiner dermaligen Stellung, wo der Leib ohnedies zu wenig Bewegung hat während der Geist stark angestrengt ist, gar nicht rathsam."[11]

Es handelt sich hierbei um eines der frühen Zeugnisse einer ausdrücklich erholungs- und freizeitorientierten Betrachtung des Bergsteigens als Gegengewicht zur Arbeit. Damit stand Thurwiesers Bericht im Gegensatz zu den üblichen Beschreibungen von Bergbesteigungen, die wissenschaftliche Motive in den Vordergrund rückten. Dem Alpinisten erschien es als Minderung des Bergerlebnisses, sich während des Bergsteigens auf verschiedenste wissenschaftliche Tätigkeiten zu konzentrieren: „Besser eines recht als vieles schlecht. Deshalb habe ich bisher auf den Bergen weder botanische noch mineralogische Sammlungen gemacht; denn meine Absicht bei Bergreisen ist und wird sein 1. die bisherige Thätigkeit meiner Natur zu erhalten, 2. die Herrlichkeit der Werke Gottes zu bewundern, 3. mich gründlich aufzuheitern und zu erholen. Darum pflückte ich bei meinen Bergbesteigung[en] nur Edelweiß – meine Lieblingsblume“ [12]. Aus der Sicht des britischen Historikers und Alpinisten William Augustus Brevoort Coolidge (1850–1926) galt Thurwieser deshalb als „der erste, der das Bergsteigen zweckfrei betrieb“, und somit überhaupt als der „erste echte Bergsteiger“ [13]. Diese Einordnung ist umso erstaunlicher, da die Briten selbst gemeinhin als „Erfinder“ des sportlich-zweckfreien Bergsteigens im 19. Jahrhundert gelten.

Auch aus dem Bericht zur Besteigung der Ackerlspitze von Süden sprechen der Reiz an der sportlichen Herausforderung, die Begeisterung an der Überwindung schwieriger Passagen, die Freude am Bewegungsfluss und an freundschaftlicher Konkurrenz. Und über den Aufenthalt auf dem Gipfel, auf dem der Platz begrenzt ist, schrieb Thurwieser: „Für uns drei war der Platz bequem genug, doch mußten wir vorsichtig umhergehen, theils wegen der lockeren Steine, theils wegen seiner gähen [sic!] Abschüssigkeit nach allen Seiten; gegen Süden beträgt sein senkrechter Abfall gewiß 2000‘ [Fuß], eine schwindelnde Tiefe, in die ich mit Vergnügen hinabschaute.“ [14] War er der Prototyp des modernen Extremsportlers, des „Adrenalinjunkies“ der Gegenwart? So viel scheint gewiss: Die Lust an der Gefahr, der Reiz des Abenteuers sind keine gänzlich neue Erfindung.

Peter Carl Thurwieser
(1789–1865)

Auch andere Muster der frühen bergsteigerischen Erzählung tauchten in Thurwiesers Bericht auf: beispielsweise der Genuss der Aussicht und das geografisch-wissenschaftliche Ordnen der Fernsicht. Daneben lässt sich ein weiteres sportliches Motiv hinter der Besteigung der Ackerspitze erkennen: die Jagd nach Rekorden, nach der höchsten Bergspitze. „Zu meinem Verdruße bemerkte ich gegen W[est]

360 ° Panorama: Die Maukspitze im Vordergrund und im Hintergrund links die Ackerlspitze

S[üd]W[est] in der Entfernung von beiläufig einer Stunde einen noch höheren Felsen: ‚Den Gamshaltspitz'. [...] Ich äußerte dem Steffel sogleich meinen Verdruß. Er behauptete zwar die größere Höhe des Gamshaltspitzes sei nur scheinbar, doch konnte ich ihm nicht glauben, ja er glaubte sich nun selbst nicht mehr ganz, denn wenige Tage nach meiner Abreise ging er auf die Gamshaltspitz, um sich von der Richtigkeit oder Unrichtigkeit meiner Behauptung zu überzeugen, und er sah, daß der Ackerlspitz etwas niedersinke." [15]

Nach Thurwieser hatte den Gipfel über mehrere Jahrzehnte niemand mehr bestiegen, oder zumindest niemand mehr, dessen schriftlicher Bericht darüber Bekanntheit erlangt hätte.[16] Heute wird der Gipfel häufiger aufgesucht: Alleine im Jahr 2008 trugen sich beispielsweise rund 500 Personen ins Gipfelbuch der Ackerlspitze ein. Trotzdem zählt der Berg damit nach wie vor nicht zu den stark frequentierten Gipfeln im Kaisergebirge. „Das Ackerl" ist über die Jahrhunderte nicht wesentlich leichter geworden.

ERNEUTE SUCHE NACH DEM HÖCHSTEN GIPFEL

Die Engländer machten die Westalpen mit der Zeit zu ihrem „Playground of Europe" und hoben 1857 mit der Gründung des British Alpine Clubs den ersten alpinen Verein der Welt aus der Taufe. Dieser elitäre Zirkel von wohlhabenden und gebildeten „Gentlemen-Alpinisten" begann nun, nachdem ihm in den Westalpen allmählich die Ziele ausgingen, seinen Aktionsradius in die Ostalpen auszudehnen und Gipfel um Gipfel zu „erobern". In der „Augsburger Zeitung" reagierte ein aufgebrachter deutscher Alpinist auf diese Entwicklung und schrieb in der Tonlage nationalen Konkurrenzdenkens: „Seit kurzem werden von Engländern auch in deutschen Alpen [darunter verstand man die gesamten deutschsprachigen Ostalpen] Turen ausgeführt, freilich unter Begleitung von Schweizer Führern, die sie mitbringen, über welche Leistung die Tiroler ungläubig die Köpfe schütteln. [...] Das müßte anders werden." [17] Angeregt und herausgefordert vom Tatendrang der Briten, die den Sport als führende Industrienation vor allen anderen als Ausgleich zur schwindenden körperlichen Arbeit entdeckt hatten und sich diesen auch leisten konnten, zogen die Kontinentaleuropäer nach. 1862 gründeten Wiener Akademiker, darunter Naturwissenschaftler und naturwissenschaftlich interessierte Juristen – allesamt zumindest aus ökonomisch stabilen Verhältnissen –, den Österreichischen Alpenverein. Ein Jahr später entstanden der Schweizer Alpenclub und der Club Alpino Italiano.

Während bei den Briten langsam die wissenschaftlichen Beweggründe zugunsten sportlicher in den Hintergrund traten, dominierte auf dem Festland zu Beginn noch die Wissenschaft. Von einem Männerspielplatz, auf dem die Alpinisten Heroismus und sportliche Konkurrenz zur Schau trugen und auf den sie unerfüllte Eroberungsphantasien projizierten, sprach hier noch niemand. Allerdings erhielt der wissenschaftliche Alpinismus des Österreichischen Alpenvereins, der eher einer geografischen Gesellschaft denn einem Bergsteigerverein glich, nicht nur Zuspruch. Manchen war der Zugang zu den Bergen ein zu theoretischer. Sie wollten die Alpen *praktisch* erschließen: Hand anlegen, Wege und Hütten bauen, die Berge einer breiteren Masse körperlich – und nicht nur geistig – näherbringen.

Unter diesen „Praktikern" des Alpenvereins fand sich ein junger Rechtsstudent: Karl Hofmann.[18] Aus einer renommierten Münchener Familie stammend, begann er früh, eigene, unabhängige Wege zu gehen. Voller unbändiger Energie, ja ein regelrecht ungestümer „Wildling" soll er den Beschreibungen seiner Verwandten zufolge als Kind gewesen sein. Seine Mutter, eine sensible und intellektuelle Frau, führte ihn schon als Kind ins nahe Gebirge, das sie als geeignetes Ventil für seinen Überschuss an Energien empfand. In Oberaudorf, unweit der Tiroler Grenze,

Karl Hofmann (1847–1870), Zeichnung von Ernst Platz

verbrachte er regelmäßig die Sommerfrische, den Zahmen und Wilden Kaiser ständig im Blick. Nach Abschluss der Schule 1866 begab er sich auf eine längere Alpentour: Er reiste zum Brenner, ins Zillertal, wanderte zum Tauernhaus und nach Berchtesgaden. Wieder zurück in München suchte er nach Gleichgesinnten. Eine lockere Tischgesellschaft entstand: die Münchener Uralpinisten, unter ihnen auch Theodor Trautwein, der den ersten Gebietsführer des Kaisergebirges schreiben sollte. Bei dieser Runde handelte es sich um die Keimzelle des zukünftigen Deutschen Alpenvereins. Gemeinsam veranstalten die Alpinisten zunächst Vorträge, organisierten Sommertouren und tauschten sich über ihre alpinen Erlebnisse aus. Am 9. Mai 1869 unterzeichneten Karl Hofmann und Theodor Trautwein im Saal des Gasthofs zur Blauen Traube die Gründungsurkunde der Sektion München. Daneben waren auch der Ötztaler Kurat Franz Senn und der Prager Kaufmann Johann Stüdl maßgeblich an dieser Neugründung beteiligt, die die Alpen im Gegensatz zum Österreichischen Alpenverein nicht nur wissenschaftlich, sondern vor allem praktisch, touristisch erschließen wollte.

Unermüdlich wirbt Hofmann für die neue Sache. Unmittelbar nach der Gründung fordert er den Innsbrucker Universitätsprofessor und Alpinisten Leopold Pfaundler in einem Brief auf, in Innsbruck an der Gründung einer Sektion des Deutschen Alpenvereins mitzuwirken. Neben vereinspolitischen Anliegen kommt er dabei auch auf die alpine Praxis zu sprechen: „Kennen Sie das Kaisergebirge? Da herrscht in den Karten incl. Österr. Generalstabkarten ein buntes Wirrwarr! Von Seiten unserer hiesigen Bergsteiger wurde eine Reihe von misslungenen Versuchen unternommen aus dem Kaisertal d. h. von Norden aus die höchste Spitze zu erreichen. Ich werde in den nächsten Wochen den Anstieg von Scheffau oder Ellmau auf den Hochkaiser versuchen. Die Fama erzählt Schlimmes über die Gefahren dieser Ersteigung. Das Kaisergebirge ist vorläufig unser Excursionsgebiet für kleinere, ein oder mehrtägige Partien von München aus. Ist Ihnen irgendeine literarische Arbeit über das Kaisergebirge bekannt, die ziemlich wertlosen von Schlagintweit (Neuere Untersuchungen) ausgenommen. Sie würden mich sehr verpflichten, wenn Sie mir hierüber einige Aufschlüsse geben würden.“ [19]

Pfaundler wusste nichts Näheres, und so blieb Hofmann nichts anderes übrig, als vor Ort selbst Genaueres in Erfahrung zu bringen. Am 4. Juni 1869 fuhr er von München nach Kufstein und wanderte zum Hintersteiner See. Er gedachte die Ersteigung des Treffauers, den Hofmann nach den Messungen der Schlagintweits für den höchsten Kaisergipfel hielt, von Süden zu versuchen, da ihm diese Seite weniger schroff erschien. 2 Stunden und 40 Minuten nachdem er in Kufstein abmarschiert war, traf er bei dem „anspruchslosen Wirtshaus“ neben der Wallfahrtskirche Bärenstatt ein. Dort erkundigte sich Hofmann nach einem Führer, der ihn auf den Treffauer bringen könne. Der Wirt versicherte ihm, dass Peter Schiesslinger (recte Eisenmann) vom benachbarten „Schiesslinger Hof“ ein ausgezeichneter Steiger sei, der mehrere Jahre lang auf der Wegscheidalpe als Schafhirt gearbeitet habe. Tatsächlich war Schiesslinger ein kräftiger Bursche, dessen äußere Erscheinung den verwegenen Steiger erahnen ließ. Er erklärte sich bereit, Hofmann auf den Treffauer zu führen. Um 3.40 Uhr in der Früh brachen die beiden auf. Schnell kamen sie über die Almwiesen in höhere Regionen:

Die Gründungsväter des Deutschen Alpenvereins: Hofmann, Stüdl, Trautwein und Senn (im Urzeigersinn)

↑↑ Der **Treffauer**
↑ **Ein seltener Anblick:** Die Ackerlspitze vom Treffauer aus
↗ **Die Ellmauer Halt von Süden.** Der erste „Tourist" Hofmann stieg über das Schotterfeld in Bildmitte zur Roten Rinnscharte (zwischen Kaiserkopf links und Ellmauer Halt) auf und von dort rechts über die Felsen zum Gipfel. Heute führt der versicherte Weg nicht mehr durch das mühsame Schotterfeld, sondern rechts davon in den Felsen über die sogenannten Gamsänger.

„Als ich meinen Peter zu tadeln begann, dass er sich hier so schlecht auskenne, obwohl er nach seiner eigenen Aussage schon öfter den Treffauer Kaiser erstiegen habe, kam zu meiner Ueberraschung plötzlich das Geständniss zum Vorschein: ‚Ja! auf dene andern Spitzn da urnananda, da bin i scho überall gwe'n, aber aufm Trefferer, da war i no nie!' Mein Ärger hierüber konnte mir wenig helfen. War mir doch allgemein der Schiesslinger Peter als der beste Steiger und Führer der Umgebung bezeichnet worden! Ich hätte wahrscheinlich für ihn auch keinen tüchtigeren Ersatz finden können. Um übrigens meinem Peter auch das verdiente Lob zukommen zu lassen, sei erwähnt, dass er sich wirklich im Laufe der Partie als trefflicher Steiger bewährte." [20]

Um 7:50 Uhr hatten sie den höchsten Gipfel erreicht, im frohen Glauben, nun auf dem höchsten Punkt des Kaisergebirges zu stehen. Doch welche Überraschung: Da ragte im Osten ein mächtiger Koloss empor, den Treffauer überragend. Und dahinter, weit im Osten, erhob sich ein zweiter Gipfel, der ebenfalls bedeutend höher schien als ihre Spitze. „Und wie wild die Bursche aussahen! Mit scheinbar senkrechten Wänden stiegen sie empor, vielkantigen

Thürmen gleichend. Nicht nur war mein Plan misslungen, den höchsten Punkt des Kaisergebirges zu erreichen, sondern auch der Hauptzweck, mir eine genaue Übersicht und Kenntniss des Gebirgsstockes zu erwerben, konnte nicht ausgeführt werden; denn jene mächtige Spitze vor mir versperrte einen grossen Theil der Aussicht. Peter, der sich allsogleich mit Gemüthsruhe ein Plätzchen zu mehrstündigem Schlafe ausgesucht hatte, setzte meinen wiederholten dringenden Fragen, wie denn die beiden Berge hiessen, ein phlegmatisches ‚Sell woass i net' entgegen, mit einer Consequenz, die einer besseren Sache werth gewesen. Die beiden Gipfel waren, wie ich später erfuhr, die Haltspitze im Ellmauer Kaiser, der höchste Punkt des Kaisergebirges, und die Kaiserackerlspitze im Goinger Kaiser." [21]

Hofmann kam bald wieder ins Kaisergebirge und bestieg mit einem Ellmauer Bergführer schließlich die in der Tat höchsten Gipfel des Kaisergebirges: zuerst den zweithöchsten – die Ackerlspitze – und endlich die Ellmauer Halt. Die Abenteuer und die geografischen Erkenntnisse seiner „Expeditionen" ins Kaisergebirge – immerhin hatte er die Höhen der Gipfel mit einem Barometer bestimmt – veröffentlichte Hofmann im ersten Jahrbuch des Deutschen Alpenvereins. Damit machte er das Kaisergebirge erstmals einem breiteren Publikum bekannt. Denn der Alpenverein wuchs beständig.

DIE SAAT HOFMANNS GEHT AUF: IN KUFSTEIN ENTSTEHT EINE ALPENVEREINSSEKTION

Hofmann stirbt nur ein Jahr nach seinen „Bergfahrten" im Kaisergebirge im Alter von 22 Jahren: Er fiel 1870 in der Schlacht von Sedan im französisch-deutschen Krieg, einer Auseinandersetzung, die sich letztlich indirekt auf die Entwicklung des Fremdenverkehrs auswirkte. Denn dieser Krieg wirkte identitätsstiftend für die heterogenen deutschen Bundesstaaten, der Hass auf Frankreich schweißte sie zusammen, der gemeinsame Feind einte diejenigen, die sich ansonsten alles andere als einig waren. 1871 erfolgte die Gründung des Deutschen Reiches, die ein imposantes Wirtschaftswachstum, einen Aufstieg des Bürgertums und eine erste deutsche Tourismuskonjunktur – zumindest in den wohlhabenderen bürgerlichen Sichten – nach sich zog.

Der Alpenverein profitierte von diesen Entwicklungen. In vielen Städten Deutschlands gründeten sich Sektionen, die in die Alpen drangen und satzungsmäßig ihre Bereisung erleichtern wollten. Obwohl Hofmann schon tot war, vergaßen die Münchener das nahe Kaisergebirge nicht mehr. Erste Akzente setzte dort die Sektion München. Schließlich wandte sie sich an den Stadtpfarrer Matthäus Hörfarter, der dem Kufsteiner Verschönerungsverein vorstand: mit dem Vorschlag, eine eigene Filiale des Alpenvereins vor Ort zu eröffnen. Hörfarter gefiel

Der Panoramablick vom Treffauer hat sich wohl seit der Besteigung durch Hofmann 1869 nicht verändert …

die Idee. Er sah in der touristischen Erschließung der Region nur Vorteile. Bald schon erfolgte die Antwort Hörfarters: „An den hochlöbl. Central-Ausschuß des deutschen und oesterreichischen Alpenvereins. Beeile mich hiemit anzuzeigen, daß am 24. d. [24.1.1877] in Folge einer Subscribtion mehr als 30 Männer sich zusammenfanden, die Gründung einer Section des Alpenvereins für Unterinnthal mit dem Sitz in Kufstein vorzunehmen. […] Wir gedenken unser Wirken im engen Verband mit dem Verschönerungsverein zu halten, dessen Vorstand ich bin." [22]

In kürzester Zeit hatte Hörfarter 37 Mitglieder gewonnen; darunter die gesamte Stadtprominenz, wie den Bürgermeister Georg Anker, den Buchdrucker und Verleger Eduard Lippott, den Politiker und Gastwirt Josef Dillersberger, den Brauereibesitzer und Zementfabrikanten Michael Egger und den Wachsfabrikanten Johann Reisch. Fast ausschließlich Beamte, Lehrer, Gastwirte, Hotelbesitzer, Advokaten, Kaufmänner und Unternehmer fanden sich auf der Liste. Ziel war es, „die Kenntnis der Alpen Deutschlands und Oesterreichs zu erweitern und zu verbreiten, sowie ihre Bereisung zu erleichtern." Um dies zu erreichen, wollten die Kufsteiner literarische und artistische Arbeiten herausgeben, Verkehrs- und Unterkunftsmittel herstellen und verbessern, das Bergführerwesen organisieren und gesellige Zusammenkünfte und Vorträge veranstalten. Schon im Jahr darauf begann man mit der touristischen Erschließung des Wilden Kaisers.

Wer war der Mann, der in Kufstein die Fäden in Sachen „Fremdenverkehr" zog und als einer der ganz großen Tourismuspioniere Tirols bezeichnet werden darf?

Georg Anker, bürgerlicher Seifensieder und Bürgermeister der Stadt Kufstein von 1890 bis 1894

Der Alpenverein veranstaltete um die Jahrhundertwende viele Feste und Bälle, immer unter einem kreativen Motto.

DEUTSCHER UND ÖSTERREICHISCHER ALPENVEREIN · SEKTION KUFSTEIN

EINLADUNG

zur Hunderttausendjährigen Geburtstagsfeier

Seiner Majestät des

WILDEN KAISERS

in seiner Haupt- und Residenzstadt Kufstein
am 14. Februar 1914 im Thronsaal
der Kaiserl. Hofburg (Egger)
Beginn 7 Uhr abds.

*

Hunderttausendjähriger Kaiser,
Herrlich ragst du felsenfest,
Laß uns feiern, du o greiser,
Jubelnd heut' dein Wiegenfest.

Laß' uns froh in deinem Zeichen,
Springen voller Lebenslust,
Daß wir deinen Gemsen gleichen,
An der harten Felsenbrust.

Jauchzend danken dir die Scharen.
Jeder echte Bergessohn
Tanzt in hunderttausend Jahren
Noch um deinen stolzen Thron

FEST-ORDNUNG

I.

Fanfaren verkünden die Ankunft Sr. Majestät.
Seine Majestät erscheint mit großem Gefolge

II.

Huldigungszug des Volkes vor dem Kaiser

III.

Hof-Ball

Beigezogene Festgäste:
Bewohner des Kaisergebirges und aus Kufsteins Umgebung. Touristen und Touristinnen, Skifahrer und Rodler, Jäger, Holzknechte, Knappen und Hirten, Bauern und Bäuerinnen, ihre Buam und ihre Dirndln

*

Eintrittskarten: Vorverkauf beim Sektionskassier
Herrn Eduard Neumayer
für Mitglieder .. .. K 2.–
für die Familienangehörigen à Person K 1.–
An der Abendkasse zahlen alle Herren
ohne Ausnahme Kronen 3.–,
Damen Kronen 2.–

Der Eintritt ist nur auf die werten Geladenen beschränkt.
Es wird ersucht, nur in Tracht oder Touristenkleidung zu erscheinen.
Die Eintrittszeichen sind sichtbar zu tragen.

VORVERKAUF NUR FÜR MITGLIEDER!

SEELSORGER UND TOURISMUSVISIONÄR: MATTHÄUS HÖRFARTER

Matthäus Hörfarter[23] erblickte am 11. September 1817 als Sohn des Aignerbauern in Kössen das Licht der Welt. Da er wegen seiner schwächlichen Konstitution „für die harte Bauernarbeit nicht zu taugen schien", schickten ihn seine Eltern in das Franziskanergymnasium in Hall, damit er sich dort auf eine Karriere als Geistlicher vorbereiten konnte – damals eine der wenigen dem bäuerlichen Milieu sinnvoll erscheinenden beruflichen Alternativen. Priester wurde er aber schließlich erst nach einigen Umwegen: Nachdem er zunächst sein Theologiestudium in Innsbruck und später sein Medizinstudium in Wien abgebrochen hatte, schwor er sich während einer Untersuchungshaft für einen nicht begangenen Raubmord, Priester zu werden, sollte seine Unschuld bewiesen werden. Seinen ersten Seelsorgeposten erhielt er in Mittersill, zusätzlich begann er seine Tätigkeit als Autor und publizierte Beiträge in Fachzeitschriften. 1850 stellte ihn die fürstliche Familie Löwenstein-Wertheim als Erzieher und Berater ein. Nach der Aufgabe dieses Postens führte es ihn nach Salzburg, von wo er den Ruf auf den Lehrstuhl für Fundamentaltheologie und Metaphysik erhalten hatte, der an der dortigen theologischen Fakultät neu eingerichtet worden war. Aber bereits sechs Jahre später war Professor Hörfarter gezwungen, das weit weniger bedeutende Amt des Stadtpfarrers und Dekans von Kufstein anzutreten. Wie war es dazu gekommen?

Damals hing ein kleiner Teil der theologischen Welt in Deutschland und Österreich der Philosophie Anton Günthers an. Sein Programm beinhaltete das Ziel, die verfeindeten Bereiche Glaube und Wissenschaft einander näherzubringen. Die aufgeklärtesten und progressivsten Geistlichen waren von seiner Lehre angetan, darunter auch Hörfarter. In Rom hingegen erhielten zeitgleich jesuitische Strömungen wieder mehr Einfluss, die in der modernen Lehre Günthers eine Gefahr für die katholische Kirche erkennen wollten. Schließlich verbot Papst Pius IX. sie, zwei Jahre nachdem Hörfarter die Professur in Salzburg erhalten hatte. Dem Lehrenden wurde nahegelegt, nicht mehr nach Günther zu unterrichten, sofern er sein Amt behalten wolle. Doch Hörfarter blieb seiner Überzeugung treu, was den Verlust des prestigeträchtigen Postens bedeutete.

Matthäus Hörfarter, von 1859 bis 1896 Dekan und Stadtpfarrer in Kufstein

Für das Städtchen am Inn war der liberale Hörfarter zu diesem Zeitpunkt genau der richtige Mann, denn Kufstein galt als nationalliberale Hochburg des Antiklerikalismus. Überall in den Zentren Tirols kam es in den folgenden Jahren zu einer als Kulturkampf bezeichneten Auseinandersetzung zwischen Liberalismus und politischem Katholizismus, zwischen Fortschrittlichen und Konservativen, doch Hörfarters besonnene und offene Art ließ Kufstein diese Auseinandersetzungen unbeschadet überstehen. Der Mehrheit des Klerus in Tirol missfiel eine Trennung zwischen Staat und Kirche, besonders aber der schwindende Einfluss des Staates auf das Schulwesen. Hörfarter indes sah in einem aufklärenden – statt katholisch verklärenden – Unterricht eine Notwendigkeit. Umgehend machte er sich daran, die sechsklassige Volksschule in Kufstein zu reformieren, welche zu einem Vorbild für ganz Tirol wurde. Ganz besonderen Verdienst erwarb er sich jedoch durch die Einrichtung des ersten Kindergartens in Tirol und durch die Gründung der ersten Bildungsanstalt für Kindergärtnerinnen in Österreich. Dafür erhielt er erst posthum den ihm gebührenden Dank und Anerkennung.

Auch im Seelsorgealltag zeigte sich Hörfarter als aufgeklärter und rational argumentierender

Auf diesem Grat (von rechts nach links) kletterte Hörfarter zum **Scheffauer**.

Humanist, der dem noch im 19. Jahrhundert weit verbreiteten Aberglauben in der Landbevölkerung entgegenwirkte. Als in Kufstein beispielsweise die Geschichte von einem Hausgespenst die Runde machte, das die Bewohner nachts mit Schlägen traktiere, wandte man sich an den Priester. Dieser weigerte sich jedoch, dem an ihn herangetragenen Wunsch nachzukommen, den Geist mit den geweihten Mitteln der Kirche auszutreiben. Bald stellte sich der Spuk als Schwindel heraus, mit dem ein Mieter den Preis des Hauses reduzieren wollte, das er zu kaufen beabsichtigte. Ein weiteres Anliegen war ihm, sinnlose Demütigungen und drakonische kirchliche Strafen zu verringern. So schaffte er zum Beispiel den Brauch ab, dass sogenannte „gefallene Mädchen", also Frauen, die unehelich schwanger geworden waren, öffentlich vor der versammelten Kirchengemeinde Abbitte leisten mussten. Diese liberale Haltung brachte ihm aber nicht nur Zuspruch ein. Vor allem die konservativen Geistlichen in den Dörfern der Umgebung stießen sich an seiner Toleranz und warfen ihm außerdem vor, mit der neuen Reformbewegung der Altkatholiken zu sympathisieren.

Hörfarter war aber nicht nur ein liberaler Intellektueller und umtriebiger Organisator, sein Einsatz für den Alpintourismus entsprang aus seiner tiefen Begeisterung für das Bergsteigen. Vor allem in seiner Zeit in Salzburg erklomm er zahlreiche Gipfel, wie Watzmann, Hochkönig oder Großvenediger – als es weder ein organisiertes Führerwesen noch ausgetretene Steige gab. In Kufstein stand er bereits 1860, also neun Jahre, bevor Hofmann die Ellmauer Halt betrat und den Kaiser bekannt machte, mit einem Gämsjäger auf dem Sonneck und traversierte von dort den ausgesetzten Grat über die Hackenköpfe zum Scheffauer; vielleicht überhaupt als Erster – oder zumindest als erster Nichtgämsenjäger?

DIE NEUE ALTE WANDERLUST

„So bietet das Kaisergebirge nicht allein dem Hochtouristen ein reiches Feld für seine Unternehmungen, auch der bequemere Bergwanderer wird in dem so unnahbar scheinenden Gebirge seine Ausbeute finden." [24] Diesen Satz schrieb Trautwein in der ersten touristischen Beschreibung des Kaisergebirges aus dem Jahre 1879, als er in blumiger Sprache die vielen Wandermöglichkeiten in der den Felsbastionen vorgelagerten Wald- und Almregion vorstellte. Als Hochtouristen wurden zu jener Zeit alle Bergsteiger bezeichnet, die sich über die Wald- und Almregionen hinauswagten und „Hochtouren" in Fels und auch Eis unternahmen. Unter Tourist hingegen verstand man den Wanderer, der seine „Touren" in besagten niedrigeren alpinen Wald- und Almregionen unternahm, nicht den Reisenden im Allgemeinen.

Heute wird genauso wie damals mit den Wandermöglichkeiten im und um das Kaisergebirge geworben. Wandern ist schließlich nach wie vor das „Hauptprodukt" des sommertouristischen Angebots, wie es im Touristiker-Jargon heißt. Heute bewerben aber nicht mehr Alpenvereinsmitglieder aus München die Wanderangebote, sondern findige Touristikerinnen und Touristiker vor Ort. Ein aktuelles Angebot aus der Wanderproduktpalette der Region ist die „Kaiserkrone". Hinter diesem Marketingbegriff verbirgt sich eine fünftägige Wanderung von Hütte zu Hütte rund um den Wilden Kaiser. Damit reagiert man auf den in den letzten Jahren stetig wachsenden Trend des Weitwanderns. Korsika durchqueren, die Alpen auf dem E 5 überschreiten, auf dem Jakobsweg nach Santiago de Compostella oder über den Adlerweg, der übrigens auch im Wilden Kaiser startet, durch Tirol wandern – das sind einige Beispiele dafür.

Wandern macht glücklich – wie Studien nachzuweisen versuchen, die die verstärkte Ausschüttung von Serotonin und Endorphin feststellen. Es macht fit, gesund und ist „modern", sogar bei den Jüngeren; laut Umfragen ist es die mit Abstand beliebteste Freizeitaktivität der Deutschen. Die meisten suchen dabei Erholung, wollen die Natur genießen und Abstand vom hektischen Alltag gewinnen. Sportliche Motive kommen erst danach, wie Meinungsumfragen zeigen. „Es ist wie Meditation, nach ein paar Tagen gleichförmigen, ja monotonen Dahintrottens bin ich entspannt wie ein Buddha" [25], erzählte mir der 28-jährige Raphael aus Aachen auf der Terrasse der Gruttenhütte. Seit drei Jahren schiebe er jedes Jahr einen Wanderurlaub ein, vorzugsweise auf einem mehrtägigen Weitwanderweg. Dieses Jahr sei er im Internet auf die „Kaiserkrone" gestoßen, und nun ist er hier. „Ich habe BWL studiert und arbeite im Marketing. 60-Stunden-Wochen permanent vor dem Computer sind da keine Seltenheit. Das Wandern ist wie ein Antiserum dagegen. Das ist ein bisschen wie Entgiften oder Entschlacken oder sowas."

Wandern ist immer noch aktuell.

„Einen besonders günstigen Einfluss wird das Wandern schliesslich auf das Nervensystem äussern. Die vielfach überspannten Verhältnisse unseres Culturlebens, die unausgesetzte geistige Arbeit, nervöse Ueberreizung bei dem Mangel ausreichender körperlicher Bewegung sind die Ursache, wenn Nervenkrankheiten heutzutage in immer grösserer Zahl auftreten. Diesem Uebel kann nur durch angemessene Zerstreuung, am besten durch einen Aufenthalt

Auf der **Südseite des Wilden Kaisers,** oberhalb der Gaudeamushütte

Josef Enzensperger (1873–1903), Porträt von Ernst Platz, 1896

im Gebirge, namentlich aber durch zweckmässige Bewegung wirksam begegnet werden." [26] So schrieb der Sportlehrer Purtscheller, der auch viel im Wilden Kaiser unterwegs war, 1886 in einem Aufsatz über den gesundheitlichen Nutzen des Wanderns und Bergsteigens. Das Wort „Stress" kannte man zwar damals noch nicht, wohl aber das Phänomen, das später damit bezeichnet wurde. So galt das Wandern als kompensatorisches Heilmittel für das Berufsleben, in dem die Menschen, bedingt durch Industrialisierung und technischen Fortschritt, zu monotonen Tätigkeiten gezwungen waren – nachdem ihre Arbeitskraft zum Teil durch neue Maschinen ersetzt worden war.

Zwar kann das Weitwandern als Trend bezeichnet werden, aber ist es eine neue Erfindung? Das ist es nicht. Vor der Verkehrsrevolution gab es bekanntlich wenige Alternativen zu den eigenen Beinen als Fortbewegungsmittel. Aber selbst als die Bahn erfunden war, bildete die bereits erwähnte, oftmals mehrwöchige „Fußreise" noch eine beliebte Form der bürgerlichen Bildungsreise. So konnte die Landschaft besser entdeckt, erforscht oder einfach nur intensiver genossen werden. Noch zu Beginn des 20. Jahrhunderts findet sich im Baedeker für Tirol der Hinweis: „Die deutschen und österreichischen Alpen sind das bevorzugte Land für Fußwanderer. Mehr als in der Schweiz, mit ihrem eleganten internationalen Verkehr, dem ausgedehnten Eisenbahnnetz und den zahlreichen Bergbahnen, hat sich in ihnen die alte einfache Art des Reisens erhalten." [27]

Ab wann wanderte man aber rund um den Kaiser? Selbst dieses touristische Angebot ist keine gänzlich neue Erfindung. Es gab es bereits im 19. Jahrhundert; natürlich nicht unter dem Namen „Kaiserkrone", sondern schlicht unter dem Titel „Die Tour rund um den Wilden Kaiser". So nannte der Münchener Bergsteiger Josef Enzensperger 1897 die Umrundung. Sie wurde in der Alpenvereinszeitschrift, in einem der ersten Beiträge über die bergsteigerischen Möglichkeiten im Kaisergebirge, vorgeschlagen. Darin hieß es: „Diese zweitägige Rundtour ist ebensosehr jenen Wanderern zu empfehlen, die sich nicht an den schroffen Felsgipfeln versuchen und doch mit geringer Mühe eine Fülle bald lieblicher, bald grossartiger Bilder geniessen wollen, wie auch berggewandten Alpinisten, welche vor oder nach dem Besuche der stolzen Gipfel einen Gesammtüberblick über das Gebirge gewinnen wollen" [28].

Ein Vergleich zwischen der Tour von damals und der heute beworbenen bringt interessante Einblicke. Ins Auge springt zuallererst die veranschlagte Zeit: Heute sind fünf Tage eingeplant, 1897 waren es nur zwei. Die erste Etappe erfolgte früher von Kufstein über den Hintersteiner See nach St. Johann. Für diese knapp 30 km rechnete Enzensperger 7 Stunden Zeit, für die zweite Etappe nach Kufstein über das Stripsenjoch 8,5 Stunden; zweifelsohne ein strammes Programm, das durchschnittliche Wandernde der Gegenwart überfordern würde.

Rast am **Stripsenjoch**, um 1910

Wanderer mit genagelten Schuhen und Alpenstock am Weg zum Scheffauer, 1921

Zugegeben hinkt der Vergleich der beiden Touren aber etwas, weil die Routenführung heute eine andere ist. Im Gegensatz zum Jahr 1897 finden sich im Kaisergebirge mittlerweile nämlich zahlreiche Alpenvereinshütten und bewirtschaftete Almen, die die Wandernden auf ihrer Runde ansteuern. Dagegen gab es 1897 innerhalb des Gebirges nur Einkehrmöglichkeiten in Hinterbärenbad im Kaisertal und jenseits des Stripsenjoches in der Griesner Alm. Und auch das Wegenetz war – zumindest auf der Südseite – alles andere als dicht. Deshalb führte der Weg vom Hintersteiner See wieder ins Tal entlang der heutigen Hauptstraße, auf der damals jedoch nur alle paar Stunden ein Pferdefuhrwerk passierte. Heute freilich wird die große Distanz zu den nun pulsierenden Verkehrsadern im Tal gesucht.

Ungeachtet dieser Unterschiede wird anhand der für die Etappen veranschlagten Zeit auch deutlich, dass dem „Touristen" der Gegenwart offenbar viel weniger zugetraut bzw. zugemutet wird. So müssen heute auf der weitesten Tagesetappe „nur" 16 km, meist im Abstieg, zurückgelegt werden, wofür

Herbsttag im **Kaisertal**

7 Stunden eingeplant werden. Hier sei im Vergleich dazu an die doppelte Wegstrecke in derselben Zeit erinnert, die 1897, wie oben erwähnt, veranschlagt wurde. Können wir heute nur mehr halb so schnell und halb so weit gehen? Was das Weitwandern betrifft, lautet die Antwort ja; zumindest was den Durchschnittswanderer angeht. Die Menschen im 19. Jahrhundert waren daran gewohnt, weite Wegstrecken zu Fuß zurückzulegen. Um überhaupt in die Nähe der Berge zu kommen, mussten die Bergsteigerpioniere im 19. Jahrhundert häufig einige Tagesmärsche bewältigen. Berichte, in denen tägliche 60-km-Märsche zum alpinen Alltagsprogramm gehörten, bevor die eigentliche „Hochtour“ erst losging, sind keine Seltenheit. Relativierend mag jedoch eingeworfen werden, dass Enzensperger als Urheber der Kaiserumrundung ein junger, rüstiger Alpinist von 24 Jahren war, der wohl seine eigenen Maßstäbe bei der Beschreibung anwandte. Währenddessen ist das heutige Produkt „Kaiserkrone“ für den Durchschnitt entworfen. Abseits des Mainstreams zeigen uns auch heute ambitionierte Bergläufer, was möglich ist: Sie umrunden den gesamten Wilden Kaiser sogar an einem Tag.

So weit zu den Distanzen. Wie sahen die Mittel zur Orientierung damals im Vergleich zu heute aus? Heute empfiehlt die Homepage des Tourismusverbandes Wilder Kaiser für die Wegfindung eine Wanderkarte im Maßstab 1:25.000; darin eingezeichnet sind sämtliche markierte Wege. Zudem könne man

Die erste Karte des Kaisergebirges von Hugo Petters aus dem Jahr 1879 im Kleinformat

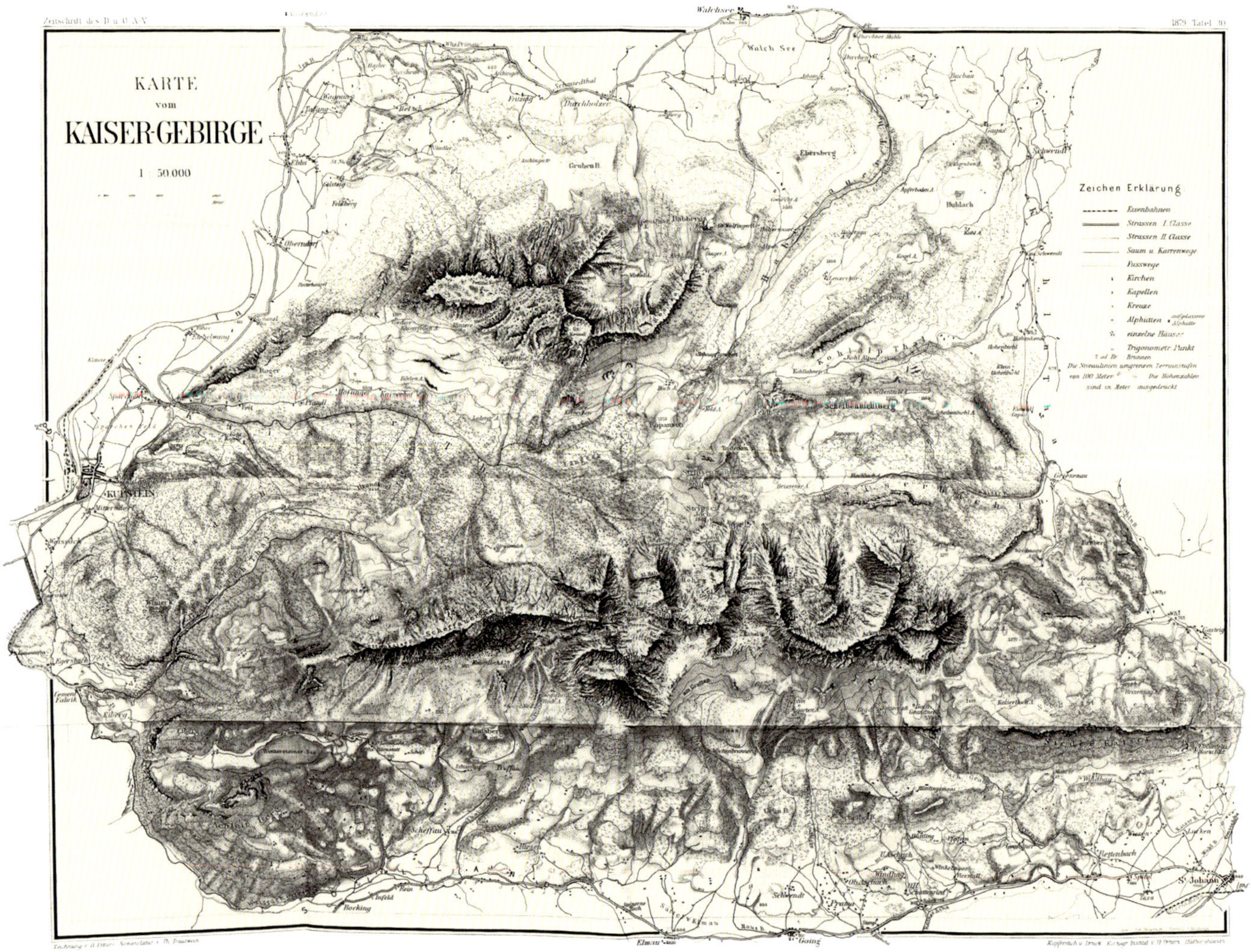

sich die GPS-Tracks der einzelnen Etappen von der Homepage herunterladen. Auf den Wegweisern entlang der Strecke finden sich zur Orientierung außerdem Aufkleber mit dem Symbol der weißen Kaiserkrone auf dunkelblauem Hintergrund. Wer sich damit noch nicht zurechtfindet oder wem Tourenplanung per se lästig ist, kann auf die Dienste eines Bergführers oder Bergwanderführers zurückgreifen. „Somit sind Sie nicht nur sicher unterwegs, sondern erfahren auch noch die ein- oder anderen Tipps und Informationen rund um das Kaisergebirge", so der Text auf der Homepage.

Und damals? „Wenn auch der ganze Weg verläßlich markirt ist, so daß ihn Jedermann leicht findet und ihn allein machen kann, so ist doch anzurathen, einen Führer oder sonstigen Begleiter, welcher über Alles Auskunft geben kann, mitzunehmen, denn es ist zu viel des Schönen und Interessanten, was man da sieht, und gewinnt die Tour hauptsächlich erst dann an Werth, wenn man sich über die Einzelheiten Kenntniß verschafft." [29] Diesen Ratschlag gibt das „Tiroler Fremdenblatt", das Organ zur Hebung des Fremdenverkehrs in Tirol, im Jahr 1886. Auch darin wird eine Umrundung des Kaisergebirges, allerdings mit Bahnunterstützung, angepriesen. Was die Begründung zur Wahl eines Bergführers betrifft, hat sich also nicht viel geändert.

Und bei der Wegmarkierung? Weit verbreitet ist die Meinung, dass die übliche Wegmarkierung in Rot-Weiß-Rot mit der österreichischen Flagge in Zusammenhang stünde. Dies ist ein Trugschluss. Diese Markierungen gab es bereits, bevor nach dem Ersten Weltkrieg die Nationalflagge mit den drei Streifen eingeführt wurde. Schon im 19. Jahrhundert hatte der Alpenverein die Aktivität des Wegmarkierens beinahe zur eigenen Wissenschaftsdisziplin erklärt. Mehrseitige Abhandlungen über Wegmarkierungen und Farbenblindheit, über Testreihen zur Haltbarkeit von Farben auf verschiedenem Untergrund oder Wegmarkierungswesen in seinen Grundlagen legen beredtes Zeugnis davon ab. Mit der Verdichtung des Wegenetzes begannen die Alpenvereinsfunktionäre die Wege zu nummerieren, um die Übersicht über das gesamte Arbeitsgebiet zu behalten und den Wandernden eine Erleichterung zu bieten.

Doch wie sollte diese Nummer angebracht werden? Zuerst malte man einen roten Kreis und schrieb die Nummer hinein, bis die Sektion Brixen um 1900 begann, drei Balken in Rot-Weiß-Rot aufzumalen: Im weißen Feld war die schwarze Zahl viel besser lesbar, der Balken auch bei Nacht und für Farbenblinde leichter zu erkennen. Im Kaisergebirge konnte der Wanderer schon ab den 1880er Jahren gut markierte Wege finden. Damals war die Markierfarbe aber noch meistens Rot oder Rot auf weißem Grund, wie der Alpenverein bereits 1893 in seinen Richtlinien empfahl.[30]

Mit Wanderkarte, Kompass und GPS kann auf den bestens beschilderten Wegen nichts mehr schiefgehen.

Zusätzlich zu den Markierungen finden sich heute in vielen Gebieten des Ostalpenraums entlang des Weges einheitliche gelbe Schilder aus Aluminium. Sie zeigen neben der Richtung und Wegnummer auch den Schwierigkeitsgrad (blau: leicht, rot: mittel, schwarz: schwierig) und den Wegerhalter (Tourismusverband, alpiner Verein) an. Dafür wurde vom Deutschen Institut für Normierung sogar eine eigene DIN-Norm herausgebracht, an der sich die verschiedenen Wegerhalter orientieren. Dem vorangegangen

← **Auf der Märchenwiese im Kaisertal um 1900.** Die Frau im Rock, die Herrn mit Kniebundhose und Pickel, der auch im Fels standardmäßig dabei war.
↓ **Auf dem Stripsenkopf** Ende der 1970er Jahre. Auch damals war die Kniebundhose noch aktuell.
↙ **Ein Wanderer in kurzen Lederhosen** am Ellmauer Tor, Blick nach Süden (um 1920)

war eine Absichtserklärung der alpinen Vereine im Jahr 1997: Im Alpenraum sollten einheitliche Beschilderungen und Wegmarkierungen angebracht werden. Die Tiroler Landesregierung beschloss daraufhin ein Wander- und Bergwegekonzept für Tirol, um diese Vorgaben umzusetzen.

Wie sah es gut hundert Jahre früher noch aus? Gab es 1897 schon einen Schilderwald im Kaisergebirge? Ja, aber dieser hatte erst wenige Jahre zuvor zu wachsen begonnen. Vor 1880 war hier noch Leere, das Kaisergebirge ein touristisch unerschlossener Abenteuerspielplatz für ganz wenige Männer. Dann waren vor allem heimische Tischler gefragt sowie heimische Maler, die die Schilder beschrifteten, wie Rechnungen im Archiv des Alpenvereins belegen. Aber schon Ende des 19. Jahrhunderts gab es den Wunsch nach Vereinheitlichung und Übersichtlichkeit, weshalb schon kurze Zeit später Schilder aus dünnem Blech auftauchten. Diese einheitlichen weißen Täfelchen lieferte die Zentrale des Alpenvereins an alle Sektionen aus. An manchen Weggabelungen sind sie immer noch zu finden.

Den Weg fand man also auch damals, ohne Routenführung im Internet und ohne GPS-Tracks zum Downloaden, stattdessen mit Hilfe dieser Schilder und Markierungen. Außerdem gab es auch damals schon eine Karte. Bereits 1879 wurde die erste Alpenvereinskarte des Kaisergebirges dem Jahrbuch des Alpenvereins beigelegt, und zwar im Maßstab 1:50.000. Sie stammt von Hugo Petters und war die erste genauere Karte eines Gebietes der nördlichen Kalkalpen. Zuvor hatte der Alpenverein nur die beliebten Gletschergebiete der Stubaier und Ötztaler Alpen kartografiert. Auf dieser ersten Karte des Kaisergebirges wurden nun – im Unterschied zu bisherigen Alpenvereinskarten – auch die topografischen Namen, also Gipfel und sonstige Flurnamen, eingeführt und fixiert. 1906 dann, mit steigenden Touristenzahlen, gab der Alpenverein Kufstein eine neue, genauere Karte heraus, mit dem größeren Maßstab 1:33.000. Darauf waren die Wanderwege bereits rot eingezeichnet, ähnlich wie etwa auf der aktuellen, plastifizierten Wanderkarte von Mayr im Maßstab 1:25.000, die als konservatives Mittel der Tourenplanung verwendet wird.

Und die Ausrüstung von damals und heute im Vergleich? Für den Wanderanzug wurde früher ein leichter Wollstoff empfohlen, bevorzugt vom Cheviotschaf. Dieses für das Bergsteigen einst unumgängliche Material wird erstaunlicherweise aber auch heutzutage – nach einem Hoch der Kunststofffaser – wieder gern getragen. So empfiehlt die Homepage des Tourismusverbands leichte, schnelltrocknende und auch nach Tagen noch geruchsneutrale Bekleidung

Stempelsammeln ist auch im 21. Jahrhundert noch nicht aus der Mode gekommen.

aus Merinowolle; also fast wie damals, wenn auch leichter und bunter. Als Regenschutz dient heute das allseits präsente Symbol der Outdoor-Gesellschaft, die Gore-Tex-Jacke, während damals ein knapp bis unter die Knie reichender Lodenmantel als die beste Lösung galt. Der Stoff soll relativ leicht gewesen sein und wurde durch eine Spezialbehandlung mehr oder minder wasserdicht gemacht. Atmungsaktiv war er allemal!

Zum Beinkleid: In den nördlichen Kalkalpen war unter Bergsteigern anfangs noch die kurze Lederhose, wie sie die Einheimischen trugen, sehr beliebt. Allerdings setzte sich schon bald das bürgerliche Modell der Kniebundhose durch. Für wandernde Frauen gab es eigene Kleiderempfehlungen. Hosen waren verpönt, nur zum Klettern durfte eine Frau darin aufkreuzen, auf der Hütte hatte sie sich dann aber wieder im Rock zu zeigen und am besten geschminkt. Frauen, die sich wie Männer kleideten, waren in der männerdominierten Bergsteigerzunft ungern gesehene Gäste. Den Fuß kleidete jedoch bei Männern wie bei Frauen ein genagelter Bergschuh.

Zur Unterstützung der Beinarbeit empfiehlt die Homepage heute Teleskopstöcke. Damals galt der Alpenstock als unentbehrlich. Über die Länge desselben gingen die Meinungen auseinander. Während englische Autoritäten einen Stock empfahlen, der bis zum Kinn reicht, waren in Tirol längere Stöcke im Einsatz. Auf jeden Fall musste der Stock aus Eschen- oder Haselnussholz bestehen und mit einer eisernen Spitze versehen sein. Damit dieser bei Nässe nicht rau wurde und somit keine Veranlassung für Blasen gab, sollte man ihn regelmäßig einölen und polieren.[31]

Die Wandernadel. Heute finden wir auf der Homepage neben den Ausrüstungstipps auch den Hinweis auf eine symbolische Leistungsdokumentation, die es damals noch nicht gab: die Wandernadel. Und diese kommt seit 2014 im modernsten Kleid daher, nämlich digital. Seither ist Online-„Stempeln" im Wilden Kaiser angesagt, mit Hilfe einer Gratis-App, die auf das Handy geladen wird. Manche Kritikerinnen und Kritiker denken dabei wohl an die Szenen des satirischen vierteiligen Fernsehfilms „Piefke-Saga" von 1990 (bzw. 1994), der schon damals die Auswüchse der Stempel-Sammelwut aufs Korn genommen hat. In der Praxis zeigt sich jedoch, dass sich das Jagen nach diesen digitalen Stempeln nach wie vor großer Beliebtheit erfreut. Jannick, ein 26-jähriger Sportlehrer aus Hannover, erklärte es mir so: „Ich weiß, dass das viele lächerlich finden. Aber ich stehe dazu. Ich gewinne gerne Pokale beim Triathlon und sammle Urkunden und solche Dinge, die meine Leistung bestätigen. Für mich ist das nicht nur ein schönes Andenken, sondern auch irgendwie ein eigener Anreiz. Ich sehe das durchaus sportlich"[32], ergänzte er ironisch grinsend.

Etabliert wurde die Wandernadel übrigens nicht in Österreich, sondern in Deutschland, und zwar durch das Reisebüro „Touropa", welches nach dem Zweiten Weltkrieg Ruhpolding zur bayerischen Tourismushochburg schlechthin gemacht hat. Seit den 1970er Jahren, als das Wandern wieder stärker zum Gesundheitstrend wurde, kopieren viele Tourismusverbände das Erfolgsrezept. Auch rund um den Wilden Kaiser begann man damals, die Bergbegeisterung über die Sammellust anzufachen. „Ich bin Meter- und Kilometersammler, kein Stempel- und Wandernadelsammler, ich sammle Eindrücke und auch Bilder, solche im Kopf und solche auf Fotopapier oder auf Festplatte. Egal, wir alle sind Sammler, so oder so."[33] Das schrieb mir Christa auf die Frage, ob sie Stempel sammle; und mit ihrem letzten Satz könnte sie Recht haben.

Wanderer um 1920 **auf dem Weg zum Ellmauer Tor**

VOM WILDERER ZUM BERGFÜHRER

1839 schrieb Johann Jakob Staffler in der ersten umfassenden geografischen Landesbeschreibung Tirols über die Jäger und Wilderer: „In den Thälern der nördlichen Kreise […] wird von Vielen die Gebirgsjagd mit einer unbezähmbaren Lust getrieben. Im Gebirge geboren und erzogen, wird schon der Knabe geübt im Steigen auf kühnen Felsenpfaden, muthig und stark unter den Plagen der Elemente der Jüngling, und abgehärtet und ausdauernd der Mann. Er sieht das Wild, das in seiner Nähe lebt, und lernt dessen Standorte kennen. Nicht schrecken ihn die unsäglichen Mühen und Beschwerden, nicht die Gefahren zehnfachen Todes. Mit Steigeisen, Schneereifen, einem festen Bergstocke und seinem Kugelrohre ausgerüstet, ein Fläschchen Branntwein, Brod und Käse in der Tasche, steigt er von Fels zu Fels bis in die Regionen des ewigen Eises; setzt über Klüfte und Abgründe, ihm ein gewisses furchtbares Grab bei dem Misslingen des verwegenen Sprungs, oder er klettert über kahle, abhängende Felsplatten mit entblößten Füßen, und will es ihm so nicht gelingen, ritzt er die großen Zehen von unten auf, damit er durch das Ankleben des Blutes das Ausgleiten verhindere. – Und dieß alles einer Gemse wegen! – Allerdings geschieht es auch, daß mancher tollkühne Wagehals zwischen Felsenklippen, oder unter einer Schneelawine, oder in einem Fernerschlunde, oder als unbefugter Wildschütze durch die Kugel eines nachsetzenden Jägers seinen Tod findet.“ [34]

Spricht aus diesen Zeilen Bewunderung? Staffler schreibt den „Naturburschen“ Wagemut und Stärke zu, männlich besetzte Attribute, die eine gewisse Faszination auf ihn selbst, den rational denkenden, im Geiste der Aufklärung erzogenen Beamten, auszuüben schienen. Gerade die scheinbare Sinnlosigkeit, die Unvernunft des Handelns der jungen Jäger und das Unverständnis, das ein aufgeklärter, gebildeter

Der Weg von Kirchdorf nach Gasteig. Im Hintergrund der Ostkaiser mit Maukspitze (links) und Lärcheck (rechts)

Mensch diesem schwer verständlichen Tun entgegenzubringen hatte, verstärken diese Faszination noch.

Diese romantische Sehnsucht nach archaischen Lebensformen findet sich in den Landschafts- und Reisebeschreibungen des 19. Jahrhunderts zuhauf. Es ist die Suche nach längst verloren Geglaubtem, nach Ursprünglichkeit, nach einem imaginierten originalen Naturzustand, der in den industrialisierten Städten schon der Vergangenheit angehörte. Es ist gleichsam eine leise, vielleicht unbewusste Kritik an der Zivilisation, am rasanten gesellschaftlichen Wandel und am sich scheinbar beinahe selbst überholenden technischen Fortschritt des 19. Jahrhunderts. Das Zeitalter der Romantik versuchte den Verlust der alten Welt durch nostalgische Rückbesinnung zu kompensieren oder zumindest zu mildern. Etliche Literaten, allen voran Jean Jacques Rousseau, belebten in jener Epoche des ausgehenden 18. und beginnenden 19. Jahrhunderts das Konzept des „edlen Wilden". Darunter stellten sie sich den reinen, unverdorbenen Urmenschen vor, inspiriert von der Idee, dass der Mensch von Natur aus gut sei und erst durch die schädlichen Einflüsse des gesellschaftlichen und technischen Fortschritts verdorben werde. Dieses romantische Bild paradiesischer Urzustände suchten viele Alpenreisende auch in Tirol, wo die Berge Barrieren gegen das Eindringen der Moderne bilden sollten. Sie fanden es, und zwar in den ersten Bergführern, die von Berufs wegen noch keine Bergführer waren. Es waren jene oben beschriebenen Bauern, Hirten, Wilderer und Jäger, die wegen ihres Wagemutes besonders für die „Eroberung der Berge" taugten.

Der Name des ersten Bergführers im Kaisergebirge, welcher in den Quellen zur Alpenerschließung aufscheint, lautet Stefan Unterrainer. Er stammte vom Hautzenhof in Gasteig bei Kirchdorf und war, wie damals üblich, nicht unter seinem Schreibnamen bekannt, sondern unter dem Hofnamen. Der „Hautzen Steffel" hatte sich in seiner Jugend einen berüchtigten Ruf als Wilderer erworben, und es war ein kluger Schachzug der verantwortlichen Aufsichtsjäger, den verwegenen Wilddieb als Berufsjäger einzustellen. Seither galt er als engagierter Wildhüter. Sein Revier umfasste das Gebiet des Ostkaisers, wo er jeden Winkel kannte. Aus diesem Grund vertraute sich ihm 1826 der Salzburger Professor Peter Carl Thurwieser an, um die Ackerlspitze zu ersteigen. Drei Jahre später führte der Hautzen Steffel den Kitzbüheler Apotheker Josef Traunsteiner und den Mediziner Anton Sauter von St. Johann aus über Gasteig und das Stripsenjoch in den Hohen Winkel und auf das Kopftörl, östlich der Ellmauer Halt, um anschließend nach Ellmau abzusteigen. Über beide Führungstouren sind Berichte erhalten. Nähere Charakterisierungen des Bergführers gehen aus den Berichten aber leider nicht hervor.

Am Beginn des Alpinismus übten die vergletscherten Hochgebirge der Zentralalpen wesentlich mehr Anziehungskraft aus als die niedrigeren und aperen nördlichen Kalkalpen. Deshalb nahm sich hier das Angebot an Bergführern im Vergleich zu jenem in den Zentralalpen bescheiden aus. Noch 1879 schreibt Theodor Trautwein in einer topografischen Gesamtbeschreibung des Kaisergebirges in der „Zeitschrift des Alpenvereins": „Führer von Profession für das Kaisergebirge gibt es nicht, was sich durch die bis jetzt geringe Nachfrage erklärt"[35]. Hingegen in anderen Gebieten. So hatten die Behörden im Herzogtum Salzburg auf Anregung des Österreichischen Alpenvereins bereits 1863 eine Bergführerordnung erlassen, die die Aufgaben und Pflichten der professionellen Bergführer weitsichtig regelte. Dies war die erste Regelung dieser Art in den Ostalpen und zeigt den Pionierstatus Salzburgs mit den Hohen Tauern. Warum ausgerechnet Salzburg hier voranschritt, erklärt sich durch die relative Nähe zu Wien. Für die mehrheitlich aus Wien stammenden Vereins-Alpinisten bildeten die Dreitausender in Salzburg die nächste Anlaufstelle.

Als Vorbilder für die Organisation des Bergführerwesens dienten damals die Schweiz und Westfrankreich, wo dieser Beruf schon seit Jahrzehnten ausgeübt wurde. So verwundert es auch nicht weiter, dass Wiener Bergsteiger in den 1860er Jahren immer wieder Klagen gegen die österreichischen Führer äußerten und sie mit den Schweizern verglichen: „Unter den Österreichischen und speziell unter den Tiroler Führern gebe es einige wenige, welche sich kühn den Schweizer Führern an die Seite stellen können, bei der weitaus überwiegenden Mehrzahl dagegen finde sich von den [...] einem ausgezeichneten Bergführer unerlässlichen Eigenschaften zwar der Muth und die Gewandtheit vor, dagegen herrsche Indolenz [Gleichgültigkeit], es interessire sich ohne unmittelbare Zahlung [...] fast Niemand für ausser seiner täglichen Aufgabe Liegendes, und es fehle ausnahmslos die Kombinationsgabe, in Folge dessen, wenn, was leider selten genug geschieht,

Guido Unterwurzacher

Staatlich geprüfter Berg- und Skiführer (*1984), Kletterprofi, aufgewachsen in Going am Wilden Kaiser

Welche besonderen Fähigkeiten braucht ein „Koasaführer"? Was macht dich zu einem guten Bergführer?
Schwere Frage, ich glaube, meine Gäste spüren oder sehen, dass mir das Klettern und Bergsteigen selber voll taugt, und wenn man etwas gern macht, macht man es auch nicht ganz so schlecht, denke ich. Ich hab bis jetzt zumindest noch keine Klagen gehört. Geduld und Einfühlungsvermögen sind sicher die Hauptfähigkeiten, die man als Bergführer mitbringen sollte.

Welche ist für dich die schönste Führungstour im Wilden Kaiser?
Schwer zu sagen. Der Kaiser hat sehr viele schöne Führungstouren, aber die Nordkante auf den Predigtstuhl, den Kopftörlgrat und die Christaturmkante führe ich immer sehr gern! Diese Touren sind sehr schön, nicht allzu schwierig und für sportliche Leute, die kein Problem mit der Ausgesetztheit haben, relativ gut machbar.

Was sind die Trends der letzten Jahre beim Führen im Kaiser? Was wird besonders gern nachgefragt?
Als Trend, wenn man das sagen kann, ist zu erkennen, dass es die Leute wieder mehr in die Berge zieht. Egal ob Wandern, Klettersteig oder Klettertour, man will wieder was erleben. Das Leben in den Städten ist oft eintönig. Es fehlten die Natur und das Abenteuer. Die Nachfrage nach geführten Touren und Kursen wächst ständig, und für mich gibt es nichts Schöneres, als zuhause, am Kaiser, zu arbeiten.

Das Klettern im Kaiser war ja mit dem Aufkommen des Sportkletterns eine Zeit lang out. Ist das immer noch so?
Nein, ich glaube, das Gegenteil ist der Fall. Ich liebe es, historische Routen zu klettern und mir ein Bild davon zu machen, welche Leistungen die Erstbegeher zu ihrer Zeit vollbracht haben. Das Klettern hat sich in Sachen Schwierigkeit enorm weiterentwickelt. Aber was manche Erstbegeher in Sachen Stil und „Moral" bereits in den 1980er Jahren und früher vollbracht haben, muss man jetzt erst nochmal nachmachen.

Welcher Bergsteigertyp kommt zu dir und bucht dich für eine Führungstour?
Meist wissen die Gäste, was sie wollen. Von daher ist mein Typus Gast sehr sportlich, motiviert und clever, da er ja zu mir kommt ;-).

Gab es schon einmal einen brenzligen Moment für dich beim Führen im Kaiser?
Steinschlag im Frühsommer ist immer ein heikles Thema. Da hat ein Gast einmal großes Glück gehabt, ansonsten – dreimal auf Holz klopfen! – ist noch nichts passiert.

Auf welcher Hütte bist du am liebsten?
Die Ackerlhütte ist eine meiner Lieblingshütten. Da war ich schon als Kind oft oben, und sie liegt sehr schön unter den Wänden des Ostkaisers. Aber das Stripsenjochhaus, die Gruttenhütte und die Gaudeamushütte sind natürlich auch cool.

Jemand eine neue Expedition antritt, sie häufig nicht gelingt, weil dabei ein verfehlter Weg eingeschlagen wird.“ [36]

1869 wurden in den Ostalpen zwar schon 236 Führer gezählt. Allerdings standen diese aufgrund der fehlenden einheitlichen Ausbildung auf verschiedensten Qualitätsstufen. Manche dieser Führer fanden tatsächlich nur selten auf einen Berggipfel. Nun schritt der in diesem Jahr gegründete Deutsche Alpenverein ein, um diese Missstände zu beseitigen. 1871 genehmigte die Statthalterei von Tirol die vom Alpenverein ausgearbeitete Führerordnung, und andere Länder zogen nach. Großen Anteil an der Organisation des Bergführerwesens in den Ostalpen hatte neben dem Priester Franz Senn und dem Kaufmann Johann Stüdl vor allem der vorhin erwähnte Theodor Trautwein, der die erste Führerliteratur zum Kaisergebirge verfasste. In seiner Monografie aus dem Jahr 1879 erklärte er zwar, dass es aufgrund der fehlenden Nachfrage hier keine professionellen Führer gebe, aber an Gelegenheitsführern kein Mangel sei. Für kleinere Touren von der Kufsteiner Seite aus empfahl er den Sohn des Duxer Bauern und Anna Bichler vom dritten Kaiserhof im Kaisertal. Wobei letztere, als Bergführer*in* eine große Ausnahme, auch den schwierigeren Sonneckgipfel im Repertoire habe. Für größere Touren legte er eine ganze Liste von Namen vor:

„[D]er Jäger und Büchsenmacher Johann Bichler in Kufstein (muss brieflich bestellt werden) und dessen Bruder Simon, gleichfalls Jäger, im Sommer meist auf der Hinteren Bärenbad-Alpe; beide gut bewandert und besonders ersterer intelligent und kenntnissreich.

Johann Schlechter, vulgo „Mall-Hansl“, einer der ersten Bergführer im Kaisergebirge

Am Hintersteiner See: Der Fischer und sein Sohn für Scheffauer, Sonneneck und Treffauer; der Wirth in Bärnstatt für Scheffauer und Sonneneck; Peter Schiesslinger im Schiesslinger Hof bei Bärnstatt für Sonneneck und Treffauer.

In Elmau der frühere Jäger Johann Schlechter, vulgo Mall-Hansl, wohnt 2 St. ausserhalb Elmau an der Strasse nach Söll, für alle Touren im gesammten Kaisergebirge, das er wie kein anderer kennt. (Brieflich beim Posthalter zu bestellen; nicht besonders willig.)“ [37]

Um den zuletzt genannten Johann Schlechter, der schon fast 60 Jahre zählte, als diese Liste veröffentlich wurde, ranken sich viele Legenden. Der „Hansl“, der vom Madlbauern (schnell gesprochen Mallbauern) in Going stammte, galt als verwegener Wilderer. Wie viel bei diesen Bergsteigergeschichte(l)n zum Mythos ausgeschmückt wurde, war bisher nicht klar. Der Fund eines Zeitungsberichtes in den „Innsbrucker Nachrichten“ vom September 1880 bekräftigt jedoch unter der Überschrift „Kampf zwischen einem Jäger und Wilderern“ das bestehende Bild: „Vor etlichen Tagen kam es im Kaisergebirge zwischen einem erzherzoglichen Jäger und einem 60jährigen Wilderer mit zwei Söhnen aus Ellmau zu einem argen Zusammenstoß. Angeblich wollte der Wilderer dem Jäger das Gewehr entwinden, wobei der Schuß losging und den Wilderer verwundete. Während dann der Jäger mit seinem entladenen Gewehre floh, krachten hinter ihm noch zwei Schüsse aus den Büchsen der beiden Söhne des Verwundeten, eines 14- und eines 19-jährigen Burschen, ohne zu treffen. Die Verwundung des Alten soll schwer, jedoch nicht lebensgefährlich sein. Die gerichtliche Untersuchung des blutigen Vorfalles ist im Zuge, zu welchem Zwecke am 11. ds. in Ellmau eine Kommission tagte.“ [38]

Drei Monate später erschien wieder ein Artikel in den „Innsbrucker Nachrichten“, in dem auch die Namen der am Vorfall Beteiligten genannt wurden: Johann Schlechter, 60 Jahre alt, Bergführer, und dessen Söhne wurden von der Anklage wegen des versuchten Wilddiebstahles freigesprochen.[39]

Der „Mall-Hansl“ galt in den 1870er Jahren als der beste Bergführer der Gegend und wurde bei allen bedeutenden Besteigungen engagiert. Als erstes von Karl Hofmann, der ihn 1869 für die Besteigung der Ellmauer Halt und anderer Gipfel in den Dienst nahm. Hofmanns Bericht darüber brachte dem Bergführer zahlreiche Gäste und den Beginn einer steilen Karriere ein: Der Mall-Hansl sei ihm als verwegenster Steiger und bester Kenner des Gebietes empfohlen worden, weil er als „berüchtigter Wildschütze“ aktiv war. Auch auf der Tour mit ihm, Hofmann, habe er sein Gewehr mit sich geführt, um die eine oder andere Gämse damit zu erlegen. Außerdem geht aus dem Bericht hervor, dass der Mall-Hansl ein unterhaltsamer Erzähler und – wenn er nicht gerade eine Bergtour unternahm – nie ganz nüchtern gewesen sein soll. Die Liste der Bergführer von Trautwein war mit diesem Namen jedoch noch nicht zu Ende. Unter einigen weiteren Namen ist im Folgenden auch der Sohn des Mall-Hansls genannt.

Auffällig scheint an der langen Liste von Führern rund um das Kaisergebirge, dass es fast in jedem Dorf welche gab, jedenfalls mehr, als heute in den kleinen Orten zur Verfügung stehen. Dies hängt damit zusammen, dass noch niemand eine Ausbildung oder Autorisierung für seine Führertätigkeit benötigte. Erst 1881 wurde der erste Bergführerkurs abgehalten.

Die Preise für die Bergführerdienste hingen von der jeweiligen Leistung ab. Sie betrugen 2 bis 4 Gulden für Tagestouren und 5 bis 6 Gulden für die höchsten Gipfel – wobei Trautwein anmerkte, dass die Tarife im Steigen begriffen waren[40]. Er äußerte zudem den Wunsch, die Alpenvereinssektion Kufstein möge das Führerwesen organisieren und für genügend Personal bei stetig steigender Nachfrage sorgen. Aber nicht nur den Personalstand, auch die Preispolitik der Führer sollte der Alpenverein in geordnete Bahnen lenken. Bis dahin hatten sich hauptsächlich Reiseführerautoren wie Karl Baedeker dazu bemüßigt gesehen, die Touristen durch die Bekanntgabe ortsüblicher Preise vor Wucher und Betrug zu schützen. Schon 1857 beklagte Baedeker: „Führer und Pferde haben in Tirol keine feste Taxe. Man muss mit den Leuten fertig zu werden suchen, so gut es geht. Ganz leicht ist es nicht, gewöhnlich wollen sie mit der Sprache nicht recht heraus. Es ist aber sehr zu rathen, Alles ganz bestimmt auszusprechen, dass der Führer selbst für Beköstigung sorge, [...] dass es im Preis nichts ändere, ob man 3 oder 4 Tage unterwegs sei u. dgl. m. Nicht selten bieten sich in Wirtshäusern ganz wohlhabende Bauern zu Führern an, in der Absicht, ein gutes Stück Geld an dem ‚Herrn‘ zu verdienen; sie sind die unverschämtesten. Auch mit den Führern, welche die Wirthe besorgen, hat man wohl seine Noth, es sind häufig Verwandte des Wirths oder ihm sonst verpflichtet, die von dem Führerlohn dem Wirth abgeben müssen und nun durch Erpressung von Trinkgeldern den Fremden belästigen.“ [41]

Michael Soyer, genannt Steinackerer, gelang die Erstbegehung des Totenkirchls mit einem Gast. Der Bauernknecht und Schafhirte aus Going war nicht nur als Bergführer geachtet, sondern auch als Raufbold gefürchtet und geachtet zugleich.

Der Bergführer als Bergretter. Bevor der Alpenverein auch die Bergrettung in den Alpen organisierte, hatten sich vornehmlich die Führer um diese Aufgaben zu kümmern. Auch in späterer Zeit noch wurde die Hilfeleistung der Bergführer bei alpinen Notfällen als selbstverständliche Berufspflicht angesehen, die in der Führerordnung festgeschrieben war: „Gerade das Verhalten der Führerschaft in Rettungsfällen, bei Suche nach Vermißten, bei Bergungen ist ein Prüfstein und Kennzeichen ihrer Anständigkeit. Suchen sich Führer vom Hilfedienste zu drücken, weil sie bereits für Bergfahrten verpflichtet seien, häuslich verhindert wären usw., so verraten sie dadurch, daß ihnen das Gefühl für die Ehre ihres [...] Berufes mangelt. Solche ‚Tachinierer‘, ‚Drückeberger‘ des alpinen Rettungswesens gefährden das Ansehen nicht bloß der Führerschaft, sondern des ganzen Ortes. Wer von den Bergen Nutzen zieht, manchmal gar von ihnen lebt, hat die natürliche und gesetzliche Pflicht, den Opfern der Berge nach Möglichkeit beizustehen.“ [42]

Der Bergführer erscheint hier nicht nur als Repräsentant seines Berufsstandes, sondern des gesamten Dorfes. Auf ihn wird sozialer Druck ausgeübt, denn die Dorfgemeinschaft erhält die Funktion der Kontrolle und Macht. In der Führerordnung waren die Rechte, vor allem aber die Pflichten der Bergführer klar festgeschrieben. Ihr Verhalten wurde damit nor-

Bergführer bei einer Rettungsaktion am Fuße des Totenkirchls

miert, ein Berufsethos formuliert, das die Autoren aus der feineren Gesellschaft an ihre bürgerlichen Moralvorstellungen knüpften.

Die Rolle des Retters brachte zugleich aber auch soziale Anerkennung und damit eine Aufwertung des Berufes. Berichte über spektakuläre Bergungsaktionen durch Bergführer fanden sich immer häufiger in den Tageszeitungen, darunter auch folgende Notiz: „Erst am zweiten Tag gelang es unseren Bergführern Strasser, den beiden Schweighofer und Müller im Verein mit einigen Hochtouristen, den zerschmetterten Leichnam in einer Latsche aufzufinden und nach schweren, gefahrvollen Mühen zu bergen. Magnus ist das zweite Opfer dieses Berges [des Totenkirchls] geworden – ein Opfer ‚richtiger des Leichtsinnes und der Tollkühnheit, als der Steilwände des Kaisergebirges' schrieb eine angesehene deutsche Tageszeitung. Ein hartes, aber bei Würdigung aller Umstände kaum zu verwerfendes Urteil!"[43] Bei dem Toten handelte es sich um einen jungen Kletterer der Akademischen Alpenvereinssektion Berlin, der das Totenkirchl trotz Warnung des Hüttenwirtes alleine,

Der legendäre Zillertaler Bergführer (1884–1925) **Hans Fiechtl** ließ sich ab 1923 am Stripsenjochhaus nieder. Er stürzte im Alter von 42 Jahren am Totenkirchl in den Tod.

ohne Führer, versucht hatte, was damals noch als Tabubruch galt.

Zwischen Problemen und Professionalisierung. Die Behörden waren sich also der verantwortungsvollen Aufgabe der Bergführer durchaus bewusst. Weil der Gast dem Führer sein Leben anvertraut, verlangte der Gesetzgeber für die Ausübung des Berufes einen guten Leumund und Unbescholtenheit. Damit hatte man besonders die bereits angesprochenen Probleme aus der Vergangenheit im Blick: „Vor allem muß noch besonders hervorgehoben werden, daß wegen Wilddieberei Bestrafte aus guten Gründen […] nicht zugelassen werden.“ [44]

Ein weiteres Problem stellte der Alkoholkonsum dar. Ausdrücklich wies man auf dessen Gefahren hin: „Trunksüchtige müssen daher unter allen Umständen vom Führerberufe ausgeschlossen werden. Auch mäßiges Trinken macht weniger leistungsfähig und wetterfest als völlige Enthaltsamkeit von berauschenden Getränken. […] Wer leicht angeheitert ist, wird leichtsinnig, vergißt die Gefahren und bringt dadurch sich, seinen Reisenden und manchmal auch andere Leute in Gefahr.“ [45] Die Thematisierung des Alkoholmissbrauchs in diesem Lehrbuch aus dem Jahr 1930 macht deutlich, dass es sich dabei offenbar um ein verbreitetes Problem handelte. Auch im Kaisergebirge war es nicht unbekannt, wie schon die Charakterisierung des Mall-Hansls zeigt. Manche Anekdote berichtet noch von der Trinkfestigkeit gewisser Bergführer, als die romantisch verklärte Frühzeit des Alpinismus im Kaisergebirge mit ihren immer „durstigen“ Bergführern längst vorüber war. So erzählte zum Beispiel der Alpenvereinsfunktionär Franz Nieberl vom Bergführer Strasser, dass dieser den „Tiroler Roten“ mehr als alles andere in der Welt geliebt habe: „Ich fragte ihn einmal wieviel er denn ungefähr täglich trinke. ‚Ah net gar viel. So lei a 24 Vierschtele im Tag; bei bsundre Gelegenheiten a net mehr als höchstens so 42, 44 Vierschtele.‘ Es ist kein Wunder, daß dieser kräftige Mann noch tatsächlich im besten Alter an den Folgen einer schweren Lebererkrankung starb.“ [46]

Trotzdem empfahl Josef Enzensperger, einer der Kletterpioniere, den Bergführer Strasser in der „Zeitschrift des Alpenvereins“ als erstklassig; er steche durch Bescheidenheit und freundliches Benehmen hervor und verdiene es besonders, für andere Bergregionen engagiert zu werden, damit er seine berufliche Kompetenz noch erweitern könne. Auch Hans Fiechtl, Bergführer und zugleich einer der besten Kletterer seiner Zeit, wurde in vielen Berichten nachgesagt, dass er, nachdem er im Ersten Weltkrieg an Malaria erkrankt war, selbst beim Klettern zur Schnapsflasche gegriffen habe.

Der erste autorisierte Bergführer im Kaisergebirge: **Thomas Widauer** aus Scheffau (1907)

Gasthof Widauer
(Foto Jöchler 1951)

Freilich waren diese Fälle in Anbetracht der großen Zahl an Führern eher die Ausnahme als die Regel. Einer, der immer nüchtern geblieben sein soll, war Thomas Widauer aus Scheffau, seit 1881 der erste behördlich autorisierte Bergführer im Kaisergebirge. Unter seiner Führung wurden viele Erstbegehungen gemacht. Und während die ersten Führer nicht aus dem Kaisergebirge hinausgekommen waren, buchten zufriedene Stammgäste „ihren" Widauer auch für andere Regionen wie etwa das Karwendel. Die Mobilität der bürgerlichen Gäste übertrug sich damit auch auf die einheimischen Führer. Der gelernte Zimmermann Widauer sicherte sich durch das Bergführen mit der Zeit einen guten Ruf und ein passables Einkommen, sodass er schließlich am Hintersteiner See den Gasthof Widauer baute. Der Bergsteiger Erich König charakterisierte Widauer als still und bescheiden, zudem als einen „gute[n] Erzähler, der mehr denkt als mancher Denker" [47].

Nach Widauer gab es immer mehr Bergführer, die zwar im Kaisergebiet ihr Hauptgebiet hatten, aber alpenweit tätig waren. Aus den meist einfachen Bergführern wurden auf diese Weise weit gereiste Menschen, die ihren Horizont beträchtlich erweiterten. Der am weitesten Gereiste unter ihnen war sicherlich Peter Aschenbrenner, Bergführer und Hüttenwirt auf dem Stripsenjoch. Bereits in den 1930er Jahren durfte der „Himalaya-Peter" an einer der ersten Expeditionen zum 8000 m hohen Nanga Parbat teilnehmen.

Immer mehr Bergführer kletterten mit der Zeit nicht nur des Broterwerbes wegen, sondern gingen auch in ihrer Freizeit dem Bergsteigen nach und machten schwierige Erstbegehungen. Der bereits erwähnte Hans Fiechtl, der sich ab 1923 am Stripsenjoch als Stützpunktführer niederließ und dort die ganze Saison auf neue Kunden wartete, war eines der herausragendsten Beispiele dieses Typus.[48] Legendär ist noch heute der sogenannte Fiechtl-Tarif: Was wahr daran ist, weiß man nicht; jedenfalls ging das Gerücht um, dass Kundinnen bei Fiechtl auf andere Art bezahlen konnten als mit Geld. Auf dem Stripsenjoch, wo Fiechtl eigene Kletterkurse organisierte, veranstaltete der Alpenverein später die Lehrwartkurse für seine Mitglieder. Nach 1975 gab es dort eine Bergsteigerschule, die vielen Bergführern Arbeit bot.

Über Jahrzehnte galt der Wilde Kaiser als die Hochschule des Klettersports. Wer klettern lernen wollte, landete zwangsläufig dort. Das hat sich

Franz Stöger senior, Bergführer und Wirt des Stripsenjochhauses

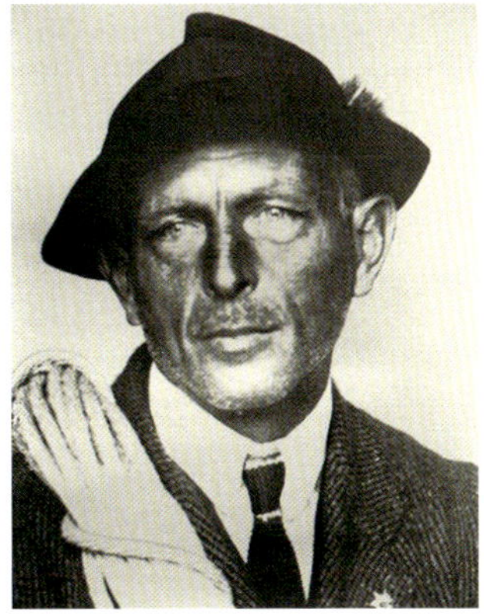

Georg Sixt senior, Bergführer und Wirt der Vorderkaiserfeldenhütte

Hansjörg Hochfilzer, Bergführer aus Going

Peter Aschenbrenner, Bergführer und Hüttenwirt aus Kufstein

Much Kaindl, Bergführer und Wirt der Kaindlhütte

grundlegend verändert, meint der Kitzbüheler Kletterer und Bergführer Peter Brandstätter: „In jener Zeit waren immer ein paar Bergführer gleichzeitig auf der Stripsenjochhütte. Das ist heute ganz anders. Heute lernt man das Klettern in der Halle oder im talnahen Klettergarten und nicht mehr auf den leichten Graten des Wilden Kaisers. Der Sport hat sich gewandelt.“ [49]

ANMERKUNGEN ZU KAPITEL 2 **AUF DIE GIPFEL**

1 Vgl. Adalbert Joseph Krickel: Fußreise durch den größten Theil der österreichischen Staaten in den Jahren 1827, 1828 bis Ende Mai 1829, Band 3, Wien 1831, S. 124.
2 Beda Weber: Das Land Tirol. Ein Handbuch für Reisende, Band 1: Nordtirol, Innsbruck 1837, S. 618–620.
3 Johann Stüdl (Hg.): Karl Hofmann's gesammelte Schriften alpinen und vermischten Inhalts, Gera 1871, S. 121.
4 Ebenda, S. 123.
5 Karl Hofmann: Das Kaisergebirge, in: Zeitschrift des Deutschen Alpenvereins (im Folgenden DAV) 1 (1869/70), S. 513–540, hier S. 539.
6 Vgl. Franz Berndorffer: Botanische Excursion auf den Kayserberg in Tirol (aus einem Schreiben an Herrn Benificiat Schmidt zu Rosenheim), in: David Heinrich Hoppe: Botanisches Taschenbuch, Regensburg 1796, S. 122–129.
7 Rudolph v. Jenny: Handbuch für Reisende in dem Oesterreichischen Kaiserstaate. Erste Abtheilung. Reiserouten durch Oesterreich ob u. unter der Enns, Salzburg, Tirol, Steiermark, Kärnten, Krain und das lombardisch-venetianische Königreich, Wien 1829, S. 252.
8 Über die Besteigung der Pyramidenspitze wird berichtet in: Flora, Bd. 8, Regensburg 1825, S. 437; über die Besteigung des Kopftörls in Flora, Bd. 13, Regensburg 1830, S. 454.
9 Erschienen in München 1854.
10 Zitiert nach J. A. Schöpf: Peter Carl Thurwieser, Salzburg 1871, S. 42.
11 Ebenda, S. 41.
12 Ebenda, S. 42.
13 Zitiert nach Ed Douglas: Bergsteiger. Auf den Spuren großer Alpinisten, München 2012, S. 108.
14 Schöpf: Thurwieser (wie Kap. 2, Anm. 10), S. 53.
15 Ebenda.
16 Vgl. Hofmann: Das Kaisergebirge (wie Kap. 2, Anm. 5), S. 530.
17 Zitiert nach Nicholas Mailänder: Im Zeichen des Edelweiss. Die Geschichte Münchens als Bergsteigerstadt, Zürich 2006, S. 61.
18 Vgl. E. F. Hofmann: Karl Hofmann, in: Zeitschrift des DuOeAV 61 (1930), S. 115–138.
19 Brief von Karl Hofmann an Leopold von Pfaundler (30.5.1869), Archiv des DAV, München, DOK 2 SG/28/4.
20 Hofmann: Das Kaisergebirge (wie Kap. 2, Anm. 5), S. 524.
21 Ebenda, S. 528.
22 Matthias Hörfarter an den Central-Ausschuß des DuOeAV, Kufstein 29.1.1877, Archiv des OeAV, SE 104.101.
23 Zu den biografischen Angaben vgl. Rudolf Sinwel: Dr. theol. Matth. Hoerfarter. Gedenkschrift zur Enthüllung des Hoerfarter-Denkmales in Kufstein am 10. September 1899, Kufstein 1899.
24 Theodor Trautwein: Ueber das Kaisergebirge, in: Zeitschrift des DuOeAV 10 (1879), S. 185–231, hier S. 186.
25 Interview des Autors, 22.8.2015. Die Dateien zu diesem Interview und zu den folgenden Interviews befinden sich beim Autor.
26 Ludwig Purtscheller: Das Bergsteigen als körperliche Uebung, in: Mitteilungen des DuOeAV 12 (1886), S. 37–39, hier S. 38.
27 Karl Baedeker: [Baedekers] Südbayern, Tirol, Salzburg usw. Handbuch für Reisende, Leipzig 1912 (35. Aufl.), S. XIX.
28 Joseph Enzensperger: Der Wilde Kaiser, in: Zeitschrift des DuOeAV 28 (1897), S. 264–292, hier S. 282.
29 Tiroler Fremdenblatt 1886, S. 214f.
30 Vgl. Johannes Emmer: Verfassung und Verwaltung des Deutschen und Oesterreichischen Alpenvereins. Ein Handbuch zum Gebrauch der Sectionen, Berlin 1893, S. 64f.
31 Vgl. C. W. Pfeifer: Ausrüstungsgegenstände für Touristen, Frankfurt 1884, S. 26.
32 Interview des Autors, 7.7.2015.
33 Interview des Autors, 10.6.2014.
34 Johann Jakob Staffler: Tirol und Vorarlberg, statistisch und topographisch, mit geschichtlichen Bemerkungen; in zwei Theilen, Theil 1, Innsbruck 1839, S. 158f.
35 Trautwein: Ueber das Kaisergebirge (wie Kap. 2, Anm. 24), S. 231.
36 Anton von Ruthner: Die grösseren Expeditionen in den Österreichischen Alpen aus dem Jahre 1864, in: Petermanns Geographische Mitteilungen 11 (1865), S. 206–215, hier S. 209.
37 Trautwein: Ueber das Kaisergebirge (wie Kap. 2, Anm. 24), S. 230.
38 Innsbrucker Nachrichten, 14.9.1880, S. 5.
39 Innsbrucker Nachrichten, 13.12.1880, S. 4.
40 Vgl. Trautwein: Ueber das Kaisergebirge (wie Kap. 2, Anm. 24), S. 231.
41 Karl Baedeker: Deutschland und das österreichische Ober-Italien. Handbuch für Reisende. Erster Theil: Oesterreich, Süd- und West-Deutschland, Venedig und Lombardei. Siebente umgearbeitete und vermehrte Auflage, Coblenz 1857, S. 86.
42 Deutscher und Oesterreichischer Alpenverein (Hg.): Lehrbuch für Bergführer in den Ostalpen, Innsbruck 1930, S. 443.
43 50 Jahre Alpenvereinssektion Kufstein 1877–1927, Kufstein 1927, S. 57f.
44 Deutscher und Oesterreichischer Alpenverein (Hg.): Lehrbuch für Bergführer in den Ostalpen, Innsbruck 1930, S. 423.
45 Ebenda, S. 423.
46 Franz Nieberl: Unsere Führer, in: 50 Jahre Alpenvereinssektion Kufstein, Kufstein 1927, S. 165–179, hier S. 174.
47 Zitiert nach Nieberl, ebenda, S. 170.
48 Zu den Bergführern vgl. ebd.
49 Interview des Autors, 10.4.2015.

Am Baumgartenköpfl
Postkartenmotiv von Foto Jöchler aus dem Jahr 1954

Kletterer an den **Führernadeln am Totenkirchlsockel** (1958)

DIE GROSSE DEUTSCHE SCHULE DES FELSKLETTERNS

So bezeichnete das „American Alpine Journal" den Wilden Kaiser im Jahr 1932. Für Generationen von Bergsteigern war das Gebiet tatsächlich eine Art Hochschule des Kletterns, in der neue Techniken entwickelt und erprobt wurden.

Kapitel 3

THE GREAT GERMAN SCHOOL OF CLIMBING

„Der Wilde Kaiser war vor dem Ersten Weltkrieg der wichtigste Gebirgszug für Kletterer und ist eine Legende"[1], hält Reinhold Messner fest. Für die touristische Entwicklung der Region hat das Klettern bis heute Bedeutung, weil es den Mythos und die Marke Wilder Kaiser geprägt hat wie nichts anderes.

Guido Unterwurzacher in der Route „Des Kaisers neue Kleider" am **Fleischbankpfeiler** (2010)

DER ERSTE „KLETTERSTAR“: GEORG WINKLER

„In Hinterbärenbad pürscht sich da langsam ein auf den ersten Blick noch recht unscheinbarer junger Mann an unseren Tisch heran, stellt sich als Georg Winkler vor und bittet um Erlaubnis, morgen mit aufs Totenkirchl gehen zu dürfen. Doch da traf er es bei meinen Begleitern schlecht. In ziemlich unverblümter Weise deuteten sie ihm die Unverfrorenheit seines Begehrens an, und betrübt zog er sich zurück.“ [2]

So schildert der Gymnasiallehrer Alois Zott das erste Zusammentreffen mit dem 16-jährigen Gymnasiasten Georg Winkler in der Hinterbärenbadhütte im Sommer 1886. Zott war kein Unbekannter mehr in der damals noch überschaubaren Kletterszene, hatte er doch fünf Jahre zuvor gemeinsam mit den Brüdern Zametzer die zweite Besteigung des Totenkirchls unternommen; ohne Bergführer – eine damals absolut unübliche Vorgehensweise. Seit der Erstbesteigung des Totenkirchls am 16. Juni 1881 waren keine vier Wochen vergangen gewesen. Als Erster hatte sich Gottfried Merzbacher von Michael Soyer, Bauernknecht und Bergführer aus Going, auf den „von den verwegensten Gemsenjägern als unersteiglich erklärt[en]“ Gipfel leiten lassen. Merzbachers Bericht darüber sparte nicht mit Superlativen: „schwierigste, anstrengendste und gefährlichste Klettereien, die überhaupt bis zur äußersten Grenze der Möglichkeit gehen“ [3]. Der ehemalige Kürschner, der sein Pelzwarengeschäft in München im Alter von 45 Jahren verkauft hatte und sich nun dem Bergsteigen und der Geografie widmete, war sich sicher, dass dieser Weg der einzig mögliche auf den Gipfel sei. Wie so oft in der Sportgeschichte galt diese Aussage bald als überholt. Heute gibt es über hundert Kletterrouten am Totenkirchl.

Nach der Erstbesteigung durch Merzbacher und der ersten Wiederholung durch Zott und die Brüder Zametzer war es zunächst jedoch ruhig um den Berg geworden. Fünf Jahre lang hatte niemand mehr den Gipfel erreicht. Jetzt, 1886, wollte Zott seine Leistung von damals wiederholen und fand sich dafür mit seinen Begleitern in der Hinterbärenbadhütte ein, wo auch Winkler zu den Stammgästen zählte. Viele Tage hatte Letzterer in jenem Frühling bereits im Kaisergebirge zugebracht und dabei schwierigste Routen, wie die später nach ihm benannte Winklerschlucht, im Alleingang bezwungen. Als Zott sich nach dem Korb, den die Tischrunde Winkler verpasst hatte, vom Tisch entfernte, trat Winkler hartnäckig an ihn heran. Er wollte die Route der Ersteigergruppe kennenlernen, hinaufzusteigen getraue er sich ohne jede Hilfe ihrerseits. Zott erzählte darüber später: „Nun dachte ich die schwierigste Stelle ist ja gleich ganz unten – über die kommt er keinesfalls hinweg und

Alois Zott (gest. 1913)

Gottfried Merzbacher (1843–1926)

Georg Winkler (1869–1888)

Das **Totenkirchl** von Norden

Die alte Hinterbärenbadhütte um 1890, links im Bild Hüttenwirt Pauli Horngacher

beschrieb ihm möglichst genau den Weg bis zum Kamineinstieg."[4] Vom Ehrgeiz und von der Beharrlichkeit des kleinen Nachwuchsalpinisten, der angeblich nur knapp über 1,5 m groß war, beeindruckt, empfahl Zott ihm, am nächsten Morgen vorauszugehen, sich hinter einem Felsblock zu verstecken und ihnen dann kaltblütig durch die Wand zu folgen. „Das könne ihm niemand verwehren, wenn er es fertig brächte. Bei mir dachte ich nun, im schlimmsten Falle wird ihm halt ein Seilende zugeworfen."[5]

Am nächsten Tag regnete es. Winkler stieg trotzdem auf und wartete Stunden am Einstieg, bevor er klatschnass einsehen musste, dass den Totenkirchl-Anwärtern um Zott das Wetter wohl zu schlecht war und sie nicht mehr auftauchen würden. Am darauffolgenden Tag standen Zott und seine beiden Gefährten Dietrich und Feilitzsch am Einstieg des Totenkirchls: „Als gewandte und ehrgeizige Kletterer wünschten sie nur, ich sollte sie zur Stelle des Einstiegs führen, das Übrige würden sie dann schon besorgen." „Das werden wir gleich haben!", habe Feilitzsch zuversichtlich gemeint, als er den

Notizbuch von Georg Winkler

Einstiegskamin – die Schlüsselstelle – von unten inspizierte. Der regennasse Fels zeigte den beiden jedoch ihre Grenzen auf: Durch den Kamin rann Wasser, sie kamen nicht voran. Man überlegte nun, doch Zott vorsteigen zu lassen, schließlich kenne er die Route als Einziger.

Da erschien plötzlich Winkler. Ob nicht *er* den Aufstieg probieren dürfe, fragte er selbstbewusst in die Runde. „Das wurde lachend genehmigt“, erzählte Zott: „Ob wohl der junge Mann bis ins untere Loch hinaufkommt? Doch die nächsten Minuten brachten uns eine riesige Überraschung. Ohne das Loch auch nur zu berühren, war er rechts an den Platten ausgestiegen und hatte sich dann am Kaminrande emporgestemmt, in einer für die damaligen Verhältnisse, wo man im allgemeinen noch sehr bedächtig kletterte, unglaubwürdig kurzen Zeit. Dann rief er mit leicht verzeihlicher Bosheit zu uns verdutzt Dreinschauenden herab, ob die Herren vielleicht erlaubten, daß er das Seil herabwerfe. Wir machten gute Miene zur überraschenden Wendung und stiegen am Seile, den an jenem Tage allerdings ungewöhnlich schwierigen Kamin hinauf.“ [6] Dichter Nebel und Schneegestöber zwangen die vier aber bald zur Umkehr. Knappe drei Monate später schrieb Winkler stolz an Zott, dass er sich am 27. August 1886, einen Tag nach seinem 17. Geburtstag, die dritte Besteigung des Totenkirchls gesichert habe. Dieses Mal war er allein unterwegs gewesen.

Bekanntlich führt ein Alleingeher außer Schuhe und Kleidung wenig Material mit sich. Trotzdem ist die Frage nach der damaligen Kletterausrüstung interessant. Winkler trug außer genagelten Bergschuhen noch Steigeisen, „die ich während der ganzen Tour nicht heruntergebracht“, wie er schreibt. Man kletterte damals sogar im trockenen Fels mit Steigeisen, aber ohne Frontalzacken – diese wurden erst in den 1930er Jahren erfunden. Zur Zeit Winklers wurden jedoch spezielle Kletterschuhe immer populärer. In den Dolomiten hatten die Kletterer aus dem Norden schon länger von den Vorzügen der sogenannten Scarpetti gehört. Das waren „Schuhe von weichem Stoff, deren Sohlen mit starkem Bindfaden durch und durch vernäht sind; sie bieten auf lockerem Grund sowohl als auf Fels vortrefflichen Halt und sind in der Gegend viel im Gebrauch. Auch Grohmann [der Kletterpionier in den Dolomiten] erwähnt derselben bei der Besteigung der Dreischusterspitze.“ [7] Auch

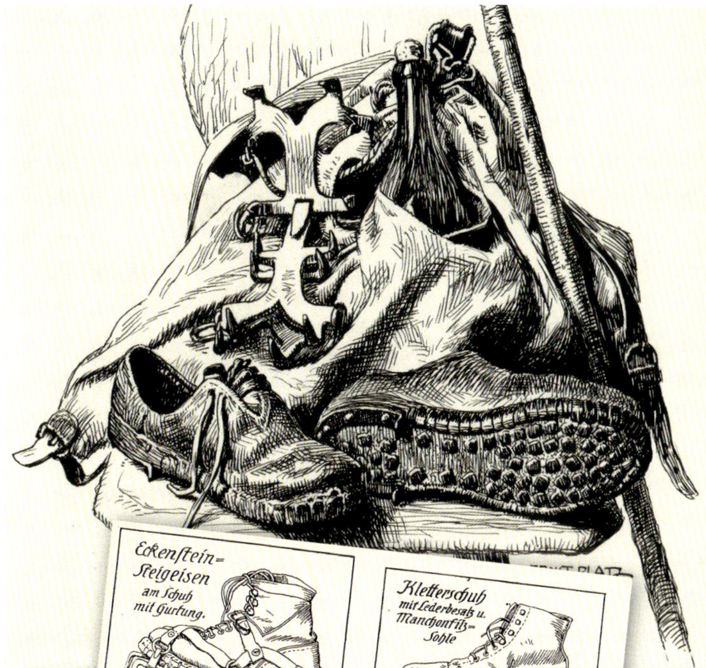

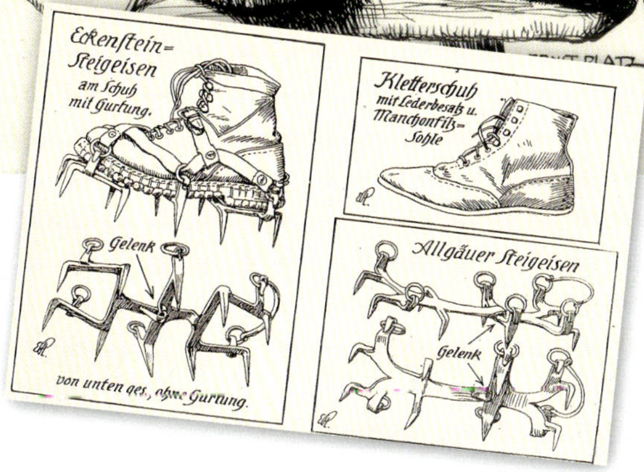

↑↑ **Felsausrüstung** von Hermann von Barth: genagelte Halbschuhe und Steigeisen (gezeichnet von Ernst Platz)

↗ **Abbildung von Ernst Platz** für das Lehrbuch Bergsteigen von Ernst Enzensperger

Auf dem **Totenkirchl** um 1900, noch ohne Gipfelkreuz

Der erste Kletterführer über das Kaisergebirge von Heinrich Schwaiger, 1898. Es gab zwar bereits ein kleines Büchlein über das Kaisergebirge von Theodor Trautwein aus dem Jahr 1885, aber darin wurden noch keine Klettereien beschrieben. Der Führer von Schwaiger wurde später von Georg Leuchs weiter bearbeitet und immer wieder neu aufgelegt.

Winkler kletterte an der Cima della Madonna in den Dolomiten, die er gemeinsam mit Zott erstbestieg, mit modifizierten Scarpetti. Zott schrieb darüber: „Brillant überwand Winkler in Kletterschuhen die berüchtigten untersten 20 m, während mir diese Stelle in Schuh und Steigeisen, die ich unkluger Weise auszuziehen unterlassen hatte, trotz des Seiles ziemlich zu schaffen machte.“ [8]

Kaufen konnte man diese Kletterschuhe bald in München: beim Seilermeister Heinrich Schwaiger, der nicht nur den ersten Kletterführer[9] über das Kaisergebirge verfasste, sondern auch eines der ersten Bergsportfachgeschäfte in München betrieb. Das Arbeiten mit den Hanfseilen vermittelte Schwaiger die nötigen Fertigkeiten, um die Sohle der italienischen Scarpetti mit Hanfmaterialien zu verbessern und 1886 den ersten Kletterschuh im deutschsprachigen Raum auf den Markt zu bringen. Ein Produkttest urteilte: „Die elastische Stricksohle aus Manilahanf erlaubt dem Fusse ein feines Tastgefühl und übertrifft darin die harte Sohle der italienischen ‚Scarpetti‘, oder den Gummischuh.“ [10] Diese Kletter-Espandrillos wurden immer wieder überarbeitet, bis Schuhe mit Manchon-Filzsohle auf den Markt kamen. Da Filzpantoffeln in Tirol „Patschen“ heißen, erhielten die Filzkletterschuhe hier den Namen „Kletterpatschen“,

Frühe Kletterschuhe mit Hanfsohle (links) und später mit Manchonfilzsohle (rechts)

Heinrich Schwaiger

der ihnen bis heute geblieben ist, obwohl sie mittlerweile Gummisohlen haben.

Aber nicht nur dass Winkler am Totenkirchl noch keine Kletterschuhe, sondern genagelte Schuhe mit Steigeisen verwendete, ist aus heutiger Sicht kurios. Eigenartig erscheint uns auch, dass er eine Art Schiffsanker mitführte, den er die Felswand emporschleuderte – in der Hoffnung, dass er irgendwo hängenbleiben würde. Am Seil, das an diesem Anker befestigt war, zog er sich dann hinauf. Der mitgeführte Wurfanker sei jedoch am Totenkirchl nicht in Verwendung gewesen, wie Winkler in seinem Brief an Zott schrieb. Auch Zott führte bei seinen Touren einen solchen Apparat mit.

JUNGE AKADEMIKER „KOLONIALISIEREN" DEN WILDEN KAISER

„Seit Winkler den Kaiser als seine Kletterhochschule benützte, ist es bei den Münchener Hochtouristen – und man weiss, welche Menge von dieser Species die Isarstadt in ihren Mauern birgt – unumstössliche Sitte geworden, die höhere Felsbildung ebendort sich zu erwerben." [11]

Das schrieb der Kletterer und Meteorologe Josef Enzesperger gut zehn Jahre nach Winklers Leistungen im Wilden Kaiser. Winkler war zu diesem Zeitpunkt schon tot. Er war ein paar Tage vor seinem 19. Geburtstag 1888 am Weisshorn in den Walliser Alpen tödlich verunglückt, sein Leichnam blieb zunächst verschollen und wurde erst siebzig Jahre später vom Gletscher freigegeben. Seine herausragenden Kletterleistungen, die die Ära der „Führerlosen" zwar nicht einläuteten, aber auf eine neue Schwierigkeitsebene brachten, machten ihn zum „Star" der jugendlichen Szene. Sein früher Tod steigerte dieses Ansehen noch: Er wurde zur Legende, zur Ikone einer neuen Generation.

Die neuen „Führerlosen" traten selbstbewusst auf, vertraten radikale Thesen und gaben sich rebellisch. Sie grenzten sich von den Alten ab, begehrten gegen sie auf; gegen eine Generation, die in den „fetten Jahren" der Gründerzeit zu Wohlstand gekommen war, die in den Augen der Jungen saturiert einer neuen Mittelmäßigkeit frönte und Sicherheit in allen Bereichen zur Lebensdoktrin erklärte. Die jungen Gegner dieses „gemäßigten Spießertums" war die alpine Avantgarde einer Gesellschaft im Umbruch. Sie provozierten mit publizistisch zur Schau getragener, bewusster Suche nach Gefahr und identifizierten sich als Jünger Nietzsches mit dem von ihm propagierten Tatmenschentum und dessen Konzept des Übermenschen, der nicht schwächelt, lieber riskiert und jegliche Mittelmäßigkeit negiert. Nach den ersten, noch gemäßigteren Pionieren des führerlosen Bergsteigens, wie Emil Zsigmondy und Ludwig Purtscheller, war es vor allem Eugen Guido Lammer, der in seiner Radikalität die Altvorderen provozierte.

Ludwig Purtscheller (1849–1900) galt zu seiner Zeit als einer der besten Kenner der Alpen.

Emil Zsigmondy (1861–1885) war wie sein Freund und Seilgefährte Ludwig Purtscheller ein Verfechter des führerlosen Bergsteigens.

Der um sechs Jahre jüngere Georg Winkler war von dieser Radikalität hellauf begeistert und schrieb an Lammer, dass auch ihn die Todesgefahr geradezu dämonisch anlocke: „[I]ch bin mir über das movens bei meinen Touren längst klar geworden und erkannte bald, daß es die Gefahr ist, die, aufgesucht und überwunden, dem Manne unendliche Genugtuung und viele Befriedigung gewährt“[12].

Diese Aussage kam einer Kriegserklärung an die moderate Alpinistengilde gleich, die beim Bergsteigen den möglichst gefahrlosen Naturgenuss zur Doktrin erklärt hatte. Die Gefahr bewusst zu suchen, anstatt sie zu vermeiden, heroisch und fatalistisch sein Leben aufs Spiel zu setzen, galt manchem „Philister“ – wie Lammer spitz formulierte – nicht nur als Angriff auf die Vernunft, sondern als skrupellos, sinnlos und dumm. Woran sich die ältere Generation außerdem noch störte, war die allmähliche Umdeutung der Bergwelt von einem pantheistischen Tempel des Naturempfindens zu kulturfeindlichen Wettkampfarenen sportlicher Eitelkeit. Nicht mehr der leichteste Weg auf den Gipfel zählte, sondern nur immer noch steilere Wände, noch schwierigere Routen und noch ausgesetztere Grate. Doch welche anderen sportlichen Entwicklungsmöglichkeiten blieben, zumal die meisten Gipfel auf ihren Normalwegen längst bestiegen waren?

Winkler sah das Bergsteigen so sportlich wie kaum einer zuvor. Er forderte sogar Preise für die schnellste Erkletterung eines Berges wie bei den damals brandneuen Fahrradrennen. Gesinnungsgenossen fanden der Lehrer Lammer und der Metzgerssohn Winkler in den neu entstehenden kleinen elitären alpinen Vereinen, die sich als Bergsteiger der extremen Tat von den als „Jochbummlern“ belächelten Durschnitts-Alpenvereinlern abgrenzen wollten. Als erstes Sammelbecken für die Schwierigkeitsalpinisten entstand in Kontinentaleuropa der Eliteverein Österreichischer Alpenklub (ÖAK), der dem englischen Alpine Club ähnlich war. In den 1890er Jahren kamen bergsteigerisch ehrgeizige Studentenvereine hinzu. Diese kleinen, qualitätsbewussten Vereine wollten nicht mehr (wie der alteingesessene Alpenverein) den Zugang im großen Stil erleichtern, sondern die bergsteigerische Herausforderung wahren oder den „Playground“ – wie der britische Historiker, Literat und Bergsteiger Leslie Stephen die Alpen bezeichnete – möglichst so erhalten, dass das „Spiel“ anspruchsvoll bleibt und sich der Bergsteiger auf seinem „Spielplatz“ nicht langweilt.

In diesem Sinne gründete Albrecht von Krafft 1892 mit ein paar Freunden den Akademischen Alpenverein München (AAVM). Krafft war im Sommer 1888 ins Kaisergebirge gekommen und hatte sich die fünfte Besteigung des Totenkirchls geholt. Eigentlich wollte er dazu den Zottweg begehen, verfehlte aber die Route und kletterte durch den später nach ihm benannten Krafft-Kamin in Richtung Gipfel. Den AAVM hatten Krafft und seine Freunde, allen voran Josef Enzensperger, als Interessensgemeinschaft, ja als Lobby für die bergsteigerische Elite des akademischen Nachwuchses entworfen. Der Verein war nach dem Modell einer Studentenverbindung geschaffen, mit Aktivitas und Altherrenverband. Wer sein Studium beendete, schied aus dem Aktivenverband aus und musste zu den Altherren wechseln. Alte Herren durften nicht mehr im Vorstand wirken, beteiligten sich aber an Bergtouren und prägten durch

Eugen Guido Lammer (1863–1945) wurde mit seinen Veröffentlichungen zum wortgewaltigen Sprachrohr der Generation der „Führerlosen“.

Der Kopftörlgrat zur Ellmauer Halt, fotografiert vom Totenkirchl aus

ihre Haltungen die folgende Generation nachhaltig. Sie führten die Jugend in den Bergsport und die akademisch-bürgerliche Wertewelt ein. Darüber hinaus sorgten sie für gute Kontakte und finanzielle Förderungen. Eine Mitgliedschaft bei einer Alpenvereinssektion war verpflichtend, um als Elitetruppe Einfluss auf den Gesamtverein ausüben zu können. Tatsächlich bekleideten AAVM-Mitglieder später wichtige Funktionen im Alpenverein und konnten oftmals ihre Vorstellungen verwirklichen.

Warum hier so ausführlich über den AAVM geschrieben wird? Weil der AAVM damals eine neue Ära des Klettersports im Wilden Kaiser einläutete. 80 Prozent aller Erstbegehungen in den nächsten Jahren gingen auf das Konto von AAVM-Mitgliedern, wobei es üblich wurde, die Kletterrouten nach den Erstbegehern zu benennen. Die „Enzensperger“ an der Kleinen Halt, der „Botzong-Kamin“ am Predigtstuhl oder der „Kopftörlgrat“ von Leuchs, nach dem auch der „Leuchsturm“ benannt ist – all diese Namen begegnen Kletternden auch heute noch ständig. Nicht weniger als 1800 Gipfelbesteigungen

Anstiegsskizze der Routen auf den Predigtstuhl. Die Route B ist der Botzong-Kamin.

im Wilden Kaiser zählten die jungen studierten Vereinsmitglieder zwischen 1893 und 1902. Freilich, sie hatten im Sommer viel Zeit. Über Vereinsgründer Krafft wurde treffend geschrieben: „In seinem kurzen, aber ereignisreichen Leben manifestierte sich in der Mischung aus Revolte, Pflicht und Eskapismus das Lebensgefühl einer ganzen Generation.“ [13]

Dieses Lebensgefühl findet sich auch bei anderen AAVM-Mitgliedern und Führerlosen, viele von ihnen starben jung, so auch Josef Enzensperger und Robert Hans Schmitt. Enzensperger studierte, genauso wie dessen Freund Krafft, zunächst Jura, wechselte dann aber auf Naturwissenschaften mit Schwerpunkt Meteorologie. Der Abenteuerlustige ging auf Forschungsexpedition in die Antarktis und verstarb dort beim Überwintern an einer Vitaminmangelerkrankung. Und Robert Hans Schmitt, den der Zeitgenosse Eduard Pichl als „ungebundene, jedem Zwange abholde Bohemenatur“ beschrieb, „der die Lust nach Abenteuern im Blute steckte“, zog es „in Länder ohne Meldevorschrift, ohne Kellner, ohne Waffenpaß und Jagdgesetz, ins freie Land“. Man könnte ihn fast als Aussteiger bezeichnen. Mit nur 29 Jahren verstarb er auf Sansibar an Malaria.

↓ Das sogenannte **Oppelband am Predigtstuhl** verlangt auch heute noch außergewöhnliche Kriechtechniken ab.
↓↓ Am **Südostgrat des Totenkirchls** um 1910

Enzensperger schrieb 1897 eine umfassende Abhandlung über das Kaisergebirge, über die vielen Neutouren und Möglichkeiten für Wanderer und Bergsteiger. Darin stellt er fest, dass „das Kaisergebirge aus der Stellung einer der am wenigsten besuchten Gruppen der Ostalpen in die entgegengesetzte aufgerückt [ist]: ich glaube heute [1897] die begründete Behauptung aufstellen zu dürfen, dass zur Zeit kein Hochgebirge der Ostalpen eine im Verhältnis zu seinem Areale gleich ansehnliche Besucherzahl aufzuweisen hat.“ [14] Dafür unmittelbar verantwortlich machte er den Gebietsführer Trautwein (1879: Monografie in der Alpenvereinszeitschrift, 1885: erstes Führerbüchlein) sowie die Eröffnung der Hinterbärenbadhütte, die Ende des 19. Jahrhunderts schon an die 5000 Besucher pro Saison zählte. Enzensperger sprach in diesem Zusammenhang sogar schon vom Einsetzen des „Massenbesuches“ [15]. Zu den allgemeinen Faktoren dahinter zählt zum einen die verkehrsgeografische Lage: Kein Gebiet der nördlichen Kalkalpen in Österreich war in jener Zeit mit dem Zug schneller von München aus zu erreichen. In nur 1 Stunde und 35 Minuten gelangte man im Jahr 1900 mit dem Eilzug vom Münchener Hauptbahnhof nach Kufstein, vom Ostbahnhof dauerte es eine Viertelstunde weniger.[16] Heute geht es nur um ein paar wenige Minuten schneller! Und zum anderen waren die in jener Zeit besonders rasant fortschreitende Technisierung und Urbanisierung und das daraus erwachsende Bedürfnis nach Natur Gründe für die Tourismusentwicklung. Innerhalb kurzer Zeit hatte sich die Einwohnerzahl von München verfünffacht. Während München 1850 knapp 100.000 Einwohner zählte, waren es 1900 bereits 500.000.

Mit dem touristischen Aufschwung häuften sich auch Unfälle. Damals hantelte man sich wie die Turner ausschließlich mit bloßen Händen am Seil hinunter. Verließ einen die Kraft, hatte dies schlimmste Konsequenzen, wie sich einem Bericht über einen Absturz am Totenkirchl entnehmen lässt: „Plötzlich fing er an zu zappeln und stieß einen unartikulierten Ruf aus; auf einmal hing er frei und drehte sich um sich selbst. Dann ließ er das Seil aus. Er stürzte rückwärts zirka 12 m und fiel 5 m neben seinem Begleiter mit dem Halse auf, so daß er hier wohl schon das Genick brach. Er stürzte dann weiter direkt frei durch die Luft zirka 80 m und schlug mit der Stirn auf, wie die Spur ergab; er zertrümmerte sie sich vollständig, schlimmstenfalls muß nach diesem Moment der Tod eingetreten sein." Seinen Kollegen blieb nur mehr, sich vom Tod ihres Begleiters zu überzeugen und ein paar Sachen von ihm mitzunehmen. Im Bericht heißt es weiter, Tourenpartner „Arndt klagte schließlich noch mit lebhaften Worten über die Roheit zahlreicher gerade in Hinterbärenbad anwesender Touristen, deren Sensationslust sich geradezu empörend geäußert habe. Das ist leider auch eine der Erscheinungen, die mit der Verallgemeinerung des Alpenreisens bedauerlich zunimmt." [17]

Solche detaillierten Absturzberichte, die teilweise in der Münchener Tagespresse veröffentlicht wurden, sollten bewusst abschrecken und leichtsinnige Aspiranten vom zum Modeberg avancierten Totenkirchl fernhalten. Doch das Gegenteil war der Fall. Vielmehr befeuerten diese Meldungen den Mythos Wilder Kaiser. Das Totenkirchl mit dem passend schauerlichen Namen erhielt einen abschreckenden Nimbus, und trotzdem – oder gerade deshalb – zog es besonders viele in seinen Bann. Eine weitere Strategie einer alpinen Zeitschrift, mit der die Todeszahlen am Totenkirchl gesenkt werden sollten, war der Hinweis auf die besonders schlechte Aussicht vom Gipfel. Es gebe zahlreiche viel schönere Aussichtspunkte, die Mühe lohne sich nicht. Doch es blieb dabei: Wer sich Kletterer nennen wollte, musste das Totenkirchl absolviert haben.

Freilich fühlten sich die Kletterer damit abgehoben, zumindest vom gemeinen „Spazierstocktourist", von dem sie sich zusehends bedroht fühlten. Schließlich waren die elitebewussten Kletterer überzeugt davon, dass sie von Natur aus ein quasi selbstverständliches Vorrecht auf das Kaisergebirge hätten und der Alpenverein die falschen Interessensgruppen förderte: „Mehr und mehr muß man auf ein schon im vorigen Jahre zu Tage getretenes Bestreben der Sektion schließen, die Hochtouristen u.s.w. allmählich aus dem Kaisertale zu verdrängen, um dieses ausschließlich dem internationalen Fremdenverkehr auszuliefern und durch Anlegung von großen Hotels mit exorbitanten Preisen den Schweizer Verhältnissen ähnlich zu gestalten." [18] Konflikte waren vorprogrammiert. Allerdings zogen die Kletterer auch viele schaulustige Wanderer an, die wagemutige Steilwandakrobaten in den Wänden bestaunen wollten. *Sie* hatten das Totenkirchl erst zur Sehenswürdigkeit gemacht.

Die berüchtigte Abseilstelle am Südwestgrat des Totenkirchls kostete manchem Alpinisten das Leben.

„HELD DES TAGES": BERGSTEIGEN IN DER KRITIK

Mit der Totenkirchl-Westwand kletterten Tita Piaz, Rudolf Schietzold, Josef Klammer und Franz Schrofenegger 1908 die schwierigste Route der gesamten Alpen. Schietzold seilte zwar schon ein Jahr vorher über die Route ab, doch den Durchstieg von unten hielt er zunächst nicht für möglich: „Die 30-m-Traverse von dem einen Kamin zum andern ist wohl das Haarsträubendste, was überhaupt gemacht werden kann, und darf – um dies vielbestrittene Wort zu gebrauchen – von einer äußersten Grenze des Möglichen wohl gesprochen werden. [...] Ich kann von

Wilhelm von Redwitz in einer der zahlreichen Kaminklettereien am Totenkirchl (1913)

Am **Südostgrat des Totenkirchls** (um 1910)

einer Wiederholung der Tur nicht genug warnen"[19], schrieb er dazu – und war es dann selbst, der die Tour wiederholte, dieses Mal von unten. Bereits damals erfuhr dieser Meilenstein des Alpinismus einiges an öffentlicher Aufmerksamkeit. Etliche Tageszeitungen in Österreich und Deutschland meldeten die Sensation und Anton Karg lichtete die „Helden der Westwand" ab; ein Foto, das Eingang in zahlreiche Publikationen fand und zu einem Stück Alpingeschichte wurde.

Den medialen Rummel um die „sinnlose Eroberung eines Stück Felsens" konnten und wollten nicht alle nachvollziehen. Besonders bei dem Lehrer und Schriftsteller Carl Techet hielt sich die Begeisterung dafür in Grenzen. In einer Satire machte er sich unter dem Pseudonym „Sepp Schluiferer" über den Alpenverein und die Auswüchse der alpinistischen Heldenverehrung lustig. Der Text aus dem Buch „Fern von Europa" mit dem Titel „Der Held des Tages"[20] beschreibt eine fiktive Alpenvereinsversammlung, die zur Ehrung des Totenkirchl-Bezwingers mit dem frei erfundenen Namen Kilian Schirhackl (Schirhackl = Schürhaken) einberufen wurde. Zunächst hält der sichtlich aufgeregte Obmann eine feierliche Rede für den Ehrengast. Darin spricht er von Ruhm und Ehre: Sie wären dem Besteiger wie dem Verein bereits dann gewiss gewesen, wenn Schirhackl beim Erklimmen der senkrechten Wand zu Tode gekommen wäre. Weil er sie aber erfolgreich bezwungen habe, sei Ruhm und Ehre noch größer, und die Wand solle fortan Kilian-Schirhackl-Wand heißen.

In seiner Dankesrede bringt der Kletterer, noch mitgenommen von seinen Erlebnissen in der Wand, nur wenige Worte hervor und kündigt die Veröffentlichung eines Besteigungsberichts an. Einige Tage nach dieser ausgelassenen Feier, auf der es nach kurzer

Das bekannte Bild des Fotografen Anton Karg von den **Erstbegehern der Totenkirchl-Westwand:** Rudolf Schietzold, Johann Schroffenegger (hinten), Josef Klammer und Tita Piaz (vorne)

Zeit „keinen nüchternen Menschen" mehr gibt, erscheint der angekündigte „Bericht des heldenhaften Bezwingers" der Totenkirchl-Westwand: „Von der zweiten Terrasse durch Kamine an der westlichen Kante auf abschüssige Grasterrasse. Schluchtartigen Kamin hinab. Kamin hinauf. Riß. Drei Grasbüschel. Darüberhin, ein Grasbüschel in den Händen, zwei an den Schuhsohlen, freischwebend! Eingeklemmter Block, mit Traverse an schauerlicher Wand. Fünfzehn Mauerhaken aufwärts, sechs Pendeln abwärts – kein Zurück! Grifflos! Abschüssige brüchige Platte, nach außen offene Mulde – abwärts – ein dürrer Pflanzenstengel – Ein stumpfwinkeliger Riß, Einstieg, grasbewachsene Leiste, Draufstieg, schroffiger Fels, Abstieg – abgerundeter Riß – Umblick – zackiger Riß – zwei Gemsenhaare darinnen – einzige Stütze! Grifflos! Freischwebend!" [21]

Der Text schließt mit der Feststellung, dass Schirhackl erstaunlicherweise noch kein Denkmal gesetzt worden sei: „Ich wünsche ihm ein solches von Herzen, wo er dargestellt ist: an einer senkrechten Wand kletternd, in einer Hand ein Gemsenhaar, in der andern einen Grashalm haltend und unter einer Stiefelsohle einen dürren Vogelschmatz als einzigen Stützpunkt. Er wäre eines solchen Monumentes würdig, er und ganz Tarrol [Tirol]." Diese Satire und auch die Meldungen in großen Tageszeitungen zeigen, dass das Bergsteigen im Wilden Kaiser längst die Wahrnehmungsschwelle innerhalb einer überschaubaren Spezialistenszene überschritten hatte und zum interessanten und umstrittenen Thema einer breiten Öffentlichkeit geworden war. Die Kritik daran, die übrigens mit der Strafversetzung des spottenden Lehrers von Kufstein nach Proßnitz in Mähren endete und einen Tiroler Literaturskandal produzierte, hielt die Jugend nicht davon ab, das Totenkirchl zu bestürmen, ganz im Gegenteil!

SEILFREI: DR. PREUSS

1911 kam ein 24-jähriger Student der Pflanzenphysiologie in den Wilden Kaiser und besaß die Tollkühnheit, ohne jegliche Sicherung, seilfrei, durch die schwierigste Wand der Alpen, die Totenkirchl-Westwand, zu klettern. Sein Name war Paul Preuß, geboren am 19. August 1886 in Altaussee, wo seine in Wien lebenden Eltern die Sommerfrische verbrachten. In seiner späten Studienzeit in München fand der aufstrebende Kletterer schnell Anschluss an die seinerzeit umtriebigste Bergsteigerszene in ganz Europa. Trotzdem kletterte er am liebsten alleine, ohne Partner, ohne Seil und Sicherung – frei und unabhängig. Seine Einstellung zum Klettern, seinen radikalen Stil verteidigte er intellektuell scharfsinnig und rhetorisch gewandt in verschiedenen Bergsteigermagazinen. 1911 schrieb er in einem Aufsatz für die „Deutsche Alpenzeitung" [22]: „Ich will der Liebe zur Gefahr, die bei uns modernen Bergsteigern bis

Ein Kufsteiner Original:
Juwelier **Franz Klammer,** einer der besten einheimischen Kletterer seinerzeit

Auf dem **Heroldweg zum Totenkirchl** (um 1900)

In einem Kamin am Totenkirchl

zu einem gewissen Grade unbedingt vorhanden ist, nicht das Wort reden. Mir kommt aber doch vor, dass der Gedanke: ‚wenn du fällst, hängst du drei Meter am Seil' geringeren ethischen Wert hat als das Gefühl: ‚ein Sturz, und du bist tot!'. Wenn man an steilen Wänden mit absoluter Sicherheit turnen will, etwa an dreifachen Seilen oder aber einem aufgespannten Sprungtuch, dann soll man doch lieber zu Hause bleiben." [23]

Diese provokante Äußerung, ja der gesamte Aufsatz über die Verwendung künstlicher Hilfsmittel, barg Sprengkraft. Preuß forderte darin den radikalen Verzicht. So sei die Sicherung durch Haken nicht berechtigt, und in vielen Fällen sei überhaupt jegliche Sicherung abzulehnen. Selbst das Abseilen befand er als künstliches Hilfsmittel: Wo man hinaufklettert, soll man auch wieder hinunterklettern können. Die damalige Diskussionskultur unter den Alpinisten war so stark ausgeprägt, dass Preuß' Beitrag nicht unwidersprochen bleiben konnte. So wetterte etwa Franz Nieberl gegen die „Irrlehre", und Piaz entgegnete: „Hätte der lächerlichste Gebrauch von Mauerhaken ein einziges Menschenleben gerettet, so wäre schon damit der Gebrauch gerechtfertigt. Ich bitte, mich nicht zu missverstehen: Ich spreche vom Mauerhaken als Sicherungsmittel, nicht als Leitersprosse [zur Fortbewegung] [...] Wir wollen im Falle eines Sturzes lieber 4 oder auch 20 Meter am sichernden Seile hängen (vielleicht mit gebrochenem Bein), als dass die Raben im dunklen Abgrund einen Schmaus um unseren Leichnam halten." [24]

Auch wenn in Anbetracht mancher Zitate Preuß' ein ganz anderer Eindruck entsteht, stand das Prinzip der Sicherheit bei ihm an zentraler Stelle. Denn seiner Argumentation zufolge berge gerade das blinde Verlassen auf künstliche Hilfsmittel Gefahr, weil man damit zur Überschätzung des eigenen Könnens neige, mehr riskiere und leichtfertiger in eine eigentlich zu schwierige Wand einsteige. Von Preuß auf den Punkt gebracht: „Bergtouren soll man nicht gewachsen, sondern überlegen sein." [25]

Überlegen muss sich Preuß auch der Nordwand des Mitterkaisers gefühlt haben. Dort gab es ein „Problem", und zwar „die als ungangbar beschriebene Verschneidung". Eigentlich war Preuß schon vom Stripsenjoch aufgebrochen und in Richtung St. Johanner Bahnhof unterwegs, denn Piaz erwartete ihn im Wetterstein. Als sein Blick bei der Griesner Alm die imposante 800-m-Wand des Mitterkaisers mit seiner markanten Nordschlucht fixierte, muss er seine Pläne über den Haufen geworfen haben. Wieder in reinstem Stil, also ohne Seil und Haken, stieg er zeitig am 10. Juni 1913 in die Wand ein. Der Wilde Kaiser hatte eine neue Tour – damals eine der schwierigsten und heute immer noch eine der längsten. Bis heute ist sie kaum wiederholt.

Die Diskussion um diesen Kletterstil, an der sich noch weitere renommierte Alpinisten beteiligten, ging unter dem Titel „Mauerhakenstreit" in die Alpingeschichte ein und wirkt bis heute in den Bergsport hinein. Vor allem die neu aufkommende Freikletterbewegung in den 1970er Jahren, die

Franz Nieberl (1875–1968), genannt „Kaiserpapst", wurde in Würzburg geboren und kam als Zöllner nach Kufstein. Dort leitete er über Jahrzehnte die Alpenvereinssektion Kufstein. Als Kletterer publizierte er viel über das Kaisergebirge und verfasste Lehrbücher. 96 Mal stand er auf dem Totenkirchl, was ihm den Titel „Bürgermeister vom Totenkirchl" einbrachte. Durch seine publizistische Präsenz und seine Aktivitäten im Bergsteigen und beim Alpenverein wurde er zur Legende.

Haken nur zur Sicherung und nicht zur Fortbewegung benützen wollte, entdeckte die Ideen von Preuß wieder. Nach wie vor gilt Preuß für viele berühmte Alpinisten, wie Reinhold Messner oder Alexander Huber, als Ikone. Sein puristischer Ansatz, lieber auf eine Wand zu verzichten, anstatt sie mit Technologie zu unterwerfen, gewinnt in unserer oft maßlosen Konsumgesellschaft wieder verstärkt an ideeller Strahlkraft.

FLEISCHBANK-OSTWAND: TECHNISCHE REVOLUTION UND AUFBRUCH IN DIE MODERNE

Um den „Mauerhakenstreit" besser verstehen zu können, ist ein Blick auf den Entwicklungsstand der damaligen Klettertechnik und die Verwendung von sogenannten Mauerhaken im Kaisergebirge interessant. Bis etwa 1900 schlugen die Kletterer nur ganz selten Haken in den Fels. Dabei handelte es sich im Prinzip um primitive Bilderhaken ohne geschlossene Hakenöse. Das Seil wurde einfach darüber gelegt – in der Hoffnung, dass es hängen bleibt. Dann kamen Haken mit einem geschlossenen Ring auf. Diese brachten einen entscheidenden Vorteil für die Sicherheit: Das Seil konnte sich nicht mehr von selbst aushängen. Doch hatte auch das geschlossene System Nachteile: Wie sollte man das Seil in den Ring bekommen? Die Kletterer hatten das Seil ja bekanntlich um den Bauch gebunden und mussten sich nun, wenn sie zu einem Haken kamen, davon losbinden, das Seil durch den Ring fädeln und wieder einbinden. Und das oftmals an den schwierigsten Stellen, schlimmstenfalls einhändig, weil sie sich mit der zweiten Hand festhalten mussten. Um schwierigste „Wandprobleme" zu lösen, war diese Technik denkbar ungeeignet. Es bedurfte einer Lösung dieses Problems, die sich noch vor dem Ersten Weltkrieg ergeben sollte.

Als schwierigste Wand der Alpen kam schon bald die Fleischbank-Ostwand ins Gespräch. Wer in der Szene etwas auf sich hielt, beteiligte sich an dem regelrechten Wettkampf um ihre Erstbesteigung. 1910 stiegen der Münchener Otto Herzog und der Linzer Adolf Deye, beide Bayerländer, in die Wand ein. Dabei verwendeten sie – erstmals überhaupt in einer alpinen Wand – Karabiner. Otto Herzog hatte deren Verwendung bei der Feuerwehr gesehen und sie für den Klettersport adaptiert. Nun musste sich Herzog nicht mehr losbinden, sondern klinkte den Schnappring – so bezeichnete man die Karabiner – einfach in den Haken und hängte das Seil darin ein. Diese „Erfindung" des Kletterkarabiners sollte den Sport revolutionieren. Bis heute ist der Karabiner das Sicherungsmittel schlechthin.

Paul Preuß (1886–1913) soll ein kommunikativer und unterhaltsamer Mensch gewesen sein, der sich und seine Umgebung nicht immer bierernst nahm und mit sanfter Ironie durchs Leben schritt. Seine Kletteranzüge ließ er von Schneidern anfertigen und auf den schwierigsten Touren im Kaisergebirge trug er Krawatten, die Farbe an die Jahreszeit angepasst: gelbe oder rote im Sommer, braune oder graue im Herbst. Auf den Krawattentick angesprochen meinte er: „Diese steigern mein Wohlbefinden, und wenn ich mich wohl fühle am Berg, fühle ich mich auch sicher!" Wie die Umgangsformen unter Bergsteigern damals waren, zeigt die Tatsache, dass der sympathische und durchaus offene Preuß mit seinen akademischen Vereinskollegen vom AAVM per Sie war – heute unvorstellbar unter Bergfreunden.

Herzog hatte seine „Erfindung" zunächst streng geheim gehalten, um seinen Rivalen einen Schritt voraus sein zu können. Gemeinsam mit Georg Sixt junior trainierte Herzog dafür im Klettergarten Buchenhain bei München, bis die Finger wund geklettert waren. Während Herzog im Sommer 1911 oft berufsbedingt verhindert war, hatte Sixt mehr zeitlichen Spielraum. Als er von einer Kletterreise in den Dolomiten heimkam, wollte er noch einen Zwischenstopp im Wilden Kaiser einlegen, um zu sehen, ob sich das Training in den Dolomiten gelohnt hätte. Auf der Stripsenjochhütte lernte er den Bergführer Hans Fiechtl aus Münster in Tirol kennen. Fiechtl, einer der besten Kletterer damals, fand sofort Gefallen an dem von Sixt unterbreiteten Vorschlag, am nächsten Tag gemeinsam die Ostwand zu probieren. Doch das miserable Wetter vereitelte die Pläne zunächst.

Zurück in München erhielt Sixt ein Telegramm: „Stripsenjoch wolkenlos. Dein Fiechtl". Mit Mauerhaken, Hammer, zwei Seilen und Karabiner ausgerüstet, darunter die Karabiner Herzog'scher Prägung, wagten sie sich an die unbestiegene Wand. Auch Fiechtl brachte technische Innovationen mit. Er hatte den schließlich nach ihm benannten Fiechtl-Haken, einen Haken mit Öse aus einem geschmiedeten Stück, entwickelt, der eine erhebliche Gewichtsersparnis brachte. In Opposition zu den rigiden Ansichten Preuß' stehend, übte sich Fiechtl nicht im totalen Hakenverzicht. Geschickt und sehr gekonnt setzte er sie auch zur Fortbewegung ein, falls er mit seinen körperlichen Fertigkeiten an die Grenze kam. Mit Hilfe der Haken und des Seiles überlisteten sie die Schlüsselstelle der Ostwand, den berühmten ersten Quergang. Im leichten Gelände danach erwischte sie ein Wettersturz. Es war bereits Oktober: Der Regen geht im Hochgebirge um diese Zeit schon oft in Schneefall über, und die Tage waren kurz. Beim Einbruch der Nacht machten sich Sixt und Fiechtl durchnässt und durchfroren an den Rückzug aus der Wand, zunächst mit Aluminiumlaternen, nach Abbrennen der Kerze im Stockdunkeln. Als sie keine Haken mehr schlagen konnten, verharrten sie, auf kleinen Tritten stehend, in der Wand; Sixt konnte einen tödlichen Absturz nur knapp vermeiden.[26] Noch heute, in Zeiten verbesserter Abseil- und Sicherungstechnik, wird von einem Rückzug in der Wand abgeraten: „Sollte trotz seiner Popularität nicht unterschätzt werden. Wegen der Quergänge ist das Abseilen über die Tour schwierig"[27], schreibt beispielsweise Kletterführerautor Markus Stadler.

Am 15. Juni 1912, früher Nachmittag, war die Fleischbank-Ostwand durchstiegen; jedoch nicht von Sixt und Fiechtl oder Deye und Herzog. Nein, Hans Dülfer und Werner Schaarschmidt schrieben

Otto Herzog
(1888–1964)
genannt Rambo, 1932

Mit Geschichte imprägniert: Die **Fleischbank-Ostwand** ist für Kletterer mehr als nur eine Wand.

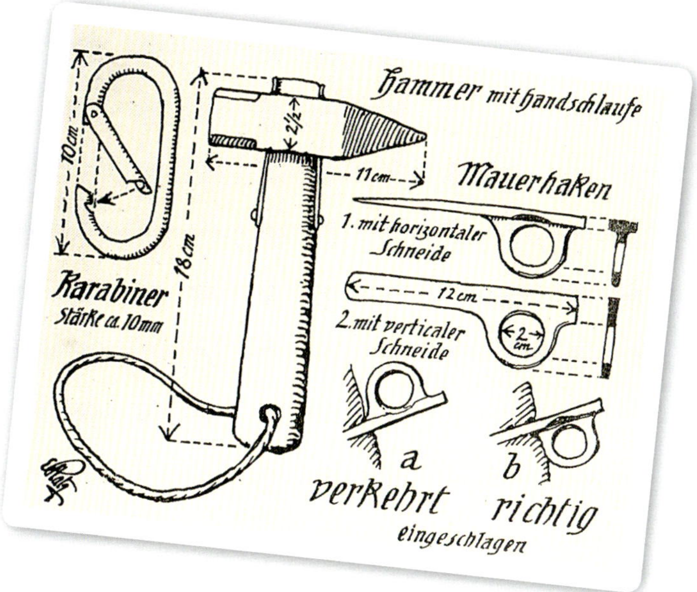

Karabiner und Fiechtlhaken

↑ **Der neue Karabiner im Einsatz:** Totenkirchl, Schneiderweg
↗ **Georg Sixt in einer Traverse.** Das Bild wurde nach einer Fotografie gezeichnet und im Buch „Der Alpinismus in Bildern" (1913) abgedruckt.

sich mit sachlich knappen Worten ins Gipfelbuch: „I. Durchkletterung der Fleischbank-Ostwand. Zeit 4 Stunden. 9.30–1.30."[28] Die Zeit sorgte für Aufsehen. Selbst heute, mit modernster Technik und bei bestens bekanntem Routenverlauf, ist sie nur schwer zu unterbieten. Die Konkurrenz monierte, dass die Kürze der Zeit nur durch die Vorarbeiten möglich geworden sei, die Dülfer und Schaarschmidt in den ersten beiden gescheiterten Anläufen geleistet hatten; danach kannten sie die Hälfte der Wand nahezu auswendig.[29]

Heute kennen wir die Route durch die Ostwand nur unter dem Namen Dülferweg. Warum? Dülfer kletterte die Schlüsselstellen als Seilerster. Der Seilzweite steht – wie der Name schon sagt – an zweiter und damit letzter Stelle im Leistungsdiskurs. Er ist „nur" sicherndes Beiwerk. Und im Gegensatz zum Seilersten, dem Vorsteiger, hat(te) ein Sturz des Seilzweiten, des Nachsteigers, kaum tödliche Konsequenzen. Dabei war auch Schaarschmidt ein hervorragender Kletterer, der sich auf ähnlichem Niveau wie Dülfer bewegte und meist als gleichwertiger Partner in Wechselführung mit ihm kletterte.

Den bahnbrechenden Erfolg in der Fleischbank-Ostwand jedoch allein auf die herausragenden Fähigkeiten eines Kletterers zu reduzieren, würde die Komplexität und Dynamik der klettersportlichen Entwicklung vor dem Ersten Weltkrieg nur unzureichend abbilden. Viele Persönlichkeiten und Entwicklungsschritte waren dazu nötig. Eine Basis des Erfolges bildeten die materialtechnischen Innovationen, vor allem jene von Herzog und Fiechtl. Dülfer entwickelte ihre Techniken konsequent weiter. So bewältigte er den ersten Quergang durch schräges Abseilen über die glatten Wandpassagen, bis weiter drüben wieder strukturierter, leichter kletterbarer Fels auftauchte und er dann den direkten Weg nach oben einschlagen konnte. Diese Technik wurde nach ihm als Dülfer-Quergang benannt und gilt in einigen Alpingeschichtewerken als seine Erfindung. Tatsächlich dürften aber schon andere vor ihm damit experimentiert haben. Auch war Dülfer, wie die Vorgeschichte der Erstbegehung zeigt, nicht der Erste, der diesen Quergang an der Fleischbank-Ostwand und damit die Schlüsselstelle meisterte. Das waren aber nur Teilerfolge. Niemand zuvor hatte den gesamten Erfolg einheimsen können und eine so spektakuläre Route in den Alpen mit Hilfe dieser Quergangtechnik ganz bezwungen. Niemand hatte die Techniken so zielgerichtet und erfolgreich angewandt. Der Name Dülfer wurde zur Marke, die Wand und die Technik wurden mit seinem Namen imprägniert.

Möglich wurde der Entwicklungsschritt Fleischbank-Ostwand also auch durch das insgesamt hohe Niveau der damaligen Klettergrößen, die in gegenseitiger, motivierender Konkurrenz standen. Dies wird gerne übersehen und Dülfer gemeinsam mit Preuß zu absoluten Ausnahmekönnern stilisiert. Dabei hatten auch Fiechtl, Herzog, Sixt und vielleicht noch manch anderer ähnlich großes Potenzial. Das zeigt allein der Andrang in der Fleischbank-Ostwand nach der

Erstbegehung: Innerhalb kürzester Zeit wiederholte Seilschaft um Seilschaft die neue Route; sogar ein Bergführer mit Gast und eine Münchener Seilschaft der alten Schule, mit völlig unzureichender Ausrüstung, ganz ohne Karabiner. Und auch Hans Pfann, der sich mit 40 Jahren zu alt für die schwierigste Wand der Alpen fühlte, packte Neugierde und Ehrgeiz, als er Kletterer bei der ersten Wiederholung der Route beobachten konnte. „Was jene im Fels leisten, das mußte doch auch uns Älteren möglich sein!"[30] Mit einem jüngeren Gefährten wagte er sich an das Unternehmen und erreichte schließlich den Gipfel.

Die von Dülfer perfektionierte **Quergangstechnik** in einem zeitgenössischen Lehrbuch (gezeichnet von Ernst Platz)

Willi von Redwitz (links) und Hans Dülfer (rechts). Über den im Ersten Weltkrieg gefallenen Dülfer schrieb Seilpartner Saarschmidt in den Nachrichten des Akademischen Alpenvereins München (dem Dülfer seit 1912 angehörte): „Die meisten kennen ihn in seiner schlichten ruhigen Art besser von einer Bank in Bärenbad oder Strips als von Vereinsabenden. Da saß er ohne den üblichen Alkohol vor sich, seine mit unendlicher Mühe gepflegte, umwickelte, zusammengebastelte Pfeife im Mund, in einer unscheinbaren verschossenen Leinenjacke, schaute sich die Leute an, summte oft leise ein Motiv, das ihm im Kopf herumging vor sich hin und sprach nur wenig. Ein Unbekannter hätte wohl kaum in ihm den Kletterer von überragendem Können vermutet. Und auch sein feingeschnittener Künstlerkopf mit den klaren und tiefen Augen kam in der barbarischen Klettertracht und der entsprechenden Umgebung wenig zur Geltung. [...] In Hans Dülfer verloren wir einen der besten und erfolgreichsten der jüngeren Bergsteiger."

KRIEG UND KRISE: „BERGVAGABUNDENZEIT"

Nach der Erstbegehung der Fleischbank-Ostwand gelang Dülfer mit der Totenkirchl-Westwand 1913 die nächste Sensation. Doch bevor weitere bahnbrechende Erfolge im Fels gefeiert werden konnten, brach der Erste Weltkrieg aus.

Der Erste Weltkrieg. Damit kam der Tourismus binnen kürzester Zeit gänzlich zum Erliegen und das kurz zuvor noch stark frequentierte Bergsteigerparadies verwaiste allmählich. August Sieghart, Redakteur des „Grenzboten", wanderte damals durch das menschenleere Kaisergebirge. Erfüllt von nationalem und militaristischem Pathos begann er ein Zwiegespräch mit dem literarisch vermenschlichten Kaisergebirge, das er zu Papier brachte:

„Tausende, die deine Höhen mit dem Pickel erklommen, haben diesen mit der Büchse vertauscht, denn es gilt das höchste Ziel zu erreichen – die Rettung unseres teuren Vaterlandes! [...]

Wie [der Bergsteiger] in friedlichen Tagen nicht gezögert, den zuvor nie betretenen Fels und Firn nach harter, zäher Arbeit siegreich einzunehmen, so wird er auch draußen auf dem Schlachtfeld vor nichts zurückschrecken, um den hartnäckigen Feind niederzuringen! Was er in deinen Bergen, stolzer Kaiser, gelernt, den Frohsinn des Kampfes und die Treue der Freundschaft, das opfert er draußen freudig dem Vaterlande."[31]

Die nationalistische Dynamik des Ersten Weltkrieges bewegte viele bürgerliche Bergsteiger dazu, den Zweck des Alpinismus neu zu definieren. Sie deuteten das Bergsteigen zur Vorschule des Krieges um. Kaum eine körperliche Betätigung schien ihnen retrospektiv besser geeignet zu sein, um sich auf die allgegenwärtige Lebensgefahr im Krieg vorzubereiten. Scheinbar nirgendwo sonst konnte man soldatische Tugenden, wie „männliche Kaltblütigkeit", Mut, Ausdauer und Härte, besser einüben als im Bergsport. Der von der älteren Generation als waghalsig und dumm gebrandmarkte Gefahrenalpinismus erhielt damit einen Sinn. Er galt nicht mehr als zwecklos, sondern diente dem Vaterland zur Produktion furchtloser, ausdauernder und gestählter Soldaten.

Ein altes Topo von der Westwand des Totenkirchls (um 1920)

In der Totenkirchl-Westwand. Rechts der berühmte Dülfer-Quergang (um 1920)

Als der Krieg an der Dolomitenfront begann, wurde die Dimension noch einmal erweitert. Nun brauchte man tatsächlich geschulte Alpinisten als Soldaten. Auf einmal war das Bergsteigen ein zentraler Aspekt des Krieges. Viele Bergsteiger, die im Wilden Kaiser das Klettern erlernt hatten, meldeten sich freiwillig an die Dolomitenfront. Als Bergsteigerinstruktoren gaben sie ihr Wissen an die Soldaten weiter. Viele dieser Bergsteiger, die im Wilden Kaiser ihre Freude am Bergsteigen entdeckt hatten, starben im Krieg. Hans Dülfer schrieb am 13. Juni 1915 noch eine Karte heim: „Übermorgen, am 15., ist das Jubiläum der Fleischbank-Ostwand. Ich rauche zur Feier aus der Pfeife, die mir damals im Rucksack die halbe Wand heruntergepurzelt ist."[32] Übermorgen, am 15., war er tot. Ein Granatsplitter hatte ihm den Hals aufgerissen. Auf deutscher Seite starben zwei Millionen Soldaten, auf österreichisch-ungarischer eineinhalb Millionen. Nachrufe füllten die Zeitschriften der Bergsteigervereine.

Bergsteigen als Kriegsersatz: Die ersten Nachkriegsjahre. Der Ausgang des Ersten Weltkrieges wirkte sich tiefgreifend auf die österreichische und deutsche Gesellschaft aus. Der Krieg war verloren, die Habsburgermonarchie zertrümmert. Das übriggebliebene Deutschösterreich wurde von einer Mehrheit als wirtschaftlich nicht überlebensfähig wahrgenommen, als unbedeutender kleiner „Rumpfstaat". Deutschland zwangen die Friedensverträge zu immensen Reparationszahlungen – ein schreiendes Unrecht nach Meinung vieler. Noch viel demütigender aber war, dass die Siegermächte das starke Deutsche Reich militärisch komplett entmachteten.

Sie verboten moderne Waffen, die allgemeine Wehrpflicht und reduzierten das Heer auf bedeutungslose 115.000 Mann. Im Krieg hatten noch über 13 Millionen deutsche Soldaten gekämpft. Die Nation lag am Boden, so sahen es etliche Alpinisten aus dem bürgerlichen Lager, die eine rechtskonservative Haltung einnahmen und auf Revanche sannen.

Auch im Vorstand des AAVM sah man das nicht anders: „So gewiß wie der A.A.V.M. im Kriege seine Pflicht tat, so gewiß werden wieder Zeiten kommen, in denen man mit Achtung und Ehrfurcht den deutschen Namen in der Welt nennen wird, Zeiten, in denen kein Welscher mehr wagen wird, deutsches Alpenland zu vergewaltigen.“ [33] Dass diese Zeit bald kommen möge, daran werde man kräftig mithelfen: mit dem „Kampf gegen die sittliche Fäulnis unserer Zeit mit ihrem über alles gestellten Materialismus, gegen die verweichlichende, gemeine Vergnügungssucht, gegen den alles vergiftenden Internationalismus, gegen die Entheiligung unserer Berge durch zuchtlose Horden. Kampf für die Ertüchtigung der Jugend! Was ist dazu geeigneter als unser edler Bergsport? Laßt uns darangehen, Männer zu erziehen, die die Traditionen unserer Väter hochhalten, Männer, die noch Freude haben an Kampf und Sieg, wie ihn die Bergwelt hundertfach verheißt! Ein körperlich gesundes Geschlecht wird auch gegen geistige Fäulnis gefeit sein.“ [34]

Otto Herzog im Schützengraben

Dem Aufruf des AAVM, durch den Bergsport den Wiederaufstieg des deutschen Volkes vorzubereiten, folgten bald viele Kletterer. Im Sommer 1919 traf man sich wieder verstärkt im Kaisergebirge, um, wie von den nationalistischen Vordenkern gefordert, den Körper zu stählen. Oder einfach nur, um Freude an der Bewegung zu finden und der tristen sozioökonomischen Lage in den Städten zu entkommen, wo Mangel, Hunger und Krankheit, besonders in Form der Spanischen Grippe, herrschten. Emil Gretschmann, einer der Protagonisten des Kaiserkletterns in jener Zeit, berichtet, dass er mit dem Zug von München nach Kufstein fuhr. Was das Besondere daran ist? Die Züge waren dermaßen überfüllt, dass die jungen Bergsteiger gratis in der sogenannten 4. Klasse fuhren, das heißt, sie machten es sich auf dem Dach bequem.

Ein Blick ins künstlerisch illustrierte Erinnerungsbuch des alpinen Vereines Edelweißgilde aus Kitzbühel: Was es mit den gehängten Mitgliedern auf dem Bild auf sich hat, kann heute niemand mehr beantworten. Die Edelweißgilde Kitzbühel wurde 1925 gegründet. Wer Mitglied werden wollte, musste die Fleischbank-Ostwand klettern können und jedes Jahr einen Tourenbericht abliefern. Aus den elitären Reihen der Edelweißgilde kamen viele Erschließer des Südostkaisers. Bereits um die Jahrhundertwende hatten sich solche alpinen Klubs mit strengen Aufnahmekriterien in Innsbruck und München gebildet. In den 1920ern kamen etliche neue hinzu.

Emil Gretschmann: Freiklettern frei nach Preuß.

Während des Krieges hatte Gretschmann in der „Zeitschrift des Alpenvereins“ ein Bild der Predigtstuhl-Westwand entdeckt, auf dem sie in der Absendsonne leuchtete. Eine markante Kletter-

Leo Maduschka (links; 1908–1932) prägte mit seinen Veröffentlichungen, wie zum Beispiel der Aufsatzreihe „Bergsteigen als romantische Lebensform", eine ganze Bergsteigergeneration.

linie, eine Verschneidung, die noch niemand zuvor durchstiegen hatte, trat an der Licht-Schatten-Grenze markant hervor. „Das wär was, das muss man doch machen."[35] Am 10. September 1919 stand Gretschmann gemeinsam mit Otto Leixl am Einstieg. Nur drei Haken führten sie mit. Nur zwei davon verwendeten sie schließlich. Sie benutzten sie nicht zur Fortbewegung, also weder als Griffe, um sich daran hochzuziehen, noch als Tritte. „[N]iemals durfte einer von uns [...] auf einen Haken steigen, der wäre verfehmt worden. Einen Haken konnte man nur zur Sicherung verwenden. Das war ein ungeschriebenes Gesetz."[36] Ihre Regeln waren streng. Sie durften nur Karabiner in die Haken einhängen, darin das Seil einklinken – nicht mehr. Der Haken sollte ausschließlich einen Sturz bremsen und den Kletterer vor dem Totalabsturz bewahren. Technische Hilfsmittel, wie Leitern oder Schlingen, um die Kletterei zu erleichtern, lehnten sie ab. Was zählte, war das Sich-Emporhangeln an den natürlichen Haltepunkten, an den Griffen der natürlichen Felsoberfläche.

Diese Einstellung entspricht der modernen Definition des Freikletterns, die heute in jeder Kletterhalle und jedem Klettergarten Anwendung findet. Allerdings verwendeten er und der Freundeskreis um ihn keine sicheren Bohrhaken und waren auf größtmöglichen Materialverzicht bedacht. Wie kamen sie

Der Münchener Kaiser-Kletterer **Emil Gretschmann** (1893–1985)

Die **Kletterausrüstung** von Franz Schmid (1905–1992), der viel im Kaiser kletterte. Der Münchner Bergsteiger wurde durch die Erstbegehung der Matterhorn-Nordwand (1931) berühmt.

zu dieser Haltung? In diesem Zugang finden noch die abgeschwächten Ideen von Paul Preuß Nachhall. Dieser vertrat die These: „Der Mauerhaken ist eine Notreserve und nicht die Grundlage einer Arbeitsmethode.“ [37] Gretschmann sah dies ähnlich und wollte die moderne Hakentechnik, bei der man viele Haken schlug und sich daran hinaufzog, nicht zur Voraussetzung seines Kletterns machen: „[D]as zur Grundlage machen ist Unterwerfung der Natur.“ Im Gegensatz zu Preuß aber, der am liebsten seilfrei kletterte, bestand er auf einer kleinen Sicherheitsreserve: „Und wir haben uns gesagt, wir wollen nicht ganz so wie Paul Preuß sein, der war ja ganz extrem. Er hat gegen die künstlichen Hilfsmittel gewettert […]. Wir haben uns immerhin gesichert“ [38].

Gewissermaßen standen Gretschmann und seine Freunde damit zwischen Dülfer und Preuß, den beiden Vorkriegsgrößen, die die Jugend nun zu ihren Ikonen machte. In dieser Nach-Dülfer-und-Preuß-Ära war die Diskussion um Verwendung künstlicher Hilfsmittel zwar noch nicht ganz vom Tisch. Allerdings wurde sie nicht mehr so wichtig genommen. Den vorübergehenden Schlussstrich unter die Diskussion zog dann 1931 Leo Maduschka in einem Aufsatz, in dem er entnervt schrieb: „Wir jungen Bergsteiger wollen nun einmal das Letzterreichbare in Fels und Eis leisten, und dazu haben wir – neben manchem anderen – eben auch die

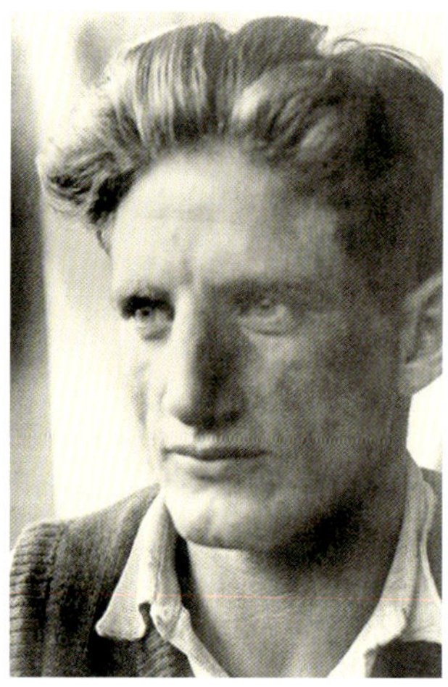

Anderl Heckmair, 1938

technischen Hilfen von Haken, Karabinern und Seilzug nötig."[39]

Bis dahin wurde die Diskussion im Laufe der 1920er Jahre weniger mit Worten ausgetragen als vielmehr über die Praxis. Preuß war zwar in der Theorie anerkannt und hochgeschätzt, aber die konsequente Anwendung seiner Thesen in der Praxis galt als zu radikal. Gewonnen hat schließlich die moderne, aber zunächst sehr maßvoll eingesetzte Hakentechnik, wie sie Fiechtl, Dülfer und Herzog geprägt hatten. Anderl Heckmair fasste diese ambivalente Haltung der Jungen zwischen ihren Helden Dülfer und Preuß folgendermaßen zusammen: „Wir zogen den Preuss-Stil vor, d. h. Freiklettern ohne jegliche künstliche Hilfsmittel, aber da viele unserer Führen sehr schwierig waren – alle Hauptrouten im Wilden Kaiser wurden damals gemacht – waren wir doch gezwungen, Haken und die von Dülfer und Herzog entwickelten Pendel zu benutzen. Ohne die Pendeltechnik wären viele unserer Begehungen noch viel schwieriger gewesen."[40]

Die Losung lautete: höher, steiler, schwerer! Erlaubt ist, was gelingt. Um dieses Ziel zu erreichen, sollten jedoch so wenige künstliche Hilfsmittel, so wenige Haken wie möglich eingesetzt werden. Am besten nur im Notfall. Der mahnende Paul Preuß kletterte also stets als Korrektiv im Hinterkopf mit. In der Praxis untergruben die Kletterer jedoch diese Philosophie des Verzichts mehr und mehr. Die Wände des Wilden Kaisers verunzierten immer mehr Haken und von der Terrasse des Stripsenjochhauses aus oder in der Steinernen Rinne konnte der neugierige Wanderer immer öfter verschiedenste technische Manöver in den Wänden beobachten.

Der sächsische Freikletterpionier **Fritz Wiessner** (1900–1988) kletterte 1925 zusammen mit dem Innsbrucker Roland Rossi erstmals durch die Fleischbank-Südostwand. 1929 emigrierte er in die USA.

In der **Fleischbank-Südostwand** (um 1930)

Besonders die Engländer kritisierten diese „Mechanisierung des Kletterns". Haken, Karabiner und Seilzugquergange – all das, was die Kletterer zur Lösung der schwierigsten Probleme im Wilden Kaiser verwendeten, galt in England als schlechter Stil. So ließ sich Robert. L. G. Irving in seinem Buch „Romance of Mountaineering" über die Verwendung des Mauerhakens aus. Dieser sei unzulässig, weil er in den Berg eindringe und ihn dadurch verändere. Dessen Verwendung sei als menschlicher Eingriff in die Natur absolut verwerflich. Bezeichnenderweise kenne man im Englischen den Begriff Karabiner nicht einmal. „Fair Play" bedeute für ihn, sich der Natur unterzuordnen und nur so weit zu gehen, wie es ohne Technik möglich sei. Für Irving war daher die Herangehensweise der Münchener „Hochbaumonteure" nichts weiter als eine kurzsichtige und falsche alpinistische Philosophie, die den Berg und das Bergerlebnis auf ein Kletterproblem und dessen Lösung reduziere. Von ihm auf den Punkt gebracht: Die „Münchener Schule" war eine „Hochburg der Gewalt"[41].

Ein freikletternder Sachse in Tirol. Dass diese polemisierende Darstellung stark übertrieben war und nur entfernt die tatsächlichen Verhältnisse wiedergab, zeigen nicht nur die Aussagen und Beispiele von Heckmair und Gretschmann, sondern auch zahlreiche andere Erstbegehungen im Wilden Kaiser. Man kletterte in der Regel so lange frei, wie man konnte. Besonders genau nahmen dies die Sachsen. Galt doch ihr Heimgebiet, das tausendtürmige Elbsandsteingebirge, als Zentrum des Freiklettergedankens. Der Sachse Fritz Wiessner besuchte in den 1920er Jahren immer wieder den Wilden Kaiser und wiederholte dort die schwierigsten Touren. Sein Stil war ähnlich kompromisslos wie jener von Gretschmann. Haken sollten nur zur Sicherung dienen. Wiessner, von Beruf Chemiker, versuchte damals die schwierigsten Kaisertouren frei zu klettern, also die Sicherungshaken weder zur Fortbewegung noch zum Ausruhen mit seinem Körpergewicht zu belasten. Auf diese Weise gelang ihm angeblich die erste Rotpunkt-Begehung – so bezeichnete man es später – der Totenkirchl-Westwand. Auch an der Fleischbank-Südostwand, die Wiessner gemeinsam mit dem Innsbrucker Akademiker Roland Rossi erstbeging, bemühte er sich frei zu klettern. Dies gelang ihm auch, mit einer Ausnahme, wie er berichtete: Den Haken nach dem berüchtigten Rossi-Überhang musste er einmal kurz anfassen, nachdem er 10 Minuten lang probiert hatte, die Stelle „frei" zu meistern.[42]

Adolf Göttner, Paul Bauer und Günter Hepp bei einer Himalaja-Kundfahrt 1936. Adolf Göttner gehörte zur neuen jungen Generation leistungsstarker Kletterer, die nicht aus dem akademischen Milieu kamen, sondern ein Handwerk ausübten. Er machte im Wilden Kaiser bedeutende Erstbegehungen an der Karlspitze und am Waxensteinerturm, der nach dem alpinen Verein „Die Waxensteiner", dem Göttner angehörte, benannt wurde. Er starb 1938 bei einer Nanga-Parbat-Expedition.

Wiessner war seiner Zeit voraus. Zur Zeit des Sport- und Freikletterns in den 1970er und 1980er Jahren waren seine Erfolge aber längst vergessen. So proklamierten die „Jungen" etwa die erste „freie" Rotpunktbegehung der Totenkirchl-Westwand für sich. Da es nur Erzählungen über die Begehung Wiessners gibt, wird man nie Gewissheit darüber haben, wer die Wand tatsächlich als Erster frei meisterte.

Arbeiter gegen Akademiker: Der Bergsport wächst in die Breite. Roland Rossi und Fritz Wiessner waren Akademiker. Sie gehörten zur sozialen Gruppe, die das Bergsteigen seit seinen Anfängen dominierte. Dementsprechend höflich distanziert gingen sie miteinander um. Als an einer Stelle die Technik des menschlichen Steigbaumes, bei der ein Kletterer auf die Schultern des anderen steigt, zum Einsatz kommen sollte, demonstrierten sie ihre feinen Manieren im Dialog: „Gestatten Sie, Herr Wießner!" „Bitte sehr, Herr Rossi, ich stehe zu Ihrer Verfügung."[43] Freilich handelt es sich dabei um eine anekdotische Erzählung, aber der Kern dürfte wahr sein, denn Wiessner und Rossi hatten sich erst kurz zuvor auf der Stripsenjochhütte kennengelernt und für die Tour verabredet. Außerdem war das Siezen unter Akademikern üblich, sogar innerhalb der größenmäßig eigentlich familiären Bergsteigervereine, wie die Vereinsprotokolle zeigen.

Nach dem Ersten Weltkrieg änderte sich dies allmählich. Mit dem Untergang der Monarchien in Deutschland und Österreich war ein Machtvakuum entstanden, das verschiedene Interessensgruppen füllen wollten. In München kam es zur Revolution. Die linke Räteregierung griff nach der Macht. Ihr gegenüber standen nationale, bürgerliche Stadtguerilleros, paramilitärische Freikorps, die zu einem Gutteil aus rechtsgerichteten Studenten bestanden. Etliche Namen, die im Wilden Kaiser in den Gipfelbüchern und Erstbegeherlisten der Hüttenbücher standen, fanden sich auch auf den Mitgliederlisten dieser Freikorps. Herbert Kadner zum Beispiel, ein als impulsiv und extrovertiert beschriebener Student, der gemeinsam mit Emil Gretschmann 1919 und 1920 zahlreiche Erstbegehungen im Wilden Kaiser durchführte; der Kadner-Kamin am Totenkirchl trägt seinen Namen. Oder Paul Bauer, der nicht mit militaristisch-nationalistischen Tönen geizte und das Bergsteigen zum Kriegsersatz erklärte: „Als wir das Gewehr aus der Hand geben mussten, tastete die verwaiste Hand nach dem Pickel."[44] Der Bauer-Weg am Totenkirchl geht auf ihn zurück. Diese rechtslastigen, noch sehr jugendlichen Bergsteiger fürchteten in der instabilen Zeit unmittelbar nach dem Ersten Weltkrieg, dass die erstarkende Arbeiterschaft „ihr" Deutschland dem internationalen Sozialismus preisgeben und, wie in Russland, das Bürgertum macht- und besitzlos machen würde.

Unter den Kämpfern auf Seiten der Arbeiter fanden sich hingegen kaum Kaiserkletterer. Arbeiter, die kletterten, stellten noch eine Ausnahmeerscheinung dar. Eine dieser Ausnahmeerscheinungen – und dies in jeglicher Hinsicht – war Otto Herzog, der bereits erwähnte „Erfinder" des Kletterkarabiners. Als schlecht bezahlter Schreiner in München sympathisierte er mit dem Sozialismus und trat in den letzten Tagen der Revolution noch in die „Rote Armee" ein. Dafür sperrten ihn die gegnerischen weißen Regierungstruppen ein, zu einer Zeit, als in München das Standrecht verhängt worden war, von dem die weißen Truppen gnadenlos Gebrauch machten. Belegt ist die Erschießung von 180 Menschen. Tatsächlich dürfte diese Statistik jedoch um gut 1000 getötete Arbeiter zu erweitern sein.

Dass Otto Herzog nicht darin aufscheint, hatte er der Einflussnahme seiner rechten Bergfreunde vom AAVM zu danken. Paul Bauer bat den Staatsanwalt in einem Schreiben um seine Haftentlassung: „Ich […] darf ruhig sagen, dass ich ihn als Mensch nicht gering einschätze. […] Jedenfalls bin ich der Ansicht, dass trotz der verhältnismässig ärmlichen Verhältnisse, in welchen Herzog lebt, er nicht aus politischen Motiven diesen Schritt unternahm, sondern aus einer bei ihm als pathologisch zu bezeichnenden Sucht nach Abenteuern und zwar nicht im schlechten Sinne sondern im Sinne von Erlebenwollen. Herzog macht nämlich unzählig schwere und schwerste Bergtouren" [45]. Weiters brachte er zur Verteidigung vor, dass Herzog keinen einzigen Schuss abgegeben habe und dass bei ihm „eine erbliche Belastung von Melancholie vorliege und bei längerer Inhaftierung eine folgenschwere Gemütsdepression zu befürchten sei" [46]. Bauers Schreiben zeigte Wirkung.

Den Söhnen der Münchener Großbürger gelang es, die Revolution mit brutalen Mitteln niederzuschlagen. Was von der Revolution übrigblieb? Zumindest hatte die Arbeiterschaft ein Zeichen setzen können und gezeigt, dass sie sich nicht mehr unterdrücken ließ. In der Gesetzgebung der demokratisch gewählten Weimarer Republik fanden sodann auch die Interessen der Arbeiter Berücksichtigung. Unter anderem wurden die 40-Stunden-Woche und eine geregelte Urlaubszeit eingeführt. Die neu gewonnene Freizeit verbrachten nun auch immer mehr Menschen aus der Arbeiterschicht im Kaisergebirge. Allmählich zeichnete sich aus verschiedensten Gründen eine Demokratisierung des Bergsteigens und des Urlaubes ab – nicht nur wegen der neuen Sozialgesetzgebung.

Autogrammkarte von Hans Ertl aus dem Jahr 1983

Die Bergvagabunden: Heckmair und Co. als Hippies von einst? In den Jahren der Wirtschaftskrise wuchs in den verarmten Ländern Deutschland und Österreich eine neue Bergsteigergeneration heran. Sie war auf Fahrrädern unterwegs und übernachtete in Heustadeln. Zelt statt Hütte, so lautete die kostengünstige Devise, Lagerfeuerromantik mit eingeschlossen. Die Bergsteiger machten aus ihrer Not eine Tugend: Für viele bedeutete Bergsteigen eine tröstliche Alternative zum Alltag, die Illusion von einem freieren Leben.

Walter Schmidkunz, der bürgerliche Alpinschriftsteller, prägte mit seinem gleichnamigen Roman den Schlüsselbegriff der Generation: „Bergvagabund". Romantisch verklärte er, unter dem Autorennamen des Bergsteigers Hans Ertl, diese Epoche. Sie war geprägt vom Trauma des verlorenen Krieges und den Geistesströmungen der reformerischen und nationalrebellischen deutschen Jugendbewegung, wie etwa dem Wandervogel.

↖ Der Innsbrucker Kaminkehrer **Matthias Auckenthaler** (1906–1936) beschränkte vor allem aus finanziellen Gründen seine Touren fast ausschließlich auf die Berge seiner Heimat. Im Karwendel und im Wetterstein gelangen ihm bedeutende Erstbegehungen. Was weniger bekannt ist, sind seine Rekorde im Aneinanderreihen möglichst vieler schwieriger Touren an einem Tag (Enchaînements) im Wilden Kaiser.

↗ Dem bayerischen Kletterer **Fritz Schmitt** (1905–1986) wurde der Wilde Kaiser zwischen den zwei Weltkriegen zur zweiten Heimat, der er zahlreiche Erstbegehungen, u.a. am Christaturm, hinterließ. Bedeutung für die Region erlangte er vor allem wegen seiner publizistischen Tätigkeit. Er hat 20 Bergbücher verfasst, von denen „Das Buch vom Wilden Kaiser" die größte Bekanntheit erlangte. Noch heute ist seine „Liebeserklärung" an den Wilden Kaiser das Standardwerk schlechthin.

Die Kletterer hatten viel Zeit und viel Motivation, aber wenig Geld. Weil auch sie von der hohen Arbeitslosigkeit direkt betroffen waren, betrieben sie das Bergsteigen wie Profis; nur ohne Bezahlung, dafür mit voller Konzentration auf den Sport. Das führte zur Leistungsexplosion. Eine eigene Subkultur mit eigener Jugendsprache, eigenem Soziolekt bildete sich heraus. Wörter wie „pfundig" und „zünftig" wurden Schlüsselwörter. Die meisten dieser Kletterer stammten aus dem Arbeitermilieu. Im Gegensatz zur akademischen Jugend waren sie politisch weniger interessiert, aber natürlich teilten sie die nationale Grundstimmung und absorbierten die Leitkultur der bürgerlichen Alpinisten.

Alpinisten wie der 1906 in München geborene Anderl Heckmair galten als die Prototypen des Bergvagabunden. Um sich das Klettern leisten zu können, verdiente Heckmair sich in den Bergen ein wenig dazu: Er verrichtete kleinere Arbeiten auf den Hütten, trug die Post ins Tal und dann, um nicht wieder leer hinaufzugehen, die Rucksäcke bequemerer Gäste gegen ein Abendessen zur Hütte hinauf. „Wir benützten das Fahrrad, um in die Berge zu gelangen und blieben so lange dort, bis unsere Vorräte alle waren. Die meiste Zeit verbrachten wir damals im Wilden Kaiser." [47] Dort machte er unter der Woche alle schwierigen Touren, und am Wochenende half er bei den Bergungen verletzter und toter Alpinisten, wofür er 20 Schilling Lohn erhielt. Damit konnte er wieder eine Woche lang dort leben. Diese Arbeit gefiel jedoch nicht allen. Seine Kollegen verhöhnten ihn als „Sackelträger", aber auch sie hatten sich an den Tod gewohnt: „Mei damals wars halt so, daß meist am Sonntag irgendeiner abgestürzt ist. Am Montag war dann die Bergung, am Donnerstag das Begräbnis. Und nach dem Begräbnis haben wir uns immer glei fürs nächste Wochenende eine zünftige Tour ausgemacht!" [48] 1933 starben im Sommer im Kaisergebirge 14 Menschen. Nie zuvor und auch nie mehr danach gab es so viele Tote. Um die 10 Menschen starben in den 1930er Jahren fast jedes Jahr. Ein Grund für die hohe Zahl der Unfälle lag in dem Überschuss an Zeit, die sich viele Bergsteiger beim Klettern vertrieben. Zudem entwickelte sich unter ihnen ein Konkurrenzdruck, der sie an ihre Grenzen gehen ließ.

1933 absolvierte Heckmair die Prüfung zum Bergführer in Innsbruck. Während der 1000-Mark-Sperre – bei der Einreise nach Österreich mussten 1000 Mark bezahlt werden – bildete die Gaudeamushütte im Wilden Kaiser den Stützpunkt der Bergsteiger. Über Schleichwege umging man die Einreisegebühr. Leni Riefenstahl schrieb anerkennend in Heckmairs Bergführerbuch, nachdem er sich mit ihr bei Nacht, Hagel und Sturm abgeseilt hatte: „Je schwieriger die Situation, desto größer sein Können." [49]

Als Heckmairs größter Erfolg muss die Erstbegehung der Eiger-Nordwand bezeichnet werden. Er wollte diese Tour mit Hias Rebitsch, einem der besten Kletterer der damaligen Zeit, angehen, aber dieser war wegen einer Himalaja-Expedition verhindert. Rebitsch schlug Heckmair daraufhin Wiggerl Vörg als Seilpartner vor, mit dem Rebitsch schon einen erfolgversprechenden Versuch in der Eiger-Nordwand unternommen hatte. Da Heckmair Vörg nicht kannte, verabredeten sie sich zu einem gemeinsamen Vorbereitungstraining. Wo dieses stattfinden sollte? Natürlich im Wilden Kaiser, wo Heckmair auch schon Rebitsch immer getroffen hatte. „Eines

Mathias Rebitsch (1911–1990) ist aus heutiger Sicht einer der großen Pioniere des Freikletterns. Ihm gelangen im Wilden Kaiser unmittelbar nach dem Zweiten Weltkrieg Routen mit nur wenigen Haken, die großteils in freier Kletterei, also ohne Hakenhilfe, geklettert werden mussten (z.B. „Rebitschrisse", „Rebitsch-Spiegel"). In der mit Bohrhaken sanierten Route „Rebitsch-Spiegel" finden sich heute allein in der Schlüsselseillänge mehr Haken, als Rebitsch für die gesamte Tour benötigt hatte.

Abends kam ich in die Gaudeamus Hütte zurück und fand zwei auf mich wartende Bergsteiger dort vor: beide waren klein, einer dünn, der andere fett. Trotzdem erkannte ich im Dicken etwas, das den extremen Bergsteiger auszeichnet. Es war in der Tat der Vörg Wiggerl! Ich hatte noch nie einen Seilgefährten, der so verschieden von mir war und mit dem ich dennoch so gut harmonierte." [50] Der Durchstieg dieser schwersten Wand wurde also im Kaisergebirge ausgeheckt und auch dort vorbereitet. Die Wirtin der Gaudeamushütte, von den Kletterern liebevoll als Bergsteigermutter Maria bezeichnet, soll die Burschen sogar zur „Mordwand" ermuntert haben, weil sie von deren Fähigkeiten überzeugt war, wie Heckamair erzählt. Als Training dafür absolvierten sie kaum Neutouren, sondern hängten möglichst viele bekannte Routen in kürzester Zeit aneinander, um für die 1000-m-Wand am Eiger schnell genug zu werden. Bei diesen Enchaînements – so werden diese Aneinanderreihungen heute genannt – war vor allem der Kaminkehrer Matthias Auckentaler aus Innsbruck ein Spezialist. Ihm gelang es, alle damals schwierigsten Touren an einem Vormittag zu klettern.

Die Leistungsdichte war enorm. Jugendliches Sturm-und-Drang-Gehabe und der Glaube an die eigene Unverwundbarkeit vermischten sich mit einer heroischen, risikobereiten Bergsteigerkultur, die der Erste Weltkrieg hervorgebracht oder zumindest verstärkt hatte. Wie im Krieg wurde auch hier der Tod als Kollateralschaden akzeptiert. Die Bergsteiger wurden zu gefallenen Helden stilisiert.

Vor der **Gaudeamushütte** im Jahr 1934. Mit dem Motorrad wurde sie für die Kletterer leichter erreichbar.

DIE DAMENTOUR

„Es ist gut und recht, daß auch die Frau in der herrlichen Gebirgsluft, bei froher Kletterarbeit, auf flüchtigem Schi sich erhole von des Tages Einerlei und neue Freude für den Hausfrauenberuf sammle. Aber mehr als beim Manne noch gilt für dich, liebes Kletterweiblein, das Gebot: Nichts übertreiben!

Die körperliche Beschaffenheit des Weibes ist im allgemeinen doch zarter als die des Mannes, außerdem darf sich die Frau nicht jederzeit körperlichen Anstrengungen aussetzen. Gehe nicht in die Berge zu dem ausgesprochenem Zweck, einen Mann zu bekommen oder Liebeständeleien nachzugehen; das kannst du zuhause billiger haben. […] Entfalte auf Hütten, auf der Beiwacht deine hausfraulichen Gaben. Trifft dies zu, dann wirst du ein gern gesehener Kamerad in den Bergen sein. […] Um eins bitte ich dich: Werde um des Himmelswillen kein ‚wildes Bergweib'. Weibliche Anmut ist nämlich auch in Hosen bei und besonders nach strammer Kletterarbeit leicht zu bewahren, wenn nötig mit geringer Mühe wieder herzustellen. Eine Zottelhexe mit wirrem Haar und nachlässiger Gewandung ist keine Verkörperung weiblicher Reize.“ [51]

Franz Nieberls 1909 erschienenes Kletterlehrbuch sparte nicht mit gut gemeinten Tipps für die „lieben Kletterweiblein“.

Diese Tipps gab Franz Nieberl, der Kufsteiner „Kaiserpapst“, in seinem erstmals 1909 erschienenen Kletterlehrbuch „Klettern im Fels“. Mit ironischem und dabei auch geringschätzendem Blick weist er darin den Frauen deutlich ihren Platz im bürgerlich patriarchalischen Bergsteigersystem zu. Dort waren Frauen höchstens geduldet, sie hatten sich anzupassen und unterzuordnen. Der eigens den Frauen gewidmete Abschnitt in dem Lehrbuch zeigt aber auch, dass Frauen als Bergsteigerinnen stark präsent waren und es geschafft hatten, in die Männerdomäne einzudringen.

Wann wurden im Wilden Kaiser die ersten Frauen als Bergbezwingerinnen wahrgenommen? Wann taucht erstmals eine Frau in den Aufzeichnungen auf? Als mögliche Quellen können Gipfelbücher dienen, und tatsächlich – im ersten Gipfelbuch der Ellmauer Halt findet sich ein Eintrag aus dem Jahr 1876: „Therese Spengler“. Sie stand als „erste deutsche Jungfrau“ auf dem höchsten Kaisergipfel, und ihr zu Ehren wurde „die hier befindliche Fahne aufgepflanzt.“ [52] Ihr Bergführer war der berüchtigte Gämsenjäger Mall-Hansl aus Going. Er beglaubigte ihre Leistung im Gipfelbuch, interessierte sich dann im Abstieg aber laut Klagen der „Jungfrau“ mehr für eine Gämse als für das Wohl und die Sicherheit seiner 24-jährigen Kundin.

Paul und Nani Horngacher, die ersten Hüttenwirte von Hinterbärenbad um 1890. Nani begleitete als Bergführerin Hüttengäste auf schwierige Kaisergipfel.

Ganz ohne Bergführer machte sich im Jahr 1890 Nani Horngacher, Hüttenwirtin in Hinterbärenbad, auf den Weg zum Gipfel. Der Grund: In Gipfelnähe war die Babenstuberhütte errichtet worden und die

Wirtin von Hinterbärenbad hatte Sorge wegen des vermeintlichen Konkurrenzbetriebes. Aus Neugier sah sie sich die Hütte aus der Nähe an und war beruhigt, als sie merkte, dass man sich darin kaum umdrehen konnte. Als Beweis ihrer Leistung und Trophäe für die nächsten Bergsteiger ließ sie einen Apfel in der Hütte zurück. Erst im Mai des darauffolgenden Jahres holten sich Wiener Bergsteiger den mittlerweile nicht mehr ganz frischen Apfel. Beim kühnen Alleingang der Wirtin handelte es sich um die erste dokumentierte führerlose Damenbesteigung der Ellmauer Halt. Am Totenkirchl trug sich 1891 eine Kufsteinerin als erste Frau ins Gipfelbuch ein: Maria Unterberger; sie hatte den Gipfel mit dem Bergführer Kaspar Pirkner erreicht.

Etliche solcher Leistungen ließen sich aufzählen. Den meisten gemein war, dass Männer die Führungsrolle übernommen hatten. Manchmal benutzten Männer sogar Frauen als Aushängeschilder, um sich selbst als gute Lehrmeister zu inszenieren. Emmy Hartwich, eine Freundin und Kletterpartnerin von Paul Preuß, erzählte, wie kompetitiv es vor dem Ersten Weltkrieg zuging: „Es war damals eine Zeit der Konkurrenzen. Die Impressari führten ihre Damen zum Beispiel in den Wilden Kaiser. Die berühmtesten Münchener und Wiener Kletterer fanden sich am Stripsenjoch ein, und jeder war bemüht, seine Partnerin in schönstem Lichte sich entfalten zu lassen. Hanne Franz [Hans Dülfers Freundin] ‚startete' beispielsweise für München, ich für Wien. Nun hatte jede natürlich ihre besonderen Schwächen und Stärken. Hanne Franz stemmte sich aufs wackerste in den Kaminen hinauf, versagte dagegen öfter in der Wand. Ich wiederum turnte sehr nett auf Traversen herum, blieb aber gerne in schweren Kaminen hilflos stecken. So kam es, daß auf der Matejak-Traverse an der Predigtstuhl-Nordkante Preuß in strahlender Laune und Dülfer etwas bedrückt erschien, während im Botzongkamin Dülfer viel Frohsinn an den Tag legte, indeß Preuß mir recht unmutig zuraunte: ‚Du gehst als Letzte, laß Dir viel Zeit, damit man wenigstens nicht sieht, was Du treibst!'"[53]

In der Zwischenkriegszeit erfuhren nicht nur der Tourismus und der Alpinismus einen enormen

Ein Porträt über die nach Amerika ausgewanderte Bergsteigerin Milana Jank in der Zeitschrift Argosy Weekly (1934)

Die deutsche „Kaiserkletterin" **Milana Jank,** 1932

Aufschwung, sondern auch die Frauenbewegung. Ganz langsam begannen – zumindest in liberalen großstädtischen Kreisen – einzementierte Geschlechterrollen zu bröckeln. In die Zeit dieser stärker werdenden Emanzipationsbewegung fielen die Erfolge der Kletterin Milana Jank, 1902 in Bayern geboren. Gemeinsam mit dem Münchener Georg Sixt kletterte sie 1923 durch die Dülfer-Route an der Totenkirchl-Westwand, seinerzeit noch eine der schwersten Touren der Alpen. Bis dahin waren Frauen eher in leichteren Routen anzutreffen gewesen, nun berichtete sogar die Regionalzeitung über Janks Erfolge im Wilden Kaiser; ein Zeichen für den großen Stellenwert des Bergsteigens damals. Im Vergleich dazu nahm keine Tageszeitung davon Notiz, dass Barbara Zangerl im Wilden Kaiser unlängst eine der schwersten alpinen Sportkletterrouten der Gegenwart bewältigen konnte.

Milana Jank zeichnete sich nicht nur als hervorragende Kletterin aus, sondern fuhr so leidenschaftlich Ski, dass ihre Freunde sie als „skiverrückt" [54] bezeichneten. Sie selbst konnte diesen Befund nur bestätigen. Bekanntheit erlangte sie durch eine Skidurchquerung der Alpen von Wien bis zum Mont Blanc. Dabei hatte sie an 146 Tagen insgesamt über 2000 km zurückgelegt. Dieser Gewaltakt empfahl sie für eine Stelle in den USA. Dort sollte die journalistisch tätige und als eloquent und selbstbewusst beschriebene Jank ab 1930 Werbung für den jungen Sport machen. Auch in den USA konnte sie einige Erstbegehungen mit Skiern machen. Hauptsächlich gab sie jedoch Skiunterricht, führte Skitouren und schrieb über ihre Erlebnisse. 1933 kehrte sie nach Deutschland zurück. In einem Porträt über sie hieß es: Jetzt glühe ihr brennender Ehrgeiz dafür, als erste Frau auf dem Mount Everest zu stehen.[55] Ihr Selbstbewusstsein war offenbar während der Zeit in den USA nicht kleiner geworden. Obwohl Jank die schwersten Touren im Wilden Kaiser bezwang, hatte sie sich dabei noch nicht ganz von den Männern emanzipieren können, denn die Führungsrolle überließ sie meist ihrem Kletterpartner.

Damit entsprach sie den Vorstellungen des männlich dominierten bürgerlichen Alpinismus. Trotz des langsam fortschreitenden Emanzipationsprozesses lautete die Devise immer noch Anpassung und Unterordnung. Zu viel Eigeninitiative hielt man für fehl am Platz. Der bürgerlichen Geschlechterordnung folgend, hatte die Frau den passiven, defensiven und der Mann den aktiven, aggressiven Part zu erfüllen. In einem Aufsatz über Bergsteigerinnen aus den 1920er Jahren erklärt die Alpinistin Lilli Weech warum. Sie folgte damit den Regeln des von der bürgerlich-männlichen Bergsteigerelite dominierten Diskurses und damit im übertragenen Sinne auch dem Mann:

„Was fehlt der Frau – selbst wenn sie die physische Befähigung haben sollte? Die absolute Kaltblütigkeit, das Verharren in derselben. Die Frau scheut sich die bewußte offene Gefahr allein anzugehen und durchzukosten. Die Bergeinsamkeit bei Unsicherheit, Nacht, Sturm erträgt sie schwerer als der Mann. Sie braucht Publikum, Gesellschaft, namentlich die des überlegenen Bergsteigers elektrisiert sie, steigert ihre Leistungen bisweilen ins Verblüffende. […] Am idealen Berggenossen sucht vielmehr die körperlich und geistig befähigte Bergsteigerin Überlegenheit, für sich Anerkennung und Mitberücksichtigung ihrer Ideen. Ergibt es sich andernfalls, daß sie einen Mann führt, sei es weil ihr die Tour bekannt, sei es weil sie die Geübtere, Erfahrene, ja Begabtere, – bei unvorhergesehenen Gefahrenmomenten erwartet sie doch instinktiv von ihrem Begleiter jene spezifisch männliche Kaltblütigkeit und Wehrbereitschaft, wie sie dem Mann im Kampf, auch ohne Vorschulung, natürlich. Versagt er, so verachtet sie ihn darum!" [56]

Paula Wiesinger und Hans Steger – das Kletterpaar der 1920er Jahre. Wiesinger war eine der wenigen Frauen, die auch im 6. Grad führte.

Sie betont die ihrer Analyse zufolge biologisch determinierte „Kaltblütigkeit und Wehrhaftigkeit" des Mannes als entscheidenden Unterschied und Überlegenheit. Nicht also die körperliche Stärke des Mannes, sondern sein Wille, seine Härte, seine Kompromisslosigkeit, sein Kampfesmut sind ausschlaggebend. Damit gibt sie eine kurze Zusammenfassung des bürgerlich-militaristischen Männlichkeitsdiskurses der Neuzeit, prominent repräsentiert zum Beispiel in den Werken Friedrich Nietzsches und in der Bergsteigerliteratur selbst, wo immer wieder die männlich codierte „Kaltblütigkeit" als unverzichtbare bergsteigerische Tugend gepredigt wurde.

Trotzdem gab es schon in den 1920er Jahren Ausnahmepersönlichkeiten, die sich ganz von den Männern emanzipiert hatten. Eine davon war Paula Wiesinger. Obwohl die gebürtige Südtirolerin meist mit ihrem späteren Mann, dem Bergführer Hans Steger, kletterte, teilten sich beide die Führungsrolle. Abwechselnd und gleichberechtigt meisterten sie die schwierigsten Stellen im Vorstieg. So auch an der Christaturm-Ostwand im Wilden Kaiser, wie Begleiter Fritz Stadler berichtete: „Dann übernahm Paula die Führung. […] Eine schöne Querung brachte uns unter den letzten schwierigen Überhang. Nachdem ein Sicherungshaken geschlagen war, ging Paula mit Steigbaum den Überhang an. Knapp oberhalb schlug sie noch einen zweiten Haken und mit erstaunlicher Geschicklichkeit hatte sie den Überhang hinter sich gebracht. Kurze Zeit später standen wir alle drei auf dem Gipfel des Christaturmes beisammen." [57]

In Bergsteigerkreisen war bekannt, dass „la Paula" den 6. Grad, den damals höchsten Schwierigkeitsgrad, ohne männliche Hilfe bewältigen konnte. Die Seilschaft Wiesinger-Steger hatte sich so viel Renommee erwerben können, dass Hans Steger als Bergführer auf einen ansehnlichen Kundenkreis zählen konnte. Einer seiner Kunden war niemand Geringerer als König Albert von Belgien, der ihn für die schwierigsten Klettertouren im Wilden Kaiser buchte. Der König bestand darauf, dass Wiesinger mitkommt. Der Grund dafür lag nicht nur darin, dass sie so gut kletterte. Vielmehr sollte durch die weibliche Begleitung die Gefährlichkeit des Kletterns relativiert werden. Manche „Untertanen" begegneten nämlich den Ambitionen ihres „Herrschers" – dieser lebensgefährlichen Eroberung des Nutzlosen – mit Unverständnis. Wenn aber sogar eine Frau im Stande sei mitzugehen, werde doch wohl die Schwierigkeit und Gefahr nicht ganz so groß sein; zu diesem Schluss sollten alle Besorgten kommen.

Wiesinger war dann aber in der Praxis weit mehr als bloßes Mittel zur Rechtfertigung. In der Schlüsselstelle der Wiessner-Rossi an der Fleischbank-Südostwand verließen Bergführer Steger die Kräfte. An seiner statt meisterte nun Wiesinger die schwierige Stelle mit Bravour. Die Bergführer baten sie daraufhin inständig, diese Geschichte für sich zu behalten, um nicht dem Ansehen des Bergführerberufes zu schaden. Jahre danach erzählte sie die Geschichte trotzdem. Neben solchen Führungsein-

Die Salzburger Architektin **Helma Schimke** gehörte zu den besten Felskletterinnen der 1950er und 60er Jahre.

sätzen war Wiesinger für die Wasserversorgung des Königs zuständig. In der Regel kletterte der König in der Mitte und sie als letzte: mit mehreren Litern Wasser für ihn im Gepäck.

Wie Milana Jank war auch Paula Wiesinger eine ausgezeichnete Skifahrerin. 1932 kürte sie sich in Cortina zur Weltmeisterin und zwischen 1931 und 1936 erlangte sie 15 italienische Meistertitel in verschiedenen Disziplinen. Ihr Trainer war ihr Mann.

Es kamen aber in der Zwischenkriegszeit nicht nur starke Kletterinnen von auswärts in den Wilden Kaiser. Maria Kuprian, geborene Zöttl, aus Kufstein stand den stärksten Frauen aus dem Ausland in nichts nach. Die als „Zeschpei" in alpinen Kreisen weitum bekannte Bergsteigerin bewältigte die schwierigsten Routen im Wilden Kaiser und in den Dolomiten. So kletterte sie beispielsweise als zweite Frau nach Milana Jank durch die Totenkirchl-Westwand. Die Leistungen einzelner junger Frauen im Wilden Kaiser fanden auch in der Regionalzeitung Niederschlag und wurden als Folge des allgemeinen touristischen Aufschwunges interpretiert: „War es [das Totenkirchl] in den 80er Jahren nur den Besten unter den Bergsteigern zugänglich, […] so wird es heute beinahe von jedem grünen Jungen – und jeder grünen Jungfer angegangen. Gewiß ein deutlicher Beleg für den unheimlich raschen Fortschritt, den die Technik des Bergsteigens während der vergangenen vier Jahrzehnte genommen hat."[58]

Die 1904 geborene Maria Kuprian war eine dieser „Jungfern", kletterte sie doch schon im jugendlichen Alter auf das Totenkirchl. Und auch die Fleischbank-Ostwand bezwang sie in so jungen Jahren, dass ältere Bergsteiger argwöhnten, diese leichtsinnigen Kinder gehörten auf den Spielplatz und nicht in eine solche gefährliche Wand. Die jungen Bergsteigergrößen von damals schätzten ihr Talent

Die Tirolerin **Barbara Zangerl** wiederholte 2013 als erste Frau die Route „Des Kaisers neue Kleider" von Stefan Glowacz. Die 1994 erstbegangene Route war damals die schwierigste alpine Sportkletterroute weltweit.

und ihren Mut, weshalb sie mit vielen von ihnen eine Seilschaft bildete: mit Peter Aschenbrenner, Hans Lucke, Leo Maduschka, Hias Rebitsch und Leo Rittler. Die meisten Touren unternahm sie jedoch mit Hermann Treichl, der am Bauernpredigtstuhl abstürzte. Nach der Heirat ordnete sie ihre alpinen Ambitionen den familiären Verhältnissen unter.[59] 1992 verstarb sie.

Eine weitere bekannte Kaiserkletterin ist Helma Schimke. In den 1950er und 1960er Jahren wiederholte die Salzburger Architektin die schwierigsten Routen. Ein Hüttenwirt im Wilden Kaiser fand daran wenig Gefallen. Er herrschte ihren Seilpartner an: „Ihr mit eire Weiber bleibts weg von meine Wänd.“[60] Damit die Fähigkeiten des männlichen Begleiters von anderen Bergsteigern nicht in Frage gestellt würden, durfte sie nur bei Nebel vorsteigen, in dem man sie nicht sehen konnte. In den 1950er Jahren kletterten dann auch vermehrt wieder einheimische Frauen wie Ilse Fuchs und Inge Held, aber erst mit voranschreitender Emanzipation wurden reine Frauenseilschaften gesichtet. In der Sektion Kufstein bildete sich eine eigene Frauengruppe mit dem Namen Koasaschmarrn. Aus dieser Gruppe stammt auch die erste Frauenseilschaft, die 1989 in der Westwand des Totenkirchls erfolgreich war: Ilse Fuchs und Claudia Moritz. Den letzten großen Entwicklungsschritt vollzog Barbara Zangerl mit der Begehung von „Des Kaisers neue Kleider“, einer der schwierigsten Touren in den Alpen.

↖ **Hermann Buhl** (rechts) mit einem Begleiter aus Kössen am Weg vom Ellmauer Tor nach Ellmau
↗ **Erich Streng, Wast Weiß und Kuno Rainer** im Jahr 1948
↑ **Guido Unterwurzacher** 2011 bei der ersten freien Begehung des Buhlquerganges in der Mauk-Westwand

DIE ERSTEN BOHRHAKEN IN DEN OSTALPEN: VON DER „SCHLOSSEREI“ ZUM CLEAN CLIMBING UND ZUM PLAISIRKLETTERN

In den 1940er Jahren sprachen die besten damaligen Kletterer viel von der Mauk-Westwand im Wilden Kaiser: von den gewaltigen Schwierigkeiten, den schauderhaften Stürzen und von haarsträubenden Abseilmanövern bei den Besteigungsversuchen. „Außerdem sprach man noch von ganz was Sonderbarem, von etwas, das noch nie ein Bergsteiger angewandt hatte. Von Bohrlöchern für die nötigen Zwischenhaken, was bei den meisten Bergsteigern zu Kritik führte und verhöhnt wurde. Dass dies mit dem Bergsteigen nichts mehr zu tun hätte, sondern krasse Sportkletterei sei!“[61] So berichtete der Kletterer Kuno Rainer in seinem Tourenbuch über seine Wiederholungsversuche dieser besonders schwierigen Wand. Um sie zu bezwingen, hatte der Kitzbüheler Wast Weiß mit einem Handbohrer Löcher von circa 7 mm Durchmesser gebohrt. In diese Löcher schlug er dünne „Spezialhaken“ – so die geheimniskrämerische Umschreibung von Weiß, der wohl mit Kritik an seiner Tat rechnete. Mit Hilfe diesen „Bohrhaken“ gelang ihm, gemeinsam mit Hermann Buhl als Vorsteiger, schließlich 1943 – mitten im Zweiten Weltkrieg – die Erstbegehung dieser Wand. Sie konnte erst 2011 auf dem Originalweg[62] wiederholt werden.

Peter Brandstätter

Bergführer aus Kitzbühel (*1953), Kaiserkenner, Kletterer und Steuerberater

Wie bist du zum Klettern gekommen?

Geklettert bin ich schon immer gern. Ich bin in Kitzbühel aufgewachsen. Bei Spaziergängen mit meinen Eltern haben wir gelegentlich einen Abstecher zur Frauenhöhle gemacht. Die leichte Kletterei beim Aufstieg zur Oberen Höhle hat mir immens getaugt. Natürlich auch das „Bamkraxeln" im heimatlichen Obstgarten. Zum eigentlichen Klettern bin ich über die Alpenvereinsjugend gekommen.

Welche Rolle spielte der Wilde Kaiser dabei?

Als Halbwüchsige sind wir mit dem Postauto oder mit dem Fahrrad von Kitzbühel nach Going gefahren und haben von unserem Stützpunkt Ackerlhütte aus im Ostkaiser selbstständig leichte, oft auch recht selten begangene Kletterrouten gemacht. Mit der Aufnahme in die Edelweißgilde habe ich Freunde gefunden, mit denen sich das Niveau der gekletterten Routen rasant nach oben verschoben hat. Die damaligen Extremklassiker im Kaiser sind dadurch in Reichweite gekommen. Wir waren aber auch viel in den Dolomiten unterwegs. Im Kaiser eher im Frühjahr, im Herbst und im Winter.

Für den Kletterer Ludwig „Darshano" Rieser hast du bis zu deinem Unfall 1977 zu den vielversprechendsten Kletter- und Alpintalenten Österreichs gezählt. Er hat mir erzählt, dass ein Alpinjournalist euch, also ihn, dich, Heinz Mariacher und Reinhard Schiestl, damals als Alpinbeatles bezeichnet hat. Wie kam es dazu?

Dass ich von einem Alpinjournalisten als Alpinbeatle bezeichnet wurde, daran kann ich mich nicht erinnern. Ich glaube eher, dass der Luggi alias Darshano diese Beatles-Geschichte aufgebracht hat, weil er schon immer eine Schwäche gehabt hat für blumige und phantasievolle Beschreibungen. Aber Heinz und ich hatten recht lange Haare. Die Idee von Heinz, im Sakko und mit Hut zu klettern, fand ich originell. Er hatte so einen Hut wie ein Almbauer mit einer Feder drauf und ich eine Art Sombrero. Und in dieser Aufmachung haben wir natürlich keinen allzu angepassten Eindruck gemacht.

Welchen Einfluss hatten die Hippiekultur bzw. esoterische Trends der 1970er Jahre auf euer Klettern? Habt ihr rebelliert?

Also die amerikanischen Einflüsse auf das Klettern kamen erst kurze Zeit später. Da hatten wir schon unseren eigenen Kleidungsstil. Die langen Haare – das war bereits in der Schulzeit in. Die Ideen des von Carlos Castaneda geschaffenen Don Juan haben unser Verhalten aber zweifellos beeinflusst. [Castaneda war ein in den USA lebender Autor, der unter anderem auch über den Konsum von verschiedenen halluzinogen wirkenden Pflanzen zur Bewusstseinserweiterung schrieb. Er wurde in den 1960ern und 1970ern von der amerikanischen Klettercommunity rezipiert und beeinflusste diese stark; Anm.] Für mich waren die Castaneda-Bücher aber eher schöne Parabeln. Während Heinz wirklich versucht hat, nach den

darin propagierten Lehren zu leben. Für Bewusstseinserweiterung bzw. Bewusstseinsveränderung haben wir uns schon sehr interessiert. Heinz ist Touren seilfrei gegangen, von denen er heute noch sagt, er sei sich nicht sicher, ob er sich die Passagen ohne den Konsum gewisser natürlicher Substanzen zugetraut hätte.
Was das Klettern anbelangt, hat sich die Rebellion darin geäußert, dass wir massiv freiklettern wollten. Anfangs hat das geheißen, mit möglichst wenigen Haken zu klettern. Klemmkeile haben wir damals ja noch nicht gehabt. Später dann, als die Klemmkeile aus den USA kamen, war der beste Stil clean climbing, also Touren nur mit Klemmkeilen zu begehen, sodass wir keine Spuren am Fels hinterlassen. Wenn es so nicht gegangen ist, haben wir auf Erstbegehungen auch verzichtet. Vor den alten „Freikletterern" wie Hias Rebitsch, die so wenige Haken wie möglich verwendeten, haben wir großen Respekt gehabt, während wir die exzessive Hakenverwendung der unmittelbaren Vorgängergeneration abgelehnt und gegen sie sozusagen rebelliert haben.

Warum kletterst du nach so vielen Jahren heute immer noch?

Die klassische Antwort: Weil es mich freut. Weil ich mich gut dabei fühle. Fast könnte man sagen, weil ich mich nur, wenn ich klettern kann, richtig lebendig fühle.

Was hat sich verändert, seit du mit dem Klettern im Wilden Kaiser begonnen hast?

In den 1970er Jahren wurde noch wesentlich mehr im Kaiser geklettert. Es war ganz normal, dass man für die Fleischbank-Ostwand oder -Südostwand anstehen musste. Vom Einstieg bis zum Ausstieg hat sich regelrecht eine Schlange von Kletterern hinaufbewegt. Heute ist das nicht mehr so. In den 1980ern kam es dann zu einer rasanten Entwicklung im Kletterkönnen. Eine große Rolle spielten dabei die Erstbegehung der Pumprisse und auch Amerikaaufenthalte europäischer Kletterer. Mit gesteigertem Kletterkönnen rückte das rein auf die sportlichen Schwierigkeiten gerichtete, bohrhakengesicherte Sportklettern in den Vordergrund, und selbst abzusichern galt als zu gefährlich und war nicht mehr gefragt. Heute gibt es eine Trendwende, selbst abzusichern ist wieder aktuell. Es gibt nämlich inzwischen so viele Kletterer, dass ein gewisser Prozentsatz davon wieder bereit ist für das Abenteuer.

Was ist für einen Kletterer wie dich das Besondere am Wilden Kaiser?

Dass der Wilde Kaiser meine Bergheimat ist, hat etwas Besonderes für mich, nicht aber für Besucher aus anderen Gegenden. Die Sonderstellung, die dem Wilden Kaiser in den Klettergebieten der Ostalpen zukommt, liegt an der Güte des gebirgsbildenden Gesteins, an den schroffen Felsformationen, an seiner Lage und der damit zusammenhängenden historischen Entwicklung. Der Kaiser war wegen seiner Nähe zu den Bahnlinien München – Innsbruck bzw. Innsbruck – Wien für die große Masse, aber auch für die Spitzenkletterer der Innsbrucker und Münchener Szene oder sogar aus weiter entfernten Hotspots der Felsakrobaten immer sehr leicht erreichbar. Viele Arten, wie man eine Kletterei angeht, wurden hier entwickelt und Methoden aus dem Klettergarten hier erstmals ins echte Gebirge übertragen. Und wenn ich heute in der Steinernen Rinne stehe und links und rechts die Wände von Predigtstuhl und Fleischbank aufragen, dann geht es mir gleich wie den Pionieren vor über 100 Jahren: Ich überlege, wo ich da mit meinem Können hinaufsteigen könnte, und dem nachzuspüren, wer was wie gemacht hat, übt schon auch seinen Reiz auf mich aus.

Die ersten Bohrhaken auf dem Markt: Der „Kaiserhaken" von Stubai wurde in den 1950er Jahren entwickelt (auf dem Bild sind auch jüngere Modelle zu sehen). Der Name nahm auf die Entwicklungen im Wilden Kaiser Bezug. Später produzierte die Firma Salewa einen ähnlichen Haken mit dem Namen „Sticht-Bohrhaken". Diese Stifthaken hatten einen nur 2,5 cm kurzen Schaft mit rechteckigem Querschnitt von 6 mm und wurden in ein rundes Bohrloch geschlagen. Waren sie gut gesetzt, hielten sie angeblich Belastungen bis zu 20 Kilonewton stand.

Weiß hatte damit eine weitere Stufe des technischen Kletterns betreten. Doch war der Bohrhaken tatsächlich eine völlig neue technische Möglichkeit, etwas, das ein Bergsteiger noch nie zuvor angewandt hatte, wie Rainer schreibt? Bei genauerem Blick in die Berichte von Bergsteigern zeigt sich, dass dem nicht so war. Laurent Grivel verwendete schon 1928 Bohrhaken im Mont-Blanc-Gebiet. Auch Otto Herzog soll bereits zum Bohrhaken gegriffen haben. Und die Seilschaft Dülfer-Redwitz hatte bei ihrer Erstbegehung der Totenkirchl-Westwand 1913 – damals die schwierigste Tour in den Alpen – einen Steinbohrer mit im Gepäck, der jedoch nicht zum Einsatz kam.[63]

Die Technik war also bekannt, jedoch der Wille dazu nicht überall vorhanden. Lange noch zeigte die dem extremen Alpinismus immanente zivilisationskritische Technikfeindlichkeit ihre Wirkung, wie Otto Eidenschink, einer der prominentesten Kletterer der Zwischenkriegszeit, erklärte: „Als Hias Rebitsch am Maukpfeiler einige Versuche unternommen hatte, sagte er zu mir: Ja, mit ein oder zwei Bohrlöchern könnte man den Quergang machen, aber ich bohre nicht, das ist nicht mehr Bergsteigen. Später wurde gebohrt und der Maukpfeiler als erstiegen bekanntgegeben. Mit Michl Schober war ich 1939 auf schwerer Bergfahrt. Eine zirka zwei bis drei Meter hohe rißlose Wandstelle zwang uns zur Umkehr. Einige gebohrte Hakenlöcher hätten einen neuen, direkten Aufstieg eröffnet. Wir bohrten nicht, weil wir diese Entwicklung grundsätzlich ablehnten und ich sie heute noch ablehne."[64]

Den Diskurs bestimmten aber mittlerweile andere. Bis zum Ende der 1950er Jahre hatte sich der Bohrhaken – zumindest in den Alpen und auch in den USA – als legitimes Mittel etabliert. Zuerst noch sparsam eingesetzt, nutzten ihn die Kletterer immer exzessiver zur Fortbewegung – so wie Dülfer und dessen Nachfolger einst die Mauerhaken. Weil Bohrhaken keinen natürlichen Riss mehr brauchen, sondern überall angebracht werden können, konnten damit alle noch so glatten und steilen Wände mithilfe von Steigbügeln erklettert werden. Auch die Gefahr reduzierte sich, weil die Bohrhaken immer dieselbe Eindringtiefe haben und beinahe überall „normgerecht" montiert werden können.

Gründe für diese Entwicklungen im Klettersport gab es viele. Eine Voraussetzung war das erweiterte industrielle Angebot. Auch auf dem Bergsportartikelmarkt zeigte die sich nach dem Zweiten Weltkrieg entwickelnde Konsumgesellschaft ihre Wirkung. Beständig wuchsen Produktpalette und Stückzahlen. Bergsportartikel-Hersteller wie Stubai oder Salewa brachten mit dem Kaiserhaken (benannt in Anlehnung an die Entwicklungen im Kaisergebirge) und dem Sticht-Bohrhaken (benannt nach dem Produktentwickler) die ersten Bohrhaken auf den Markt. Angebot und Nachfrage bedingten sich gegenseitig. Die Nachfrage beruhte – neben einigen im Klettersport selbst liegenden Gründen, wie der Meinung, dass die Grenzen der freien Kletterei bereits in den 1930er Jahren erreicht worden wären und es praktisch kein Freikletter-Neuland mehr gäbe – auf gesamtgesellschaftlichen Entwicklungen. Das „Wirtschaftswunder" förderte eine unreflektierte Technikeuphorie. Überall wurde produziert, gebaut und erschlossen, vergleichbar mit den Jahren der „Gründerzeit" am Ende des 19. Jahrhunderts, nur in anderen Dimensionen. Technischer Fortschritt wurde mit gesellschaftlichem Fortschritt gleichgesetzt und der Glaube an die Technik als teleologische Verbesserung der allgemeinen Lebensverhältnisse gefeiert.

Dass diese Grundhaltung sich auch im Alpinismus widerspiegelte, muss nicht weiter verwundern. Im Wilden Kaiser entstanden jedoch im Vergleich zu anderen Gebieten (mit dem Auto erreichte man nun rasch höhere und steilere Wände) wenige solch technische Kletterrouten, an denen sich die Kletterer versuchten. Einer dieser Aspiranten war der junge Reinhold Messner. Als einer der Ersten erahnte er den Weg in die sportliche „Sackgasse" – lautstark und rhetorisch gekonnt polemisierend. So reaktivierte er 1968 mit seinem Aufsatz „Direttissima – oder Mord am Unmöglichen"[65] die Standpunkte von Lammer, Preuß und anderen und passte sie an die neuen Verhältnisse an. Sein Plädoyer für den Verzicht, das er in einem 1970 erschienenen Buch zu einem umfassenden Programm entwickelte, war „eine Melange aus konservativer Dekadenzdiskussion und linker Kapitalismuskritik."[66] Den Bohrhaken sah er dabei nur als Symptom einer größeren Fehlentwicklung, die in einer völligen technologischen Übererschließung der Alpen, etwa durch Straßen, Lifte und Hütten, münden müsse, und für die er die manipulative Konsumpropaganda der Gegenwart mitverantwortlich machte. Daher forderte Messner den Schutz des Alpenraumes. Sein Programm entwickelte er vor dem Hintergrund der 68er-Bewegung. Freiheit und Natürlichkeit, zwei Schlüsselbegriffe dieser Protestbewegung, spiegeln sich darin. Für die folgende Entwicklung im Klettersport wird ein Begriffspaar fundamental: „Free Climbing" und „Clean Climbing", also frei und ökologisch sauber klettern, entwickeln sich in den folgenden Jahren zu den zwei Leitkulturen, die den Klettersport bis in die Gegenwart prägen.

Wie die englischen Begriffe zeigen, ging diese Entwicklung nicht hauptsächlich vom Alpenraum aus, sondern von den USA. Dort hatte die Hippiekultur, anknüpfend an romantische Traditionen á la Thoreau und Rousseau, schon zu Beginn der 1960er Jahre den „Zurück zur Natur"-Ruf entstaubt und zugleich unter anderem mit linker Kritik an den Wohlstandsidealen der „spießigen" Mittelschicht gepaart. Interessanterweise lassen sich zwischen der von der Hippiekultur beeinflussten Kletterszene in den USA der 1960er und 1970er Jahre viele Parallelen zur zivilisationskritischen Haltung des Fin-de-Siècle-Alpinismus im Wilden Kaiser und anderswo ziehen: Wie Lammer und Gefährten begaben sich viele junge Kletterer auf Ich-Suche. Wie Lammer waren sie überzeugt davon, in Extremerfahrungen die eigene Individualität zu finden – sei es beim Klettern oder nun auch im Kontakt mit bewusstseinserweiternden Substanzen. Wie bei vielen amerikanischen Freeclimbern wurde auch bei einigen Kaiserkletterern die Lektüre von Carlos Castaneda zur Pflicht, wie der Freikletterpionier Darshano L. Rieser aus dem Zillertal erzählt. Mit seinen Berichten über experimentellen Drogenkonsum war der Anthropologe Castaneda zur Ikone der New-Age- und Hippie-Bewegung geworden. Die Renaissance des Freikletterns, des Free Climbings, förderte wieder eine Naturerfahrung mit allen Sinnen – psychisch sowie physisch herausfordernd. Jetzt zogen sich

Helmut Kiene in der zweiten Schlüsselseillänge der Pumprisse am Fleischbankpfeiler, damals mit VII bewertet. Wer kein Rissspezialist ist, dem fällt die Länge um einiges schwerer.

Helmut Kiene, einer der beiden Erstbegeher der Pumprisse, bei einem Kletterwettkampf in Russland. Heute lebt und arbeitet er im Schwarzwald als Facharzt für Innere Medizin und Onkologie.

Darshano L. Rieser (*1956, bürgerlich Ludwig „Luggi" Rieser alias Swami Prem Darshano) in der Route „Odyssee", die er zusammen mit dem Münchener Wolfgang Müller erstbeging. Die nur mit Schlaghaken abgesicherte Route zählte zu den schwierigsten und kühnsten der Alpen. Neuerdings versuchen sich junge Alpinisten wieder an dieser mentalen Herausforderung. So gelangen erst unlängst zwei Seilschaften freie Wiederholungen dieser Route.

die Kletterer nicht mehr an den Haken hoch, ohne den Fels überhaupt berühren zu müssen, sondern erklärten die natürliche Felsoberfläche zum einzig legitimen Fortbewegungsmittel. Die Haken dienten nur mehr als Sicherung im Falle eines Sturzes.

1967 hatte Royal Robbins in den USA die Route Nutcracker Suite ausschließlich mit den in Großbritannien üblichen Nuts geklettert. Das waren Keile, die anstelle von Haken in Felsrisse geklemmt und nachher wieder mitgenommen wurden. Damit hatte er gezeigt, dass es auch ganz ohne Haken – „clean" – geht.

Als die Deutschen Helmut Kiene und Reinhard Karl 1977 mit den Pumprissen im Wilden Kaiser die erste offizielle Route im 7. Schwierigkeitsgrad ausschließlich mit diesen neuen Klemmkeilen eröffneten, war der Stil des Clean Climbing auch in den Alpen angekommen. Abermals wurde damit internationale Klettergeschichte im Wilden Kaiser geschrieben. Nachdem vor dem Ersten Weltkrieg Piaz und dann Dülfer die schwersten Routen der Alpen dort eröffnet hatten, gab es nun wieder eine

Die Route „Mythomania" geht ebenfalls auf das Konto der Seilschaft Rieser und Müller. **Darshanos ungewöhnlicher Kleidungsstil fiel zweifellos auf.**

schwierigste Route. Zugleich erhielten die „Pumprisse" eine sportpolitische Dimension. Bis dahin gab es nur die vom internationalen Bergsportverband akzeptierte sechsstufige Schwierigkeitsskala, die die neuesten Entwicklungen nur mehr unzureichend abbilden konnte. Nun kam die Diskussion um eine Öffnung der Skala in Gang. Die „Pumprisse" mit

In den 1990er Jahren wurde das Sportklettern im Gebiet Schleierwasserfall und an anderen talnahen Wänden immer beliebter. Die alpinen Routen „oben" im Wilden Kaiser kamen aus der Mode. **Markus Bendler,** ehemaliger Eiskletterweltmeister und Kletterprofi aus Schwendt am Wilden Kaiser, in seiner Route „Seitensprung" am Schleierwasserfall. Heute betreibt der „Kletterpensionist" das Bergsportgeschäft „Rock 'n' Roll" in Kirchdorf.

dem von Karl und Keine rebellisch ausgeworfenem 7. Grad gaben den Anstoß dafür. Wie Kaiserkletterer Peter Brandstätter und Darshano L. Rieser erzählen, gab es daraufhin einen regelrechten Hype um die Tour. Viele bereisten eigens den Wilden Kaiser, um sich an der ersten offiziellen Tour im 7. Grad zu versuchen. Manchmal musste man am Wochenende sogar Schlange stehen. Heute wird die Tour selten wiederholt – mehr als zwei Wiederholungen pro Saison gibt es kaum. Der Anspruch, alle Sicherungen selbst anzubringen, ist vielen mittlerweile bohrhakenverwöhnten Kletterern zu hoch.

Der Import des Clean Climbings und die Renaissance des Freikletterns führten zu einer Neubelebung des Wilden Kaisers. Innerhalb weniger Jahre entstanden Ende der 1970er und Anfang der 1980er Jahre unzählige Neutouren in diesem Stil. Die spezielle Felsstruktur des Wilden Kaisers mit vielen vertikalen Rissen war geradezu prädestiniert für die neuen Sicherungsmittel. Aber auch alte Routen wurden wiederentdeckt. So erfreuten sich beispielsweise die kühnen Freikletterrouten von Hias Rebitsch erneut großer Beliebtheit.

Dann kam eine neue Entwicklung, die die Steinerne Rinne mit ihren kühnen Alpinrouten verwaisen ließ. Das Üben für die großen Wände an den kleinen Wänden im Tal wurde immer mehr zum Selbstzweck: Das Sportklettern in den Klettergärten entstand, hauptsächlich ausgehend von Frankreich und dem Frankenjura. In den neuen Klettergärten gab es keine historisch gewachsenen Regeln, keine Ethik. Der Bohrhaken etablierte sich

↑↑ **Adam Ondra** aus Tschechien, der beste Kletterer weltweit momentan, bei der Erstbegehung der Route „Fugu" am Schleierwasserfall in Going
↑ Dem Bayern **Alexander Huber** gelang 1996 mit der Route „Open Air" die Erstbegehung der seinerzeit schwierigsten Sportkletterroute der Welt am Schleierwasserfall. Auf dem Bild ist er jedoch bei einer Solo-Begehung der Route „Aqualung" zu sehen – ganz ohne Seil.

↑↑ **Roland Hemetzberger** gehört zur jungen Generation starker Kaiserkletterer. Hier ringt er gerade der „Scheffler-Siegert", einer technischen Route an der Fleischbank aus dem Jahr 1960, die erste freie Begehung ab: Bewertung 8a+.
↖↑ **Definitiv keine Plaisirroute:** Guido Unterwurzacher bei der Wiederholung der alpinen Sportklettertour „Des Kaisers neue Kleider", 8b+.

dort als legitimes Sicherungsmittel – als akzeptiertes Sicherheitsnetz zum Üben für die „richtigen", großen alpinen Herausforderungen. Den jungen Freikletterern oder Sportkletterern ermöglichte der Bohrhaken die Konzentration auf die sportliche, physische Herausforderung; das Risiko, die mentale Herausforderung wurden minimiert. Obwohl die Kletterer durch die ausschließliche Benützung der natürlichen Felsoberfläche, der natürlichen Griffe, eine direkte Naturbeziehung herstellten, erfuhr die Erschließung eine neue technische Dimension. Ermöglicht wurde dies durch die Akkubohrmaschine, die ab Ende der 1980er Jahre das Setzen von Bohrhaken stark erleichterte. Die Bayern Michael Kies und Josef Heinl hatten jedoch bereits 1982 mit der Route Pantherschreck begonnen, diesen Stil aus dem Klettergarten ins Gebirge zu übertragen. Ab den 1990er Jahren kamen immer mehr solcher alpiner Sportkletterrouten hinzu. Inzwischen erschlossen einheimische Kletterer wie Tom Unterwurzacher, Herbert Haselsberger, Toni Niedermühlbichler und noch viele weitere ganze neue Gebiete im Wilden Kaiser mit alpinen Sportkletterrouten oder Plaisirrouten – so werden die besonders gut abgesicherten und nicht zu schwierigen Touren auch noch genannt. „Plaisir" stammt aus dem Französischen und bedeutet Vergnügen, Spaß, Genuss. Aspiranten für solche Touren werden vor allem im Wildanger unterhalb des Stripsenjoches oder im Schneekar bei Scheffau fündig – allerdings sind die Bohrhaken dort nicht immer ganz eng beisammen.

Manche Kritiker sehen diese Entwicklung vor dem Hintergrund gesamtgesellschaftlicher Prozesse: Der Übergang von der vorindustriellen Risikogesellschaft zur postmodernen Hochsicherheitsgesellschaft sei darin zur erkennen. Konsumkritik, die sich beispielsweise Paul Preuß zum Vorbild nahm, wird erneut laut. Von „präparierten Pisten" und dem „Mord am Abenteuer" ist wieder zu hören. Das „Plaisirklettern" sei ein Produkt der „Spaßgesellschaft", meint etwa der bayerische Profikletterer Alexander Huber, der am Schleierwasserfall oberhalb von Going in den 1990er Jahren die damals weltweit schwersten Klettertouren erstbegehen konnte.[67] Die unzähligen Wiederholer der vermeintlichen Genussrouten sehen das naturgemäß etwas anders: „Es hat nicht jeder so viel Zeit wie ein Kletterprofi sich auf die Touren vorzubereiten. Ist das nicht ein bisschen elitärer Kletter-Snobismus von Alexander Huber? Im Wilden Kaiser ist doch Platz für alle da. Wer das Abenteuer sucht, findet es immer noch in der Steinernen Rinne. Wer lieber sicher unterwegs ist, klettert eben eine der traumhaft schönen Touren im Schneekar." [68] So spricht sich Bergführer Christian aus St. Johann für ein Nebeneinander von verschiedenen Kletterstilen aus.

ANMERKUNGEN ZU KAPITEL 3 „THE GREAT GERMAN SCHOOL OF CLIMBING"

1 Tiroler Tageszeitung, 8.1.2016.
2 Alois Zott: Mein erstes Zusammentreffen mit Winkler, in: Erich König (Hg.): Empor! Georg Winklers Tagebuch, Leipzig 1906, S. 90–92, hier S. 90f.
3 Mitteilungen des DuOeAV 7 (1881), S. 232.
4 Zott: Zusammentreffen (wie Kap. 3, Anm. 2), S. 91.
5 Ebenda.
6 Ebenda, S. 91f.
7 Mitteilungen des DuOeAV 2 (1876), S. 135. Die erwähnte Besteigung fand bereits 1869 statt.
8 Mittelungen des DuOeAV 12 (1886), S. 228.
9 Heinrich Schwaiger: Führer durch das Kaisergebirge, München 1898. Außerdem verfasste er die Gebietsübersicht zum „Kaiser Gebirge", in: Eduard Richter (Red.), Deutscher und Oesterreichischer Alpenverein (Hg.): Die Erschließung der Ostalpen, I. Band: Die Nördlichen Kalkalpen, Berlin 1893, S. 239–262.
10 Mitteilungen des DuOeAV 20 (1894), S. 189.
11 Enzensperger: Der Wilde Kaiser (wie Kap. 2, Anm. 28), S. 270.
12 Georg Winkler: Brief an Eugen Guido Lammer vom 22.1.1888, veröffentlicht von König: Empor! (wie Kap. 3, Anm. 2), S. 79f.
13 Ralf-Peter Märtin: Nanga Parbat. Wahrheit und Wahn des Alpinismus, Berlin 2002, S. 71.
14 Enzensperger: Der Wilde Kaiser (wie Kap. 2, Anm. 28), S. 264.
15 Ebenda, S. 269.
16 Kufstein seine Umgebung und das Kaisergebirge, Prospekt des Fremdenverkehrsvereins Kufstein 1900, Stadtarchiv Kufstein.
17 Mitteilungen des DuOeAV 34 (1908), S. 208.
18 Tiroler Grenzbote, 26.7.1903, S. 3.
19 http://www.historisches-alpenarchiv.org/data/dokumente/main/32/00134220_m.pdf (Stand: 13.6.2016).
20 Sepp Schluiferer (Carl Techet): Fern von Europa. Tirol ohne Maske (Reprint der Originalausgabe, München 1909), Innsbruck 1996, S. 88f.
21 Ebenda.
22 Paul Preuß: Künstliche Hilfsmittel auf Hochtouren, in: Deutsche Alpenzeitung 11 (1911/12), Nr. 9, S. 242–244.
23 Ebenda, S. 242.
24 Deutsche Alpenzeitung 11 (1911/12), Nr. 10, S. 332.
25 Paul Preuß: Künstliche Hilfsmittel auf Hochturen. Eine Entgegnung, in: Mitteilungen des Deutschen und Oesterreichischen Alpenvereins 37 (1911), S. 282–284, hier S. 283.
26 Georg Sixt: Fleischbank-Ostwand. Versuch und zweite Begehung, in: Der Berg 1923/24; auch abgedruckt in: Fritz Schmitt: Hans Dülfer. Bergsteiger, Markstein, Legende, München 1985, S. 64–75.
27 http://www.stadler-markus.de/alpinklettern/wilder-kaiser/kletterrouten/fleischbank/routeninfos/beschreibung/duelfer-ostwand.html (Stand: 13.6.2016).
28 Zitiert nach Schmitt: Hans Dülfer (wie Kap. 3, Anm. 26), S. 38.
29 Vgl. Fritz Schmitt: Das Buch vom Wilden Kaiser, München 1942, S. 248–258.
30 Hans Pfann: Aus meinem Bergerleben, Stuttgart 1950, S. 115.
31 August Sieghardt: Im Kaisertal, in: Jahresbericht der Sektion Kufstein des DuOeAV für die Jahre 1912, 1913 und 1914, S. 9–13, hier S. 12.
32 Zitiert nach Fritz Schmitt: Hans Dülfer. Ein Gedenken zum 50. Todestag; http://www.historisches-alpenarchiv.de/data/dokumente/main/11/00125778_m.pdf.
33 Der Akademische Alpenverein München im Kriege (1914–1918), 23. bis 26. Vereinsjahr, S. 86.
34 Ebenda.
35 Personenmappe Emil Gretschmann, Archiv DAV.
36 Ebenda.
37 Mitteilungen des DuOeAV 38 (1912), S. 70.
38 Personenmappe Emil Gretschmann, Archiv DAV.
39 Leo Maduschka: Junger Mensch im Gebirg. Leben, Schriften, Nachlass (hg. von Walter Schmidkunz), München 1932, S. 153.
40 Personenmappe Anderl Heckmair, Archiv DAV.
41 Zitiert nach Märtin: Nanga Parbat (wie Kap. 3, Anm. 13), S. 67.
42 Vgl. Pit Schubert: Begegnung mit einem außergewöhnlichen Menschen, in: Sächsischer Bergsteigerbund (Hg.): Fritz Wiessner 1900–1988, Dresden 2000, S. 31–33, hier S. 32.
43 Karl Lukan: Hauptsach' man weiss wo der Berg steht oder Alpinismus in Andekdoten, Wien 1972, S. 135.
44 Zitiert nach Märtin: Nanga Parbat (wie Kap. 3, Anm. 13), S. 104.
45 Kopien aus Stadtarchiv München, Stellungnahme Paul Bauer, in: Personenmappe Otto Herzog, Archiv DAV.
46 Ebenda.
47 Personenmappe Anderl Heckmair, Archiv DAV.
48 Lukan: Hauptsach' man weiss wo der Berg steht (wie Kap. 3, Anm. 43), S. 146.
49 Personenmappe Anderl Heckmair, Archiv DAV.
50 Ebenda.
51 Franz Nieberl: Das Klettern im Fels, München 1926 (6., erweiterte Aufl.), S. 54f.
52 Zitiert nach Schmitt: Das Buch vom Wilden Kaiser (wie Kap. 3, Anm. 29), S. 318.
53 Schmitt: Das Buch vom Wilden Kaiser (wie Kap. 3, Anm. 29), S. 141.
54 Lowell Skoog: Written in the Snows, Across Time on Skis in the Pacific Northwest, online unter: http://alpenglow.org/written-in-the-snows/ski-climbers3.html (Stand: 11.6.2016).
55 Vgl. ebenda. Gelingen sollte dies erst viel später, im Mai 1975, der Japanerin Junko Tabei.
56 Druckfahnen des Aufsatzes „Die Bergsteigerin" von Lilli Weyrauch v. Weech, S. 6, Historisches Archiv OeAV, VÖ 111.1.
57 Fritz Stadler: Die Ostwand des Christaturmes, in: Österreichische Turisten-Zeitung (55) 1935, S. 46.
58 Tiroler Grenzbote, 2.10.1920, S. 3.
59 Vgl. OeAV-Sektion Kufstein, Jahresbericht 1992, S. 15.
60 Zitiert nach Caroline Fink/Karin Steinbach Tarnutzer: Erste am Seil, Innsbruck 2013, S. 123.
61 Tourenbuch Rainer, zitiert nach: Peter Brandstätter: Mauk, in: berg und steigen, Nr. 92, Herbst 2015, S. 44–53, hier S. 46f.
62 Guido Unterwurzacher konnte die erste freie Wiederholung entlang des Originalquerganges verbuchen, allerdings kletterte er nicht exakt dieselbe Linie wie damals Buhl.
63 http://www.americanalpineclub.org; Steve Roper: Recollections of a Yosemite Rock Climber, Seattle 1994, S. 35.
64 Otto Eidenschink: Richtiges Bergsteigen. Die Technik im Fels, München 1959, S. 12.
65 In: Alpinismus 6 (1968), H. 8 (August).
66 Märtin: Nanga Parbat (wie Kap. 3, Anm. 13), S. 74.
67 Interview des Autors, 6.5.2012.
68 Interview des Autors, 7.8.2015.

In der Schüle-Diem am Predigtstuhl in den 1970er Jahren. Damals wurde mit schweren Bergschuhen geklettert. Das war ein Rückschritt. Die leichten Filzkletterschuhe der 1930er Jahre (rechtes Bild: in der Leuchsturm-Südwand) waren viel besser zum Klettern geeignet.

BERGSPORT IM WANDEL …

Seit Jahrtausenden wandern Menschen. Zuerst vor allem zum Zweck der Fortbewegung, heute aus reiner Lust an der Bewegung. Mit der sogenannten Industriellen Revolution wurde dann das, was wir heute als Sport verstehen, „erfunden“. Seither suchen sich immer mehr Sportarten ihren Weg in die Berge und die Ausrüstungstechnologie hat einen ganzen Industriezweig begründet.

Auf dem Kopftörlgrat Ende der 1970er Jahre. Damals galt der Grat noch als eine der beliebtesten Anfängerklettertouren im Wilden Kaiser mit dementsprechendem Andrang. Inzwischen beginnen die Anfänger in den Hallen oder neuen Klettergärten und am Grat ist es ruhiger geworden. Heute würde sich auch niemand mehr (wie im Bild) mit Brustgurt anseilen, sondern nur mehr mit Sitzgurt.

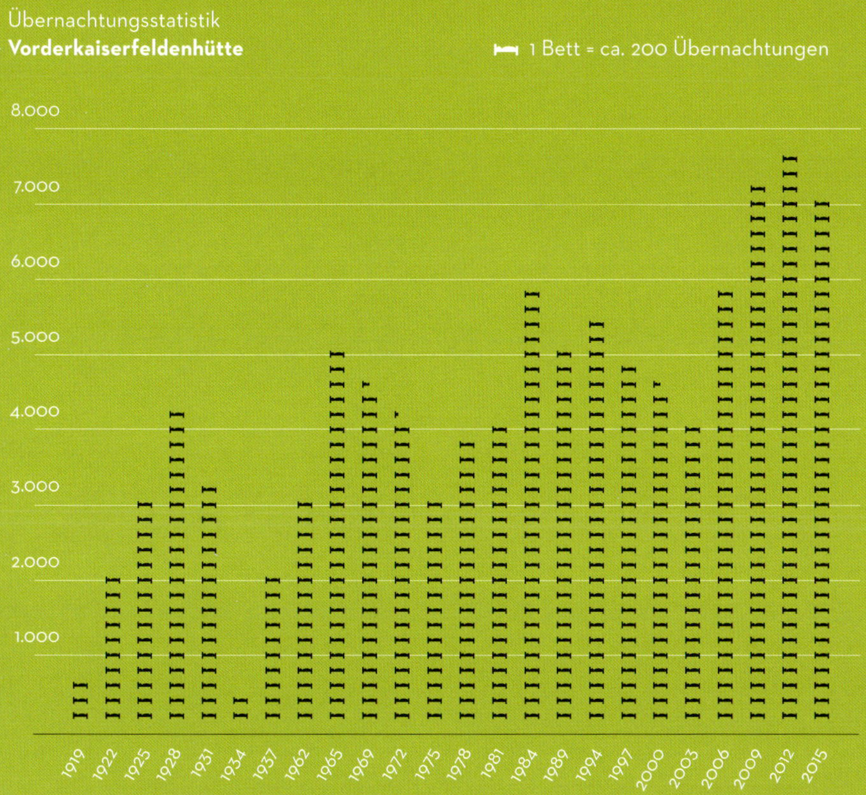

Vorderkaiserfeldenhütte:
Bereits Ende der 1920er Jahre wurden über 4000 Nächtigungen gezählt, dann kam der Einbruch durch die Weltwirtschaftskrise 1929 und die 1000-Mark-Sperre. Die letzten Jahre zeigen den allgemeinen Trend des immer beliebter werdenden Bergsports.

In den 1950er Jahren produzierte der österreichische Reifenhersteller Semperit noch Schuhsohlen.
Inzwischen ist die italienische Marke Vibram, benannt nach dem Alpinisten Vitale Bramani, das Maß aller Dinge. Auch andere Ausrüstungsgegenstände wie Klettergurte, Haken, Seile und Karabiner wurden in Folge des Bergsportbooms der letzten Jahre stark weiterentwickelt und immer sicherer.

1912 am versicherten
Steig zum Scheffauer

DIE ALPINE INFRASTRUKTUR WÄCHST

Nachdem die Bergsteiger die meisten Gipfel „erobert" hatten, ging es in erster Linie dem Alpenverein (als alpinem Tourismusverband von einst) darum, die Bereisung der Alpen zu erleichtern, wie es in den Statuten hieß. Dazu mussten

Kapitel 4

Die Zähmung des Wilden Kaisers

im Wilden Kaiser Wege und Steige angelegt und Hütten gebaut werden. Gipfelkreuze, Wegmarkierungen, Straßen kamen hinzu und noch viele weitere Pläne, auch für spektakuläre Bauprojekte, bis irgendwann erste Kritik an dem euphorischen Erschließungsdrang aufkam ...

Am neu errichteten
Klamml-Klettersteig

VON GIPFELKREUZEN UND GIPFELBÜCHERN

Der Alpinist als Produkt einer neu entstehenden bürgerlichen Industrie- und Leistungsgesellschaft bemühte sich von Beginn an, seinen Aufstieg, seine Leistung zu dokumentieren und zu kommunizieren. Er wollte der Nachwelt einen Beweis seines Da(gewesen)seins liefern – wobei es im Kaisergebirge und auch anderswo zuerst fast ausschließlich Männer waren, die in den kleinen Vereinszirkeln nach sozialer Anerkennung für ihre alpinen „Eroberungen" und ihre Abenteuer strebten; sie wollten sie als Heldentaten gefeiert wissen.

Dabei spielte zunächst die Gipfelflasche eine wichtige Rolle: Eine Flasche hatte man meist im Rucksack dabei, um mit dem Inhalt den Durst zu löschen oder – wenn es sich dabei beispielsweise um Wein handelte – auch den „Gipfelsieg" zu feiern. Als Karl Hofmann als erster Tourist 1869 die Ellmauer Halt bestieg, geführt von Mall-Hansl, hinterließ er eine Flasche mit seinen Daten, wie er berichtet.[1] Und auch in den 1870er Jahren, als Hofmann und Carl Babenstuber, meist ebenso unter Anleitung des Bergführers Mall-Hansl, Gipfel um Gipfel im Wilden Kaiser erstiegen, deponierten sie dort eine geleerte Flasche, in die sie ihre Visitenkarten steckten. Damit die nächsten Bergsteiger die Flasche schnell fanden, bauten sie einen Steinmann darum herum. Manche Bergsteiger errichteten ausschließlich einen Steinmann und hinterließen ihre Visitenkarte ungeschützt am Fundament ihres Baues. Die nächsten Gipfelbezwinger nahmen die Visitenkarte mit und hinterließen stattdessen ihre eigene. Oftmals übergab oder schickte der Wiederholer dann die mitgenommene Visitenkarte dem Erstbegeher, als Beweis der eigenen Leistung.

Die Visitenkarte diente somit als Kommunikationsmittel innerhalb des noch recht überschaubaren Kreises von Bergsteigern. Auch der erst 17-jährige Georg Winkler schickte 1886, nachdem er das schwierige Totenkirchl als einer der Ersten erklettert hatte, einen solchen Brief mit Karte an seinen Vorgänger Alois Zott. Darin schreibt er stolz, dass er im Steinmann die mittlerweile zerbrochene Flasche und die in Pergamentpapier eingewickelten Karten gefunden habe. „Das Pergament wäre zu umfangreich und kann ich es nicht mitsenden, da der Brief zu schwer würde. Reinlich auf einen Zettel geschrieben, deponierte ich im Steinmann eine kleine Ersteigungsgeschichte, vor Wind und Wetter und auch vor den Mäusen (wie Du sehen wirst, sind Eure Karten von den Mäusen arg zerfressen) geschützt."[2]

Auf diesem Gipfelfoto von 1906 ist eine Ansammlung von leeren Flaschen am Totenkirchl zu erkennen. In ihnen hinterließen die Besteiger ihre Visitenkarten. Das Gipfelkreuz dort wurde erst später errichtet.

Um solche Schäden zu verhindern, verkaufte eine Blattgold-Firma sogar spezielle Gipfel-Visitenkarten aus Aluminium. Die gegen Witterungseinflüsse ziemlich unempfindliche Ware sei mit einer Goldschrift besonders elegant ausgestattet, hieß es in der Werbung. Wer sich damals überhaupt das eher exklusive Bergsteigen samt Führer leisten konnte, konnte sich wohl auch diesen Luxusartikel leisten. Wie gut er sich verkaufte, ist leider nicht überliefert.[3] Auf längere Zeit hin durchgesetzt hat er sich jedenfalls nicht.

Ebenso wenig durchgesetzt hat sich die Forderung, die in den Steinmännern deponierten Visitenkarten der Vorgänger dort zu belassen. „Originalkarten sollten unter allen Umständen im Steinmanne verbleiben", schimpfte ein Berliner Alpinist über die Praxis Georg Winklers und anderer. Deren Verhalten sei eine „alpine Untugend"[4]. Georg Winkler hatte ja die Karten seiner Vorgänger mitgenommen und stattdessen – wie er schrieb – eine kleine Ersteigungsgeschichte hinterlassen. Das hieß, er hatte die Namen der Erstbesteiger samt Ersteigungsdatum von den Visitenkarten abgeschrieben und das Blatt dort hinterlegt. Dem Berliner missfiel diese gängige Praxis. Es mache nämlich einen gänzlich anderen Eindruck, die Originalkarte, womöglich noch jene des Erstbesteigers, vorzufinden als einen Wisch

Der Eintrag ins Gipfelbuch hat längst das Hinterlassen von Visitenkarten ersetzt.

mit den darauf kopierten, meist schlecht – wenn überhaupt noch – leserlichen Namen und Daten, wetterte er. Sein Gezeter fand jedoch kaum Gehör. Der „Wisch“ blieb und der Nächste fügte seinen Namen hinzu: Diese Liste war der Vorläufer des Gipfelbuchs.

Aus der Visitenkarte wurde also ein Buch und aus der fragilen Flasche eine stabile, Wind und Wetter trotzende Blechbüchse. Welche Höhe wohl heute ein gut frequentierter Gipfel wie beispielsweise die Ellmauer Halt erreichen würde, wenn die Kritik des Berliners damals ernst genommen worden wäre und jede Visitenkarte eines Besteigers auf dem sich ständig vergrößernden Kartenhaufen verblieben wäre?

Im Jahr 1873 deponierten Bergsteiger das erste Gipfelbuch – oder Fremdenbuch, wie man damals auch sagte – auf der Ellmauer Halt. Solche Fremdenbücher lagen bereits in Wirtshäusern auf und sollten Auskunft über die Gäste geben. 1880 errichteten Bergsteiger einen Obelisken aus Zink auf dem Treffauer: die sogenannte Hofmannsäule. Das war das erste Gipfelzeichen auf einem Kaisergipfel. Darin eingearbeitet fand sich eine Schublade mit einem stattlichen Gipfelbuch, das an den Ecken mit hübschen Messingbeschlägen ausgestattet war. „Dem kühnen Mann ein ehrend Denkmal!“, stand darin. Zehn Jahre waren zum Zeitpunkt der Errichtung dieser Säule vergangen, seit der Kaiserpionier Karl Hofmann in Sedan gefallen war. Der Münchener Karl Böcklein, der Stifter des Obelisken, wollte ihm damit ein würdiges Andenken bereiten. Dessen Vater Josef Böcklein war ein Gründungsmitglied des Turner-Alpen-Kränzchens, das im Wilden Kaiser viel Erschließungsarbeit geleistet hatte und schließlich die Gruttenhütte bauen ließ. Vater und Sohn verbrachten ihre Sommerfrische gerne in Kufstein, von wo aus sie den Wilden Kaiser entdeckten. Unter der Leitung von Bergführer Widauer schleppte eine kleine Gruppe bayerischer und Tiroler Bergsteiger das Gipfelzeichen auf den Treffauer. Auch eine blauweiße Fahne mit provisorischem Blitzableiter stellte sie auf.[5]

Das erste Gipfelzeichen im Kaisergebirge war also kein Gipfelkreuz. Die Form des altägyptischen Obelisken als Denkmal zu verwenden, war nicht neu und im 19. Jahrhundert verbreitet. In München wurde zum Gedenken an Soldaten, die in den napoleonischen Kriegen gefallen waren, bereits Jahre zuvor ein 30 m hoher Obelisk aufgestellt. Aber auch auf mehreren Gipfeln, Pässen und Aussichtspunkten waren solche Symbole angedacht: Am Ortlergipfel sollte zunächst auf Anordnung von Erzherzog Johann eine Pyramide, später dann ein Obelisk errichtet werden, was sich schließlich jedoch als undurchführbar herausstellte. Die Aufklärung und der Prozess der Säkularisierung hatten zu einer Entmachtung der Kirche geführt, was sich auch in solchen weltlichen Gipfelsymbolen niederschlug. Die meist aus liberalen Kreisen stammenden Bergsteiger forcierten dies zumeist. Allerdings setzte sich das Gipfelkreuz schließlich doch durch.

Worum es sich bei einem Gipfelkreuz handelt: um ein rein religiöses Symbol oder doch mehr um eine profane Gipfelmarkierung als ein Zeichen der menschlichen „Eroberung“ des Bergs? Darüber gehen die geschichtswissenschaftlichen und volkskundlichen Interpretationen auseinander. Faktum ist, dass die ersten Gipfelkreuze in einer Zeit gesetzt wurden, als sich der Mensch mehr und mehr von der Religion entfernte und die Wissenschaft die Vernunft zur Ersatzreligion erklärte. Das erste „berühmte“ Gipfelkreuz in der Habsburgermonarchie wurde bereits 1799 auf dem Kleinglockner, dem Vorgipfel zum Großglockner, aufgestellt. Es wird gerne auch als Symbol der Aufklärung interpretiert, weil die wissenschaftliche Erkundung und Vermessung des Berges ein Ziel der Expedition gewesen und Blitzableiter sowie Messgeräte am Kreuz angebracht waren. Verantwortlich für die Expedition und das Kreuz war aber ein Bischof, der das Unternehmen finanzierte, so lag ein Kreuz als Gipfelsymbol nahe.

Auch im Kaisergebirge stand das erste Kreuz in Verbindung mit einem Kirchenmann. 1882 errichtete die Alpenvereinssektion Kufstein auf der Pyramidenspitze im Zahmen Kaiser ein Kreuz, nachdem 1881 ein Weg dorthin gebaut worden war. Das 4 Meter hohe Kreuz war auf der Hinterkaiserfeldenalm gefertigt worden; Sebastian Kapfinger und Johann Bichler schleppten es dann mit Hilfe von Wegbaureferent Hild „unter schwerer Plage" auf den Gipfel.[6] Die feierliche Einweihung wurde mit einer Bergmesse begangen, die Dekan Hörfarter zelebrierte. Auch hier scheint es naheliegend, dass dem Alpenvereinschef und liberalen Kirchenmann ein Kreuz als Symbol gefiel.

Ein Jahr später, 1883, als auch die erste Alpenvereinshütte im Kaisergebirge eröffnet wurde, stellte die Sektion Kufstein erstmals Blechkästen mit Büchern auf dem Sonneck und dem Stripsenjoch auf. Bald fanden sich Gipfelbücher auch auf dem Scheffauer und weiteren Kaisergipfeln – allesamt relativ leicht zu erreichende Gipfel. Nach der Erbauung des Eggersteiges deponierte man auch am Ellmauer Tor so ein Buch. Diese Bücher waren für die Sektion wichtig, um zu erfassen, wie die Tätigkeit des Vereins angenommen wurde. So wurde 1883 etwa ein Steig auf das Sonneck gebaut, und nun wollte man wissen, wer und wie viele sich am Steig erfreuten. 1884 fanden sich beispielsweise dreißig Einträge im Gipfelbuch des Sonnecks, darunter der Name einer Frau. Aufs Stripsenjoch hingegen wanderten im selben Jahr 90 Personen und auf die Pyramidenspitze 91. Im Gipfelbuch der Ellmauer Halt wurden, ebenfalls 1884, 51 Personen gezählt.[7] Im Vergleich dazu hatten zwischen 1869 und 1881 insgesamt nur 63 Touristen die Halt bestiegen. Für das Jahr 1901 gab es bereits 1063 Einträge. Die Alpenbegeisterung war innerhalb weniger Jahre immens gewachsen. Heute gibt es auf der Ellmauer Halt kein Gipfelbuch mehr. Man müsste ein solches wohl mehrmals in der Saison austauschen, da die Besteigungszahl mittlerweile mehrere Tausend umfasst.

Ähnlich beeindruckend ist die folgende Statistik über die Gipfelbucheinträge auf dem viel schwierigeren Totenkirchl, das 1880 noch als unersteiglich galt. 1921 wurden bereits 1290 Besteigungen jährlich gezählt. Die hohe Zahl erklärt sich auch daraus, dass sich damals das Gros der Kletterer auf diesen „Modeberg" konzentrierte. Heute verteilen sich die Kletterer auf viel mehr Routen im gesamten Gebiet.

Die Gipfelbücher dienten aber nicht nur der Erstellung von Statistiken, sondern waren bei Vermisstensuchen wichtige Informationsquellen für

← Das **Tavonaro-Kreuz am Stripsenjoch,** eines der meistfotografierten Motive im Wilden Kaiser, stellte Hüttenwirt und Bergführer Johann Tavonaro anlässlich seiner 150. Besteigung des Totenkirchls auf.

↓ Neben dem Holzkreuz befand sich früher auch eine kleine **Unterkunftshütte auf der Pyramidenspitze.**

↑↑ Den enormen Ansturm auf das **Totenkirchl** thematisiert eine Karikatur von Rudolf Reschreiter (Kneipzeitung des Akademischen Alpenvereins München 1919).
↑ Am **Gipfel der Ellmauer Halt** sieht es heute anders aus. Durch einen Blitzeinschlag wurde der spitze Gipfel abgeflacht, auch die Babenstuberhütte befindet sich an einem anderen Platz.
↖ Auf dem **Totenkirchl** Anfang des 20. Jahrhunderts

die Retter. Oft war der Gipfelbucheintrag leider das letzte Lebenszeichen.

1883, also ein Jahr nach der Kreuzaufstellung auf der Pyramidenspitze, dem höchsten Berg des Zahmen Kaisers, errichtete eine regelrechte Expedition von Münchener Alpenfreunden, geführt von einheimischen Bergführern und unterstützt von Trägern, insgesamt 42 Personen, ein Gipfelkreuz auf der Ellmauer Halt – das erste Kreuz auf dem Wilden Kaiser.[8] Auch hier war wie so oft die alpine Gesellschaft „Die Haltspitzler" und das Turner-Alpen-Kränzchen maßgeblich beteiligt. Die Münchener erhoben mit diesem Zeichen gewissermaßen Anspruch auf dieses „ihrige" Stück Bergheimat. Die Einheimischen hatten aber keine Einwände ob der symbolischen Landnahme, zumindest ist nichts davon bekannt. Die Überreste dieses charakteristischen historischen Kreuzes, das mehrmals vom Blitz erwischt wurde, zieren heute das Gruttenköpfl oberhalb der gleichnamigen Hütte. Inzwischen steht aber auch auf der Halt wieder ein stattliches Kreuz, finanziert durch den Tourismusverband und die Bergbahnen. Doch musste es nicht mehr mühsam hinaufgeschleppt werden, das erledigte 2011 der Hubschrauber.

Die meisten Gipfelkreuze im Wilden Kaiser wurden erst nach dem Zweiten Weltkrieg errichtet. Oft von verschiedensten Vereinen, die Präsenz zeigen und sich verewigen wollten, manchmal im Andenken an Kriegsgefallene und gelegentlich von konkurrierenden Bergsteigergruppen. So stellten Kufsteiner Kletterer 1961 in einer Nacht- und Nebelaktion ein Gipfelkreuz auf dem Nordgipfel des Predigtstuhles auf, nur um St. Johanner Kletterern zuvorzukommen, die eine ähnliche Idee hatten. 2006 wurde das Kreuz erneuert und dem im Karakorum verstorbenen Kufsteiner Extrembergsteiger Markus Kronthaler gewidmet. Neben Kreuzen gibt es auch noch Pavillons (auf dem Stripsenkopf) und winzige Hütten (Babenstuberhütte auf der Halt) auf bzw. im Nahbereich von Gipfeln.

WIE ENTSTAND DAS WEGENETZ?

„Der Eggersteig mit seinen Drahtseilen und Eisenklammern ist eine Verschandelung der Steinernen Rinne!“ Diese Meinung ist keineswegs neu. Sie ist so alt wie der Eggersteig selbst, und dieser wurde bereits vor über hundert Jahren, im Sommer 1904 eröffnet. Zu bauen begann man 1903: Sprengen, bohren, Eisenstangen in die Bohrlöcher eintreiben, hunderte Meter an Drahtseilen verlegen. Der Material- und Zeitaufwand war enorm. Akkubohrmaschinen zum Bohren der Löcher für die Verankerungen gab es noch nicht, genauso wenig eine asphaltierte Fahrstraße ins Kaiserbachtal, geschweige denn eine Materialseilbahn zum Stripsenjoch. Das Material brachten Tragtiere durch das Kaisertal von Kufstein über Hinterbärenbad zum Stripsenjoch, dann lag es an den Arbeitern und Trägern, es in die Steinerne Rinne zu befördern. Heutzutage würde für ein Bauprojekt dieser Größenordnung ein Hubschrauber nur ein paar wenige Transportflüge durchführen müssen.

Wer waren nun aber die eingangs erwähnten Kritiker, die schon vor über hundert Jahren den Bau von derartigen Klettersteiganlagen argwöhnisch betrachteten? Bekanntlich steht der Alpenverein den Auswüchsen touristischer Alpen(-über-)erschließung, zu der manche auch die neuen Klettersteigbauambitionen der Tourismusindustrie zählen, gewöhnlich kritisch gegenüber. Doch der Name „Eggersteig“ weist auf den damaligen zweiten Vorsitzenden der Alpenvereinssektion Kufstein hin. Josef Egger (Bild auf S. 22) initiierte nicht nur durch einen Antrag den Bau des Steiges, sondern kam auch größtenteils für die Kosten auf. Egger galt damals als einer der reichsten Tiroler überhaupt. Der Kufsteiner Unternehmer und Industrielle war in verschiedenen Wirtschaftszweigen tätig, unter anderem auch im aufstrebenden Tourismus. 1909 baute er mit dem Hotel Egger am Oberen Stadtplatz in Kufstein einen der modernsten Vorzeigebetriebe Tirols. Als Politiker übte er zwischen 1904 und 1919 das Amt der Bürgermeisters von Kufstein aus. Der Anhänger der Deutschfreiheitlichen, die einen wirtschaftsliberalen und zugleich deutschnationalen Kurs vertraten, hätte auch gerne im Reichsrat und im Landtag mitgewirkt, verlor aber die Wahlen gegen christlichsoziale Politiker. Dafür war er Mitglied in der Handelskammer und im Vorstand des Landesfremdenverkehrsvereins. Der Alpenverein Kufstein hatte also nichts gegen den neuen Steig einzuwenden, ganz im Gegenteil: er initiierte ihn. Warum? Und warum zu dieser Zeit?

Das Hüttennetzwerk im Kaisergebirge hatte sich unmittelbar zuvor stark verdichtet. Stripsenjochhaus, Gaudeamushütte, Gruttenhütte entstanden nahezu

Bergführer um 1900 beim Befestigen des Stahlseils für einen neuen Steig. Über lange Zeit wurden die Bergführer für die Errichtung und Ausbesserung von Wegen engagiert.

Die **Steinerne Rinne** mit dem Eggersteig

zeitgleich. Nun begann man die Hütten miteinander zu verbinden. Der neue Trend hieß „Höhenweg". Anstatt schwierige Gipfel zu erklimmen, wanderte man von Hütte zu Hütte. Zeitgleich mit dem Eggersteig entstand der bequem ausgebaute Höhenweg von der Vorderkaiserfeldenhütte zum Stripsenjochhaus. Auf der Südseite legte das Turner-Alpen-Kränzchen einen Höhenweg von Bärenstatt am Hintersteiner See in Scheffau über die Kaiserhochalm (1400 m) entlang des Südhangs des Wilden Kaisers zur Gruttenhütte an. Überhaupt orientierte sich der Wegbau zu den Hütten stark an den Verkehrsknotenpunkten, die damals den Bahnhöfen entsprachen. Dieser Umstand erklärt, warum der Hauptweg zur Gruttenhütte vom entfernten Scheffau und nicht vom nahen Ellmau aus startete. Die meisten Besucher der Gruttenhütte kamen aus Deutschland und stiegen in Kufstein am Bahnhof aus, dann wanderten sie über die Steinerne Stiege zum Hintersteiner See, und von dort gingen sie nicht mehr hinunter in die Talsohle nach Ellmau, sondern querten den Südhang des Wilden Kaisers leicht ansteigend bis zur Hütte. Ein ähnlicher Höhenweg führte auch vom St. Johanner Bahnhof zu den Hütten auf der Südseite. Freilich konnte man auf diesen Höhenwegen einem Aussichtsgenuss frönen, den der Talweg niemals gewähren konnte. Erst als 1913 die Eibergstraße, übrigens auch auf Betreiben von Josef Egger hin, gebaut wurde und ab 1913 regelmäßig Busse direkt[9] zwischen Kufstein und St. Johann verkehrten, die auch in Ellmau Stopp machten, begann der direkte Weg über die Wochenbrunner Alm an Bedeutung zu gewinnen. Wenn wir heute gemütlich mit dem Auto zum Großparkplatz auf der Wochenbrunner Alm fahren und mehr oder minder geradlinig und schweißtreibend emporsteigen, mögen wir daran denken, dass die unscheinbar seitlich eimündenden Nebenwege einst die Hauptwege waren.

Die Kritiker der Erschließung der Steinernen Rinne gehörten also nicht dem Alpenverein an, sie stammten vielmehr aus den Reihen der Kletterer. In den 1890er Jahren fand ein erster Aufschwung des Kletterns im Kaisergebirge statt. Die jungen Kletterer entwickelten ein starkes Selbstbewusstsein und eine eigene Identität, eine regelrechte bürgerlich-akademische Subkultur formierte sich. Rebellisch wollten sich einige jungen Wilden von den „Alten" abgrenzen, die in Form des bornierten Alpenvereinsfunktionärs zum konservativen Feindbild mutierten. Die Steinerne Rinne galt bislang als schöne, leichte Kletterei. Einige jüngere Kletterer beharrten in radikalerer Attitüde darauf, dass dies so bleibe. Sie wollten ihren „Spielplatz" nicht kampflos den geringschätzig als „Jochbummler" bezeichneten überambitionierten Wanderern überlassen. Wer da nicht ohne künstliche Hilfsmittel hinaufkomme, solle besser zu Hause bleiben!

Diese Meinung wurde um die Jahrhundertwende jedoch noch nicht laut hinausposaunt und – wie ein paar Jahre später – in den einschlägigen Medien diskutiert, sondern im kleinen elitären Kreis besprochen. Manche Kletterer, auch solche der „schärferen Richtung", fanden sogar Gefallen an der Anlage. So kam Franz Nieberl bei einer Kletterei in die Dunkelheit und musste noch durch die Steinerne Rinne absteigen: „Damals haben wir, entgegen den Stimmen einiger Heißsporne, die Annehmlichkeiten des Eggersteigs vollauf schätzen gelernt, und ich will, selbst auf die Gefahr hin, als unfair zu gelten, recht gerne gestehen, daß ich eifrig das Drahtseil durch die Finger gleiten ließ. Die ‚Verunzierung der Steinernen Rinne' hat eben auch ihre praktischen Seiten und uns dreien bleibt jener nächtliche Abstieg beim Flimmern der Sternlein als würdiger Abschluß einer herrlichen Bergfahrt in freundlichster Erinnerung, obwohl er sich auf einem Felsensteig vollzog."[10]

Erst als sich das Wegenetz im Kaisergebirge und in allen anderen Alpenregionen vor dem Ersten Weltkrieg immer stärker ausdehnte, wurde die Kritik lauter. Ein Argument gegen die Anlagen hatte mit der Gefahr der Klettersteigbenutzung für Ungeübte zu tun: „Die Hauptgefahr aber (hier wie bei allen derartigen Felssteigen, besonders in der Nähe von Großstädten) ist die, daß gänzlich Ungeübte durch die Weganlagen verleitet werden, die Tur zu unternehmen, und dabei auf die eine oder andere Weise, durch Versteigen, In-die-Nacht-Kommen, Übermüdung, Fehltritte usw. ihrer Unerfahrenheit zum Opfer fallen."[11] So kam es trotz oder nach Ansicht der Kritiker gerade wegen dieser Anlagen zu vielen schweren Unfällen auf den gewöhnlichen Steigen zur Ellmauer Halt. Bis 1917 zählte man bereits 9 Tote. Der Münchener Georg Leuchs, Arzt, Alpenvereinsfunktionär, Führerautor und einer der aktivsten Kaiserkletterer, erinnerte in diesem Zusammenhang an die Gefahr des Steinschlages auf solchen Wegen und beklagte mit abschätzig spöttischem Unterton: „Durch die häufigen Besteigungen ist das brüchige Gestein zwar entfernt, aber viele von denen, die da hinauf Pilgern, verstehen es meisterlich, noch wacklige Steine aufzuspüren und in die Tiefe zu befördern, auf die Köpfe der Nachkommenden. Wie es hier zugeht, dafür möge die Angabe genügen, daß ich im Juli 1909 bei einem fünftägigen Aufenthalt auf der Gruttenhütte nicht weniger als drei blutige Verletzungen durch Steinschlag beobachtet habe."[12]

Für Leuchs waren deshalb schon 1917 keine neuen Wege dieser Art mehr nötig. Gott sei Dank aber, bemerkte er, habe bisher „kein übereifriger Verein die Felsriesen in Ketten geschlagen"[13]. Außer auf den Scheffauer, das Sonneck und die Ellmauer Halt führten keine Klettersteige. So solle es auch bleiben! Die meisten Berge seien Kletterberge. „Und so wäre es schade, wenn man den Bergen gerade das nehmen wollte, weshalb sie bestiegen werden, den Reiz des Wegesuchens und der Kletterarbeit."[14] Diese Meinung von Leuchs vertraten viele Kaiserfreunde. Zu den sportlichen Motiven kam ein langsam wachsendes Umweltbewusstsein, das von den Großstädten ausging. Dort schritt die Urbanisierung stetig voran. München zählte 1917 bereits fast 60.0000 Einwohner. Als der Alpenverein gegründet worden war, waren es noch nicht einmal 200.000 gewesen. In den Bergen suchten die Städter eine Gegenwelt, eine möglichst unberührte, unverbaute Landschaft. So richtete sich die Kritik eines deutschen Alpenvereinsmitgliedes auch gegen solche Steiganlagen: „Es scheint mir aber dem Gedanken des Naturschutzes zu widersprechen, wenn Klettersteige derart versichert werden, daß die Berge von unten bis oben mit einer Drahtseil- und Stiftenanlage versehen erscheinen, wie dies nun schon mehrfach der Fall ist, oder wenn gar ein Berg ganz mit derartigen ‚Wegen' wie mit eisernen Netzen übersponnen wird, daß er fast so aussieht wie eines jener modernen Forts, die nach japanischem Muster ganz mit Stacheldrahthindernissen umzogen werden, freilich mit dem kleinen Unterschied, daß diese die Annäherung verhindern, jene Steiganlagen sie aber erleichtern sollen."[15]

Nach dem Ersten Weltkrieg erfuhren die Nordtiroler Alpen einen starken Besucheranstieg. Gründe dafür sind in der neuen Sozialgesetzgebung zu suchen, die weiten Bevölkerungsschichten mehr Freizeit und Urlaub bescherte. Daneben dürfte das Motiv des Eskapismus eine Rolle gespielt haben. Die Menschen benötigten einen „Tapetenwechsel" und flüchteten aus den trostlosen Städten, die schwerer an den Folgen des Weltkrieges zu leiden hatten als ländliche Gegenden. Hinzu kam, dass das vorher vielbesuchte Südtirol mit zahlreichen Alpenvereinshütten nun zu Italien gehörte und schwieriger zugänglich war. Insgesamt hatte der Alpenverein hervorragende Arbeit geleistet und, wie er es in seinen Satzungen festgelegt hatte, den Zugang zu den Alpen durch alpine „Hardware" wie Wege und Hütten erleichtert, zugleich aber auch die „Software", also Kartenmaterial, Ausbildungsliteratur und Gebietsbeschreibungen, zur Verfügung gestellt. Immer mehr Menschen konnten mit immer weniger Vorbereitung und Aufwand in die Berge.

Georg Leuchs (1876–1944), Erstbegeher des berühmten Kopftörlgrates und Autor des mehrfach aufgelegten Kaisergebirge-Kletterführers, arbeitete als Arzt in München.

Den sich als Bergsteiger oder Kletterer schärferer Gangart verstehenden Alpenvereinsmitgliedern wurde dieser Andrang zu viel. Sie wollten ihr Revier nicht gerne mit – in ihren Augen unberufenen – „Möchtegern-Alpinisten" teilen. Der ursprüngliche Zweck des Alpenvereins, die Bereisung der Alpen zu erleichtern, war wie aus den Aussagen Leuchs hervorgeht, längst erfüllt. Von München ausgehend formierte sich eine Gruppe im Alpenverein, die viel im Kaisergebirge unterwegs war und radikal gegen die vermeintlichen Auswüchse des Ausbaues der Alpen auftrat: die sogenannte Bergsteigergruppe. War das Ziel des Alpenvereins früher das Erschließen, so sollte sein neues Ziel das Verschließen werden.

1923 beschloss der Alpenverein auf Druck dieser Gruppe hin die Tölzer Richtlinien. Darin hieß es, dass beim künftigen Bau von Wegen und Hütten auf die Bedürfnisse der „wahren" Bergsteiger geachtet werden solle und nicht auf jene des Massenpublikums. Die Bergsteiger sollten nicht um das gebracht werden, was sie im Hochgebirge suchen: Ruhe, Ursprünglichkeit und ungestörten Naturgenuss. Die Rädelsführer der Bergsteigergruppe kamen aus den Reihen der Sektion Bayerland, die im Griesner Kar die Fritz-Pflaum-Hütte bewirtschaftete, sie zählten

Prof. Karl Güttler aus Deutschland finanzierte den nach ihm benannten Güttler-Steig auf das Sonneck.

zu den aktivsten Bergsteigern im Kaisergebirge. Im Bergsteigen erblickten sie die Möglichkeit, die mit Erstem Weltkrieg und Revolution verloren geglaubte „sittliche Kraft des deutschen Volkes" wiederherzustellen. Nur durch asketischen Verzicht auf die Bequemlichkeiten der Moderne könne es wieder erstarken. Dabei mischten sich auch deutschnationale Argumentationsmuster darunter: „Wer mit ganzer Seele an seinen Bergen hängt […], muß für sie mit allen seinen Kräften eintreten, so er ein guter Deutscher sein will, dem körperliche Ertüchtigung und seelischer Wiederaufbau seines niedergetretenen Volkes nicht nur leere Schlagworte sind. Denn dahin ist in einem Zeitalter der Selbstentmannung, der Wehr- und Würdelosigkeit, der geistigen Verarmung und materiellen Verflachung ein langer und harter Weg. Er führt nicht auf Bergbahnen und Flugzeugen zur entweihten Höhe, nicht über geräuschvolle Berggasthäuser mit verführerischen Tafelfreuden und schwellenden Polstern, die den verwöhnten Talmenschen so herzlicher willkommen heißen, je weniger Berge er besteigt und je größer seine Zeche ist. Das eigene Können vielmehr muß Sommer wie Winter oft unter Gefahr und Mühsal auf einsame Grate und Firste tragen, die Kunst sich mit Wenigem zu bescheiden, zur Freude werden, Entbehrung zur Selbstverständlichkeit. Mehr als anderswo erlernt sich in den Bergen […] die Fähigkeit, den Willen zu stählen und zu beherrschen"[16].

Postkarte vom **neuen Steig auf den Scheffauer** (1911)

Dieser Argumentation folgend waren auch erleichternde künstliche Steiganlagen im wahrsten Wortsinn ein denkbar schlechter Weg, um „den Willen zu stählen" oder andere soldatische Manestugenden, wie Mut, Zähigkeit, Pflichttreue und

Auf dem **Jubiläumssteig zwischen Gruttenhütte und Ellmauer Tor** um 1930

Zickzack führt der Weg seit Ende des 19. Jahrhunderts auf die **Hintere Goinger Halt,** die als **leichtester Gipfel im Wilden Kaiser gilt.**

Opfertreue, zu fördern, so wie es der Bayerländer Oertel verlangte. Insofern sei es ein großer Schaden, „wenn ein Grat oder Berg, die nur für gute Kletterer zugänglich sind, durch künstliche Anlagen ihrer natürlichen Schwierigkeit beraubt werden.“ [17]

Die von Nieberl noch als „Heißsporne“ bezeichneten fundamentalistischen Bergsteiger hatten inzwischen großes Gewicht bekommen. So großes, dass der Alpenverein sogar seine Satzungen änderte und sich ab 1926 dezidiert als Bergsteigerverein auswies, um sich von den Fremdenverkehrsvereinen abzugrenzen. Die Tölzer Richtlinien sollten als Entscheidungsgrundlage für weitere Erschließungsprojekte dienen. Allerdings war die Auslegung subjektiven Maßstäben unterworfen, denn was eine Sektion unter dem Begriff „bergsteigerische Bedürfnisse“ verstehen wollte, war dehnbar. Zudem opponierten große österreichische Alpenvereinssektionen gegen die Ideen der Bergsteigergruppe. In den Augen der Wiener und Innsbrucker war die Erschließung der Alpen noch längst nicht zufriedenstellend abgeschlossen. Sie wollten, dass möglichst viele deutsche Bergfreunde kommen, und nicht nur ein paar Extrembergsteiger.

Dieser Konflikt spiegelt verschiedene Interessenslagen wider. Während sich die Deutschen die Berge als elitären Rückzugs- und Erfahrungsraum bewahren wollten, sahen die Österreicher darin auch einen Wirtschaftsraum. Zudem verfolgten sie genauso wie Teile der Bergsteigergruppe eine deutschnationale Argumentationsstrategie. Diese setzte im Gegensatz zur Bergsteigergruppe aber nicht auf die Elite, sondern auf die Breite. Die Berge sollten als Gesundbrunnen für das gesamte deutsche Volk, inklusive Österreich, dienen. Dazu seien auch weitere Wegbauten für weniger Geübte zu ermöglichen.

Wie sah nun die weitere Erschließung im Kaisergebirge aus? Wurden die Richtlinien der Bergsteigergruppe tatsächlich berücksichtigt? Ja, die Wirkkraft dieser Richtlinien hielt bis auf wenige Ausnahmen lange an. Bis auf den Jubiläumssteig zwischen Gruttenhütte und Ellmauer Tor (1925) und den Gildensteig auf der Südseite des Goinger Törls wurde in

Am Klamml-Klettersteig, dem jüngsten Steig im Wilden Kaiser

den Jahrzehnten nach 1919 tatsächlich keine größere Steiganlage mehr realisiert. Die Erschließung des Kaisergebirges mit Wegen und Steigen war vor dem Ende des Ersten Weltkrieges weitgehend abgeschlossen. Hier machte sich der große Einfluss der Münchener und ihrer Bergsteigergruppe bemerkbar. Selbst der Obmann der Alpenvereinssektion Kufstein, „Kaiserpapst" Franz Nieberl, war Mitglied bei Bayerland, den Initiatoren der Tölzer Richtlinien, und agierte dementsprechend.

Erst in jüngerer Zeit kamen neue Steige, hauptsächlich Klettersteige, hinzu. Dem wachsenden Outdoortrend der letzten Jahre, der zu einem regelrechten Klettersteigboom führte, wollte sich auch der Wilde Kaiser nicht ganz widersetzen. Im Gegensatz zu anderen Alpengebieten erfolgte die Erschließung hier jedoch sehr maßvoll. Den Auftakt bildete 1986 der Kaiserschützensteig auf die Ellmauer Halt. 2008 kamen die kurzen Übungsklettersteige am Stripsenkopf und der Kufsteiner Klettersteig auf das Untere Gamskarköpfel, ein Vorgipfel zum Sonneck, hinzu. An diesen neuen Anlagen hatten vor allem die Hüttenwirte Interesse, die verständlicherweise das Bergsportangebot für ihre Gäste erweitern wollen. Wer beim Kufsteiner Klettersteig jedoch auf das gastronomische Wohl verzichten will und die Hinterbärenbadhütte lieber meidet, sollte wohl folgenden klaren Kommentar auf einem Internetportal beherzigen: „Wos für a hatscher da hinter. Der Klettersteig an sich woar sehr schön. aber de zu- und abstieg ... naaa!"[18]

Nicht alle Klettersteigprojekte der letzten Jahre kamen jedoch zur Realisierung. Manchmal war der tatsächliche oder befürchtete Gegenwind einfach zu groß. So wurde die Idee eines Klettersteiges auf das Totenkirchl, den heiligen Tempel des Klettertourismus, wieder ad acta gelegt, bevor sie überhaupt gereift war. Wie wohl einige „Heißsporne" – frei nach Nieberl – auf den neuen Klettersteig reagiert hätten? Mit Sabotage?

Mit Superlativen wollte man ambitionierte Klettersteigbegeisterte ins Kaiserbachtal locken. Dort sollte von der Griesner Alm aus auf den Mitterkaiser einer der längsten Klettersteige – oder überhaupt der längste Klettersteig – der Alpen entstehen. Genau an jenem Gipfel, wo Paul Preuß ein alpines Denkmal ohne jegliche künstliche Hilfsmittel setzte. Genau an jenem Gipfel, der im Arbeitsgebiet der eher alpinfundamentalistischen Sektion Bayerland unweit der Fritz-Pflaum-Hütte liegt. Die Sektion hatte naturgemäß Einwände. Aber auch eigentliche Klettersteigbefürworter übten Kritik: „Ich hab nix gegen Klettersteige, aber etwas gegen diese Superlativenjagd ohne auf die möglichen Konsequenzen zu achten. Was meinst, wie viele Überforderte, Dehydrierte, Blockierte, in die Dunkelheit Gekommene wir in so einer 1000 Meter Wand retten müssen? Die Wand ist für richtige Alpinisten schon eine Herausforderung. Da können wir gleich einen Hubschrauber in der Griesener Alm stationieren."[19] So ein besorgter Bergrettungsmann. Der Bau wurde nicht verwirklicht.

2013 eröffnete der Tourismusverband Wilder Kaiser den Klamml-Klettersteig zwischen Gaudeamushütte und Gruttenhütte. Dieser kurze Sportklettersteig dient nicht mehr der Gipfelbesteigung, sondern ist reiner Selbstzweck. Im Mittelpunkt steht die Freude an der Bewegung, verspielte Elemente wie Seilbrücken intensivieren das Erlebnis. Der überzeugende und knappe Kommentar einer Klettersteiggeherin: „Leider geil!" Auf die Frage, warum sie solche Klettersteige mache: „Ich hasse Wandern." Als Studentin habe sie vor einigen Semestern in der Halle zu klettern begonnen und möchte nun hinaus in die Natur. „Richtig klettern im Fels ist mir aber noch zu heiß."[20]

WICHTIGE WEGERSCHLIESSUNGEN BIS IN DIE GEGENWART

1881 Wegbau von Hinterkaiserfelden zur Pyramidenspitze

1881/82 Wegbau von Hinterbärenbad zur Pyramidenspitze

1883 Eröffnung Hinterbärenbadhütte. Zahlreiche alte Steige im Kaisergebirge werden markiert, sodass kleinere Touren ohne Führer unternommen werden können.

1883/84 Installation von Drahtseilversicherungen über die Kopfkraxen am Weg zum Sonneck. Das Drahtseil soll von der Mächtigkeit eines mittelgroßen Schiffstaues gewesen sein und war deshalb vermeintlich unverwüstlich. 1886 musste es dennoch erneuert werden, weil es durch einen Blitzeinschlag abgerissen war.

1884 Der Weg Hinterbärenbad–Stripsenjoch wird gründlich verbessert, der Weg vom Stripsenjoch hinunter zum Wildanger Richtung Griesner Alm neu angelegt.

1885 Herstellung des Weges auf den Stripsenkopf

1885 Neuanlegung des Weges Duxeralm–Brentenjoch–Gamskogel–Bettlersteigsattel–Hinterbärenbad

1886 Drahtseilversicherungen werden in der Achselrinne, die zur Ellmauer Halt führt, errichtet. Auf diversen Wegen werden neue Markierungen angebracht und verblasste wieder nachgemalt (z. B. auf dem Weg vom Stripsenjoch nach Walchsee).

1887 Errichtung einer Aussichtsplattform auf der Teufelskanzel an den Schanzener Wänden (Zahmer Kaiser) oberhalb von Sparchen inklusive Zustiegssteig

1889 Installation eines Drahtseiles oberhalb der ersten Rinnscharte am Weg zur Ellmauer Halt; Durchbrechung der Achselrinne zur Erleichterung der Besteigung der Ellmauer Halt. Die Arbeiten wurden von Bergführer Kaspar Prikner und Gehilfen durchgeführt. Man beginnt vom Stripsenjoch hinunter zum Wildanger einen Weg in die Felsen zu hauen und Trassen anzulegen, wo vorher noch Holzleitern über glatte Felspassagen führten.

1890 Herstellung eines Verbindungsweges von Bärenband nach Vorderkaiserfelden

1891 Installation von Drahtseilversicherungen am Weg zur Ellmauer Halt vom obersten Scharlinger Boden bis zur Roten Rinnscharte und an weiteren schwierigen Stellen danach. Darüber hinaus wurde der Steig zum Unteren Scharlinger Boden (Zustieg Ellmauer Halt) großteils neu angelegt.

1893 Drahtseilversicherungen über den Hochsessel zur Ackerlspitze. Bereits 1894 wurde die Anlage durch Steinschlag wieder zerstört.

1896 Großer Ausbau des Weges über das Stripsenjoch

1897 Das Turner-Alpen-Kränzchen baut einen Weg vom Grutten, wo später die Hütte errichtet wird, zur Ellmauer Halt über die Gamsänger, versichert mit Drahtseilen, Stiften und Klammern usw., bis zum Turm am oberen Ende des Scharlinger Bodens unterhalb der Roten Rinnscharte.

1898	Die Sektion Kufstein legt als Reaktion auf die Initiative des Turner-Alpen-Kränzchens einen bequemeren Weg auf der Nordseite der Ellmauer Halt durch das stark verblockte Gelände zwischen Unterem und Oberem Scharlinger Boden an. Eröffnung des von der Sektion Neuötting erbauten Weges auf den Stripsenkopf. Der 1885 durch die Sektion Kufstein hergestellte Weg war inzwischen schon wieder großteils verfallen.
1899	Eröffnung der Gaudeamushütte
1900	Weg von Bärenstatt (Scheffau) über die Kaiserhochalm zur in diesem Jahr eröffneten Gruttenhütte. Im selben Jahr kauft die Sektion Oberland die Vorderkaiserfeldenhütte und baut sie zur Alpenvereinshütte aus.
1900	Weg von Ellmau zur Wochenbrunner Alm und Gruttenhütte
1900/01	Ausbau der Wege Gruttenhütte–Gamsänger, Gruttenhütte–Kopftörl und Gruttenhütte–Ellmauer Tor
1901	Eröffnung des Höhenweges Stripsenkopf–Feldberg
1902	Eröffnung Stripsenjochhütte. Neuherstellung des Klammlwegs zwischen Kübel (Gaudeamushütte) und Gruttenhütte
1904	Eröffnung des Eggersteiges durch die Steinerne Rinne zum Ellmauer Tor
1904	Eröffnung des Höhenwegs Vorderkaiserfeldenhütte–Stripsenjoch
1904	Wegbau zum Sonneck von Norden (Hinterbärenbad)
1910	Wegbau ins Große Griesner Kar durch die Sektion Kufstein. Im Zuge des Baues der Fritz-Pflaum-Hütte baute die Sektion Bayerland den Weg aus.
1910/11	Bau des Widauersteiges auf den Scheffauer, benannt nach dem 1906 verstorbenen und ersten autorisierten Bergführer im Kaisergebirge Thomas Widauer aus Scheffau
1912	Die Alpenvereinssektion Oberland baut den Winkelkar-Klettersteig auf die Pyramidenspitze. Ausgangspunkt ist Durchholzen in der Nähe des Walchsees.
1912	263 Wegtafeln über den ganzen Zahmen Kaiser verteilt
1913	Fortsetzung des Höhenweges Stripsenkopf–Feldberg zum Scheibenbühelberg durch die Sektion Neuötting
1916–1918	Bau des Güttlersteiges von Hinterbärenbad auf das Sonneck. Der Klettersteig wurde vom Münchener Universitätsprofessor Karl Güttler finanziert und von den Kössener Bergführern Alois und Johann Norz gebaut. Aufgrund des Ersten Weltkrieges wurde der Steig erst 1919 eröffnet.
1925	Jubiläumssteig
1935	Gildensteig
1937	Verbindungsweg Maukalm–Ackerlhütte
1986	Kaiserschützensteig
2008	Übungsklettersteige Stripsenkopf
2008	Kufsteiner Klettersteig
2013	Klamml-Klettersteig[21]

WAHNWITZIGE VERKEHRSPROJEKTE?

Nach der verkehrstechnischen Erschließung der Täler richteten einige Technik- und Tourismuspioniere ihren Blick ins Kaisergebirge. Dort waren seit der Errichtung der Schutzhütten des Alpenvereins um die Jahrhundertwende alpinistische Verkehrsknotenpunkte und Zentren entstanden, die sich regen wandernden Zustroms erfreuten. Vor allem das Kaisertal als von München aus nächstgelegenes Eingangstor zum Kaisergebirge, zu Fuß vom Kufsteiner Bahnhof aus in einer knappen halben Stunde zu erreichen, beschäftigte schon früh die Ingenieure. Sie sollten eine moderne Fahrstraße nach Hinterbärenbad bauen, um den steilen, beschwerlichen Aufstiegsweg bei Sparchen, der sich meist auch noch in einem miserablen Zustand befand und den bequemeren Wanderern eine unnötige Plage bedeutete, zu ersetzen.

Die Anfänge dieses Projektes reichen zurück bis ins vorvorige Jahrhundert. Im August 1896 konnte man aus der Tagespresse entnehmen, „daß der *Verein zum Bau von Alpenhotels* betreffs des Baues einer Straße in das Kaisergebirge und Errichtung eines großen Hotels in Hinterbärenbad bei den zuständigen Stellen in Kufstein Erkundigungen eingezogen habe." [22] Aus dem Plan wurde nichts, die Felsen zum Eingang des Kaisertals bildeten eine schwer und damit zu teuer zu überwindende Barriere. Und das Hotel? Nachdem die kleine Schutzhütte des Alpenvereins in Hinterbärenbad 1899 abgebrannt war, errichtete der Verein an derselben Stelle ein bedeutend größeres Unterkunftshaus von – für damalige Verhältnisse – annähernd hotelartiger Dimension mit 42 Zimmern für 102 Personen. In seiner Ansprache anlässlich der Eröffnungsfeier des stolzen Baues ging der Unternehmer und spätere Bürgermeister von Kufstein, Josef Egger, stellvertretender Vorsitzender der Alpenvereinssektion, auch auf das Straßenbauprojekt ein und gab der Hoffnung Ausdruck, dass es bald realisiert werden möge.[23] Diese Meinung dürfte die Mehrheit der Alpenvereinssektion Kufstein geteilt haben, denn auch auf der Jahreshauptversammlung diskutierten die Mitglieder über die Straße und begrüßten den Vorschlag, sich an den Planungen finanziell zu beteiligen, „aufs Wärmste" [24]; allerdings erst, wenn sich wieder genug Geld in der Kasse befände. In den folgenden Jahren wurde es wieder ruhig um das Straßenbauprojekt.

↑↑ **Stauszenen** am Weg zum Stripsenjoch
↑ **Der neue Weg** als Attraktion und Postkartenmotiv
↗ Profile zur **Wegverbesserung** zwischen Wildanger und Stripsenjoch. Der Weg wurde 1895 akribisch von Ingenieur Maurer mit einer Breite von 2 m und einer für Saumtiere und Wanderer günstigen Maximalsteigung von 1:4 geplant und 1896 realisiert. Sprengarbeiten waren dafür nötig.

Erst im Frühjahr 1904 las man erneut davon in der Lokalzeitung. Der „Grenzbote" vermeldete, dass die Alpenvereinssektion Kufstein das bedeutungsvolle Projekt ernsthaft wieder aufnehme und mit voller Energie seine schnelle Umsetzung betreibe. Euphorisch sprach man dabei von einem enormen Fortschritt für den Fremdenverkehr, von bequemen Wagen- und Schlittenfahrten der vielen Italienreisenden, von der wunderbaren Promenade der Sommerfrischler, überhaupt von einem gewaltigen Anstieg des Sommerfrischepublikums, von der geradezu idealen Rodelbahn im Winter und endlich von der großen wirtschaftlichen Bedeutung der Straße, die sie aufgrund des Waldbesitzes Kufsteins für die Stadt hatte. Trotz dieser Fülle an Vorteilen scheiterte

Vor dem Ersten Weltkrieg wurde in allen Bereichen viel geplant und gebaut. Der Großteil der Weg- und Steiganlagen in den Alpen wurde in dieser Zeit eröffnet, auch im Kaisergebirge.

D. & Oe. Alpenvereins-Sektion Kufstein.

Einladung.

Sonntag, den 3. September 1911

Eröffnung des Scheffauer Steiges.

11 Uhr vorm. Begrüßungsansprache am Scheffauer. Musikalischer Festgruß von der Spitze.

3 Uhr nachm. im Gasthaus Bärnstatt (Hinterstein) und auf der Kaindlhütte am Steinberg Musik.

Begehung des Scheffauer-Steiges von Bärnstatt oder von der Kaindlhütte nach Belieben.

Zur Beteiligung an dieser schlicht alpinen Feier ergeht an die verehrl. Schwester-Sektionen und Sektionsmitglieder die ergebenste Einladung.

Vorstehung
der D. & Oe. Alpenvereins-Sektion Kufstein.

Anmeldung für Nachtquartier in Bärnstatt an Gastwirt Hollrieder und für Steinberg an Michael Kaindl direkt erbeten.

das Projekt, das dem Artikel zufolge angeblich auf die Unterstützung „der ganzen Bewohnerschaft" Kufsteins hätte zählen können.

Allmählich zweifelten die Einheimischen daran, dass aus dem Projekt noch etwas werden könnte. Da tauchte ein paar Jahre später ein neuer Plan auf: Eine Betonbrücke sollte über den Kaisertalbach errichtet werden. Einige Kufsteiner Bauinteressenten hatten die glanzvolle Idee, die Straße auf der orografisch linken Bachseite, wo keine Felsen sind, über den Mühlboden oberhalb der Sparchenklamm und von dort mittels einer Brücke auf die andere Bachseite zu führen, wo die Kaiserhöfe liegen und sich die heutige Straße ins Tal befindet. Es wurden Vermessungsarbeiten ausgeführt, aber nicht mehr. Das Projekt wanderte wieder in die Schublade. Im April 1913 griff man abermals auf das alte Projekt des Straßenbaues zurück. Nicht aber etwa aus primär touristischen Interessen, sondern aus forstwirtschaftlichen Gründen. Dann kehrte lange Ruhe ein um den Straßenbau im Kaisertal.

Nicht minder ambitioniert war ein anderer Verkehrsplan für das Kaisertal: nämlich eine elektrische Bahn bis nach Hinterbärenbad. Im Oktober 1901 nahm der Kufsteiner Gemeinderat den Antrag einstimmig an, „im Interesse der Forstwirtschaft und zum Zwecke der Hebung des Fremdenverkehrs die Errichtung einer schmalspurigen Bahn mit elektrischem Betrieb in Erwägung zu ziehen, mit dem Vorstudium sofort zu beginnen und mit der Trassirung […] den Zivilingenieur Max Maurer zu betreuen."[25] Auch der Alpenverein zeigte sich wieder enthusiastisch: „Der Schienen- oder Fahrweg würde von der Sparchen weg durch das ganze Kaiserthal, entlang des Kaiserthalbaches, führen; auf der ganzen Linie bietet die Landschaft durch ihre Grossartigkeit und den reichen Wechsel der Bilder bis in die Mitte der wilden Felsriesen unvergleichliche Reize. Das Unternehmen wäre jedenfalls auch im Interesse der S. Kufstein gehörigen Unterkunfsthäuser in Hinterbärenbad und auf dem Stripsenjoch […] wärmstens zu begrüßen."[26] Nach eineinhalb Jahren lagen die konkreten Pläne für den Bau in zwei Varianten vor. Mehrere Tunnels wären nötig gewesen und letztlich vereitelten die enormen Kosten der Trassierung den Plan.[27]

Die Idee eines elektrischen Bahnbauprojektes für das Kaisergebirge war aber damit noch nicht zu Grabe getragen, wie eine Jahre später in der Tagespresse erscheinende Sensationsnachricht belegt. Hiernach bewilligte das k. k. Eisenbahnministerium dem Ingenieur Otto Kurz in Innsbruck technische Vorarbeiten für eine Bahn niedriger Ordnung mit elektrischem Betrieb vom Bahnhof Kufstein zum Hintersteiner See und auf den Wilden Kaiser. Nun war man allseits aufs Höchste gespannt, besonders darauf, wo denn der Endpunkt dieser Bahn wäre. Man zerbrach sich den Kopf, ob die Ellmauer Halt, der Scheffauer oder sonst ein Gipfel des Wilden Kaisers in Frage kämen. Bis man erfuhr, der Endbahnhof sei „nur" auf der Gruttenhütte oberhalb von Ellmau geplant und eine Weiterführung nicht angedacht. Dafür solle dort ein großes Alpenhotel entstehen. Tage später wurde in der Zeitung bekanntgegeben, dass die Bahn nun doch von der Gruttenhütte weiter nach St. Johann geführt werde, wo sich ein Bahnhof befindet.

Der uns heute allzu kühn erscheinende Plan blieb ein Plan. Doch im Kontext der Zeit betrachtet, erschien der Plan keineswegs so kühn. Alpine Bahnprojekte dieser und weit darüber liegender Größenordnung realisierten Ingenieure um 1900 an den verschiedensten Bergmassiven in den Alpen. Nicht nur in der Schweiz, wo schon 1896 mit dem Baubeginn der Jungfraubahn erstmals die technische Eroberung eines Viertausenders ins Auge gefasst wurde, machten sich ambitionierte Unternehmer daran, die Grenzen des technisch Möglichen auszuloten. So entstand auch unweit des Kaisergebirges eine solche Bahn. Sie führt auf 9,95 km Länge durch sieben Tunnel, acht Galerien und über zwölf Brücken knapp unterhalb des Gipfels des 1888 m hohen Wendelsteins in Bayern und wurde 1912 eröffnet. Aber auch auf den Schafberg im österreichischen

Salzkammergut wurde bereits 1893 ein solches Projekt realisiert. Die Ingenieure wurden zu den neuen Göttern, die Technikeuphorie machte scheinbar vor nichts Halt. Der wirtschaftliche Aufschwung der Gründerzeit lieferte das Geld für die Visionen.

Damals förderte der Alpenverein als Tourismusorganisation noch solche Projekte. Das beste Beispiel dafür ist Josef Egger, der bereits mehrmals erwähnte Bürgermeister von Kufstein und zweite Vorsitzende der Alpenvereinssektion Kufstein. Er unterstützte eifrig alle Erschließungspläne. Nach dem Ersten Weltkrieg wurde die Kritik an solchen Vorhaben von Seiten der Bergsteiger und Alpenvereinsfunktionäre immer lauter. Langsam kam der Naturschutz ins Bewusstsein der Bergsteiger, die ihr Idyll bedroht sahen und dieses nicht mit dem „Pöbel", mit den gescholtenen „Massen" teilen wollten. So betrachtete der neue Alpenvereinsobmann in Kufstein, Franz Nieberl, nun ein Erschließungsprojekt im Kaisertal mit völlig anderen Augen als noch seine Vorgänger: „Wer Hochachtung vor Unberührtheit und majestätischer Größe des Hinterbärenbades hat, der führt nicht das Auto so dicht an diese Unberührtheit und Größe heran, daß die Autohupe sich mit dem Schrei der Jochdohle paart." [28] Geplant war 1930 eine Autostraße von Walchsee auf das Stripsenjoch. Sie wurde nie realisiert. Die Weltwirtschaftskrise machte einen finalen Strich durch die Rechnung. Auch aus dem 1925 kolportierten Plan einer Seilbahn auf den Treffauer, um Kufstein „die ihm gebührende und längst angestrebte Stellung unter den österreichischen Wintersportplätzen" [29] zu sichern, wurde nichts; genauso wenig wie aus den Plänen einer Seilbahn auf den Pendling.

Die Naturfreunde freuten sich: „Diese Sünden an der Natur hätten zum Himmel geschrien! Die Erschließung des Kaisergebirges ist vollendet, jede neue Weganlage, jeder neue Hüttenbau und noch mehr ein Straßen- oder gar Bahnbau wären von Uebel!" [30] So der Tenor bereits 1928.

Scherzpostkarte mit visionären Erschließungsprojekten für den Wilden Kaiser (1902)

DIE SCHUTZHÜTTE

Die erste rudimentäre Unterkunftshütte im Kaisergebirge wurde vom Brüderpaar Brizzi aus München am Fuße des Totenkirchls und der Kleinen Halt um 1830 errichtet. Wer waren diese beiden, die gut 60 Jahre, bevor ein bescheidener Alpintourismus im Wilden Kaiser einsetzte, schon ihre Ferien dort verbrachten? Es ist nicht viel bekannt über die Hütte und die Pioniere: Beide waren Künstler; der eine war Maler, der andere Musiker, beide Naturliebhaber, die in dem Unterstand wochenlang hausten und ihre Wanderungen von dort aus unternahmen. Die Brüder nahmen eine Sonderrolle ein, denn laut dem Bergsteiger Georg Blab war zu Ausflugszwecken vor 1860 kaum ein Kufsteiner Stadtbürger je weiter als bis zum Veitenhof vorgedrungen.

↑↑ Die idyllisch gelegene **Wochenbrunneralm** gegen Süden um 1900. Heute steht dort ein frequentiertes Ausflugsgasthaus.
↑ Die **Hinterkaiserfeldenalm** war die erste Hütte im Kaisergebirge, die der Alpenverein mit bescheidenen Mitteln für Alpinisten ausstattete. Die Hütte wurde bis heute nicht wesentlich verändert, weil inzwischen die benachbarte Vorderkaiserfeldenhütte zur stattlichen Schutzhütte ausgebaut wurde.

Der Alpenverein übernimmt. Mit dem Eisenbahnanschluss und der wachsenden Bergbegeisterung der Städter, die sich im Alpenverein organisierten, begann sich hier einiges zu ändern. Schon 1877 nahm die Sektion München den Wilden Kaiser ins Visier: mit einem Hüttenbauprojekt. Die neue Hütte sollte auf der Südseite entstehen, in etwa dort, wo heute die Gruttenhüte steht. Die Pläne waren weit gereift, im August 1878 sollte die Hütte fertiggestellt sein. In letzter Sekunde wurde das Projekt jedoch vereitelt, weil sich herausstellte, dass das Grundstück nicht den angeblichen Besitzern gehörte, sondern den Staatsforsten; es konnte nicht käuflich abgetreten werden. Daraufhin verzichtete man auf den Bau. 1883 probierte es die Sektion wieder. Dieses Mal aber sprachen die Interessen des Erzherzogs Ludwig Victor dagegen, der das Gebiet für die Jagd gepachtet hatte und sich gegen einen Hüttenbau aussprach.[31]

Von Tiroler Seite aus machte 1880 die neu gegründete Alpenvereinssektion Kufstein den Auftakt und stattete die Hinterkaiserfeldenalm im Zahmen Kaiser mit Decken und Geschirr aus, damit sie als Stützpunkt für die Besteigung der Pyramidenspitze dienen konnte. Zu Beginn des einsetzenden Alpinismus mussten sich die Bergsteiger noch auf die seit Jahrhunderten bestehenden Almhütten am Fuße des Wilden Kaisers verlassen. Mancher Senner, manche Sennerin stellte bescheidene Lager im Heu zur Verfügung und bereitete gegen ein kleines Entgelt ein kärgliches Mahl. Auf der Südseite diente den Alpinisten die Wochenbrunner Alm als Unterkunft. Nostalgisch erinnerte sich der deutsche Alpinist Erich König an die Begegnung mit der jugendlichen Sennerin, der „Wochenbrunner Marie", in den 1890er Jahren. So erbarmt habe er ihr nach einer grenzwertigen Bergtour, dass sie dem sichtlich Mitgenommenen sogar das Essen eingegeben habe, erzählte Marie. Die beiden standen danach noch in Briefkontakt und Jahrzehnte später suchte König die mittlerweile verheiratete Bäuerin nochmals auf, um über alte Zeiten zu plaudern und in gemeinsamen Erinnerungen zu schwelgen.[32] Genauso wie die Wochenbrunner Alm hatte sich auf der Nordseite die Griesner Alm zu einem Berggasthof entwickelt.

Bereits 1895 regte die Alpenvereinssektion Kitzbühel an, die Alm als private Unterkunftshütte für Touristen zu öffnen, und seit jenem Sommer wurde sie bewirtschaftet.

Die erste „richtige" Alpenvereinshütte. Vorangegangen war diesen Entwicklungen die Eröffnung der ersten bewirtschafteten Alpenvereinshütte im Kaisertal. Dort hatte am 25. Juli 1883 die ehemalige Hinterbärenbadalm ihre Pforten als Schutzhütte geöffnet. Als Hüttenwirte hatte der Alpenverein die legendären Eheleute Nani und Paul Horngacher gewinnen können. Paul hatte zuvor als Senner und Gämsenjäger auf der Stripsenjochalm gearbeitet und als ausgewiesener Gebietskenner immer eine Antwort auf die Fragen der Alpinisten parat. Aber auch Nani kannte sich nicht nur in der Hütte aus. Als Gelegenheitsbergführerin zeigte sie manchem Bergsteiger den Weg auf die Ellmauer Halt, als noch keine Drahtseile und Markierungen den Weg wiesen. 1884 verzeichneten die beiden schon 400 Besucher auf der Hütte und der Andrang stieg stetig. Wie viel Anteil daran wohl der weitum gerühmte Kaiserschmarrn der Nani hatte? Jedenfalls stellte sich die Küche schon bald als zu klein heraus und Baumaßnahmen mussten angedacht werden. Doch woher das Geld nehmen? Mit dem Neuöttinger Kaufmann Martin Bittl trat ein großzügiger Investor auf und ein eigenes „Schmarrnhüttl aus Bittls Mittel", wie der Volksmund reimte, wurde errichtet. Der stetig steigende Besucherstrom machte weitere Adaptionen und Erweiterungen nötig. 1890 verzeichnete man bereits 1620 Besucher. Inzwischen gab es 183 Alpenvereinssektionen mit rund 24.000 Mitgliedern, und

Pauli Horngacher, der rustikale erste Hüttenwirt in Hinterbärenbad, auf einer Fotografie von Anton Karg um 1885

Die Einweihung der **Hinterbärenbadalm als erste Schutzhütte** des Alpenvereins im Kaisergebirge (1883)

die Kurve der Mitgliederzahl war in kurzer Zeit so steil angestiegen, dass es nicht den Anschein machte, als würde sie sich rasch verflachen oder als käme es gar zu einem Einbruch.

Schutzhütte oder Alpenhotel? Das Anton-Karg-Haus. Daraufhin fasste man den kühnen Plan, ein großes, hotelartiges Alpengasthaus zu erbauen. Dieser Entschluss fiel keineswegs zufällig in jene Zeit. In weiten Teilen Europas herrschte um die Jahrhundertwende eine gute Konjunkturlage. Überall entstanden in dieser – als Belle Époque bezeichneten – Phase neue Grandhotels. Zumindest die gehobene bürgerliche Gesellschaft blickte optimistisch in die Zukunft und zeigte sich begeistert vom Fortschritt und von den neuen technischen Möglichkeiten, die die Industrialisierung mit sich brachte. In diesem Sinn begann das Bürgertum aristokratische und urbane Stil- und Kulturelemente in den alpinen Raum zu transferieren. Manchmal mit dem Versuch gepaart, sie mit vermeintlich traditionellen heimischen Baustilen zu kombinieren und sie unauffällig in die alpine Umgebung zu integrieren. Was freilich in Anbetracht der Dimensionen dieser Häuser Wunschdenken bleiben musste.

Die Pläne für das neue Haus in Hinterbärenbad lieferte Alpenvereinsmitglied Professor Max Kleiber, der an der Bayerischen Akademie der bildenden Künste Architektur lehrte. 1895 war das Haus dann so weit hergestellt, dass es benützt werden konnte.

Das neue **Alpenvereinshaus in Hinterbärenbad** auf einer Postkarte nach einem Gemälde von Edward Harrison Compton (um 1900)

Zugleich wurde es an das Telefonnetz angeschlossen, womit die entlegene „Hütte" vielen Gemeinden in der Umgebung, die vergeblich auf den Anschluss warteten, voraus war. 1896 erfolgte die offizielle Eröffnung. Die Horngachers waren gemeinsam mit der alten Hütte in den Ruhestand getreten. Sie hatten das Gefühl, den gehobenen Ansprüchen nicht mehr genügen zu können. 1898 wurde das Haus mit weiteren Annehmlichkeiten bestückt; es erhielt ein eigenes Badhaus mit drei Wannenbädern.

Über die neue Fernsprechanlage konnten aber leider nicht nur gute Nachrichten übermittelt werden. Das Haus stehe in Flammen, musste man 1899 nach Kufstein melden. Binnen kürzester Zeit brannte es bis auf die Grundmauern nieder, nur das Telefonhäuschen blieb eigenartigerweise unbeschadet.

Sofort machte sich die Sektion daran, die Hütte wieder nach den alten, nur geringfügig modifizierten Plänen aufzubauen. Insgesamt standen in der 1900 eröffneten Anlage dann stattliche 42 Zimmer mit 90 Betten zur Verfügung. Die Größe der Zimmer war im Vergleich zu anderen Alpenvereinshütten beträchtlich. Gemessen an der relativ hohen Bettenzahl gab es jedoch nur 12 Matratzenlager, was die wenig bescheidenen Ansprüche der großbürgerlichen Alpinisten anschaulich dokumentiert. Für Notfälle gab es eine eigene Hausapotheke und für eingeregnete Touristen wurde als „Labsal in trüben Tagen eine kleine Unterhaltungsbibliothek bereitgestellt"[33]. Zudem wurden zur vollständigen Versorgung der Hütte auf der – der Sektion überlassenen – Stripsenjochalm „etliche breitgestirnte Bärenbader Kühe eingestellt, welche herrliche Milch und frische Almbutter in die Küche des Hauses liefern."[34] Über das neue Telefon wurden nicht nur die immer häufiger erforderlichen Rettungsaktionen in die Wege geleitet, sondern auch Zimmer reserviert. Schon im Jahr 1900 war die Hütte oftmals so überfüllt, dass Gäste in den Mulistall ausquartiert werden mussten. Durch einen Anruf blieben einem diese Unannehmlichkeiten erspart. Bemerkenswert ist auch das damalige Unterhaltungsprogramm: Auf der Hütte stand ein Musikautomat, ein Wurlitzer, der verschiedene Musikwünsche befriedigen konnte. Und für Hobbyfotografen gab es sogar eine eigene Dunkelkammer.[35]

Eine beeindruckende Fotografie aus dieser Zeit, aufgenommen etwa um 1908, zeigt das Personal der Hütte. Darauf sind 26 Personen abgebildet: die Pächterfamilie Neumair, die das Haus zwischen 1902 und 1916 führte, mit Gesinde. Darüber hinaus sind fünf Kinder zu sehen, von denen vier in Hinterbärenbad geboren wurden. Alle übrigen sind Mitarbeiter, darunter die Beschließerin und Zahlkellnerin. Die Beschließerin musste den gesamten Wäscheverbrauch überblicken, ihr waren die Wäscherinnen unterstellt. Auch die Zahlkellnerin hatte eine führende Position. Weiters zu sehen sind Köchinnen, Küchenhilfen, eine Wäscherin, eine Näherin, Kellnerinnen, Serviererinnen, Stuben- und Kindermädchen, ein Metzger und ein Hausbursche. Dabei war das Personal noch nicht vollständig, fehlten doch die für Pferdefuhren zuständigen „Rossinger" und der Schankbursche.

Die **Pächterfamilie Neumair von Hinterbärenbad** samt Personal um 1908

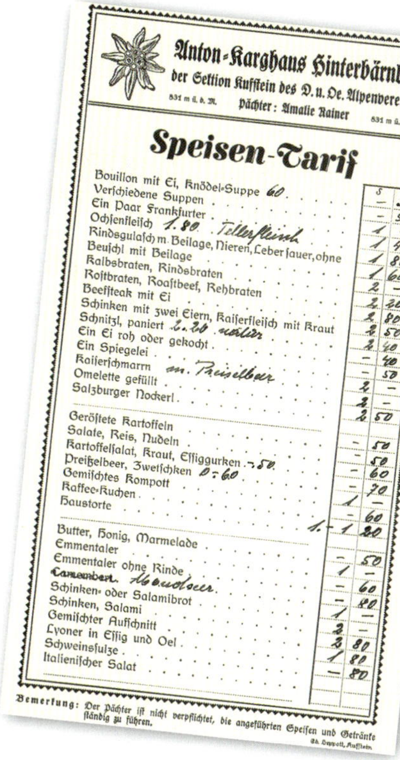

Anton-Karghaus Hinterbärnbad
der Sektion Kufstein des D. u. Oe. Alpenvereines
831 m ü. d. M. Pächter: Amalie Rainer 831 m ü. d. M.

Speisen-Tarif

Bouillon mit Ei, Knödel-Suppe 60
Verschiedene Suppen
Ein Paar Frankfurter
Ochsenfleisch 1.80 Tellerfleisch
Rindsgulasch m. Beilage, Nieren, Leber sauer, ohne
Beuschl mit Beilage
Kalbsbraten, Rindsbraten
Rostbraten, Roastbeef, Rehbraten
Beefsteak mit Ei
Schinken mit zwei Eiern, Kaiserfleisch mit Kraut
Schnitzl, paniert 2.20 natur
Ein Ei roh oder gekocht
Ein Spiegelei
Kaiserschmarrn m. Preiselbeer
Omelette gefüllt
Salzburger Nockerl

Geröstete Kartoffeln
Salate, Reis, Nudeln
Kartoffelsalat, Kraut, Essiggurken -.50
Preißelbeer, Zwetschken 0.60
Gemischtes Kompott
Kaffee-Kuchen
Haustorte

Butter, Honig, Marmelade
Emmentaler
Emmentaler ohne Rinde
~~Camembert~~ Mondseer
Schinken- oder Salamibrot
Schinken, Salami
Gemischter Aufschnitt
Lyoner in Essig und Oel
Schweinssulze
Italienischer Salat

Bemerkung: Der Pächter ist nicht verpflichtet, die angeführten Speisen und Getränke ständig zu führen.

Speisekarte aus den 1930er Jahren

Hinterbärenbad um 1890

Zeitweise waren bis zu dreißig Personen beschäftigt. Das Bild verdeutlicht auch die damalige soziale Situation. Auf der einen Seite gab es in der Region wenige Arbeitsmöglichkeiten, was billige Arbeitskräfte zur Folge hatte. Auf der anderen Seite legt das Bild Zeugnis für die wirtschaftliche Blüte des Hauses und die Entwicklung des Tourismus ab.

Hotelartige Häuser wie Hinterbärenbad und der damit verbundene Anstieg der Besucherzahlen um 1900 erfreuten aber nicht nur die Alpenvereinssektion, sondern gaben zugleich Anlass zur Kritik: „Mehr und mehr muß man auf ein schon im vorigen Jahre zu Tage getretenes Bestreben der Sektion schließen, die Hochtouristen u.s.w. allmählich aus dem Kaisertale zu verdrängen, um dieses ausschließlich dem internationalen Fremdenverkehr auszuliefern und durch Anlegung von großen Hotels mit exorbitanten Preisen den Schweizer Verhältnissen ähnlich zu gestalten.“ [36] Hinterbärenbad verwandelte sich mehr und mehr zum Sommerfrischedomizil und Ausflugsziel. Die „Hochtouristen“, welche schwierige Kletterrouten in der Steinernen Rinne suchten, waren damit nicht mehr zufrieden. Nostalgisch blickte der Kletterer Fritz Christ auf die bescheidenen Verhältnisse in der alten Holzhütte zurück, wo es nur ein Matratzenlager ohne Betten gab und die Wände zu den Sanitäranlagen tiefe Eindrücke vermittelten: „Wie oft mögen damals Jünger des Bergsportes dem rieselnden Wasserfall der Jungfrau oder dem Sturzbach des bösen Weibele gelauscht haben, dagegen die holdseligen Damen wieder dem Krachen der Winde und Rollen des Donners! Für besonders Wißbegierige waren sogar Spalten in der Holzwand angebracht, durch welche die hübschesten Entkleidungs-Szenen unentgeltlich angesehen werden konnten – kurz – es war idyllisch damals in der alten Hütte.“ [37]

1909 in der **Küche von Hinterbärenbad**

↑↑ Die **Eröffnungsfeier des Stripsenjochhauses** im Jahr 1902
↑ **Postkarten der Vorderkaiserfeldenhütte von 1900.** Die ehemalige Almhütte wurde seither kontinuierlich zum Alpenvereinshaus um- und ausgebaut.

Bauboom. Für die „Hochtouristen" eröffnete die Sektion Kufstein 1902 das Stripsenjochhaus. Damit war ein Stützpunkt in unmittelbarer Nähe der meisten Kletterberge geschaffen. Bereits zwei Jahre zuvor hatte die Sektion Oberland aus München die Vorderkaiserfeldenhütte im Zahmen Kaiser erworben und danach kontinuierlich umgebaut. Auf der Südseite eröffnete im selben Jahr (1900) die Gruttenhütte der Alpenvereinssektion Turner-Alpen-Kränzchen München. Endlich war es gelungen, die bereits lange geplante Hütte zu erbauen. Dabei federführend war Carl Babenstuber, der schon an dem geplanten Bauvorhaben in den 1870er Jahren beteiligt gewesen war. Weiters war noch die Gaudeamushütte (1899) der Akademischen Sektion Berlin, die wie eine elitäre Studentenverbindung organisiert war, hinzugekommen. Eine regelrechte Baudynamik war entstanden und das Kaisergebirge mit einem Schutzhüttennetz überzogen.

Dieser Hüttenbauboom zeichnete sich auch in anderen Gebirgsregionen in jener Zeit ab und ist Ausdruck der bereits erwähnten guten Wirtschaftslage und einer vom Nutzen technischer Erschließung überzeugten Zeitströmung. Die nach einem

Studentenlied benannte Gaudeamushütte nahm innerhalb dieses Hüttennetzes einen gewissen Sonderstatus ein, weil es sich um eine unbewirtschaftete Hütte handelte. Um dort zu übernachten, musste man sich den Schlüssel ausleihen, aber wirklich selbst versorgen brauchte man sich nicht.

Herr Pott und die „Gaudihütte". Die Hütte funktionierte nämlich nach dem System Pott. Das heißt, es gab dort vorrätigen Proviant – das meiste davon abgepackt in Konservendosen. Der Erfinder dieses Systems, Emil Pott, darf als Feinschmecker bezeichnet werden, der auf das Wohl der Hüttenbesucher überaus bedacht war. In seiner Auswahl der gediegenen Speisen zeigt sich der gehobene Anspruch des wohlhabenden städtischen Bürgertums, zu dem die meisten Alpinisten gehörten: Kalbskopf en tortue, Rindszunge mit Sauce oder Reh- und Hasenbraten fanden sich in den Proviantkörben und als Nachtisch englischer Plumpudding. Zum Frühstück gab es geräucherten Lachs, „feinsten Prager Schinken"[38] oder Gänseleberpastete. Zu trinken edlen Weiß- und Rotwein von besserer Qualität als in den meisten Talgasthöfen und zu guter Letzt Champagner. Zum Ausschank von Bier machte sich Pott ebenso viele Gedanken. Besonders die süddeutschen Bergsteiger legten großen Wert auf schmackhaftes Bier, in den Alpengasthöfen war es jedoch oft schal und nicht genießbar. Pott verfasste sogar eine eigene Abhandlung darüber, wie das Bier zu behandeln sei, um dies zu vermeiden. Für seine Proviantkisten vertraute er auf pasteurisiertes Bier. Darüber hinaus führte er immer wieder Verkostungen durch, mit denen er das beste Produkt ermitteln wollte. Den ungeteilten Beifall der Tester erregte meist „Münchener Bier". Jedoch waren die Einfuhrzölle nach Österreich so hoch, dass der Import nicht infrage kam.

1907 in der **Vorderkaiserfeldenhütte**

Gruß von der **Gruttenhütte** (Postkarte nach einer Zeichnung von Rudolf Reschreiter 1901)

Auch die Konserven wurden im Rahmen von Probeessen auf ihre Qualität hin geprüft. Es verging kaum eine Woche, in der Pott nicht ein neues Produkt probierte. Manchmal habe jedoch die Qualität so zu wünschen übrig gelassen, dass ihm der Appetit auf Konserven für längere Zeit vergangen sei, wie er schrieb. Die Tests zahlten sich jedoch aus, denn schlussendlich fanden sich in den Proviantkörben so edle Delikatessen, dass sie die Qualität der regionalen Gastronomie in der Regel weit übertrafen. Pott verfolgte mit seinem kulinarischen Anspruch auch ein touristisches Kalkül: „Gebt den Touristen überall gute, preiswürdige Nahrungsmittel und Getränke und der Alpensport wird noch viel weitere Kreise ziehen, wird noch viel mehr, namentlich bemitteltere (und deshalb verwöhntere) Reisende in die herrlichen Alpen locken als bisher!"[39]

Doch bewährte sich das System auf der Gaudeamushütte nicht lange. Die Zahlungsmoral der Hüttenbesucher ließ zu wünschen übrig. Die Proviantkörbe leerten sich und ebenso leer blieb die Kassa. Zudem herrschte oft Unordnung und Verschmutzung in der Hütte, von Zeit zu Zeit wurde das Inventar zerstört und Diebe suchten immer wieder die Unterkunft heim. 1911 entschied sich die Sektion, die kleine Hütte versuchsweise zu bewirtschaften.

ANITA KRAISSER

Hüttenwirtin (*1974) im Anton-Karg-Haus in Hinterbärenbad

Anita, du bist in Oberösterreich aufgewachsen. Wie und warum bist du Hüttenwirtin in Hinterbärenbad geworden?

Ich war bereits mit 18 im Anton-Karg-Haus als Bedienung und Köchin beschäftigt, so habe ich auch meinen Mann kennengelernt. Er war Forstarbeiter bei der Stadt Kufstein. Nach zehn Jahren wandte sich die Sektion Kufstein des Österreichischen Alpenvereins an mich, ob ich das Haus nicht selbst übernehmen möchte, da es Schwierigkeiten mit den damaligen Pächtern gab. Nach langen Überlegungen entschied ich mich, diesen großen Schritt zu gehen.

Ich habe ein Foto von der Pächterfamilie Neumair aus dem Jahr 1908 gefunden, auf dem zusammen mit den Bediensteten beeindruckende 26 Personen zu finden sind. Wie führt ihr den Betrieb heute?

Heute haben wir nur sechs Angestellte. Damals waren ja auch Metzger, Senner usw. beschäftigt.

Wie schaut dein Alltag als Hüttenwirtin aus?

6:00 Uhr aufstehen und Frühstück machen. Währenddessen beginne ich schon, Torten und Kuchen zu backen. Dazu kommt die Vorbereitung von Salat, Fleisch und Küchenarbeit als solches. Dann die Kontrolle der Gasträume und die Einteilung des Personals, und um 9 Uhr kommen auch schon die ersten Gäste von den anderen Hütten, um noch zu frühstücken oder zu brunchen. Um 11 Uhr oder sogar früher beginnt die Mittagszeit. Danach kommt ein pausenloser Übergang zu Kaffee und Kuchen und bald sind auch schon die ersten Nächtigungsgäste da zum Einchecken. Dann heißt es Abendessen kochen, putzen und den Tag mit meinem Mann Revue passieren lassen …

Was liebst du an deinem Job?

Einfach alles und die Bestätigung, dass mein Konzept aufging.

Wo liegen die Schattenseiten?

Ich kenne keine.

Der Sommertourismus hat in den letzten Jahren wieder zugelegt. Bekommt ihr davon auch etwas mit?

Ja, wir haben seit elf Jahren eine Steigerung um 500 Prozent bei den Gästezahlen. Das ist beeindruckend. Ich glaube, am Anfang war die Wirtschaftskrise dafür verantwortlich. Wandern in der Nähe ist einfach günstig. Du brauchst ja nicht viel mehr als Schuhe.

Vor welchen Herausforderungen steht ihr?

Ich würde am ehesten die Behörden und ihre Auflagen als Schwierigkeit sehen. Es ist teils richtiggehend lächerlich, was man alles erfüllen soll. Mit einer normalen Betriebsführung hat das manchmal nicht mehr viel zu tun.

Auf vielen Hütten nehmen die kulinarischen Angebote zu und die Qualität der Küche hat sich verbessert.

Was ist euer Anspruch? Worauf legt ihr in der Küche Wert?

Ich kann dir mit ruhigem Gewissen sagen, dass ich eine Vorreiterin auf diesem Gebiet war. Ich habe vor elf Jahren Erbsensuppe und Leberkäse von der Karte gestrichen und mich für eine gesunde Ernährung entschieden, serviert in schönem Geschirr in einem außergewöhnlichen Ambiente, was mir das Haus ja nicht schwer machte. Es war aber sehr viel Arbeit, die PVC-Böden aus den Gaststuben zu entfernen und die Vorhänge nach meinem Geschmack selber zu nähen. Ich habe immer geschaut, dass ich mich abhebe, anders bin. Das brachte natürlich auch Kritik. Zum Beispiel habe ich einen Anruf von der Alpenvereinssektion Kufstein, also vom Eigentümer der Hütte, bekommen, dass ein Schweinsbraten einfach auf die Speisekarte gehört. Ich habe aber nicht nachgegeben, und der Erfolg spricht für sich. Wir haben einen hohen Standard erreicht. Mein Mann ist seit sieben Jahren bei mir beschäftigt und bäckt unser tägliches Brot, hilft in der Küche, erfüllt meine Decoträume und kennt alle Maschinen im Haus in- und auswendig. Insgesamt glaube ich, dass die kulinarische Entwicklung stagnieren wird. Einige übertreiben es und einige wenige halten auch langfristig ihre Qualität und finden ein gesundes Maß zwischen besserer, noblerer Küche und bodenständiger Hüttenkost. Das Maß zu halten ist das schwierigste.

Welche Gäste kommen nach Hinterbärenbad?

Sehr viele Bayern. Vor allem Münchner, da das Haus sehr viel Komfort bietet. Wir haben keine Massenlager, nur nette kleine holzgetäfelte Lager und auch schöne Zimmer. Allgemein würde ich sagen, viele Gäste sind eher aus besseren Schichten. Bei uns kann man am Abend nämlich stilvoll ein Glas Wein trinken und gut essen, das zieht nicht die richtige Kletterszene an. Durch die Kletterhallen, denke ich, geht sowieso das Gespür für den Felsen und das alpine Gelände, so wie wir es hier vorfinden, verloren. Die Alpinkletterer sterben immer mehr aus.

Was macht Hinterbärenbad zu etwas Besonderem?

Wir haben für unsere Gäste Hinterbärenbad zu einem individuell gestalteten Gasthaus gemacht – mit sehr viel Herzblut. Fast alles ist bei uns selbstgemacht. Das fängt beim selbstgebackenen Brot an und geht weiter über Dressings, Suppen, Knödel et cetera; ja sogar den Eistee machen wir selbst oder ein Zitronenkracherl, auch Cocktails und Smoothies. Auch für Hütten eher untypisch: bei uns gibt's Burger, aber keine Fertigprodukte. Wir versuchen, mit der Zeit zu gehen. Wenn die Leute Burger mögen, dann wird Hamburger-Brot gebacken und Geselchtes mit Speck und Rotkraut zu einem Almburger umgewandelt. Wer mal bei uns war, der kommt wieder und erzählt von uns.

Was macht oder versucht ihr anders zu machen als andere Hüttenwirte?

Ich nehme mir keine anderen Hütten als Vorbilder. Ich sehe uns eher als Berggasthaus denn als Hütte. Viele denken beim Stichwort Hütte noch an einen Trockenraum mit stinkenden Socken, Erbsensuppe und Schlafen im Massenlager. Ich achte darauf, dass diese Dinge bei uns gar nicht mal im Ansatz vorgefunden werden. Wir sind die Ersten gewesen, die keine Halbpension anbieten. Wir möchten, dass jeder Gast isst, was er will, und nicht alle das gleiche und dann schöne gute Nacht im Massenlager. Ich will andere nicht runtermachen, denn höher gelegene Hütten haben oft keine anderen Möglichkeiten. Wir bieten am Abend sowie auch am Morgen à la carte an. Bei uns sucht sich der Gast aus, worauf er Lust hat, und das macht zufriedene Gäste. Unser Rezept ist es, Tradition und Zeitgeist unter einen Hut zu bringen – mit ein paar raffinierten Dekorationsideen, mit immer gleichbleibender Qualität, mit Abwechslung, mit witzigen Ideen dafür, wo oder worin Speisen serviert werden, verbunden mit einem hohen Anspruch an Sauberkeit.

Dabei blieb es bis zum heutigen Tag. Allerdings war die Hütte inzwischen nicht nur vergrößert, sondern überhaupt neu aufgebaut worden, nachdem eine Lawine sie 1925 völlig zerstört hatte.

Wer ist Fritz Pflaum? Die Gaudeamushütte war jedoch nicht die einzige unbewirtschaftete Hütte. Auch die 1912 eröffnete Fritz-Pflaum-Hütte im Griesner Kar (Sektion Bayerland München) funktionierte – und funktioniert immer noch – nach diesem System. Die kleine, beschauliche Hütte wurde benannt nach dem 1908 tödlich am Mönch abgestürzten Mitglied der Sektion Bayerland: Fritz Pflaum. Seine Frau und sein Vater hatten der Sektion eine Geldsumme gestiftet, die zum Bau einer „hochtouristischen" Hütte zu seinem Gedächtnis verwendet werden sollte. Der 1871 in München geborene Apotheker Fritz Pflaum war ein Pionier der führerlosen Bergsteiger und bestieg an die tausend Gipfel in den Ost- und Westalpen ohne Bergführer. Ausgerechnet am Mönch in der Schweiz vertraute sich der als liebenswürdig, schlicht und zuverlässig charakterisierte Bergsteiger einem Bergführer an, weil er so kurzfristig keinen Begleiter gefunden hatte. Dieser riss ihn an einer Wechte mit in die Tiefe.[40]

Zur Zeit des Nationalsozialismus wurde die Hütte in Griesnerkarhütte umbenannt, da Pflaum Jude war. Doch der Name konnte sich nicht durchsetzen. Das „Pflaumei", wie die Hütte liebevoll von den Einheimischen genannt wurde, blieb immer das „Pflaumei". Heutzutage ist es besonders beliebt als Skitourenziel. Sobald im Frühling die Straße ins Kaiserbachtal geöffnet wird, pilgern Hundertschaften ins Griesner Kar, um die verschiedenen nordseitigen Rinnen mit ihren zwei Brettern zu bezwingen. Schnee findet man dort meist noch bis Mai! Wer nun glaubt, dass es sich dabei um einen eher jüngeren Trend handelt, sei auf einen Bericht unmittelbar nach Hütteneröffnung verwiesen. Demzufolge veranstaltete die Sektion dort schon vor dem Ersten Weltkrieg Skikurse, und die Rinne war, wie Bilder zeigen, auch damals schon fast so gut besucht wie heute! Amüsant scheint auch, dass sich zwar die Bayerländer als Extrembergsteiger inszenier(t)en, aber eigene Skiträger anheuerten, um sich nicht allzu sehr zu verausgaben.[41]

↓ Die alte **Gaudeamushütte vor der Zerstörung** durch eine Lawine im Jahr 1924
↓↓ Die **neue Gaudeamushütte** an einem Standort weiter östlich

Vereitelte und fast vereitelte Pläne. Nachdem im Westen und im Zentrum des Kaisergebirges Hütten entstanden waren, fehlte noch eine Hütte im sogenannten Ostkaiser oberhalb von Going. Dort sei es noch ruhig, es gebe kein Anstehen bei Touren und kein Geschrei – ein schöner Kontrast zum gut erschlossenen und überlaufenen Rest, meinten einige Münchener Kaiserliebhaber. Und so sollte es auch unbedingt bleiben. 1924 wollte die Alpenvereinssektion Saaz im Einvernehmen mit der Sektion Kitzbühel diese Ruhe stören. Geplant war eine Hütte unterhalb der Ackerlspitze, womit auch hier die Massen Einzug halten würden, wie die Bergsteiger befürchteten. Zwar war nur eine Selbstversorgerhütte geplant, aber das sei wohl nur der Anfang, hieß es in einem Artikel. Dann, wenn der Andrang größer

Die unbewirtschaftete **Fritz-Pflaum-Hütte im Griesner Kar**

werde, müsse die Hütte notgedrungen bewirtschaftet werden. So habe es sich bekanntlich auch schon bei der Gaudeamushütte verhalten. Georg Leuchs, der als Führerautor, Erstbegeher und einer der besten Gebietskenner als Instanz galt, bezog Stellung: „Als alter Freund des Kaisergebirges, der seine ganze Erschließung miterlebt hat und dem das Herz blutet bei dem Gedanken, daß im Kaiser nun auch dieses letzte herrliche Fleckchen Erde der Masse geopfert werden soll, bitte ich den Alpenverein Saaz und die Sektion Kitzbühel inständig, von dem geplanten Hüttenbau und der Wegmarkierung abzusehen." [42]

Diese ablehnende Haltung muss vor dem Hintergrund der – wie bereits erwähnt – in den 1920er Jahren stark steigenden Zahlen des Alpintourismus und der daraus resultierenden Tölzer Richtlinien gesehen werden. Die Pläne versandeten schließlich. Bis Anderl Hormayer aus Going, ein einfacher Viehhüter auf der Regalm, allen Widrigkeiten zum Trotz begann, seinen Traum von einer eigenen kleinen Hütte an den Abstürzen der Ackerlspitze zu verwirklichen. Sogar den Herd dafür schleppte er alleine aus Going hinauf. Selbstbewusst ließ er sich einen Stempel anfertigen, mit dem er sich in die Gipfelbücher eintrug: Anderl Hormayer – Besitzer der Ackerlhütte. Noch bevor seine bescheidene Behausung fertig war, verunglückte er 1930 tödlich beim Klettern. Die Alpenvereinssektion Kitzbühel übernahm schließlich die verwaiste Hütte und stellte sie fertig. Da der Standort sich als nicht ideal herausstellte und die Hütte im Frühjahr lange von meterhohen Schneemassen bedeckt blieb, wurde sie 150 Höhenmeter unterhalb neu errichtet. Dort

Die **Ackerlhütte im Ostkaiser** unmittelbar nach der Errichtung

Die **Eröffnungsfeier des Hans-Berger-Hauses** (unten) im Jahr 1932

steht sie immer noch.[43] Trotzdem kam es nie zum befürchteten Massenbesuch des Ostkaisers. Immer noch findet sich dort die von vielen ersehnte Einsamkeit.

1938 wurde angedacht, am Ellmauer Tor eine kleine Bergrettungshütte zu errichten, um für die zahlreichen Kletterunfälle in der Umgebung besser gewappnet zu sein. Zeitgleich trat Bergführer Franz Weinberger an die Alpenvereinssektion Kufstein heran: mit dem Ansuchen, dort eine kleine private Schutzhütte mit 20 Schlafplätzen für Touristen zu erbauen. Die Antwort der Sektion: „Da es uns ganz und gar nicht gleichgiltig sein kann, wenn Private Unterkunftsstätten im eigentlichen Kaisergebirge bauen und um keinen Vorgang zu schaffen, lehnten wir das Gesuch in dieser Form ab und beschlossen, selbst eine Hütte zu bauen, bescheiden, aber erweiterungsfähigen Ausmaßes."[44] In den weiteren Debatten heißt es, der Kufsteiner Sektion werde – auch wenn sie nicht wolle – keine andere Wahl gelassen, als dort selbst zu bauen, sonst würden andere dort bauen, nämlich Private. Doch stand das Bauvorhaben ohnehin im Gegensatz zu den jagdlichen Interessen der Bundesforste als Eigentümer. Zudem argumentierten die Beamten, dass in unmittelbarer Nähe schon zwei Hütten bestünden, weshalb kein Bedarf gegeben sei.[45] Sonst würde heute auch an dem frequentierten Übergang eine Hütte stehen!

Auch das Hans-Berger-Haus der Naturfreunde, das nur eine Viertelstunde vom Anton-Karg-Haus entfernt liegt, blickt auf eine interessante Geschichte

Als der Tourismus im Kaisertal zunahm, schien es notwendig einen Botendienst einzurichten. 1903 trat die **Kaisertalbötin Maria Kruckenhauser** ihren Dienst an und versorgte die Höfe Rueppen, Zotten und Veiten mit Dingen des täglichen Bedarfs. Bald kam der Pfandlhof hinzu und ab 1904 Hinterbärenbad. Tag für Tag, Werktags wie sonntags, bei gutem wie bei schlechtem Wetter wanderte sie mit ihrem 30 bis 40 Kilogramm schweren „Buckelkorb" ins Kaisertal für einen bescheidenen Lohn. Durch ihren Dienstgang konnten die Gäste in Hinterbärenbad bereits um 8 Uhr frische Semmeln frühstücken und die Zeitung lesen. Zudem sorgte sie dafür, dass sie ihre Post bekamen und ihre Postkarten rechtzeitig in allen Herren Ländern ankamen. Später dehnte sie ihre Botengänge sogar bis zum Stripsenjoch und Vorderkaiserfelden aus, weshalb sie bereits um 3 Uhr früh in Kufstein starten musste.

zurück. Im politisch aufgeheizten Klima der 1930er Jahre gab es tätliche Konflikte zwischen den Parteien. Die Naturfreunde waren die Vorfeldorganisation der Sozialdemokraten, während sich der Alpenverein dezidiert bürgerlich gab und (nicht nur) in Kufstein viele Mitglieder mit den Deutschnationalen und Nationalsozialisten sympathisierten. Aus diesem Grund gab es auch zwischen den beiden alpinen Vereinen Spannungen. Schon 1912 suchten die Naturfreunde einen Bauplatz im Kaisertal, um endlich eine eigene Hütte zu haben. Der Alpenverein war dagegen. Nach langem Kampf gaben die Behörden dem Ansuchen schließlich doch statt. 1932 wurde das Hans-Berger-Haus eröffnet. Sehr zum Missfallen des Alpenvereins als unmittelbarem Nachbarn und Konkurrenten.

ANMERKUNGEN ZU KAPITEL 4 **DIE ZÄHMUNG DES WILDEN KAISERS**

1 Vgl. Hofmann: Das Kaisergebirge (wie Kap. 2, Anm. 5), S. 539.
2 Georg Winkler: Brief an Alois Zott vom 7.9.1886, veröffentlicht von König: Empor! (wie Kap. 3, Anm. 2), S. 53.
3 Vgl. Mitteilungen des DuOeAV 18 (1892), S. 287.
4 Mitteilungen des DuOeAV 19 (1893), S. 234.
5 Vgl. Mitteilungen der Sektion Kufstein des DuOeAV 3 (1930), H. 8 (August), S. 1–3.
6 Tätigkeitsbericht für das Jahr 1882, in: 50 Jahre Alpenvereinssektion Kufstein 1877–1927, S. 24.
7 Tätigkeitsbericht für das Jahr 1884, in: 50 Jahre Alpenvereinssektion Kufstein 1877–1927, S. 31.
8 Vgl. Mitteilungen des DuOeAV 11 (1885), S. 12.
9 Schon 1912 Buslinie zwischen Kufstein und St. Johann, allerdings mit Umweg über Kirchbichl, Grattenbrücke und Söll.
10 Mitteilungen des DuOeAV 33 (1907), S. 239.
11 Georg Leuchs: Das Kaisergebirge, in: Zeitschrift des DuOeAV 48 (1917), S. 31–58, hier S. 39.
12 Ebenda.
13 Ebenda, S. 31.
14 Ebenda, S. 40.
15 Emanuel Witlaczil: Naturschutz in den Alpenländern, in: Mitteilungen des DuOeAV 41 (1915), S. 27f, hier S. 28.
16 Hans Meiser: Bergsteigen und neuzeitliche Erschließung. Ein Mahnwort, in: Mitteilungen des DuOeAV 51 (1925), S. 46.
17 Mitteilungen des DuOeAV 45 (1919), S. 130.
18 http://www.via-ferrata.de/klettersteige/topo/kufsteiner-klettersteig?page=2 (Stand: 9.5.2016).
19 Interview des Autors, 1.4.2013 (Der Bergrettungsmann möchte anonym bleiben).
20 Interview des Autors, 10.7.2014.
21 Die Daten stammen hauptsächlich aus den Mitteilungen des DuOeAV, den Jahresberichten der Alpenvereinssektion Kufstein, der Festschrift „50 Jahre Alpenvereinssektion Kufstein" sowie den Festschriften und Jahresberichten der Alpenvereinssektionen Neuötting und Oberland.
22 August Sieghardt: Alte Verkehrsprojekte im Kaisergebirge, in: Mitteilungen der Sektion Kufstein des DuOeAV 1 (1928), Nr. 9 (September), S. 1.
23 Vgl. Mitteilungen des DuOeAV 26 (1900), S. 167.
24 50 Jahre Alpenvereinssektion Kufstein 1877–1927, S. 60.
25 Gemeinderatssitzungsprotokolle Oktober 1901, Stadtarchiv Kufstein.
26 Mitteilungen des DuOeAV 27 (1901), S. 258.
27 Tiroler Grenzbote, 12.4.1903, S. 2.
28 Franz Nieberl: Im Auto auf den Wilden Kaiser, in: Mitteilungen der Sektion Kufstein des DuOeAV 3 (1930), Nr. 10 (Oktober), S. 2.
29 Tiroler Grenzbote, 11.4.1925.
30 Mitteilungen der Sektion Kufstein des DuOeAV 1 (1928), Nr. 10 (Oktober), S. 2.
31 Geschichte der Alpenvereinssection München, München 1900, S. 153f.
32 Personenmappe Erich König, Archiv des DAV.
33 Mitteilungen des DuOeAV 26 (1900), S. 167.
34 Ebenda.
35 Vgl. Tätigkeitsbericht der Sektion Kufstein des DuOeAV für die Jahre 1903–1906, Kufstein 1906, S. 11.
36 Tiroler Grenzbote, 26.7.1903, S. 3.
37 Fritz Christ: Die erste Durchsteigung des Totenkirchls durch den Christ-Fick-Kamin, München 1937, S. 10.
38 Mitteilungen des DuOeAV 22 (1896), S. 45.
39 Mitteilungen des DuOeAV 20 (1894), S. 16.
40 Deutsche Alpenzeitung 8 (1908)/2, S. 22–25.
41 Der Bayerländer 1914, H. 2, S. 11 u. H. 3, S. 8.
42 Mitteilungen des DuOeAV 50 (1924), S. 19.
43 Vgl. Adi Stocker/Peter Brandstätter: Klettern über der Ackerlhütte, Kitzbühel 2000, S. 10.
44 Sektion Kufstein des DAV (Nieberl) an Verwaltungsausschuss des DAV, 28.7.1938, Archiv des OeAV, SE 104.304.
45 Der Beauftragte für das Forstwesen im Lande Österreich an den Deutschen Alpenverein Innsbruck, 28.10.1938, Archiv des OeAV, SE 104.304.

Das Zentrum von St. Johann im Winter 1954 mit den ersten Skigebietsbesuchern

VOM VERSCHÖNERUNGSVEREIN ZUM HOTELMANAGEMENT

Sobald die ersten Touristen kamen, begannen die Menschen in der Region damit, Strukturen für den neuen Wirtschaftszweig zu schaffen. Freilich ging es

Kapitel 5 Der Tourismus wird organisiert

auch ums Geld: Je besser organisiert, desto effizienter und folglich gewinnbringender konnte gearbeitet werden. Doch den ersten Touristikern ging es vor allem um die grundlegende Entwicklung der Region. Tourismus bedeutete für sie Fortschritt und Bildung.

Immer noch professioneller organisierte Veranstaltungen werden den Gästen geboten, wie zum Beispiel der wöchentlich stattfindende **Dorfabend in Scheffau.**

AM BEGINN

„Die Fremdenverkehrssache war plötzlich in Mode gekommen und es brach eine Flut gesprochener und geschriebener Beredsamkeit über den einst so gering geschätzten Zweig am Baume der Volkswirtschaft los.“[1]

Dieser Satz steht in einer Festschrift zum 20-jährigen Bestehen des Tiroler Landesverbandes für Fremdenverkehr aus dem Jahre 1910 und macht deutlich: Man sah Grund zum Feiern. Mit Stolz blickte man auf eine als Erfolgsgeschichte wahrgenommene Entwicklung zurück. In den letzten zwei Dekaden war es gelungen, Kritiker um Kritiker vom Nutzen des Tourismus zu überzeugen und eine positive Stimmung in der Öffentlichkeit zu schaffen. Kritik war vor allem aus den konservativen Kreisen in der katholischen Kirche gekommen. Diese fürchteten den Einfluss liberaler städtischer oder – noch schlimmer – protestantischer Kultur auf das konservative Wertesystem der katholischen Landbevölkerung und damit deren Abfall vom katholischen Glauben.

Am Wilden Kaiser war diese Furcht jedoch nicht stark ausgeprägt. Bereits 1874 gründete dort der liberale Kufsteiner Stadtpfarrer Matthäus Hörfarter mit dem Verschönerungsverein den Prototypen des heutigen Tourismusverbandes. Kufstein nahm damit eine Vorreiterrolle ein: In ganz Tirol hatte es vorher nur drei Vereine dieser Art gegeben, den ersten in

↑↑ **Bad Kienberg** wurde auf Betreiben von Dekan Hörfarter gebaut
↑ **Etikett vom ersten Sitzungsprotokollbuch** des Kufsteiner Verschönerungsverein aus dem Jahr 1874

Das Protokoll zur ersten Sitzung des **Verschönerungsvereins Kufstein** vom 28. Mai 1874

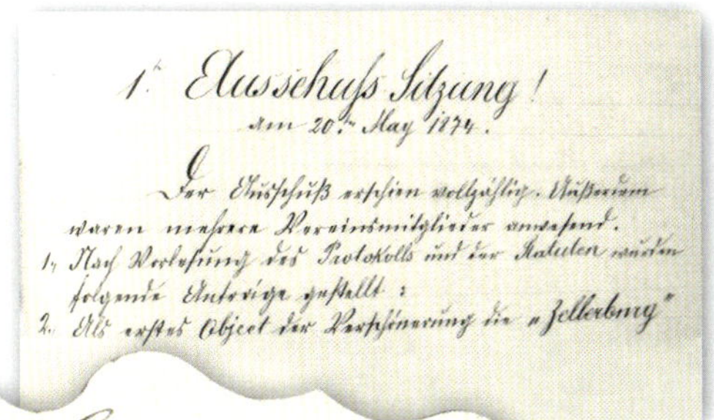

Bruneck (seit 1870), danach einen in Hall und einen in Imst. Interessanterweise zählte die Landeshauptstadt Innsbruck bei diesen Entwicklungen nicht zu den Pionieren; hier entstand erst 1880 ein solcher Verein. Die Aufgaben dieser Vereine bestanden darin, die Orte für die Gäste attraktiver zu machen, etwa Spazierwege zu bauen, Bänke zu errichten oder Veranstaltungen zu organisieren. Anregungen dafür holten sie sich bei den schon länger existierenden Kurkommissionen in den prosperierenden Kurorten der Habsburgermonarchie, die ähnliche Aufgaben zu erledigen hatten.[2]

Der Kufsteiner Verschönerungsverein schuf zunächst ein dichtes Netz von Spazierwegen in der

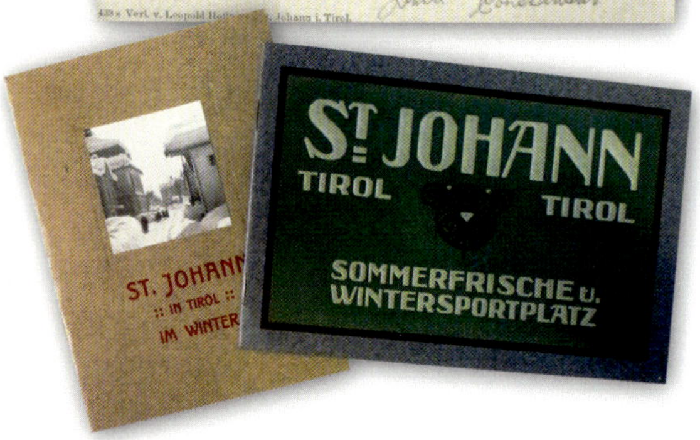

↑↑ **Gruß aus St. Johann,** abgesendet 1898, Verlag Leopold Hofinger
↑ **Tourismusprospekte** aus St. Johann um 1900

Umgebung und pflanzte Bäume oder ganze Alleen: am Stadtberg, am Kalvarienberg und am Kienbühel; sie prägen heute noch das Landschaftsbild. Das größte Tourismusprojekt allerdings, das der rührige Geistliche Hörfarter anging, war der Bau des Bades Kienbergklamm 1875/76. Viele prominente Gäste verkehrten bald in dem neuen Etablissement, das den Ruf Kufsteins als Luftkurort begründete. Heute ist dieser Ruf aufgrund fortgeschrittener Industrialisierung und Autobahnverkehr längst Geschichte – ebenso wie der Verschönerungsverein.

Nach vereinzelten Verschönerungsvereinen in den 1870er Jahren entstanden ab den 1880er Jahren in allen frühen Tourismusregionen des Landes solche Institutionen. In der Umgebung des Wilden Kaisers gilt das für Kitzbühel und St. Johann, wo im selben Jahr, 1887, Verschönerungsvereine entstanden. Diese Gründungen waren einerseits der Rolle der Orte als bevölkerungsreiche Zentren der Region geschuldet und anderseits durch den Eisenbahnanschluss bedingt. Denn allen frühen Tourismuszentren gemein war die Bahnanbindung. Erst allmählich kam es auch zu Gründungen von Verschönerungsvereinen in Gemeinden ohne Bahnanschluss. Hier war neben der Ortsgröße die Distanz zum nächsten Bahnhof entscheidend: Je näher ein Bahnhof, desto eher kam es zu Vereinsgründungen.

Bemerkenswert in diesem Zusammenhang ist der Vorsprung, den hier die Nordseite des Wilden Kaisers gegenüber der Südseite hatte. Nach St. Johann wurde 1893 in Kössen und drei Jahre später in Walchsee ein Verschönerungsverein gegründet. Auf der Südseite folgte 1902 Söll. In den übrigen Wilder-Kaiser-Gemeinden gab es solche frühen Initiativen nicht. Warum nicht? Walchsee und Kössen lagen näher an der bayerischen Grenze, und da die meisten Sommerfrischler aus Deutschland kamen, lagen sie geografisch und verkehrstechnisch günstiger. Das erste moderne Auto mit Verbrennungsmotor meldete Carl Benz erst 1886 beim Patentamt an, und bis damit jemand in die Berge fahren konnte – und das zu einem halbwegs leistbaren Preis –, sollte es noch länger dauern. Hingegen wurde bereits 1878 eine Anschlussbahn an die Bahnstrecke Rosenheim–Salzburg eröffnet, und zwar von Prien am Chiemsee nach Aschau nahe der Tiroler Grenze. Von dort aus, so erklärte der Literat Simon Prem in der „Wiener Zeitung", drängten viele am Chiemsee verweilende Sommerfrischler für ein paar Tage ins Gebirge und die „schaurig-schöne"[3] Nordseite des Kaisergebirges diente ihnen als erste Anlaufstelle. 1884 wurde dann noch eine Nebenbahnlinie nach Marquartstein im Achental eröffnet, von wo aus nur mehr 15 km nach Kössen zurückzulegen waren.

Großer Beliebtheit erfreute sich der Walchsee, vor allem bei den Münchenern. Dafür verantwortlich waren neben der natürlichen Anziehungskraft des landschaftlich reizvollen Badesees auch die Schilderungen der Reiseschriftsteller, allen voran des bereits erwähnten Heinrich Noë, dessen Erzählung „Die grüne Insel" hier spielt. Nicht außer Acht gelassen werden darf zudem die Bedeutung lokaler Akteure.

Söll um 1900

In Walchsee als Ort mit langer Sommerfrischetradition gab es bereits Ende des 19. Jahrhunderts einen **aktiven Verschönerungsverein und folglich auch Postkarten.**

Nicht überall in den Dörfern am Kaisergebirge war nämlich das unternehmerische Potenzial gleichermaßen ausgeprägt. Dort, wo bereits eine gastronomische Infrastruktur vorhanden war, belebte die Konkurrenz tatsächlich das touristische Geschäft. So verwundert es wenig, dass bei der Gründung der Verschönerungsvereine meist Gastwirte maßgeblich beteiligt waren. Zugleich sind die ersten Initiativen zur Gründung genau dort auszumachen, wo schon vor dem Einsetzen des ersten Touristenstromes mehr als drei Gaststätten zu finden waren.

Die Verschönerungsvereine gaben bald schon sogenannte Fremdenlisten und Wohnungslisten heraus. Die Fremdenlisten basierten auf den polizeilichen Meldedaten. Zu finden waren darin Name, Beruf, Herkunftsort und Quartier der angekommenen Touristen. Das Besondere daran: Diskretion im heutigen Sinne gab es nicht; diese Listen wurden veröffentlicht. Während der Hauptsaison erschienen die im Kufsteiner Verlag Lippott gedruckten Register periodisch wie eine Art Wochenblatt.[4] Sie dienten also nicht nur zur polizeilichen Kontrolle und zu statistischen Zwecken, sondern vor allem zur Information der Touristen: Die Ankommenden wussten, wo sie wen treffen würden, wo prestigeträchtige Sozialkontakte gepflegt werden könnten oder welche Gaststätte sie meiden mussten, um unliebsame Begegnungen mit weniger gern gesehenen Bekannten zu verhindern. Darüber hinaus waren darin Veranstaltungstipps und andere nützliche Hinweise sowie Inserate von Gastronomiebetrie-

Prospekte herauszubringen war eine der primären **Aufgaben der Verschönerungsvereine.**

ben und diversen Geschäften zu finden. Eine solche „Wohnungs-Liste der Sommerwohnungen in Gasthöfen u. Privathäusern der Tiroler Sommerfrische Kössen" aus dem Jahre 1909 ist heute noch im Tiroler Landesmuseum Ferdinandeum erhalten.[5] Aus Kufstein gibt es ab 1895 eine eigene „Fremden- und Wohnungsliste", aber bereits 1875 wurden die Meldedaten der in den Gasthöfen abgestiegen Gäste im „Tiroler Grenzboten" veröffentlicht. Die sogenannte Wohnungsliste entsprach in etwa der Funktion des heutigen Online-Unterkunftsangebots des Tourismusverbandes. In dem Verzeichnis waren aber nur die freien privaten Quartiere zu finden.

Doch wie kam es vom lokalen Verschönerungsverein zur eingangs erwähnten landesweiten Organisation des Tourismus im Jahr 1890? Als der Bozener Handelskammersekretär Johann Angerer, der vorher Notar und Bürgermeister in Kufstein war, vorrechnete, wieviel der Tourismus allein im Bezirk Bozen im Jahr 1880 in die Kassen gespült hatte, war vielen Kritikern der Wind aus den Segeln genommen. Die Zahl von über 2 Millionen Gulden (rund 23 Millionen Euro) sprach eine eindeutige Sprache: Hier lag Potenzial. Rasch erkannten die Verantwortlichen, dass sie dieses Potenzial nur durch eine Bündelung der Kräfte in einer überregionalen Organisation voll nützen können. Vier Jahre später wurde in Graz ein

Walchsee in Tirol
Am Kaisergebirge – 668 Meter über dem Meere
Walchsee vom Miesberg aus.
K. k. Post-, Telegraphen- und Telephonstation.
Bahnstationen: Kufstein und Oberaudorf.
Kostenloser Prospekt des
Verschönerungsvereines Walchsee.

Prospekt aus dem Jahr 1902

Delegiertentag für alle am Fremdenverkehr interessierten Vereine der Alpenländer organisiert. Die Allianzen, die dort zwischen einzelnen Ländern entstanden, brachen jedoch bald schon wieder auseinander.

In Tirol wurde indessen die Forderung nach einem eigenen Bündnis immer lauter. Nicht zuletzt deshalb, weil die Länder in Ostösterreich allmählich als immer stärkere Konkurrenten auftraten. Die führenden Tiroler Touristiker waren sich sicher: Nur eine gemeinsame Werbung, ein geschlossenes Vertreten der Interessen vor politischen Gremien und ein gegenseitiger Austausch von Erfahrungen könnten die Konkurrenz längerfristig in Schach halten. Am 19. und 20. Jänner 1889 trafen sich daher in der kleinen Stadt Brixen an die hundert Fremdenverkehrsinteressenten aus Süd- und Osttirol und gründeten den „Deutsch-Süd- und Osttiroler Fremdenverkehrsverein". Nordtiroler waren nicht eingeladen. Diese setzten sich nämlich in den Augen der Südtiroler Organisatoren zu wenig für die Belange ihrer südlichen Nachbarn ein, gründeten daraufhin aber umgehend den „Verein zur Hebung des Fremdenverkehrs in Nordtirol". Doch schon bald einigten sich die zwei Vereine auf eine Fusion, die 1890 in der ersten gesamttirolischen Fremdenverkehrsorganisation mündete. Bis zum Ausgang des Ersten Weltkriegs, der den Verlust Südtirols zur Folge hatte, blieb der Verein in dieser Form bestehen. Dem Vorbild des Alpenvereins folgend, wurde der Verein dezentral organisiert. In jedem Dorf sollten eigenständige Filialvereine (Sektionen) gegründet werden dürfen. Manche Verschönerungsvereine benannten sich nun in „Fremdenverkehrsverein" um.

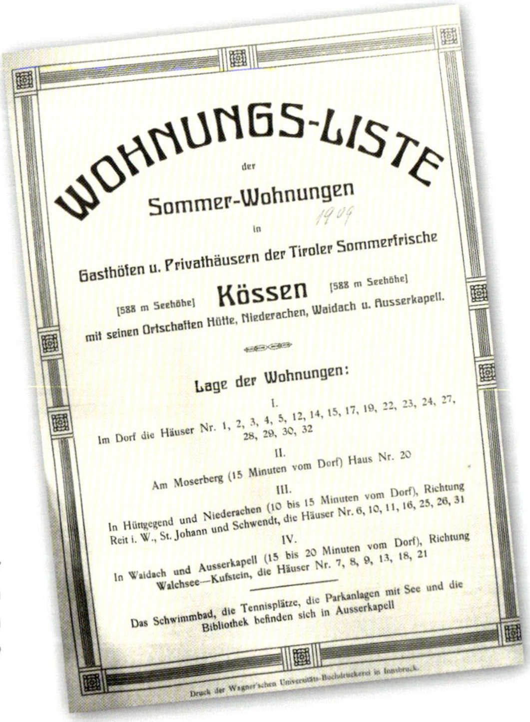
WOHNUNGS-LISTE
der
Sommer-Wohnungen
1909
in
Gasthöfen u. Privathäusern der Tiroler Sommerfrische
[588 m Seehöhe] Kössen [588 m Seehöhe]
mit seinen Ortschaften Hütte, Niederachen, Waidach u. Ausserkapell.

Lage der Wohnungen:

I.
Im Dorf die Häuser Nr. 1, 2, 3, 4, 5, 12, 14, 15, 17, 19, 22, 23, 24, 27, 28, 29, 30, 32

II.
Am Moserberg (15 Minuten vom Dorf) Haus Nr. 20

III.
In Hüttgegend und Niederachen (10 bis 15 Minuten vom Dorf), Richtung Reit i. W., St. Johann und Schwendt, die Häuser Nr. 6, 10, 11, 16, 25, 26, 31

IV.
In Waidach und Ausserkapell (15 bis 20 Minuten vom Dorf), Richtung Walchsee—Kufstein, die Häuser Nr. 7, 8, 9, 13, 18, 21

Das Schwimmbad, die Tennisplätze, die Parkanlagen mit See und die Bibliothek befinden sich in Ausserkapell

Druck der Wagner'schen Universitäts-Buchdruckerei in Innsbruck.

Liste der Vermieter in Kössen aus dem Jahr 1909

Ellmau heute

Als erster Fremdenverkehrsverein in der Gegend um den Wilden Kaiser wurde 1891 in Kufstein der Verein zur Hebung des Fremdenverkehrs aus der Taufe gehoben. In St. Johann, Kössen und Walchsee gab es bald ähnliche Vereine. Auf der Südseite des Wilden Kaisers, die im heutigen Tourismusverband Wilder Kaiser zusammengefasst ist, dauerte es hingegen etwas länger.[6]

1911 trat in Tirol das 1. Landesfremdenverkehrsgesetz in Kraft. Damit war Tirol Vorreiter der gesamten Monarchie. Der Landesverband für Fremdenverkehr wurde zu einer halbamtlichen Körperschaft, dem „Landesverkehrsrat", umgewandelt. Blickt man auf die rasante Entwicklung der Gästezahlen nach der Jahrhundertwende, wird klar, warum es ausgerechnet zu dieser Zeit und ausgerechnet in Tirol zu dieser Maßnahme kam: Während im Jahr 1900 in Kufstein überschaubare 7804 Gästemeldungen verzeichnet wurden, waren es 1911, als das Gesetz in Kraft trat, schon 28.000, also beinahe viermal so viele.[7] Dabei muss betont werden, dass Kufstein damals zu den erfolgreichsten Tourismusorten in Tirol

Postkarte aus Ellmau, abgesendet 1912

gehörte. In Gesamttirol verdoppelte sich die Gästezahl in diesem Zeitraum (1900–1911) von 461.000 auf 983.000.[8] Damit hatte sich Tirol binnen weniger Jahre zum führenden Tourismusland in Österreich bzw. in der Donaumonarchie entwickelt. Darauf musste die Landesregierung mit entsprechenden Rahmenbedingungen reagieren.

Dass sich der „Fremdenverkehr" – wie man damals sagte – nicht nur auf Städte und größere

Gemeinden beschränkte, zeigen die Zahlen aus Ellmau. Dort meldete man im Jahr 1911 immerhin 918 Gäste; davon beachtliche 608, also die absolute Mehrheit, aus dem Deutschen Reich, 134 aus Tirol, 79 aus Wien, 79 aus der übrigen Monarchie, sechs aus England, fümf sogar schon aus Russland, vier jeweils aus Holland und aus der Schweiz und zwei aus den USA. In Anbetracht der Tatsache, dass in Ellmau damals nur 890 Einwohner lebten, ist das auf den ersten Blick eine beachtliche Zahl. Bei näherem Hinsehen fällt jedoch auf, dass 611 Gäste nur eine Nacht in Ellmau blieben. Das heißt, die Mehrheit war auf der Durchreise, und die Zahl der Nächtigungen, die die Statistik noch nicht erfasste, hielt sich in Grenzen. 122 Personen blieben zwei bis drei Tage, 88 über vier Tage und 22 Gäste über vier Wochen. Die längste Aufenthaltsdauer erklärt sich durch die sogenannten Sommerfrischler, die mit ihren Familien den gesamten Sommer in Ellmau verbrachten. Im Nachbarort Söll hingegen wurden 1911 nur 255 Gäste gezählt – und auch im bekannten Sommerfrischeort Walchsee nur 622; allerdings gab es dort viel weniger Durchzugsverkehr, was letztlich höhere Nächtigungszahlen bedeutete.[9]

↓ **Ellmau** 1914
↓↓ **Ellmau** heute bei Nacht

Betrachtet man dagegen die Gästezahlen in Brixlegg und Langkampfen – im Jahr 1911 waren es 1208 bzw. 3066 –, zeigt sich ein Phänomen, das für die Anfangsphase des Tourismus typisch war. Damals galt das Inntal noch als attraktiver Erholungsraum ohne Verkehr und Industrie. 2014 verzeichnet der mittlerweile stark industriell geprägte Ort Langkampfen nur 5409 Ankünfte, also nicht einmal doppelt so viele wie vor 100 Jahren. Ellmau hingegen konnte die Zahl um mehr als das 130-fache (!) steigern (von 918 auf 122.564 im Jahr 2014).[10] Der Tourismus hat das einst verkehrsbegünstigte Inntal verlassen und sich in die ruhigere und schneesichere Peripherie, in die höher gelegenen und inzwischen ebenso bequem per Auto erreichbaren Seitentäler verlagert. Diese Veränderung betrifft ganz Tirol. Die Nächtigungszahlen Kufsteins etwa machten die Stadt lange Zeit zum mit großem Abstand führenden Tourismusort am Wilden Kaiser. Heutzutage verzeichnet Kufstein mit nur knapp über 130.000 Nächtigungen im Jahr eine niedrigere Zahl als noch in den 1920er Jahren, in der Anfangsphase des Tourismus. Im Vergleich dazu hat ein kleiner Ort wie Ellmau mittlerweile ungefähr fünfmal so viele Nächtigungen wie die Stadt Kufstein.[11]

ZWISCHEN KRISEN UND KRIEGEN (1919–1945)

Der Erste Weltkrieg brachte den Tourismus völlig zum Erliegen, und es sollte länger dauern, bis das Vorkriegsniveau wieder erreicht war. Der Untergang der Monarchien in Deutschland und Österreich brachte neue Staatsformen und eine neue Gesellschaftsordnung, neue Staaten und neue Grenzen. Hunger und Inflation prägten die ersten Nachkriegsjahre. In dieser Zeit der Versorgungskrisen waren die Touristen keinesfalls überall gern gesehene Gäste.

Viele Einheimische sahen sie als Konkurrenten um die knappen Nahrungsmittel, deren Preise glaubten sie durch die Gäste in die Höhe getrieben.[12] Aufgrund der Geldentwertung könnten Gäste spottbillig leben und vieles genießen, was die Bevölkerung vor Ort nicht bekomme, analysierte der Kufsteiner „Grenzbote“: „Die Art und Weise, in der von den fremdländischen Gästen gepraßt und gezecht wird, in einer Zeit, da viele Tiroler Familien kaum das Nötigste zum Leben haben und nicht wissen, wie sie ihre Kinder ernähren sollen, ist geradezu herausfordernd. Er [Landtagsabgeordneter Hödl] legte der Landesregierung nahe, in dieser Angelegenheit mit der italienischen und deutschen Regierung in Verbindung zu treten, damit auf irgend eine Weise die nach Tirol Reisenden auf ein gemessenes Benehmen verwiesen werden.“[13]

Empfohlen wurde folglich, vor allem solche Ausländer zu empfangen, die ihre Lebensmittel selbst mitbringen und sie nicht den Einheimischen wegnehmen würden. Nicht wenige Herren im Handelsministerium und in der Tiroler Landesregierung waren sich der volkswirtschaftlichen Bedeutung des Tourismus bewusst und erkannten seine Rolle als Devisenbringer zum Ausgleich des Handelsbilanzdefizits. Sie suchten nach Möglichkeiten, den Tourismus wieder anzukurbeln. Eine damit zusammenhängende Maßnahme war eine Lebensmittelspende aus dem Deutschen Reich für den Fremdenverkehr in Tirol. So stellte der deutsche Reichsernährungsminister dreißig Waggons Mehl, fünf Waggons Fett und drei Waggons Reis zur Verfügung, um den Gästen aus Deutschland einen Tirolbesuch zu ermöglichen, ohne die knappen Nahrungsbestände der Tiroler zu schmälern.[14] Mit dieser großzügigen Spende war zugleich eine Verbesserung der Versorgung der einheimischen Bevölkerung sichergestellt.

Dem gegenüber standen Einreisebeschränkungen, die zunächst gerade auch aufgrund der Ernährungsschwierigkeiten erlassen worden waren. Immer wieder berichtete der „Grenzbote“ über massive Schikanen beim Grenzübertritt in Kufstein. „Man werde an der Grenze (wenigstens bei Reisen mit der Bahn) nicht mehr als Mensch, sondern als Verbrecher behandelt“[15], urteilte der Kufsteiner Landtagsabgeordnete und Hotelier Dillserberger in Hinblick auf den Fremdenverkehr scharf. Nach mehrmals wechselnden Regelungen für den Grenzübertritt und Visumzwang kam es 1925 zu einem Abkommen zwischen Österreich und Deutschland, das ein Passieren der Grenze mit nicht mehr als einem gültigen Reisepass ermöglichte.

Ein weiteres Phänomen, das sich damals im Fremdenverkehr stärker als je zuvor bemerkbar machte, war der Antisemitismus. Die schwierige ökonomische Lage nach dem Ersten Weltkrieg und das Trauma der Niederlage führten zu einer starken Zunahme. Tausende jüdische Flüchtlinge

Blick vom Ellmauer Tor gegen Süden

Ellmau i. T., 812 m ü. d. M.

Die Perle des Kaisergebirges

Am Fuße des herrlichen Kaisergebirges liegt auf malerisch grünem Wiesenplane Ellmau. Der Ort ist als

idealer Ferienaufenthalt

zu empfehlen. Gediegene und preiswerte Unterkunft in Gasthöfen und Privathäusern wird gewährleistet. Infolge der herrlichen Lage wunderbare Spaziergänge in nahe gelegene Waldungen, leichte Bergtouren sowie auch Gelegenheit für schwierige Klettertouren. Die herrlichste Alpenflora ist in kurzen Spaziergängen erreichbar. Kohlensäurehaltiges Kalk- und Schieferwasser ist in kurzer Leitung aus Quellen gefaßt. Der schmucke Ort ist durch mehrere Kurse der staatlichen Postautolinie von Kufstein (1 Stunde Fahrzeit) und St. Johann i. T. (1/2 Stunde) aus erreichbar. Postamt mit Telegraph und Telephon. Autovermietung. Arzt mit Hausapotheke.

↑↑ **Ellmau** in den 1920er Jahren
↑↗ In den kleinen Landgemeinden auf der Südseite des Wilden Kaisers wurden erstmals Ende der 1920er Jahre **Tourismusprospekte** gedruckt, viel später als auf der Nordseite (Prospekt Ellmau 1929).
↑ Die Familie Leitner vom Gasthof Au eröffnete 1928 **das erste Schwimmbad in Ellmau**. In Scheffau baute die Familie Eisenmann in jener Zeit ebenfalls ein Bad. Touristisch bereits stärker entwickelte Gemeinden wie St. Johann waren auf diesem Gebiet Jahrzehnte voraus: Seit 1877 (1875 Giselabahn) gab es dort einen künstlichen Schwimmteich und seit 1901 ein Schwimmbad.

Der **Pfandlhof** im Kaisertal

Griesner Alm um 1900

aus dem Osten der untergangenen Monarchie, die vor allem in Wien Zuflucht suchten, verstärkten die Angst vor dem Fremden. Deutschnationale und christlichsoziale Politiker stempelten die Juden zu Sündenböcken und machten sie für die Krise und sogar für den verlorenen Weltkrieg verantwortlich. Der von mehreren Politikern ins Leben gerufene Tiroler Antisemitenbund bildete einen eigenen Ausschuss, um zu verhindern, dass Juden nach Tirol zur Sommerfrische kommen. Der Bund appellierte an die Vermieter: „Es gibt nur ein wirksames Mittel, den Juden die Sommerfrische in Tirol unmöglich zu machen und das ist, ihnen keine Wohnungen zu geben.“ [16]

Die Stimmung am Land war ähnlich. Aus Kössen wurde berichtet: „Unser Gebirgsdörfchen steht mitten im regsten Fremdenverkehr, sind doch auch Gegend, Wetter und Leibesversorgung wie geschaffen für einen Sommeraufenthalt. Leider hat der Fremdenstrom auch Fremdlinge hergebracht: die Semiten. Ließe sich da gar nichts tun, um zu erreichen, daß die deutsche Heimat nur unserem

Volke und erwünschten Gästen zugänglich ist? […] [E]rraffen wir uns und machen wir den Anfang, den deutschen Volkskörper vom jüdischen Aussatz zu heilen, sonst wird es nicht lange dauern und wir können den Wienern, die nicht mehr Herren im eigenen Hause sind, die Hand reichen."[17] Auch im Gemeinderat von St. Johann wurden solche Debatten geführt und Beschlüsse gegen jüdische Sommerfrischegäste gefasst.

In Ellmau waren jüdische Gäste hingegen gerne gesehen. Aus der Zwischenkriegszeit wird erzählt, dass wohlhabende jüdische Unternehmer aus Wien gerne zu Gast waren und nicht wenig Geld im Ort gelassen haben sollen. Ein Touristiker gab dazu folgenden Ratschlag: „In Tirol soll man berücksichtigen, daß nicht jeder, der eine krumme Nase hat, ein Jude sein muß, und wenn er es wirklich ist, so soll man ihm das Geld genau so abnehmen wie einem anderen Fremden, denn es wird unmöglich sein, die Juden über das Rote Meer zu jagen."[18]

Durch die Inflation und die Währungsreform von 1923 verloren Tausende Deutsche über Nacht ihr Vermögen. Hinzu kam, dass die deutsche Regierung für 1924 eine Ausreisegebühr von 500 Goldmark pro Person verhängte. Diese Gebühr wurde zwar bald wieder aufgehoben, aber wegen der zeitverschobenen Inflation in den beiden Ländern hatte sich das Blatt trotzdem gewendet: Nun wurde Österreich für die Deutschen teuer. Die Folge: „Im Kaisertal herrscht seit Wochen eine Ruhe wie in den ersten Tagen des Krieges. Tagelang, oft die ganze Woche hindurch, ist kein Tourist zu sehen und wo sonst fröhliche Jodler tirolischer, bajuwarischer oder Berliner Herkunft ins Tal schallten, da herrscht Totenstille."[19] Die Griesner Alm im Kaiserbachtal habe gar nicht erst aufgemacht unter diesen Bedingungen und der erst renovierte Pfandlhof im Kaisertal kämpfe mit berechtigten Existenzsorgen, berichtete die Zeitung.

Dieser Einbruch bei den deutschen Gästen machte den Ruf nach mehr Werbung in Wien laut. Der Hotelier König aus Kufstein ergriff daraufhin beispielsweise selbst die Initiative, indem er eine Diashow mit Werbebildern vom Wilden Kaiser bezahlte; sie wurde während der Pausen im Theater an der Wien und im Ronacher vorgeführt. Und tatsächlich: Das Ausbleiben der deutschen Gäste konnte durch inländische Gäste kompensiert werden.[20] Hauptsächlich dafür verantwortlich war freilich, dass sich in Österreich die wirtschaftlichen Verhältnisse wieder stabilisiert hatten und eine neue Reiselust entstand. Auch in Deutschland normalisierte sich die Lage allmählich und der Tourismus erreichte bald eine neue Dimension. Mitverantwortlich dafür war die neue Sozialgesetzgebung in den jungen Demokratien, die nicht nur den 8-Stunden-Tag brachte, sondern den Arbeitern erstmals auch einen bescheidenen Urlaub gewährte. Der gesellschaftliche Wandel ließ eine bürgerliche Mittelschicht entstehen, immer mehr Menschen konnten an bislang elitären Annehmlichkeiten, wie etwa Urlaub, partizipieren. Im Wilden Kaiser war dies dadurch bemerkbar, dass sich – wie im Kapitel zum Bergsteigen erwähnt – zu den kletternden akademischen Eliten immer mehr Arbeiterkinder aus München gesellten.

Allmählich wurde in den kleinen Orten um den Wilden Kaiser ein bescheidener Sommertourismus wahrnehmbar. In Going etwa begannen die Höfe Turnbichl, Eben und Schaderer im Jahr 1927 erste Gäste zu beherbergen. Anna Unterrainer, den Einheimischen als Lederer Nani bekannt, erinnert sich noch an den ersten Gast aus München, einen gewissen Herrn Niggler, der im Sommer auf einem Strohsack am Balkon nächtigte. Für sie und ihre Geschwister hatte die Beherbergung damals zwei Seiten. Einerseits mussten sie den „Fremden" Platz machen und für sie die Stube räumen, andererseits waren die Gäste – und vor allem deren Kinder – gern gesehene Spielgefährten, die Abwechslung zum

1925 eröffneten Josef und Emma Schmidinger **die erste „Fremdenpension" in Ellmau.**

Scheffau 1933

bäuerlichen Alltag, interessante Kontakte und nicht selten kleine Geschenke brachten.

In Ellmau wurde zwei Jahre vorher, 1925, die erste private „Fremdenpension" geöffnet: von Josef und Emma Schmidinger. Überliefert sind noch die akribisch festgehaltenen Geschäftszahlen aus den ersten Jahren. Aus den Einnahmen ablesbar ist nicht nur die regionale Entwicklung des Tourismus, sondern die allgemeine Lage der Weltwirtschaft. Zunächst spiegelt sich in den Zahlen der konstante Aufschwung in den als „Goldene Zwanziger Jahre" apostrophierten Jahren nach 1924 wider. Als dann 1929 mit dem sogenannten Schwarzen Freitag die Weltwirtschaftskrise eingeläutet wurde, begannen die Einnahmen einzubrechen. Wie auch bei den Gästezahlen erfolgte dies nicht plötzlich, erst 1930/31 war der Tiefpunkt erreicht.[21]

Die gesteigerten Aktivitäten in der Privatvermietung zeichnen sich auch in den Entwicklungen auf der organisatorischen Ebene ab. Das zunehmende Interesse am Urlaub führte bereits in den 1920er Jahren zur Gründung von Fremdenverkehrsvereinen in Ellmau und Scheffau. So trafen am 19. April 1929 im Gasthof Maikircher in Scheffau einige „Fremdenverkehrsinteressenten" zusammen, um über die „Fremdenverkehrsförderung" im Ort zu sprechen. Darunter Bürgermeister Peter Horngacher, Schulleiter Gabriel Baumgartner, Lehrer Mathoy, Sägewerksbesitzer und Unternehmer Michael Widschwentner und die „Nutznießer" des Fremdenverkehrs, wie es im Protokollbuch[22] zur ersten Versammlung hieß: Wirte, Krämer und Privatzimmervermieter. Als Referent erschienen Paul Neuner, Dorfarzt und zugleich Obmann des kurz zuvor gegründeten Verkehrsvereins Ellmau, sowie der Oberlehrer Hugo Brunner, Schriftführer des Ellmauer Vereins. Auffällig erscheint die hohe Zahl der Lehrer unter den Fremdenverkehrsinteressenten, die sich noch länger beobachten lässt: Immer wieder tauchten Lehrer an verschiedenen Positionen in den „Verkehrsvereinen" auf, später vor allem als eloquente Reiseführer.

Der Ellmauer Arzt Neuner sprach bei der Veranstaltung über die wirtschaftliche Bedeutung des Fremdenverkehrs, über die Chancen für die Bevölkerung und über den Sinn und Zweck eines solchen Vereins. Dabei zeigte er auf, welchen Anstoß das „Fremdenverkehrs-Förderungsgesetz" von 1927 für die Gründung von Ortsvereinen darstelle: Gibt es keinen Ortsverein, fließen die im Gesetz vorgesehenen Pflichtabgaben der einzelnen Tourismusinteressenten vor Ort dem Tiroler Zentralverein zu; im Fall eines eigenen Vereins bleiben die Mittel hingegen im Ort und der Verein kann selbst darüber bestimmen. In Scheffau zeigte dieses Argument – wie auch in vielen anderen Gemeinden – Wirkung, der Fremdenverkehrsverein wurde gegründet. Er orientierte sich am Ellmauer Verein, die Statuten wurden eins zu eins übernommen.

Ausschnitt eines Tourismusprospekts von Scheffau aus 1936. Geworben wurde mit Bergen, bäuerlicher Tradition und dem Schwimmbad von Gruttenhüttenwirt Eisenmann.

↑ **Prospekt des Gasthofes Bärnstatt** (um 1955)
↗ Titelseite des **Prospekts von Scheffau** aus dem Jahr 1936

Als größtes und teuerstes Projekt der ersten Zeit nannte der Schriftführer die Produktion eines Ortsprospektes: 5000 Stück sollten davon gedruckt und von den Abgaben der Beitragspflichtigen gezahlt werden. Die meisten dieser Abgaben leisteten die Wirte, die höchsten erstaunlicherweise die weit vom Dorf entfernt und hoch gelegenen, wie Steinberg, Widauer oder Bärnstatt. Hier wird abermals deutlich, dass diese Ausflugsziele im Einzugsgebiet von Kufstein weit mehr Frequenz aufzuweisen hatten als das Dorfzentrum selbst, das vom Kufsteiner Bahnhof weiter entfernt lag. So zahlten die Gasthöfe im Dorfzentrum aufgrund geringerer Gästezahlen deutlich weniger. Die Einsicht, dass ein Prospekt für alle nützlich sein könnte, teilten die Privatzimmervermieter nicht. Sie sträubten sich dagegen, weil sie darin hauptsächlich für die Gastwirte einen Nutzen sahen.

Nach der Weltwirtschaftskrise kam 1933 der nächste Schock für den Fremdenverkehr: die 1000-Mark-Sperre. Hitler hatte beschlossen, dass jeder Deutsche 1000 Mark zahlen musste, wenn er die Grenze nach Österreich übertreten will. Das kam faktisch einer Grenzsperre gleich, denn die Kaufkraft von 1000 Mark entspricht heute annähernd jener von 5000 Euro.

Die finanzielle Hürde, mit der die Nationalsozialisten den Sturz des Bundeskanzlers Engelbert Dollfuß herbeiführen und den „Anschluss" vorbereiten wollten, erwies sich als wirksam. Der Anteil deutscher Touristen am österreichischen Fremdenverkehr betrug 1932 circa 40 Prozent. Die Gesamtzahl der Übernachtungen in Österreich sank bis 1934 um ein Viertel. In Tirol waren die Auswirkungen jedoch weitaus stärker, weil der Anteil deutscher Gäste viel höher war. Allein die Zahlen von Kufstein sprechen eine deutliche Sprache. 1929, als der Tourismus in Kufstein seinen vorläufigen Höhepunkt erreicht hatte,[23] wurden noch 157.853 Übernachtungen gezählt. Die Weltwirtschaftskrise ließ die Zahl im Jahr

Plakat von Kufstein aus dem Jahr 1935. Der Einbruch des Tourismus durch die 1000-Mark-Sperre machte besondere Werbemaßnahmen außerhalb Deutschlands nötig.

Nach der 1000-Mark-Sperre versuchte auch der Kufsteiner Fremdenverkehrsverein **neue Quellmärkte** zu erschließen, hier die Niederlande.

1932 auf 67.658 sinken. Mit 24.511 Nächtigungen war 1934 der Tiefpunkt in Folge der 1000-Mark-Sperre erreicht: Nur fünf Jahre nach dem Höhepunkt waren die Nächtigungen auf ein Sechstel der ursprünglichen Zahl gesunken; nur 8000 Ankünfte wurden in diesem Jahr verzeichnet.[24] Das waren Zahlen wie in den Anfangsjahren des Tourismus um 1900.

In den kleinen Orten am Wilden Kaiser sahen die Verhältnisse ähnlich aus. So war die bereits erwähnte Pension der Familie Schmidinger in Ellmau gezwungen, ihre Räume billig und längerfristig an Einheimische zu vermieten. In Scheffau wurde im Verkehrsverein beraten, ob es überhaupt noch sinnvoll sei, den Verein weiter aufrecht zu erhalten. Der Ausschuss entschied sich schließlich für die Weiterführung des Vereins, da das Gebiet sonst dem Verkehrsverein Kufstein angeschlossen worden wäre; das hätte höhere Beiträge und eine fehlende Interessensvertretung bedeutet.[25]

Die österreichische Regierung versuchte, die Gästeverluste aus Deutschland durch Urlauber aus anderen Nationen zu kompensieren. Zu diesem Zweck wurde die Österreichwerbung gegründet, und eine intensive Werbetätigkeit in anderen Ländern begann; zudem sollten auch Inländer zu einem Österreichurlaub bewegt werden. Die Taktik ging nur zum Teil auf. Im Tiroler Unterland konnte nur Kitzbühel die Verluste ausgleichen. Der noble Skitourismus war für die internationale High Society attraktiv, schon zuvor waren hauptsächlich Engländer dorthin gereist. Am stärksten betroffen waren grenznahe Orte, also so gut wie alle Orte am Kaisergebirge, die stark vom Tagestourismus abhängig waren. Darüber gibt es keine quantitativen Daten, aber viele Hinweise in Zeitungsberichten.

1936 fiel die 1000-Mark-Sperre. Viele Touristiker hatten, wie von den Nationalsozialisten intendiert, der österreichischen Regierung die Schuld an dem Desaster gegeben – und nicht den eigentlichen Verursachern. Inzwischen befürworteten viele regionale Tourismusinteressierte Hitlers Politik. Vor allem in Kufstein und Kitzbühel gab es deutschnational geprägte Familien unter den Gastronomen, die mit der NS-Politik sympathisierten und teils wegen nationalsozialistischer Betätigung ins Visier der Behörden gerieten.[26] Die Nächtigungszahlen stiegen wieder an, erreichten aber – beispielsweise in Kufstein – nicht mehr das Niveau des Rekordjahres 1929.

Unterm Hakenkreuz. Hitler gab dem Tourismus eine neue Bedeutung: „Ich will, daß dem Arbeiter ein ausreichender Urlaub gewährt wird und daß alles geschieht, um ihm diesen Urlaub sowie seine übrige Freizeit zu einer wahren Erholung werden zu lassen. Ich wünsche das, weil ich ein nervenstarkes Volk will, denn nur allein mit einem Volk, das seine Nerven behält, kann man wahrhaft große Politik machen."[27]

Gebirgsjäger während des Zweiten Weltkrieges im Wilden Kaiser

Die Kraft-durch-Freude-Organisation ermöglichte erstmals breiten sozialen Schichten das Reisen. Tirol sollte zum „Erholungsgau“ für das gesamte deutsche Volk werden. Das freute die Gastronomie. Sonderzüge mit tausenden Urlaubern fuhren seit 1938 in die Berge. Besonders beliebt waren Kufstein und Kitzbühel. Die KdF-Reisenden durchwanderten den Wilden Kaiser; dazu wurden beispielsweise in St. Johann, aber auch an anderen Orten eigene KdF-Veranstaltungen, Vorformen der Tiroler Abende, angeboten. Mit Ausbruch des Krieges begann jedoch der Urlauberstrom allmählich abzureißen, stattdessen kamen Flüchtlinge und Soldaten.[28]

NACH DEM ZWEITEN WELTKRIEG

Richtig los ging es mit dem touristischen Aufschwung aber erst nach dem Zweiten Weltkrieg – mit einer Rasanz, wie sie sich selbst die optimistischsten Tourismusvisionäre nicht erträumt hätten. Verantwort-

Im Nationalsozialismus wurde der Urlaub neu erfunden. Tausende weniger finanzkräftige Reichsbürger sahen erstmals die Berge, bis der Krieg all dem ein Ende bereitete. Selbst noch während des Krieges wurden im Wilden Kaiser aber schwierigste Kletterrouten gemacht. In der Heeresgebirgs-Sanitätsschule in St. Johann waren nämlich viele ambitionierte Bergsteiger stationiert.

lich dafür war unter anderem das Wirtschaftswachstum in Mitteleuropa, das einen neuen Mittelstand hervorbrachte; der Urlaub wurde unverzichtbares Inventar eines neuen kleinbürgerlichen Lebensstils. Allmählich konnte und wollte sich beinahe jeder Durchschnittsbürger Mobilität leisten. Die viel zitierten „Reiseweltmeister" aus Deutschland kauften sich stolz ihre ersten Autos, mit denen sie zu den Sehnsuchtsorten Alpen oder Adria aufbrachen.

Das wirtschaftliche Potenzial dieser Entwicklungen blieb in Tirol freilich nicht unbemerkt – weder auf Landesregierungsebene noch in den Dörfern am Wilden Kaiser. Mit dem Landesfremdenverkehrsgesetz von 1949 wurde der Tourismus nach dem Zweiten Weltkrieg neu geregelt. Die existierenden Verkehrsvereine wurden Körperschaften öffentlichen Rechtes und die Landesorganisation war nun eine Dienststelle des Landes Tirol. Ein Ort nach dem anderen wurde als Sommerfrischedestination – zugespitzt formuliert – neu erfunden. Am augenscheinlichsten wird diese Erfindung (oder Entdeckung) am Beispiel von Ellmau, wo bereits im April 1950 der vor dem Krieg bestehende Fremdenverkehrsverein neu gegründet wurde. In der „Tiroler Tageszeitung" hieß es: „Die Entdeckung Ellmaus hängt mit der Aufmerksamkeit eines Mannes zusammen, der durch Tirol reiste, um einen Platz zu finden, an dem sich seine Kunden wohlfühlen können. Als Hans Joachim Strickrodt, Inhaber eines Reisebüros in Hannover, […] erstmals Ellmau, den Kaiser und die liebliche Umgebung des malerischen Ortes sah, wusste er, dass dieser stille Flecken Erde, der richtige Platz für die vom deutschen Wirtschaftswunder arg mitgenommenen Nerven seiner Kunden sein würde." [29]

Bis 1953 hatte Ellmau als Geheimtipp einzelner Individualisten gegolten. Damals gab es nur 100 Fremdenbetten. Trotzdem rollten schon im ersten Sommer, als Hummel-Reisen Ellmau zum Hauptziel in Tirol erkoren hatte, 230 Gäste mit dem Reisebus an. Das war der Startschuss für ein sprunghaftes Wachstum im Tourismus. Nur zwei Jahre später, 1955, verzeichnete man 78.000 Übernachtungen und schon im Sommer 1956 zählten die Ellmauer 1000 Gästebetten bei 1200 Einwohnern. Innerhalb von nur drei Jahren hatte sich die Beherbergungskapazität in dem kleinen Bauerndorf verzehnfacht.

↙↓ **Ellmau** in den 1950er Jahren

Hans-Joachim Strickrodt

1958 zählte man mit 125.000 Übernachtungen wieder einen neuen Rekord, 100.000 davon waren bei Hummel-Reisen gebucht worden. Ellmau wurde Tirols Hummel-Ort Nummer eins und zählte mit beträchtlichem Abstand die meisten Nächtigungen im Bezirk Kufstein.[30] Was für das Reiseunternehmen Touropa Ruhpolding in Bayern bedeutete, war für Hummel-Reisen Ellmau.

Bereits vier Jahre nach Kriegsende war Strickrodt als selbstständiger Reiseunternehmer in Hannover tätig und baute ein beachtliches Unternehmen auf, aus dem 1954 Hummel-Reisen hervorging, unter Beteiligung des Axel-Springer-Verlags und drei weiterer Hamburger Gesellschafter. Das Unternehmen zählte zu den drei größten Reisebüros Deutschlands, später sollte daraus TUI hervorgehen.

Strickrodt selbst war begeisterter Skifahrer, Alpenvereinsmitglied und Mitglied im Skiklub Hannover. 1951 bereiste er mit dem Tourenwart des deutschen Skiverbandes alle bekannten Wintersportorte des Alpenraumes zwischen Mallnitz in Kärnten und Montreux am Genfer See, um mögliche Reisedestinationen auszukundschaften. Auf dieser Reise kam er auch nach Ellmau, das ihm bereits 1944, bei einer Rückreise aus den Hohen Tauern nach Hannover, aufgefallen war.[31] Das verschlafene Bauernörtchen schien Potenzial zu haben. Besonders die verkehrsgünstige Lage sprach neben der Attraktivität der Landschaft für den Ort. Zudem verhießen noch unbekannte Orte billigere Quartiere, wie Strickrodt erzählt.[32] Nach der Rückkehr von seiner Reise plante er ein preiswertes einmaliges Reiseangebot – „Reisen für jedermann“ – nach Ellmau. Eine besondere Herausforderung sei es dabei gewesen, die Genehmigung für einen Sonderzug von Hannover nach München Ost zu erhalten, von wo die Leute mit Bussen nach Ellmau gebracht werden sollten, erinnerte sich Strickrodt; die üblichen Zuggarnituren der Deutschen Bahn wiesen damals noch zu geringe Kapazitäten auf. Im Sommer 1953 war es dann so weit: Mit tatkräftiger Unterstützung durch den Leiter des Fremdenverkehrsbüros in Ellmau, Georg Niedermühlbichler, konnten 5000 Gäste anreisen.

Dann ging es weiter steil bergauf: Ab 1954 wurde Ellmau durch das neue Unternehmen Hummel-Reisen intensiv als Hauptreiseziel beworben: unter dem Begriff „Goldenes Dorf“. Unzählige kleine Reisebüros boten Ellmau an. Die meisten Gäste kamen aus Hannover, Hamburg, Köln und anderen Großstädten, viele waren gegen Ende der 1950er Jahre bereits das zweite oder dritte Mal hier. Vor Ort koordinierte ein Reiseführer die Gruppen: der junge Georg Winkler, der später selbst ein Reisebüro und Sportgeschäft eröffnen und zur bedeutenden Ellmauer Unternehmerpersönlichkeit aufsteigen sollte. Winkler erzählt gerne von dieser Anfangs- und Aufbruchszeit, die nicht immer einfach gewesen sei: „Organisiertes Reisen: Das war ja alles ganz neu. Die Verantwortlichen im Ort – alle honorige Herren – hatten ja keine Ahnung davon. Ja, woher auch!? Wir mussten alle erst lernen. Verkehrsobmann Niedermühlbichler hat einfach im Gasthof zu Hummel-Reisen gesagt: ‚So und so viel Zimmer haben wir zur Verfügung.‘ Aber das war ja nur eine Hausnummer. Niemand hat gewusst,

Prospekte von Hummel-Reisen aus den 1950er Jahren

Werbung für das „goldene Dorf" Ellmau. Rechts auf dem Cover des Magazins der junge **Georg Winkler**

ob diese Zimmer auch tatsächlich zur Verfügung stehen. Oft war dann alles überbucht. Wir mussten hunderte Gäste in anderen Orten unterbringen – kilometerweit weg vom gebuchten Reiseziel. Das war ein Organisationsstress. Aber die Leute haben die Zumutungen geschluckt. Sie waren damals noch viel anspruchsloser. Du musst bedenken: Viele waren ja überhaupt das erste Mal auf Urlaub! Ich habe dann erst einmal einen Zimmerplan gemacht mit Nadeln und Gummibändern, um zu markieren, was besetzt ist. Langsam kam Professionalität hinein."[33]

Alles war pauschal organisiert, all inclusive sozusagen, lange bevor sich dieser Begriff im Tourismus etablierte. Dabei hatten diese Pauschaltouristen relativ große Freiheiten: Sie bekamen Essensgutscheine, die sie in verschiedenen Gastronomiebetrieben, sogar in den Alpenvereinshütten hoch oben im Wilden Kaiser, einlösen konnten. Zuvor hatte das Reisebüro das Geld der im Reisepreis inkludierten und im Voraus bezahlten Gutscheine auf die Raiffeisenbank in Ellmau überwiesen, wo die Wirte dann die Gutscheine in Bargeld eintauschten. Dieses einfache und intelligente System entsprang aber nicht nur der kundenfreundlichen Servicehaltung des Reiseunternehmens, sondern einer Notwendigkeit: Auch abseits der Privatunterkünfte, wo drei Viertel der Gäste untergebracht waren, gab es noch keine Betriebe mit so großen Speisesälen, dass sie die geforderten Kapazitäten abgedeckt hätten. Diese bäuerliche Einfachheit sei aber genau das, wonach die Touristen suchen, wie Strickrodt 1958 in einem Interview feststellte: „Würde Ellmau seinen Charakter als Dorf verändern, hätte es damit seine Anziehungskraft auf dieses Publikum verloren."[34]

Kritiker waren jedoch überzeugt, dass Ellmaus Tage als beschauliches Nest gezählt seien und es sein freundliches Gesicht bald gegen die Fratze des Massenbetriebes eintauschen würde. Tatsächlich führte der touristische Aufschwung binnen kurzer Zeit zu baulichen Veränderungen im Dorfkern und, durch die neuen Erwerbsmöglichkeiten, allmählich auch zu einem sozialen Wandel. Gewiss brachte die Dominanz von Hummel-Reisen auch manchen Nachteil, aber für die Mehrheit der Ellmauer überwogen die Vorteile. Man brauche nur durch das Dorf zu gehen, um zu erkennen, welche positiven Veränderungen der Fremdenverkehr gebracht habe, hieß es in einem enthusiastischen Zeitungsartikel aus dem Jahr 1958, der die wirtschaftliche Aufbruchsstimmung in Ellmau nach dem verheerenden Zweiten Weltkrieg wiedergab. Stolz wurden die Neuerungen seit der „Entdeckung" Ellmaus durch Strickrodt, ironisch wertschätzend als „Columbus" Ellmaus bezeichnet, aufgezählt: drei Gasthäuser, ein Kaffeehaus, ein neuer Saal für große Veranstaltungen, ein neues Sportgeschäft, ein Fotogeschäft, eine Bäckerei und ein Andenkengeschäft. Außerdem würden die neue Skischule, die neue Milchbar und zwei neue Schlepplifte zur Zufriedenheit der Eigentümer florieren; ein Taxi-Unternehmen habe sich vergrößert. Und in den Privathäusern sei der Standard durch Einbau von Bädern und Fließwassereinrichtungen sowie

Fremdenverkehrsvereinsobmann **Georg Niedermühlbichler** (rechts) wird geehrt von **Landeshauptmann Wallnöfer.**

Blick ins Dorfzentrum von Ellmau mit neuer Milchbar rechts (Postkarte von Foto Jöchler 1958)

durch Ausstattung mit neuen Möbeln binnen kurzer Zeit enorm gestiegen. „Zu den Spitzenzeiten waren in den 50ern fünf bis sechs Omnibusse jeden Tag unterwegs für Ausflüge zum Großglockner, nach Innsbruck, Salzburg und später sogar Venedig. Das kann sich heute keiner mehr vorstellen", erzählt Georg Winkler.

VOM BAUERNDORF ZUM TOURISMUSORT

Am meisten betroffen von diesem tiefgreifenden Wandel in der wirtschaftlichen Struktur der Region seit Mitte des 19. Jahrhunderts, vor allem aber seit Ende des Zweiten Weltkriegs, war die Landwirtschaft. Bis dahin war die Region nämlich agrarisch geprägt, und der Großteil der Bevölkerung arbeitete in der Landwirtschaft. Einzelne Industrialisierungstendenzen seit Ende des 19. Jahrhunderts hatten kaum Auswirkungen darauf. Die zwei Weltkriege und die Weltwirtschaftskrise dazwischen verhinderten das Abwandern der landwirtschaftlichen Arbeitskräfte, stattdessen förderten sie das Festhalten an traditioneller Landwirtschaft, die noch bis in die ersten Jahre nach dem Zweiten Weltkrieg vom Streben nach Eigenversorgung geprägt war. Erst danach erfolgte der entscheidende Wandel. Die Basis dafür waren hauptsächlich die Mechanisierung und der allgemeine Wirtschaftsaufschwung. Die Intensi-

Mit dem **Schubkarren** wurden die Gäste und ihr Gepäck abgeholt.

↑↑ Postkarte vom **Brunnhof in St. Johann** (1899)
↑↗ **Die ersten Maschinen beim Stanglwirt** in Going nach dem Zweiten Weltkrieg

vierung und Rationalisierung der Landwirtschaft führte zu einer Konzentration auf leicht zu bewirtschaftende Flächen und zum Wachstum weniger konkurrenzfähiger Großbetriebe auf Kosten der Kleinbauern und vor allem der Bergbauern. Dieser rasche Strukturwandel zwang viele Landwirte zur Aufgabe des Betriebes und leitete das viel zitierte „Bauernsterben" ein. Während sich in der Zwischenkriegszeit (1934) noch 37,3 Prozent, also mehr als ein Drittel der Wohnbevölkerung des Bezirkes Kufstein, zur Land- und Forstwirtschaft bekannte, sank dieser Anteil bis1961 auf 19,7 Prozent. Heute sind es nur mehr rund 4 Prozent.[35]

Welchen Anteil hat der Tourismus an diesen Entwicklungen? Bei der Betrachtung der Statistiken fällt auf, dass sich besonders jene Orte um den Wilden Kaiser zu starken Tourismusorten entwickelten, die noch nach dem Zweiten Weltkrieg über 50 Prozent Bauernanteil aufwiesen. Der Tourismus bot für die Landwirte eine Chance, die steigenden wirtschaftlichen Verluste zu kompensieren. Während die wenigen Bauern im Inntal entweder durch große und leicht zu bewirtschaftende ebene Flächen ohnehin ihr Auskommen fanden oder in den nahegelegenen Industriebetrieben einem Nebenerwerb nachgehen konnten, setzten viele Bauern in den Seitentälern und peripheren Regionen auf den Tourismus – ja sie waren regelrecht darauf angewiesen. Zudem entwickelten sich die landwirtschaftlichen Ungunstlagen in den Bergen zu den neuen landschaftlichen und touristischen Gunstlagen. Während das einst kleine touristische Pionierstädtchen Kufstein und andere Orte im Inntal wegen zunehmender baulicher Dichte und stärkerem Verkehrsaufkommen für den Erholung suchenden Städter stark an Attraktivität verloren, gewannen die noch grüneren und ruhigeren Randregionen. Dort steigerte sich die Zahl der zimmervermietenden Landwirte nach dem Zweiten Weltkrieg rasant.

Hans Joachim Strickrodt, der Geschäftsführer von Hummel-Reisen, der die Region ab Anfang der 1950er Jahre als Pauschalreiseziel vermarktete, präzisierte damals in einem Interview einen der Gründe für diese Entwicklungen: „Das deutsche Reisepublikum von heute entwickelt einen feinen Sinn für alles, was ursprünglich und echt ist. Menschen, die es sich leisten könnten, ganze Appartements in erstklassigen Hotels zu mieten, fahnden gleichsam nach bäuerlicher Unterkunft. Auf den Fragebogen, die wir diesen nach dem Kraftquell der Natur lechzenden

Bis zum Bau des Hotels 1973 stand auch bei der Gastwirtsfamilie Hochfilzer in Ellmau die Landwirtschaft im Zentrum. Mittlerweile wurde die Landwirtschaft komplett aufgelassen. Im Bild der Vater von **Hans Hochfilzer**

Urlaubsreisenden vorlegen, findet sich in der Spalte ‚Welches Quartier wünschen Sie?' immer häufiger die Eintragung: ‚Bergbauer'! So kam es, daß im Laufe der letzten Jahre Großstädter aus dem herrlichen Norden die höchsten Höfe in diesem herrlichen Raum besiedelten und dabei glücklich waren." [36]

Urlaub am Bauernhof damals. Neben der agrarromantischen Attraktivität des einfachen Bauernhofes für die urbane Gesellschaft spielten vor allem ökonomische Motive und die Frage der Unterbringungskapazitäten für Strickrodt und andere Reiseunternehmer eine entscheidende Rolle. 1952 gab es zum Beispiel in Ellmau nur vier Gastbetriebe. Sie waren nicht nur viel teurer als ein Bauernhof, sondern hätten niemals alle von Hummel-Reisen angeworbenen Gäste unterbringen können. Man verkehrte die Quartiersnot zur Tugend, wie Georg Winkler erklärt: „Es gab ja viel zu wenige Quartiere. Viele Bauern haben irgendwo im Haus ein Kammerl voll mit Gerümpel gehabt. Ich bin dann zu den Bauern und hab gesagt: ‚Ja, richte es doch ein bisschen her und vermiete es!' – ‚Ja, meinst wirklich?', haben die Bauern gefragt. Das waren dann meist primitivste Unterkünfte. Wenn du heute dasselbe machen würdest, was wir damals gemacht haben, würden sie dich mit Sicherheit verklagen und Schadenersatz fordern." [37]

Postkarte aus dem Jahr 1902

Ellmau 1955, noch stark dominiert von der Landwirtschaft

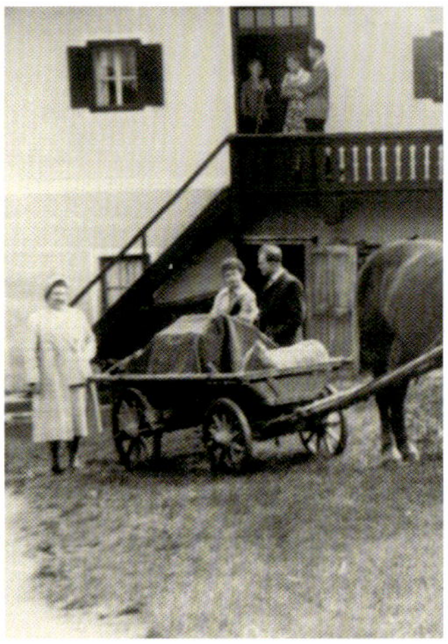

↑↑ **Schöne alte Höfe** sind nach wie vor werbewirksame Motive.
↖ Der **Lehenhof in Ellmau** vermietete bereits in den 1950er Jahren. Zu Werbezwecken ließen die Landwirte Postkarten von ihren Höfen produzieren (Foto Jöchler).
↑ Mit dem **Pferdefuhrwerk** wurde das Gepäck der Gäste zu den höher gelegenen Höfen gebracht.
← **Bäuerliches Idyll,** Postkartenmotiv 1950

Josef, ein Altbauer aus Kössen, erinnert sich noch an die ersten deutschen Gäste: „Uns wurden Fremde aus Hannover geschickt. Wir hatten damals zwei Knechte weniger, weil die Kosten für das Arbeitspersonal so gestiegen sind, und dann kamen auch die ersten Maschinen und wir brauchten sie nicht mehr. Jedenfalls hatten wir dadurch zwei Kammern frei zum Vermieten.“ [38] Auf die Frage nach der Beziehung zwischen Gastgebern und Gästen erzählt er, dass es am Anfang Verständigungsprobleme gegeben habe und das Verhältnis daher eher distanziert gewesen sei: „Wir haben ja in der Volksschule kein Hochdeutsch gelernt und auch kein Fernsehen in hochdeutscher Sprache gehabt wie heutzutage. Irgendwie waren wir doch ein bisschen misstrauisch. Wir haben uns fast ein bissl für den Dialekt geschämt und probiert, nach der Schrift zu reden, was jedoch nicht so recht funktioniert hat. Dann haben wir halt gar nichts mehr gesagt. Wir haben das Gefühl – oder man muss fast sagen Vorurteil – gehabt, dass sie meinen, sie wären uns einfachen Bauern überlegen.“ Ob er den besserwisserischen Norddeutschen, der als klischeehaft überzeichnete Figur aus verschiedenen Filmen bekannt ist, auch

Ländliches Stillleben im **Ellmau** der 1950er Jahre

in der Wirklichkeit getroffen hat? „Im Nachhinein gesehen, hat das anfängliche Gefühl getäuscht. Sie waren nicht überheblich, immer sehr höflich und wahnsinnig wissbegierig. Die haben sich für jedes winzigste Detail interessiert, jedes Gerät, jeden Arbeitsschritt am Bauernhof. Ich hab ja selbst oft nicht genau gewusst, wofür manch altes Gerät, das da herumlag, gut war. Da hab ich mir dann einfach gute Geschichten einfallen lassen, wenn sie mir wieder Löcher in den Bauch gefragt haben. Bald hast dann die Scheu vor den Leuten verloren und hast sie einfach nett unterhalten. Sie haben uns mit der Zeit auch gut verstanden. Oder wir haben gelernt, ‚hochdeutscher' zu reden. […] Den überheblichen, großkotzigen Klischee-Norddeutschen hab ich damals nicht überhaupt nie, aber sagen wir mal sehr, sehr selten erlebt. Und ja, a gutes Geld ist obendrein geblieben."

Und wie sah damals ein Gästezimmer auf dem Bauernhof aus? Wie wurde die Körperpflege erledigt? „Das waren in den 50er Jahren noch getäfelte Zimmer mit Betten und einem Schrank, sonst nichts. Gewaschen haben sie sich am Trog vor dem Haus mit kaltem Wasser. Das wollten sie so. Wasserklosett gab es nicht. Das Plumpsklo aber hat bei uns seinem Namen alle Ehre gemacht, weil alles so weit hinunterfiel in die Jauchengrube", erzählt der Altbauer unter lautem Lachen, um nach kurzem Innehalten nachdenklicher fortzufahren: „Den meisten hat am Anfang dieses einfache Leben gefallen. Einmal ist aber auch eine Frau gekommen, die Fließwasser verlangt hat. Die Ansprüche sind gegen Ende der 1950er Jahre gestiegen und bei vielen hat man den Eindruck gewonnen, dass sie zwar günstig wohnen wollten, aber nicht mehr auf die Hygienestandards der Stadt verzichten haben können." Mit der intensiven Bautätigkeit der 1950er Jahre zog das Badezimmer mit Nasszelle, also Dusche oder Badewanne, in die meisten Haushalte der Deutschen ein. Dieser Standard wurde allmählich auch an den Tiroler Touristenorten nachgefragt. „Wir haben dann in den 60er Jahren eine Etagenbadewanne mit Dusche für die Touristen gehabt. Die alte Bausubstanz des Hofes aus dem 18. Jahrhundert umzubauen, war ja bei uns viel aufwändiger. Die neuen Familienhäuser, die das Wirtschaftswunder und der Tourismus überall aus dem Boden hat wachsen lassen, haben gleich Dusche und WC einbauen lassen. Wir waren dagegen pri-

↓ **Heuernte beim Vorderwaldbauern,** Ellmau 1960
↓↓ Der **Stanglwirt Balthasar Hauser** als junger Bauer

Bei der **Getreideernte,** noch ohne Maschinen

mitiv und mussten nachrüsten oder das Vermieten irgendwann aufgeben."

Viele Landwirte gerieten so unter Zugzwang. Die kleinen Höfe wurden immer unrentabler und der Tourismus bot eine Möglichkeit, die Landwirtschaft weiterzuführen. Hier eröffnete sich vor allem für Bäuerinnen ein neues Betätigungsfeld. Aufgrund der niedrigen Schwelle zwischen klassischer Hausfrauentätigkeit und Zimmervermietung wurden viele Bäuerinnen in die Rolle der Gastronomin gedrängt. Manche ergriffen aber auch selbst die Initiative, wie Herta erzählt: „Früher war es nicht üblich, dass die Frau auch arbeiten geht. Mir war aber das normale Bäuerinnenleben oft zu fad. Ich habe vor der Hochzeit ab und zu als Kellnerin ausgeholfen und das hat mir gefallen. Der Kontakt zu den Menschen liegt mir und am Hof hat mir dieser Kontakt oft gefehlt. Als Ende der 50er und Anfang der 60er ein Nächtigungsrekord nach dem anderen gemeldet worden ist und überall Zimmer aus dem Boden gestampft worden sind, hab ich dann meinen Mann dazu überredet, dass wir auch vermieten."[39] Auch in emanzipatorischer Hinsicht habe dieser neue Wirtschaftszweig am Hof etwas bewirkt, erzählt sie: „Das Vermieten war meine Sache. Meinen Mann hat das ja nicht interessiert. Ich habe damit gutes Geld verdient, das ich alleine verwaltet habe, es war quasi mein eigenes Einkommen." Nicht ohne Stolz und mit Sarkasmus betont sie: „Bei uns war mein Mann sogar finanziell von mir abhängig. Die Vermietung hat ja in den goldenen Anfangszeiten mit minimalem Aufwand – wir haben ja nicht so viel in den Bau investieren müssen – mindestens gleich viel wie die Landwirtschaft abgeworfen. Da ist mein Mann zu mir gekommen mit der Bitte: Könntest du den neuen Traktor zahlen? Er hat mich auch gerade wegen meines finanziellen Beitrages immer sehr respektiert."

Auch andere Bäuerinnen in der Region erwähnen den finanziellen Handlungsfreiraum und den Innovationsvorsprung. So erzählt Anni, dass der Tourismus nicht nur zu einer Modernisierung der baulichen Infrastruktur wie Zimmer und Sanitäranlagen geführt habe, sondern auch zu einer Technisierung: „Wegen der Vermietung habe ich mir schon früh einen Computer angeschafft und Kurse belegt, um die Verwaltung zu vereinfachen. Mein Mann hat damals nicht einmal gewusst, wie man den Kasten einschaltet. Dann kam Ende der 1990er Jahre das Internet und die ersten Anfragen per E-Mail. Hier war ich bei den Ersten im Dorf mit Anschluss. Über die Bauernkammer haben sie Kurse organisiert. Mein Mann hat die Entwicklungen wieder verschlafen."[40]

Die Vermietung schuf also ein neues Betätigungsfeld für Frauen, steigerte ihr Selbstbewusstsein und relativierte die finanziellen Abhängigkeiten im starren patriarchalischen System der Landwirtschaft. Wie aus den Interviews hervorgeht, waren die Gründe für die starke Position der Frau im Sektor Tourismus – außer der direkten Nähe zum Hausfrauenberuf – vor allem steuerlicher Natur. Während des Wirtschaftsaufschwunges bauten viele Landwirte eigene Pensionen, die wegen steuerlicher Vor-

Die Gäste am Balkon.
Urlaub am Bauernhof anno 1954

Bauernhof und Pension Wildschwendt (Foto Jöchler)

teile unter dem Namen der Frau geführt wurden. Diese Rahmenbedingungen stärkten die juristische Position der Frau als eigenständige Unternehmerin. Ein weiterer Aspekt der Wechselwirkung von landwirtschaftlichen und touristischen Interessen war die Möglichkeit, Kindererziehung und Arbeit durch die Vermietung am eigenen Bauernhof unter einen Hut zu bringen. Hätten die Frauen sich auswärts einen Zuverdienst sichern müssen, wäre das Familienleben schwieriger zu organisieren gewesen. Auch aus diesem Grund sehen Kritikerinnen in der Erwerbsmöglichkeit am eigenen Hof jedoch nur eine Verlängerung der alten Ordnung: Die Frau sei weiterhin unter direkter Kontrolle des Mannes und ihr Aufgabenbereich nur eine Erweiterung des konservativen Arbeitsfeldes Hausfrau, allerdings mit erhöhter Belastung. Hildegard, Bäuerin und Wirtin einer Jausenstation in Kössen, sieht das anders: „Ich habe mir hier mit der Jausenstation meinen Traum verwirklicht. Das war allein meine Idee. Mein Mann ist kein Gastwirt. Ich bin gelernte Köchin und verstehe eben von der Landwirtschaft nichts, will

Der beliebte **Berggasthof Achleiten** samt Pension in Söll war ursprünglich eine Landwirtschaft. Inzwischen hat das Gasthaus leider seine Türen geschlossen (Foto Jöchler).

ich auch gar nicht. Ich sehe mich als Gastronomin. Er ist der Landwirt. Ich bin stur, hätte ich auf dem Hof nicht meinen Traum mit seiner Unterstützung verwirklichen können, hätte ich wohl sonst wo ein Lokal gepachtet.“ [41]

Zimmer frei: Eine kurze Geschichte der Privatzimmervermietung. „Du hast nie deine Ruhe gehabt. Mir war das immer zu lästig.“ [42] Klaus blickt zurück auf seine Kindheit in den 1970er Jahren, als seine Eltern Zimmer vermieteten. Er sieht nicht

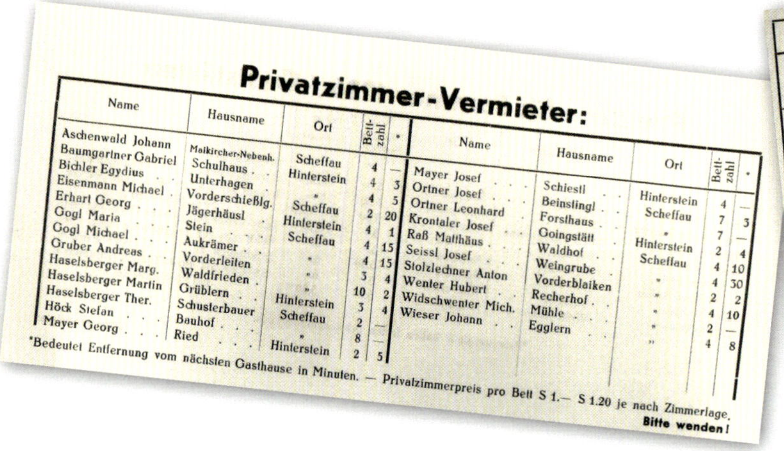

Privatzimmer-Vermieter:

Name	Hausname	Ort	Bettzahl	*	Name	Hausname	Ort	Bettzahl	*
Aschenwald Johann	Maikircher-Nebenh.	Scheffau	4	—	Mayer Josef	Schiestl	Hinterstein	4	—
Baumgartner Gabriel	Schulhaus	Hinterstein	4	3	Ortner Josef	Beinstingl	Scheffau	7	3
Bichler Egydius	Unterhagen	"	4	5	Ortner Leonhard	Forsthaus	"	7	—
Eisenmann Michael	Vorderschießlg.	Scheffau	2	20	Krontaler Josef	Goingstätt	Hinterstein	2	4
Erhart Georg	Jägerhäusl	Hinterstein	4	1	Raß Matthäus	Waldhof	Scheffau	4	10
Gogl Maria	Stein	Scheffau	4	15	Seissl Josef	Weingrube	"	4	30
Gogl Michael	Aukrämer	"	4	15	Stolzlechner Anton	Vorderblaiken	"	2	2
Gruber Andreas	Vorderleiten	"	3	4	Wenter Hubert	Recherhof	"	4	10
Haselsberger Marg.	Waldfrieden	"	10	2	Widschwenter Mich.	Mühle	"	2	—
Haselsberger Martin	Grüblern	Hinterstein	3	4	Wieser Johann	Egglern	"	4	8
Haselsberger Ther.	Schusterbauer	Scheffau	2	—					
Höck Stefan	Bauhof	"	8	—					
Mayer Georg	Ried	Hinterstein	2	5					

*Bedeutet Entfernung vom nächsten Gasthause in Minuten. — Privatzimmerpreis pro Bett S 1.— S 1.20 je nach Zimmerlage.

Bitte wenden!

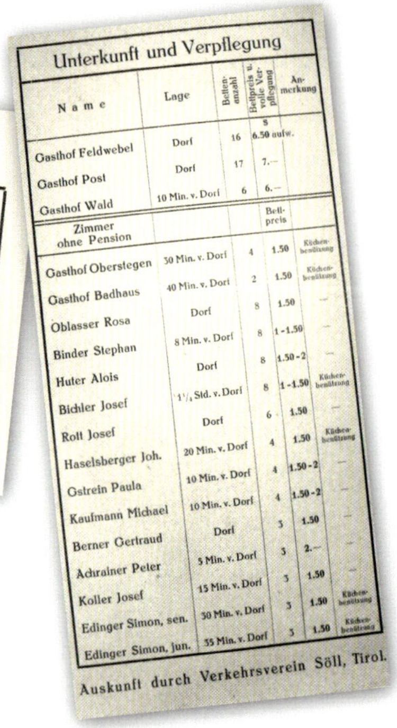

Unterkunft und Verpflegung

Name	Lage	Bettenanzahl	Bettpreis u. volle Verpflegung	Anmerkung
			S	
Gasthof Feldwebel	Dorf	16	6.50 aufw.	
Gasthof Post	Dorf	17	7.—	
Gasthof Wald	10 Min. v. Dorf	6	6.—	
Zimmer ohne Pension			Bettpreis	
Gasthof Oberstegen	30 Min. v. Dorf	4	1.50	Küchenbenützung
Gasthof Badhaus	40 Min. v. Dorf	2	1.50	Küchenbenützung
Oblasser Rosa	Dorf	8	1.50	—
Binder Stephan	8 Min. v. Dorf	8	1-1.50	—
Huter Alois	Dorf	8	1.50-2	—
Bichler Josef	1½ Std. v. Dorf	8	1-1.50	Küchenbenützung
Rott Josef	Dorf	6	1.50	—
Haselsberger Joh.	20 Min. v. Dorf	4	1.50	Küchenbenützung
Gstrein Paula	10 Min. v. Dorf	4	1.50-2	—
Kaufmann Michael	10 Min. v. Dorf	4	1.50-2	—
Berner Gertraud	Dorf	3	1.50	—
Achrainer Peter	5 Min. v. Dorf	3	2.—	—
Koller Josef	15 Min. v. Dorf	3	1.50	—
Edinger Simon, sen.	30 Min. v. Dorf	3	1.50	Küchenbenützung
Edinger Simon, jun.	35 Min. v. Dorf	3	1.50	Küchenbenützung

Auskunft durch Verkehrsverein Söll, Tirol.

Listen der Vermieter in Scheffau und Söll aus den 1930er Jahren

alles positiv: „Geld haben die Gäste schon gebracht, aber ich würde nicht mehr Privatzimmer vermieten wollen. Meine Privatsphäre ist mir viel wichtiger als das Geld." Zweifellos gibt es diese Mir-reicht-es-Haltung unter manchen Einheimischen, die als Kinder von Privatzimmervermietern mit dem direkten Gästekontakt zwangsbeglückt worden sind. „Wir haben die Stube mit den Gästen geteilt. Wenn wir Hausaufgaben gemacht haben, sind die Gäste vom Wandern heimgekommen und haben uns mit ihren tollen Erlebnissen genervt"[43], jammert etwa auch Felix.

Privatzimmervermietung gibt es am Wilden Kaiser nicht erst seit den Konjunkturjahren nach dem Zweiten Weltkrieg. Die Wohnungslisten mit den angeführten freien Zimmern und Wohnungen in Privathäusern gab es – wie geschildert – schon seit Ende des 19. Jahrhunderts (zuerst in Kufstein, später auch in den anderen Sommerfrischeorten um den Wilden Kaiser). Doch waren es damals noch wenige Vermieter. Nach dem Zweiten Weltkrieg entstand in der neuen Mittelschicht der Traum vom Einfamilienhaus. Viele planten in ihren Häusern zusätzliche Gästezimmer ein. Mit deren Vermietung ließen sich die Kreditraten leichter bezahlen. So besaß man ein stattliches Haus und zugleich eine Einnahmequelle. Während die Männer meistens einer geregelten Arbeit nachgingen, kümmerte sich die Frau um die Kinder, den Haushalt und die Privatzimmervermietung – Frühstück inklusive. Zunächst hatten viele Privatzimmervermieter keine abgetrennten Wohnräume, das Frühstück wurde in der eigenen Küche oder im Wohnzimmer serviert, wo auch die Kinder Platz nahmen. „Positiv sehe ich, dass du dir perfekte Smalltalk-Fähigkeiten erworben hast. Dir sind ja am gemeinsamen Frühstückstisch schnell die Gesprächsthemen ausgegangen, aber so hast du halt gelernt, dich über alles Mögliche nett zu unterhalten. Das bringt mir heute noch viel im Job. Auch wenn es mir damals als Kind oft zu hart war."[44] So das Resümee von Karl aus St. Johann. Und auch Markus, dessen Eltern in Going Zimmer vermietet haben, sieht einen positiven Aspekt in der Sprachfähigkeit: „Ich habe Hochdeutsch, oder was wir dafür halten, nicht im Gymnasium gelernt, sondern im Gästekontakt."[45] Positiv sehen auch viele den Kontakt zur Außenwelt: „Ich bin weltmännischer geworden", bringt es Manfred auf den Punkt. „Der zeitweilige Kontakt mit den Gästen aus verschiedenen Nationen, sozialen Schichten und Arbeitsbereichen erweitert den Horizont. Viele Gäste haben etwas Interessantes zu erzählen gehabt. Der eine war Theaterschauspieler und hat die besten Anekdoten auf Lager gehabt und die Welt ein bisschen weniger kleinkariert gesehen als meine Eltern. Die haben, als er da war, auch alles ein kleines bisschen lockerer gesehen, bilde ich mir zumindest ein. Der andere war Elektromeister mit einem Großbetrieb und hat mir gezeigt, wie man Kabel verlegt. Eine war die geschiedene Frau eines Großindustriellen. Die hat immer riesige Geschenke mitgebracht und uns zum Essen in feine Restaurants eingeladen. Das war eine gewaltige Horizonterweiterung in Sachen Esskultur." [46] Manfred lacht, als er das erzählt. Und Georg Winkler berichtet von echten Freundschaften, die sich zwischen Vermietern und Gästen über Jahrzehnte entwickelt hätten. „Es gibt – oder heute muss man leider oft schon sagen gab, weil sie verstorben sind – Gäste, die ihr ganzes Leben lang jedes Jahr in die Region kamen. Jedes Jahr in die gleiche Pension." [47]

Inzwischen geht die Zahl der Privatzimmervermieter immer stärker zurück. Während zum Beispiel in Söll 1973 noch 231 registriert wurden, waren es 2015 nur noch 68.[48] Gründe dafür gibt es neben den bereits erwähnten viele: Die Ansprüche der Gäste seien gewachsen und die Häuser in die Jahre gekommen. Für viele Vermieter lohne es sich finanziell nicht mehr, diesen Ansprüchen gerecht zu werden und neu zu investieren, so das Urteil mancher. Nur wenige erfolgreiche würden den Schritt wagen und expandieren. Dadurch würden sie jedoch aus der (auf eine Bettenzahl beschränkten) Kategorie der Privatzimmervermieter herausfallen und zu den gewerblichen Vermietern gezählt werden, so eine Erklärung. Daneben mache der Trend zu mehr Komfort, wie etwa einer Wellnessanlage, das Hotel zur attraktiven Alternative. Josef Schwaiger, Chef des Hotels Schwendterwirt, meint weiters: „Heute kann sich nicht mehr jeder Angestellte so einfach ein Einfamilienhaus bauen wie noch in den 70ern. Billiger ist es oft, das eigene große Elternhaus umzubauen und aus den Privatzimmern eine Wohnung für die private Nutzung zu machen." [49] Hinzu kommt der Trend, die Privatzimmer zur Ferienwohnung umzubauen. 1973 zählte man in Söll noch zwei private Vermieter von Ferienwohnungen, 2015 sind es 143.

Ein Dorf im Wandel: Postkarte von Scheffau aus den 1970er Jahren. Die zahlreichen Neubauten mit den „Fremdenzimmern" sind gut zu erkennen.

Viele Privatzimmervermieter ließen stolz ihre neuen Häuser für Postkarten fotografieren (1960). Foto Jöchler fertigte seit den 1950er Jahren Tausende solcher Auftragsbilder an.

Die neue Gästegeneration will ebenso wie die neue Vermietergeneration mehr Individualität und mehr Privatsphäre. Der Vermieter muss, zugespitzt formuliert, „nur" mehr den Schlüssel übergeben, das lästige Frühstückmachen fällt weg. Dementsprechend kann auch der Gast seinen Tag frei und individuell gestalten. All dies sind Folgen jahrzehntelanger Entwicklung und Professionalisierung im Bereich der Privatzimmervermietung.

Bauernsterben durch Professionalisierung im Tourismus? In den Jahren nach dem Zweiten Weltkrieg war die Region immer noch hauptsächlich auf Sommerfrische ausgerichtet. Bis auf Kitzbühel als Pionierort des Wintersportes verzeichneten alle Orte in den Bezirken Kitzbühel und Kufstein wesentlich mehr Nächtigungen im Sommer als im Winter. Eine Ursache dafür war, dass es in den ländlich strukturierten Gemeinden noch kaum gewerbliche Vermietung gab – und die landwirtschaftlichen Betriebe mit Zimmervermietung keine winterfesten Betten anboten. Selbst wenn also Nachfrage bestanden hätte: Es fehlte das Angebot. Erst als auch in diesen Orten Skigebiete erschlossen wurden, begannen die Landwirte, ihr Angebot zu erweitern. Zum Teil – und verstärkt ab den 1960er und 1970er Jahren – errichteten sie Pensionen, die sich teilweise sogar zu Hotels weiterentwickelten. Urlaub am Bauernhof wurde immer professioneller. Eifrige Landwirte riefen neue

„Der Wilde Käser“ in Gasteig: Bernd Widauer betreibt gemeinsam mit seiner Frau die Schaukäserei am Fuße des Ostkaisers.

Organisationsformate ins Leben, wie die Initiative „Urlaub am Bauernhof“, die seit 1991 für gemeinsame Werbung und Qualitätsstandards sorgte: „Seit wir bei diesem Zusammenschluss dabei sind, haben wir die viel bessere Auslastung im Sommer. Der Winter war ja schon lange ein Selbstläufer. Die Skifahrer wollen auf die Piste und vielleicht noch Aprés Ski. Die interessiert die Landwirtschaft nicht. Im Sommer kommen jetzt durch die organisierte Werbung viel mehr Familien. Die Kinder interessieren sich ganz besonders für den Bauernhof und die Tiere.“ [50] So schildert Magdalena Eisenmann vom Biobauernhof Knolln in Söll ihre Erfahrungen.

Für den ehemaligen Ellmauer Ortsbauernobmann Christian Werlberger besteht kein Zweifel: „Viele Arbeitsplätze wurden durch den Tourismus geschaffen und auch die Landwirtschaft profitiert meiner Meinung nach stark vom Fremdenverkehr, weil die große Nachfrage den Bauern ein hohes Abnahmevolumen an Milch und Fleisch garantiert.“ [51] Das stimmt, allerdings zeigen Orte wie Ellmau eine starke Abnahme an Haupterwerbsbauern. Waren es 1999 noch 40, so zählte man 2010 nur mehr 28. Manche Haupterwerbsbauern haben sich zu Nebenerwerbsbauern gewandelt. Der Tourismus als Neben- oder mittlerweile Haupterwerbsquelle übt eine gewisse stabilisierende Funktion aus, sodass Betriebe im Nebenerwerb weitergeführt werden können. Allerdings hält sich diese stabilisierende Funktion in den besonders tourismusintensiven Gemeinden wie Ellmau und Söll in Grenzen. Der Tourismus übt hier einen so starken Sog auf die in der Landwirtschaft tätige Bevölkerung aus, sodass viele die Landwirtschaft aufgeben und ihre Häuser zu reinen Tourismusbetrieben verwandeln (z. B. Hotel Hochfilzer, Hotel Post) oder irgendwo im Tourismussektor Arbeit finden.[52] In weniger tourismusintensiven Gemeinden wie Scheffau und Going ist der Rückgang kleiner.[53]

Der Stanglwirt **Balthasar Hauser** in jungen Jahren bei der Heuarbeit

Der **Veitenhof** im Kaisertal war bereits seit Ende des 19. Jahrhunderts nicht mehr nur eine Landwirtschaft, sondern auch ein beliebtes Ausflugsgasthaus (Postkarte, abgesendet 1904).

ALM UND TOURISMUS

Die Almflächen rund um das Kaisergebirge sind als wertvolle Kulturlandschaften zentraler Bestandteil des touristischen Angebots. Die saftigen Wiesen vor dem schroffen, abweisenden Hintergrund des Kaisergebirges sind für viele ein ästhetischer Kontrast zum dichten Gebäudegeflecht im Tal und strahlen Ruhe und längst verloren geglaubte Ursprünglichkeit aus, die das agrarromantische und teils klischeehafte Bild der Sommerfrische auf der Alm suggeriert. Dabei ist die Bewirtschaftung der Almen in der Realität anstrengend und beschwerlich – wenn auch in anderer Weise, als es die urbane Hektik ist. So erzählt Kati, eine Sennerin auf Zeit, von ihren langen Arbeitstagen: Sie beginnen um 5 Uhr früh mit Kühetreiben, Melken, Putzen, Stallarbeit, später kommen die Wanderer, die mit den Almprodukten bewirtet werden; und erst nach 20 Uhr ist das Tagwerk getan. „Es war kein Erholungsurlaub, sondern beinharte Arbeit.“ [54] Gewonnen habe sie

Auf der **Kraftalm** unterhalb der Hohen Salve um 1900. Die Alm war im Besitz der **Portlandzement-Fabrikanten Kraft** – daher der Name. Heute ist die Alm ein schmuckes Berggasthaus inmitten des Skigebietes SkiWelt.

Die **Kraftalm** mit dem Wilden Kaiser

Das **Steinberggebiet** mit seinen Almen oberhalb von Kufstein im Winter

Hinterkaiserfeldenalm

↑↑ Postkarte **Walleralm,** 1990er Jahre
↑ Postkarte **Wochenbrunner Alm,** 1950er Jahre (Foto Jöchler)

neben Einblicken in die Almbewirtschaftung viel Kraft und innere Ruhe.

Wie die Landwirtschaft überhaupt hat sich auch die Almwirtschaft in den letzten Jahrzehnten stark gewandelt. Die Kosten für das Almpersonal sind enorm gestiegen: 1960 musste ein Landwirt 1020 Liter Milch verkaufen, um einen Melker bezahlen zu können, im Jahr 2000 waren es bereits 5500 Liter. Während der landwirtschaftliche Arbeitskräftemangel im Tal durch Maschinen ausgeglichen werden konnte, musste auf den steilen Almwiesen immer noch der Mensch die meiste Arbeit leisten. So wurden einige Almen im Kaisergebirge aufgelassen oder auf weniger personalintensive Bewirtschaftungsformen umgestellt.

Vor allem leicht zugängliche Almen profitierten dagegen stark vom Tourismus. Ihnen erschloss sich damit eine völlig neue und lukrative Form der Bewirtschaftung. Mit der zunehmenden Straßen- und Lifterschließung ab den 1960er Jahren etablierten sich immer mehr – nun bequem erreichbare – Almen als beträchtliche Gastronomiebetriebe, die ihre frischen Almprodukte direkt absetzen konnten. Einzelne erweiterten dieses Feld noch, indem sie etwa in kleinen Schaukäsereien und ähnlichen Einrichtungen Einblick in den Almalltag gaben. Beide Seiten profitierten davon: der Bauer von den neu gewonnenen Kunden sowie von der Wertschätzung, die seiner Arbeit meist entgegengebracht wurde; der Gast vom gewonnenen Wissen und dem Produkt; und beide von den fehlenden Zwischenhändlern. Doch auch hier zeigten sich bisweilen der Sog des Tourismus und die Gesetze der Marktwirtschaft: Für manche lohnte sich die Almwirtschaft im Vergleich mit dem Gastronomiebetrieb mit der Zeit nicht mehr – nicht einmal als musealer Schaubetrieb. Die sich zu Gastronomen wandelnden Landwirte verpachteten daher die Weideflächen und bauten die Ställe zu Gaststuben um.

↓ **Brentenjochalm** oberhalb von Kufstein um 1920
↓↓ **Fischbachalm im Kaiserbachtal** um 1900

Frühstück am Berg, ein neues touristisches Angebot: Über 30 Hütten in der Region Wilder Kaiser bieten mittlerweile das besondere Erlebnis eines köstlichen Frühstücks auf der Alm an. Bauernbrot, heimischer Speck und Bergkäse - alle möglichen Köstlichkeiten werden serviert. Die per Lift oder Auto erreichbaren Hütten sind klarerweise im Vorteil, sonst heißt es früh aufstehen, wenn man sich das Frühstück erwandern will oder muss.

2016 fand der **Almabtrieb in Söll** schon zum 37. Mal als großes Fest statt. Am Almabtriebstag Ende September werden die Kühe frühmorgens festlich „aufgeboscht" - als Symbol und Dank für einen unfallfreien Sommer auf der Alm. Die Senner treiben die Tiere vorbei am Alpengasthof Hochsöll ins Tal. Die Bundesmusikkapelle spielt auf, wenn das Almvieh ab 12:00 Uhr im Ort eintrifft und in die heimatlichen Ställe zurückkehrt. An den Marktständen gibt es Krapfen, frische Milch, Almkäse, Bauernspeck und duftendes Brot dazu. Der Almabtrieb ist mittlerweile ein wichtiges touristisches Fest in der Nebensaison geworden. Ohne Tourismus gäbe es den alten Brauch in dieser Form wohl eher nicht.

REISEBÜROS VOR ORT

Hummel-Reisen war weder das erste noch das einzige Reisebüro, das sich nach dem Zweiten Weltkrieg für die Region interessierte. Beim Durchlesen der Protokollbücher des Fremdenverkehrsvereins Scheffau springt einem ins Auge, dass der Abschluss von Verträgen mit Reisebüros in den 1950er Jahren eine der Hauptaufgaben des Vereins war. Kipferl-Reisen aus Röderbach in der Nähe von Frankfurt fuhr den Ort ebenso an wie das Reisebüro Kuhlmann aus Nürnberg. Und auch Scharnow-Reisen, der zweitgrößte Reiseveranstalter Deutschlands, entdeckte das idyllische Örtchen. 1955 etwa offerierte Scharnow-Reisen in der Saison zwei Mal wöchentlich eine Anreise nach Scheffau: 11, 18 oder 21 Tage Aufenthalt umfassten die Angebote.

Vor Ort war der einheimische Reiseführer Siegfried Gruber für die Betreuung der Feriengäste zuständig. Zu seinen Aufgaben gehörte, die vom Reisebüro vorgesehenen Tagesausflüge zu organisieren und die Gäste über Heimat, Brauchtum und Naturschutz aufzuklären. Den Vermietern empfahl der Verkehrsverein, „eine gute Kost zu servieren", an die Gäste keinen Alkohol auszuschenken und das Bestmögliche im Interesse des gesamten Ortes zu tun. Ein gewisses Kontingent an Zimmern mit und ohne Fließwasser wurde vertraglich zu einem günstigen Fixpreis vergeben. Je mehr Geld die Reisebüros brachten, desto größer wurden die Streitigkeiten, wie aus dem Protokollbuch hervorgeht. Eines der Probleme war, dass es in dem kleinen Dorf tonangebende Familien und Unternehmer gab, die auch im Verkehrsverein das Sagen hatten. Dem Obmann wurde vorgeworfen, keine transparenten Verträge unterzeichnet, sondern nur mündliche Abmachungen getroffen zu haben, die die Geldflüsse nicht nachvollziehbar machten. Es wurde mit Klagen gedroht, aber letztlich fand sich eine Einigung.

Prospekt aus den 1950er Jahren

Prospekt von 1956

Solche Streitigkeiten gab es auch andernorts. Denn die öffentlichen „Fremdenverkehrsvereine" nahmen Aufgaben wahr, die später private Incoming-Agenturen übernahmen. Einzelne erhielten aufgrund ihrer Position im Dorf die Möglichkeit, mehr Geld zu verdienen als andere, was (manchmal berechtigt) Neid und Missgunst beförderte. In Going beispielsweise übernahm 1988 das heutige Reisebüro H&R von Adelheid Huber und Alois Rettenwander die Aufgaben des Fremdenverkehrsvereins als Reiseagentur.

Auch für Söll interessierten sich früh ausländische Reisebüros: 1953 kam die erste Reisegruppe (mit Scharnow-Reisen). Die weitere touristische Entwicklung des Ortes sollte jedoch ganz eng verknüpft mit einem Tiroler Reiseunternehmer sein: mit Franz Stoll. Stoll stammte aus einer angesehenen Familie in Innsbruck, sein Vater war Nationalratsabgeordneter. Für die Arbeit im Tourismus kam ihm sein offener Charakter besonders zugute. Als leidenschaftlicher Erzähler verstand er es, ganze Gruppen zu begeistern. So verdiente er sich als Reiseleiter und Zugbegleiter seine ersten Schilling. Bereit mit 19 Jahren war er als Chefkurier verantwortlich für Sonderzüge mit 700 Leuten. Durch diese Aufgaben kam er mit großen internationalen Reiseveranstaltern in Kontakt, wie zum Beispiel Ingham in Großbritannien, zu dem er eine freundschaftliche Verbindung aufbaute.

Der Zufall brachte Stoll nach Söll. Ein Söller Buschauffeur, den er aus seiner Zeit als Reiseleiter kannte, hatte ihm von diesem Dorf mit touristischem Potenzial erzählt. Die einzige Reisefirma dort stehe kurz vor dem Konkurs und es gebe Platz für etwas Neues. Der Anfang sei hart gewesen, erzählt Stoll, der erst 24 Jahre alt war, als er 1963 die Vollkonzession für ein Reisebüro erwarb. Es war im Gasthof Post untergebracht und auf Incoming spezialisiert. Zunächst kämpfte er mit den kurzen Sommersaisonen und den Flauten im restlichen Jahr. Als er schon das Handtuch werfen wollte, kam es zum Liftbau auf die Hohe Salve, angeleiert vom Unternehmer Aspmair, und ein fulminanter Aufstieg begann. Stoll nahm Geld auf, um sich an dem Projekt zu beteiligen, erweiterte das Unternehmen um eine Kleinbuskonzession und eröffnete ein Sportgeschäft. Zugleich erfolgte der Ausbau des Reisebüros zu einem starken Incoming-Unternehmen. Seit 1968 konnte Stoll als Generalagentur für niederländische und skandinavische Reiseveranstalter für Gesamtösterreich auftreten. Dann kam die Konzession für Omnibusse hinzu – bereits Anfang der 1980er besaß er eine Flotte von 27 Luxusreisebussen – und das Skicenter Stoll, ein großes Sportgeschäft.

1981 übernahm Stoll österreichweit die Generalagentur für den größten britischen und zugleich weltweit größten Reiseveranstalter Thomson Holidays. Daraufhin etablierte sich Söll zur britischen Wintersporthochburg. Nach wie vor sind die Briten in Söll bei den Gesamtnächtigungen nach den Deutschen an zweiter Stelle. Nirgendwo sonst im Wilden Kaiser gibt es einen ähnlich hohen Anteil. Nur in den Nachbarorten Scheffau und Ellmau ist Großbritannien unter den drei Herkunftsländern, aus denen die meisten Reisenden kommen.[55] Diese Entwicklungen gründen sich auf die Zusammenarbeit der heimischen Reisebüros mit Ingham. In Ellmau gab es eine solche Kooperation bereits seit 1948, also noch bevor Strickrodt Ellmau „entdeckte". Walter Ingham, der in Wien als Sohn britischer Auswanderer geboren wurde und später wieder nach Großbritannien zurückkehrte, sagt man nach, er habe Großbritannien zum Skifahren gebracht. Der begeisterte Skifahrer und Bergsteiger war der Erste, der in Großbritannien Pauschalreisen nach Tirol verkaufte.

Skiverleih und Sportgeschäft

Franz Stoll
(1938–2014)

Während sich Stoll Gedanken über seine Nachfolge zu machen begann, beobachtete er bei vielen Hoteliers, dass den Kindern die negativen Seiten des Tourismus missfielen und sie sich die Bürde der Betriebsübernahme nicht zumuten wollen oder können. „Ich habe mir gedacht: Es braucht jemanden hinter mir, weil es natürlich ein gewisses Burnout-Syndrom gibt. Irgendwo kommt der Punkt, an dem man sagt: Ich stehe das nicht mehr lange durch, habe keine Freizeit, kaum Urlaub. [...] Gott sei Dank ist dann Clemens – mein jüngster Sohn – im Rahmen seines Studiums schnell auf die Richtung Tourismus aufgesprungen und hat etwas gemacht, das mir sehr viel Vertrauen eingeflößt hat: Er war bereit, das Geschäft von der Pieke auf neben dem Studium kennen zu lernen. Er ist mehrere Saisonen als Reiseleiter gefahren und hat den Kontakt mit den Gästen gesucht."[56] Seit 1995 ist der Sohn im Betrieb. Inzwischen hat sich vieles verändert am Reisemarkt. Auf die großen Fusionen von Reiseveranstaltern reagierte Stoll junior, indem er das Incoming-Büro mehr und mehr in einen Reiseveranstalter verwandelte – spezialisiert auf die sogenannten Golden Agers, also Reisende über 50.

Eine ähnliche Geschichte hat auch Hannes Winkler, der Chef von Travel-Partner in Ellmau, zu erzählen. Sein Vater, der bereits mehrfach erwähnte Georg Winkler, war in den Anfangszeiten des Fremdenverkehrs als Reiseleiter tätig und führte später neben einem Sportgeschäft gemeinsam mit seiner Frau Maria ein kleines Reisebüro. Auf diesem Fundament hat Hannes Winkler 1985 das Unternehmen Travel-Partner aufgebaut, das mittlerweile mit 120 Mitarbeitern zu den größten Incoming-Reiseveranstaltern Österreichs zählt – mit Hauptsitz in Ellmau. Winkler bringt jährlich tausende Gäste in die Region. Der erfolgreiche Unternehmer sieht die Entwicklungen im Tourismus jedoch nicht ausschließlich positiv: „Es ist Segen und Fluch zugleich, eine touristisch alte Destination zu sein"[57], meint Winkler. Dass Tirol seit Jahrzehnten vom starken deutschen Markt abhängig sei, habe Internationalität und Innovation verhindert, was wiederum Preisdruck zur Folge hätte. Tirol sei starr und leide unter verkrusteten Strukturen. „In keinem Land der Welt kann man in der Hauptsaison nur am Samstag anreisen und muss mindestens eine Woche bleiben", kritisiert Winkler. „Langfristig verspielen wir damit unser Potenzial. Die Betriebe müssten flexibler werden." Auf den Vorwurf, Reiseveranstalter würden mit ihren Paketen die Zimmerpreise drücken, reagiert Winkler gelassen: „So bedeutend sind wir nicht, die weltweite Konkurrenz ist groß, einem internationalen Preisdruck können wir uns auch nicht entziehen." Letztlich säßen in der Region alle im selben Boot und seien aufeinander angewiesen.

Hannes Winkler

VOM TIROLER ABEND ZUM MUSIKALISCHEN GROSSEVENT

Immer wieder übten konservative Gruppen Kritik am Unterhaltungsprogramm für Touristen aus. In einem Zeitungsartikel aus den 1950er Jahren hieß es beispielsweise: Die vermeintliche Vergnügungssucht der Touristen, die im lockeren, zwanglosen Urlaubsalltag weit weg von Zuhause leichter zu Tage trete, verderbe die einheimische Jugend und ihre sittliche Moral. Die Einheimischen trügen das Ihrige dazu bei, indem sie ihre Bräuche und Kultur verwässern, inszenieren und aufputzen, um sie billig zu verkaufen. Mit diesem künstlichen Amüsierbetrieb wollten sie nichts weiter als immer noch mehr schädliches Geld zu scheffeln. In einer katholischen Zeitung wurde dafür sogar der Begriff Prostitution gebraucht. Zudem wurde der Vorwurf der sündigen Lüge laut, denn die angeblich verlogene Unterhaltungsindustrie betrüge damit letztlich die Zielgruppe.

Wogegen richtete sich die scharfe Kritik? In den 1950er Jahren steuerten die ersten organisierten Busreisen die Region um den Wilden Kaiser an. Den Gästen wollten die einheimischen Tourismusakteure ein adäquates Unterhaltungsprogramm bieten: den Tiroler Abend. Überall in Tirol, wo der Tourismus neue Rekorde schrieb, wurden nun, in den 1950er und 1960er Jahren, solche Tiroler Abende veranstaltet. Sie vermittelten ein bestimmtes, teils klischeehaftes Bild von Tirol, das bei den Touristen vermeintlich und auch tatsächlich gut ankam. Die oben erwähnte Kritik war schon anfangs vertraut. So vermerkte etwa ein Zeitungsbericht 1959 fast entschuldigend, dass ein typischer Tourismusort wie Ellmau „selbstverständlich" nicht ohne einen solchen Amüsierbetrieb auskomme. Er halte sich

Die **Volkstanzgruppe D'Koasara** aus Kufstein im Jahr 1911

aber in bescheidenem Rahmen, wurde relativierend eingefügt. „Nur" an vier Tagen in der Woche fänden sogenannte Tiroler Abende statt, von denen das Publikum restlos begeistert sei.[58]

In Ellmau gehen die Tiroler Abende auf den Fotografen Fritz Huber zurück. Er lud damals ein Mitglied der etablierten Kufsteiner Volkstanzgruppe „D'Koasara" nach Ellmau ein, um die dortige Volkstanzgruppe in den passenden Tänzen unterrichten zu lassen. Damit war der Grundstein für das erfolgreiche Konzept des Tiroler Abends gelegt. Drei verschiedene Gruppen gestalteten den Abend, zunächst das Quartett der Schuster Dirndln: Theresia, Loisi, Kati und Frieda, die mit Gesangskunst, Zither und Harfe musikalisch zu überzeugen wussten. Danach sorgte die Schuhplattler-Tanzkapelle mit Blasinstrumenten für Stimmung, unterstützt von den Schuster Dirndln. Und schließlich trat die Schuhplattlergruppe auf; sie bildeten das eigentliche Kernstück jedes Tiroler Abends.

Die Unterhaltungsmusikanten waren Amateure. Die meisten musikalischen Kniffe hatten sie sich selbst beigebracht, die Instrumente waren alt und

Die **Ellmauer Schuhplattler** mit ihren Musikerinnen 1955

stammten von der Musikkapelle, erzählte Georg Winkler, der von Anfang an mit dabei war. Flügelhorn und Euphorium seien für Linkshänder gefertigt gewesen und mussten nun von einem Tischler umgebaut werden. Vorfinanziert wurden die Instrumente vom Tourismusverein, aber die jugendlichen Musikanten konnten sie bereits nach einigen gelungen Auftritten abbezahlen. Mit der Zeit waren nicht nur die Tiroler Abende selbst ein Erfolg, die darbietenden Gruppen wurden sogar für Hochzeiten und einmal für einen großen Alpenvereinsball mit 3000 Gästen in Norddeutschland gebucht.

Die ersten Gäste beim Tiroler Abend waren Engländer, die mit Reisebussen gekommen waren. Fortan flutete ein regelrechter Gästeschwall die Tiroler Abende. Winkler, der tagsüber im Reisebüro Niedermühlbichler für Gästebuchungen zuständig war, hatte ein strenges Programm. Während der Woche stand er zusätzlich für den Tiroler Abend zur Verfügung und am Samstag und Sonntag für die Tanzabende. Der Auftrag war klar: Die Gäste sollten animiert und bei Laune gehalten werden, damit sie wiederkommen – das alles für 20 Schilling pro Abend. Die Wirtin des Gasthauses in der Au, wo die ersten Abende stattfanden, wollte ihre Gage etwas aufbessern: Anstatt den Schnaps, der von den Gästen spendiert worden war, zu konsumieren, sollte das Personal Wasser trinken; so konnte das bereits bezahlte Geld einkassiert werden. „Wir wären sonst alle zu Alkoholikern geworden und ich hatte damals nur einen einzigen Wunsch: Einmal eine Woche lang schlafen.“ [59] Nach zehn Jahren verloren die Tiroler Abende in Ellmau an Anziehungskraft, das Konzept hatte sich abgenutzt. „Schön war's. Aber es war auch gut, dass es vorbei war.“ [60] So das Resümee von Winkler.

Doch woher kam eigentlich das heutzutage oft belächelte, aber dazumal so erfolgreiche Veranstaltungskonzept Tiroler Abend? Hatten es die Ellmauer erfunden? Natürlich nicht. Ursprünglich war das Schuhplatteln ein Paartanz: ein mit individuellen akrobatischen Figuren improvisierter Werbetanz des Mannes, um die angebetete Frau von sich zu überzeugen, ohne jegliche Regeln. Die modernen Gruppentänze entstanden erst im 19. Jahrhundert, vor allem durch die vereinsmäßige Organisation. Gegen Ende des 19. Jahrhunderts wurden in Bayern die ersten Trachtenvereine gegründet: als Ge-

Die **Schuhplattler Tanzkapelle** 1955

genbewegung zu Moderne und Industrialisierung, ausgehend oftmals von den Städten. Der Kufsteiner Trachtenverein „D'Koasara", von dem sich die Ellmauer anregen ließen, geht auf diese Zeit zurück (gegründet 1901).

Eine andere Art des Tiroler Abends gab es jedoch bereits früher: Schon in den 1820er Jahren waren sogenannte Nationalsänger aus Tirol unterwegs, die mit ihren tatsächlich internationalen Tourneen (sie kamen bis in die USA) viel Geld verdienten. Dass die Kritik am Tiroler Abend und an anderen folkloristischen Inszenierungen kein neues Phänomen ist, zeigt der Kommentar des berühmten Schriftstellers Heinrich Heine zu einem Auftritt der Rainer-Sänger aus dem Zillertal: „Als ich vorigen Sommer in den glänzenden Konzertsälen der Londoner fashionablen Welt diese Tiroler Sänger, gekleidet in ihre heimatliche Volkstracht, das Schaugerüst betreten sah, und von da herab jene Lieder hörte, die in den Tiroler Alpen so naiv und fromm gejodelt werden, und uns auch ins norddeutsche Herz so lieblich hinabklingen – da verzerrte sich alles in meiner Seele zu bitterem Unmut, das gefällige Lächeln vornehmer Lippen stach mich wie Schlangen, es war mir, als sähe ich die Keuschheit des deutschen Wortes aufs roheste beleidigt, und die süßesten Mysterien des deutschen Gemütlebens vor fremdem Pöbel profaniert. Ich habe nicht mitklatschen können bei dieser schamlosen Verschacherung des Verschämtesten, und ein Schweizer, der gleichfühlend mit mir den Saal verließ, bemerkte ganz richtig: ‚Wir Schwyzer geben auch viel fürs Geld, unsere besten Käse und unser bestes Blut, aber das Alphorn können wir in der Fremde kaum blasen hören, viel weniger es selbst blasen für Geld.'" [61]

Tiroler Abend in Ellmau (1955)

Die **„coolen" Schuhplattler** in den 1950er Jahren

Nun kam in den Städten auch das alpenländische Jodeln in Mode, das durch die Bekanntheit der Tiroler Nationalsänger nicht mit der Schweiz, sondern speziell mit Tirol in Verbindung gebracht wurde. Dieser eigene Liedertypus, bei dem der zweite Teil aus einer Jodeleinlage bestand, hieß daher bezeichnenderweise Tyrolienne. In den Konzerthäusern von Berlin, London oder Paris ertönten Tyroliennes, die von Liebe, Almleben und Idylle schmachteten. Dabei waren es nicht Tiroler, die sie komponiert hatten, sondern weltberühmte Komponisten, wie etwa Gioachino Rossini. Er baute beispielsweise in seiner Oper Wilhelm Tell eine Tyrolienne ein, die das Jodeln und Tirol bekannt machte.

Die ersten Touristen zu Beginn des 19. Jahrhunderts kamen in die Gegend am Fuße des Wilden Kaiser, um solche Klänge zu vernehmen: „Die Unterinnthaler sollen die lustigsten von allen Tyrolern seyn, hier ist das beliebte Jodeln zu Hause, und hier wird am meisten getanzt. Es sind noch nicht dreissig Jahre her, dass man im nördlichsten Theile von Deutschland noch gar nichts vom Jodeln wusste." [62] So schrieb der Reiseschriftsteller August Lewald über die Gegend. Er betonte dabei, dass hier das Jodeln noch eine intime Angelegenheit sei, die den Touristen keineswegs aufgedrängt werde. Man müsse schon eine lange Zeit hier verweilen, um ihr Vertrauen zu gewinnen und eine Kostprobe davon zu erhalten.

Maifeier der Volkstanzgruppe
in (Ellmau 1950)

Sängertreffen und Musikherbst. Die Sehnsucht nach vermeintlich echter, reiner Volkskultur und -musik war also kein neues Phänomen. Sie erstarkte aber erst in der Nachkriegszeit: als Gegenbewegung zu den Überhand nehmenden folkloristischen Angeboten für den Tourismus. Ein ganz konkreter Ausdruck dieser Sehnsucht ist das Sängertreffen beim Stanglwirt in Going. Erstmals im Jahr 1949 organisierten die damalige Stanglwirtin Anna Hauser und ihr Mann Lois dieses Fest der unverfälschten Volksmusik. Gemeinsam mit Lois' Schwester Liesi bildeten sie das beliebte Stanglwirt-Trio.

Schon während des Krieges waren sie in dieser Formation aufgetreten: Beim Mautnerwirt im benachbarten St. Johann hatten regelmäßig Unterhaltungsabende für die Reisegruppen der NS-Organisation „Kraft durch Freude" stattgefunden und einheimische Musikergruppen für das Rahmenprogramm gesorgt, darunter auch das Stangl-Trio. Bei diesen Abenden war jedoch noch nicht – wie später beim Stanglwirt – ausschließlich „unverfälschte" Volksmusik zu hören. Neben Tiroler Volksliedern und Jodlern hatte das Trio auch deutsche Schlager im Repertoire, etwa „Es rauscht das Meer die ewig gleiche Melodie" oder „Träume von der Südsee, von den Nächten auf Hawaii". Als Anna 1944 von ihrer Tante den Stanglhof übernahm, führte sie die musikalische Tradition dort fort. Schnell hatte sich herumgesprochen, dass beim Stangl wieder ausgiebig musiziert wurde. Viele Sängergruppen kamen daraufhin spontan zu Besuch. Bei einem solchen Zusammenkommen war der Entschluss gereift, ein größeres Sängertreffen zu organisieren.

Nach und nach pilgerten Gruppen aus dem gesamten Alpenraum zum Stanglwirt, um in den gemütlichen Stuben gemeinsam zu musizieren. Mit klangvollen Stimmen, virtuos eingesetzten Instrumenten und anrührenden Melodien begeistert das traditionelle Sängertreffen seitdem Liebhaber der ursprünglichen Volksmusik. Von Beginn an war es ein Treffen für Musikerinnen und Musiker und nicht fürs Publikum, das „nur" dabei sein darf. Zunächst erhielten nicht einmal die Musikanten eine Einladung: Wer kommen wollte, kam, ohne Anmeldung. Als mit der Eröffnung der Stanglalm im ersten Stock des Hauses in den 1970er Jahren mehr Platz zur Verfügung stand, tauchten jedoch plötzlich so viele Musikantengruppen auf, dass die Veranstaltung nur mehr schwer koordiniert werden konnte. Daraufhin beschloss der Stanglwirt, nur mehr geladene Gruppen auftreten zu lassen.

Geprägt war die Veranstaltung über drei Jahrzehnte, von 1957 bis 1987, vom Brixlegger Lehrer Sepp Landmann als Moderator. Humorvoll und scharfsinnig übte er Einfluss und manchmal auch sanften Druck auf die Liedwahl der einzelnen Gruppen aus und kritisierte Schlager – was nicht allen gefiel. So kam es sogar zu einem gerichtlichen Prozess in Innsbruck, den eine beleidigte Zillertaler Gruppe angestrebt hatte; sie hatte sich von Land-

Anna Hauser,
ehemalige
Stanglwirtin

mann abgekanzelt gefühlt. Schließlich schlossen die Streitparteien einen Vergleich bei diesem „Sängerkrieg", wie die Medien den Rechtsstreit süffisant titulierten.

2015 fand das früher zwei Mal jährlich, im Frühling und Herbst, organisierte Treffen bereits zum 129. Mal statt. Inzwischen findet es einmal jährlich im Herbst statt. Balthasar Hauser, der 1964 nach dem Tod seiner Mutter den Stanglwirt übernahm, führt zusammen mit seiner Frau Magdalena die Tradition des Sängertreffens fort. Für ihn ist es die wichtigste Veranstaltung beim Stanglwirt, wie er immer wieder betont. Sie bietet Volksmusikanten seit jeher die Gelegenheit, alte Melodien auszutauschen, Freundschaften zu pflegen und die Freude an der unverfälschten, echten Volksmusik auszuleben. „Lustig oder nachdenklich, laut oder leise, aber immer echt – so manche Melodie ist nur noch beim Stanglwirt zu hören."[63] Dabei wird den Sängern keine Gage ausbezahlt, nur die Fahrtkosten werden erstattet, dazu sind Kost und Logis frei. Ziel ist es, den nicht-kommerziellen, freundschaftlichen Charakter der Veranstaltung aufrecht zu erhalten und Konkurrenz zwischen den Gruppen zu vermeiden.

Der letzte Auftritt des Abends gehört traditionellerweise den Gastgebern. Gemeinsam mit ihren mittlerweile erwachsenen Kindern Maria, Elisabeth und Johannes greifen die Wirtsleute zu Gitarre, Zither, Hackbrett und Ziehharmonika. Nach diesem offiziellen Ende der Veranstaltung bilden sich in den vielen verwinkelten Ecken der Stuben neue, kleine Ensembles, die improvisieren und Melodien und Ständchen zum Besten geben. Ein besonders harter Kern leitet die Veranstaltung direkt in den Frühschoppen über.

Während in Going der klassischen Volksmusik die Ehre erwiesen wird, gibt es in der Region aber auch noch Platz für Schlagermusik und das Genre des volkstümlichen Schlagers, der sich ebenso großer Beliebtheit bei Jung und Alt erfreut. Beim alpenländischen Musikherbst in Ellmau treffen sich jedes Jahr die Stars der Szene, wie Hansi Hinterseer, Semino Rossi, die Kastelruther Spatzen, Andreas Gabalier und viele andere. Seit 1993 ist die vom Ellmauer Incoming-Reiseveranstalter Travel Partner ins Leben gerufene Veranstaltung stetig gewachsen und gehört mittlerweile zu einer der größten im Alpenraum. „Wir sind gestartet mit 500 Personen"[64], erzählt Peter Moser vom Tourismusverband. Inzwischen kommen 12.000 Gäste zum Großevent, die meisten davon in Bussen. Fast die Hälfte reist aus Deutschland (45 Prozent) an, nicht ganz ein Drittel aus der Schweiz (27 Prozent), gefolgt von Frankreich, den Niederlanden, Österreich, Dänemark und Belgien; manche kommen sogar aus den USA.

↑↑ **Anna Hauser** mit dem berühmten amerikanischen Schauspieler und Sänger **Bing Crosby** und **„Zuginspieler Schorschi"**. Berühmte Persönlichkeiten gingen beim Stanglwirt auch schon früher ein und aus.
↑ **Stangl Trio** 1963: Ebner Liesi und die Stanglwirtsleute Anna und Lois

Verantwortlich für den enormen internationalen Erfolg ist laut Georg Steiner von Travel Partner das stimmige Gesamtpaket. So gibt es neben der abendlichen Musikveranstaltung ein Rahmenprogramm mit Frühschoppen am Berg, Bauernmarkt und verschiedenen Ausflügen zu Sehenswürdigkeiten in Tirol. Für den Geschäftsführer und Gründer von Travel Part-

Beim **Sängertreffen** heutzutage

Musikgruppe aus der Region (1901)

ner, Hannes Winkler, besteht die Anziehung in der Harmonie von alpiner Landschaft und Musik. Das bestätigt mir auch die 50-jährige Renate aus Deutschland: „Es ist einfach die Gegend und diese Musik, das ist einfach Bombe!“ [65] Winkler sieht noch einen weiteren Grund für den Erfolg der Veranstaltung: „In unserer zunehmend globalisierten Welt sehnen sich die Menschen wieder nach Einfachheit“ [66]. Auch der 60-jährige Festivalbesucher Gustav aus Dortmund sieht die Globalisierung – oder zumindest eine besonders traurige Facette davon – als Reisemotiv: [67] Doch nicht nur die Besucherinnen und Besucher des Musikherbstes sind glücklich, auch die Touristik. Denn der Musikherbst bringt viel Wertschöpfung und volle Betten in der Nebensaison.

PLATZKONZERT: „BLASMUSIG FI DE FREMD'N“

„Für Unterhaltung sorgt die Ortsmusikkapelle mit Platzkonzerten“ [68]. Das wird bereits 1929 im ersten Tourismusprospekt von Ellmau angeführt. Bereits damals war also die Blasmusikkapelle ein touristischer Faktor. Der Verkehrsverein zahlte in diesem Jahr für ein Platzkonzert ein Honorar von 600 Schilling, wie aus dem Kassabuch der Musikkapelle hervorgeht.[69] Provokant gefragt: Gäbe es in

Tirol ohne Tourismus überhaupt ein so ausgeprägtes Blasmusikwesen?

Immer wieder finden sich in den Protokollbüchern der einstigen Fremdenverkehrsvereine Debatten darüber, wie viel Geld Kapellen für Platzkonzerte erhalten sollen. Denn in der Tourismuswerbung spielte die Blasmusik eine wichtige Rolle. So wurden vor allem in den 1970er Jahren Werbetourneen der Blasmusikkapellen in deutschen Städten organisiert. Und die meisten Musikpavillons für die Platzkonzerte in den Gemeinden am Wilden Kaiser wurden nach dem Zweiten Weltkrieg errichtet: nicht ausschließlich, aber auch für touristische Unterhaltung. Bei den Platzkonzerten handelt es sich aber selbstverständlich nicht um eine Erfindung der Dörfer. In den alten Kurorten hatten Musikkapellen zur Unterhaltung der Touristen lange Tradition. In Kitzbühel gab es bereits Ende des 19. Jahrhunderts, in St. Johann vor dem Ersten Weltkrieg eigene Konzerte für Touristen.

Interessant ist hier auch die Frage nach der Kleidung der Musikanten. Heute scheint es uns selbstverständlich, dass sie von jeher in vermeintlich traditionellen Trachten mit Lederhose auftreten. Doch die meisten Tiroler Musikkapellen traten früher im bürgerlich-städtischen Anzug mit Krawatte auf. Mit der Industrialisierung hatte sich bei uns der bürgerliche Anzug durchgesetzt. Die Ellmauer beispielsweise wurden erstmals 1935 mit Tracht, also Lederhose und Dirndl, ausgestattet. Ein Grund dafür war der in den krisenhaften 1930er Jahren politisch stark beförderte Trend zu Heimatverbundenheit und „Volkstreue", den später die Nationalsozialisten nochmals verstärkten. Viele Blasmusikkapellen wurden erst nach dem Zweiten Weltkrieg mit Lederhose ausgestattet und der Tourismus war dafür mitverantwortlich. Hinzu kam, dass sich das Bild des trachtigen Urtirolers werbewirksam vermitteln ließ. Die Lederhose gehörte dazu – auch wenn sie in Wirklichkeit gar nicht so alt war. Früher trugen die Bauern Stoffhosen, erst im 18. Jahrhundert verbreiteten sich Lederhosen in den Alpen allmählich als Feiertagstrachten; nach wie vor waren aber in vielen Gegenden Stoffhosen üblich. Für die Tourismuswerbung wurde die Lederhose jedenfalls prägend. Es gibt kaum ein Prospekt der 1950er/60er/70er Jahre aus der Region, das ohne „typischen" Tiroler Musikanten in Lederhose auskommt.

Musikkapelle Ellmau 1936. Inzwischen wurde die Musikkapelle unter anderem auch aus politischen und touristischen Motiven mit Lederhose ausgestattet.

Prospekt aus den 1980er Jahren: die **Lederhose als Werbeträger**

Musikkapelle Ellmau 1901. Zu dieser Zeit trugen die Musikanten keine Lederhosen, sondern einen bürgerlichen Anzug aus der Stadt.

Wie sich **gehen ohne Schuhe** auf verschiedenstem Terrain anfühlt, haben wir fast schon vergessen.

ERLEBNISWELT AM BERG. DAS BEISPIEL HEXENWASSER

„Söll ist ein bekannter Skiort 10 km südlich von Kufstein. Einst in den 1980ern ein bevorzugtes Ziel feuchtfröhlich und exzessiv feiernder Gäste, hat sich der Ort inzwischen erfolgreich neuerfunden und ist heute ein Urlaubsziel für Familien mit einer Unzahl an Outdoor-Aktivitäten.“ [70]

So charakterisiert der englischsprachige Reiseführer „Lonely Planet“ den Ort am Wilden Kaiser. Was Söll neben den anfängerfreundlichen Skipisten so attraktiv für Familien macht? Im Sommer sei es vor allem das „Hexenwasser“: „a fun-loaded family walking trail with water obstacles“ [71]. Was sich hinter dieser Beschreibung verbirgt, verrät uns Lena. Das 13-jährige Mädchen aus Köln hat den Trail gerade hinter sich gebracht und schwärmt: „Das ist besser als jedes Schwimmbad – ein riesiger Wasserspielpark mitten in den Bergen und viel spannender als das langweilige Wandern mit meinen Eltern. Da hab ich die letzten stressigen Schulwochen sofort vergessen.“ [72] Auch die Eltern sind zufrieden. Während Lenas Besuchs im Hexenwasser haben sie eine Wanderung unternommen, die ihrer Tochter nicht genug „Action“ geboten hätte.

Lena holt ihre Schuhe aus dem „Schuhmuseum“, einem Schuhraum, wie es ihn in einer Hütte gibt, nur mit originellerem Namen. Dort hat sie ihre Schuhe deponiert, bevor sie die Wanderung auf Österreichs längstem Barfußwanderweg begonnen hat. Über zahlreiche Stationen, die hauptsächlich das Element Wasser in Szene setzen und zu einem alle Sinne ansprechenden Erlebnis stilisieren, führt der Weg rund um das Hochplateau von Hochsöll.

2002 begannen die Bergbahnen Söll damit, die Erlebniswelt „Hexenwasser“ – der Name kommt übrigens von einer Sage zur Umgebung – zu erschaffen. Walter Eisenmann, der Geschäftsführer der Bergbahnen, erzählt, wie es dazu kam: „Wir haben im Jahr 2000 den Einsersessellift von Hochsöll zur Hohen Salve durch eine Gondelbahn ersetzt und haben natürlich Pläne geschmiedet, wie wir unsere Frequenzen im Sommer erhöhen können.“ [73] Da durch die Speicherteiche für die Beschneiungsanlagen viel Wasser vorhanden ist, kamen die Touristiker nach langem Überlegen zum Schluss, dass sie dieses Element ins Zentrum rücken wollten. Das Gelände sei dafür hervorragend geeignet und mit Wasser würden sich nicht nur Wanderer, sondern auch Familien mit Kindern auf den Berg locken lassen, so die Hoffnungen. „Unsere erste ‚Inszenierung am Berg‘ im Jahre 2002 war ein Wasserpfad mit verschiedenen Einrichtungen für Kinder, aber auch für Erwachsene nach einer Wanderung, ein regelrechter Gesundheitspfad für die Füße. Diesen Abschnitt haben wir von der Gondelstation bis zur Stöcklalm mit ca. 400 m Länge gebaut. In den letzten 14 Jahren haben wir fast jährlich neue Ideen umgesetzt, damit die Besucher immer wieder was Neues erleben können.“ [74]

Das Tourismusprojekt wurde seither mit zahlreichen Preisen gekrönt. Die Besucherzahlen stiegen von 45.000 auf 200.000. Damit ist das Hexenwasser auch ein wichtiger Arbeitgeber in der Region. „Früher waren im Sommer nur 16 Personen bei den Bergbahnen beschäftigt, mittlerweile sind es 45“ [75], bemerkt Eisenmann stolz. Die Idee, den strauchelnden Sommertourismus anzukurbeln und die Beförderungszahlen der im Sommer schwach ausgelasteten Bergbahnen durch neue Attraktionen am Berg zu steigern, fand zahlreiche Nachahmer. In vielen Skigebieten entstanden in den letzten Jahren Themenparks und Abenteuerspielplätze – immer noch größere Erlebniswelten. Kritiker sprechen von einer Disneyfizierung der Alpen. Die Natur alleine reiche schon lange nicht mehr aus. Sie müsse erklärt, betont, inszeniert werden. „Die Touristenregionen zerstören sich gegenseitig – und ihre eigene Existenzgrundlage“ [76], resümiert die deutsche Journalistin Gabriele Pfaffenberg.

Diese Kritik gegenüber dem Erlebnisweltentrend am Berg kann Fanni, eine Studentin aus Regensburg, die mit ihren beiden Neffen das Hexenwasser besuchte, nicht vorbehaltlos teilen: „Mag sein, dass bei manchem Abenteuerspielplatz am Berg mit den baulichen Maßnahmen über das Ziel hinausgeschossen wurde und manch hässliche Plastikfigur die Landschaft verschandelt. Mag sein, dass es in den letzten Jahren zu einer Spielplatzinflation am Berg gekommen ist. Mag sein, dass es reicht damit. Ganz zu schweigen von der Aussichtsplattformen-Bauwut oder besser -Tollwut. Aber Hexenwasser ist einfach gut gelungen." Da hauptsächlich natürliche Materialien für den Wasserspielpark verwendet wurden, seien die Installationen unauffällig und integrierten sich ästhetisch in die Landschaft, findet sie. Auf behutsame Weise sei hier Naturnähe – wenn auch künstlich – hergestellt.

Auf die Fragen, ob es diese so paradoxe künstliche Naturnähe denn tatsächlich brauche, ob Natur nicht zum Beispiel auch an einem Gebirgsbach erlebbar sei, antwortet die 31-jährige Hexenwasserbesucherin Johanna aus München: „Dabei benötigt man ein gewisses Maß an Vorbereitung, an Tourenplanung, und es ist daher schwieriger zu konsumieren, wie es so schön ökonomisch heißt. Hier brauche ich mich hingegen um rein gar nichts zu kümmern. Ich gebe quasi mein Gehirn an der Talstation ab und die Erholung beginnt. Absolut stressfrei." Dabei ist sie sich ihres bequemen Konsumverhaltens durchaus bewusst. Ihre Freundin Anna ergänzt, dass solche Erlebniswelten für sie gerade wegen ihrer Künst-

Barfußwandern im Wasserpfad

Vor allem die Kleinen haben ihren Spaß mit dem **„Hexenwasser"**.

Alpiner Badespaß im Hexenwasser Söll

lichkeit attraktiv seien. Man sei sich des Scheins ja bewusst, man wolle kreativ Geschaffenes, Inszeniertes, Kulisse. Aus demselben Grund gehe man auch ins Kino oder ins Theater oder in eine vom Gärtner erschaffene Parklandschaft.

Die „Macher" von Hexenwasser sehen das ähnlich und machen keinen Hehl aus der Künstlichkeit. Matthias Schenk, der auf Schloss Freudenberg in Deutschland mit dem frei nach Hugo Kükelhaus geschaffenen Erfahrungsfeld zur Entfaltung der Sinne bereits ein aktionistisches Gesamtkunstwerk geschaffen hat, wurde mit der Fragestellung betraut, wie ein sinnvoller Sommertourismus inmitten eines großen Skigebietes aussehen könnte. „Entstanden ist eine Inszenierung, ein Alpengarten, ein permanentes Theater rund um das, was sowieso schon da ist: Feld, Wald, Wiese, Wasser, Sonne, Bienen."[77] Es gehe darum, Erfahrung bewusst zu machen. Längst hätten wir vergessen, unsere Sinne bewusst zu gebrauchen. Wir wüssten nicht mehr, wie Wasser schmeckt, wie Rindenmulch riecht, wie sich ein Kalkstein unter dem nackten Fuß anfühlt oder sich Bienensummen anhört. Es sei ein Labor, in dem jeder selbst experimentieren kann. Es sei die Suche des Einfachen, des Wesentlichen, des Offensichtlichen, das wir allzu leicht übersehen.

Auch Valerie, Biologin am Institut für Gebirgsforschung in Innsbruck mit Spezialgebiet Naturschutzgebiete in Gebirgsräumen und Mutter von zwei Kindern, fand Gefallen an der Inszenierung. Die Kritik an den neuen Freizeitangeboten bei vielen Bergstationen von Liften kann sie nur bedingt teilen: „Für meine Kinder ist Wandern leider unattraktiv. Mir ist daher lieber, sie sind mit uns in solchen Parks unterwegs als zuhause vorm Laptop oder Smartphone. Außerdem finde ich, dass solche Themenparks wie Hexenwasser, wenn sie nicht übertrieben ressourcenverschwendend gemacht sind, ein hervorragendes Instrument der Besucherlenkung sind. Die Menschen sind konzentriert auf das Gelände und ringsum wird die Natur nicht verschmutzt." Zudem befindet sich der Erlebnispark nicht im ökologisch sensiblen Hochgebirge, sondern auf 1100 m inmitten einer historisch gewachsenen Kulturlandschaft, die Bauern seit Jahrhunderten pflegen und gestalten. Der Eingriff des Menschen dort ist also nichts Neues.

Wie diese Bewirtschaftung der Kulturlandschaft vonstattengeht und -ging, darin erhält der Besucher in der Simon-Alm und bei eigens angebotenen Kursen Einblick. Dort wird beispielsweise gezeigt, wie mit der Sense gemäht oder Brot gebacken wird. Dabei wurde Wert darauf gelegt, diese alten bäuerlichen Kulturtechniken ohne Romantisierung und Idealisierung zu präsentieren. Angelika, eine junge Studentin der Agrarwissenschaften in Wien, die eine Seminararbeit darüber verfasst hat, findet dies relativ gut gelungen: „Das kulturelle Erbe der Bauern wird bei solchen touristischen Inszenierungen gerne glorifiziert. […] Inzwischen hat man viel dazugelernt und verzichtet weitgehend auf derartige Übertreibungen und künstliche Verzerrungen zugunsten einer verkitschten Dramaturgie. Man hat gemerkt, dass sich die Gäste nicht verschaukeln lassen wollen und weniger oft mehr ist."[78]

Inzwischen ist das Hexenwasser wieder um eine Attraktion reicher geworden. „Nachdem die Werkstatt für unsere Pistenfahrzeuge verlegt wurde, war hier ein Luxusabstellplatz mit Blick auf den Wilden Kaiser entstanden"[79], erklärt Markus Henkell, Bergbahn-Beiratsvorsitzender. Schon länger war man auf der Suche nach einem Schlechtwetterprogramm. Matthias Schenk entwickelte die Idee, wie man in dem großen Raum zum Wesen des Wassers vordringen könne. An fünf Stationen können die Besucher ausprobieren, wie Wasser reagiert, wenn

Kleinigkeiten in seiner Fließumgebung verändert werden. Die Mitarbeiter der Bergbahnen fungieren dabei nur als Art Moderatoren. Sie geben Anregungen, dann darf jeder selbst seine Ausgangssituation schaffen und beobachten, wie sich das Wasser seinen Weg bahnt. Die neuen Einblicke in die Natur scheint Kinder und Erwachsene gleichermaßen zu faszinieren. Walter Eisenmann ist überzeugt, dass das „Blaue Wunder" – so heißt die neue Installation – eine große Bereicherung für das Gesamtprojekt darstellt. Auch hier will Schenk keinen Bauteil einer vorgefertigten Erlebniswelt liefern, wo ein mundgerecht vorgekautes, für alle gleich erfahrbares und leicht verdauliches Erlebnis konsumiert werden kann. Stattdessen soll jeder Besucher seine eigenen individuellen Erfahrungen machen können.[80]

Hexenwasser ist zwar die mit den meisten Preisen ausgezeichnete, aber nicht die einzige sehenswerte Erlebniswelt in der Region: In Scheffau fasziniert die Kaiserwelt in unmittelbarer Nähe der Bergstation Brandstadl auf 1650 m vor allem die Kinder, und in Ellmau Ellmi's Zauberwelt am Hartkaiser. Als andere Art der „Erlebniswelt" muss die renaturierte Moorlandschaft „Moor & More" erwähnt werden. Auf unterhaltsame Weise wird in den natürlichen Mooren an den Südhängen des Wilden Kaisers im Gemeindegebiet von Ellmau, Going und St. Johann das Erleben unberührter Natur mit spannenden Informationen zu seltener Flora und Fauna verbunden.

Auf der **Simon-Alm** werden vergessene bäuerliche Kulturtechniken gezeigt und erklärt.

Die etwas andere Erlebniswelt: **„Moor & More" in Going** kommt mit wenig Inszenierung aus. Eine vergessene Naturoase wurde so erlebbar gemacht.

VOM GASTHOF ZUM 5-STERNE-HOTEL

„Wie schon erwähnt, fehlt es allen diesen Wohnungen […] mehr oder weniger an einem Comfort, wie man ihn in der Schweiz findet, wo schon seit langer Zeit ein bestimmter Zug der Fremden die Anlage von bequem eingerichteten Gasthöfen und Hotels zu einem sicher rentirenden Geschäft gemacht hat."[81]

So fiel die Kritik an den Beherbergungsbetrieben in unserer Region im Jahr 1846 aus. Die Schweiz als führendes alpines Tourismusland war um Längen voraus. Tirol verfügte zwar als Transitland seit dem Spätmittelalter über eine große Wirtshausdichte an den Hauptverkehrsadern, aber diese gut funktionierenden Betriebe waren hauptsächlich für durchreisende Händler und Fuhrleute eingerichtet. Auf der Südseite des Wilden Kaisers, auf der Strecke Innsbruck–Wien also, war nicht so viel los wie auf der Brennerroute. Dennoch gab es dort in den Dörfern seit alters her Wirtshäuser und mehrere Poststationen. Die Anfänge des Postwesens lassen sich bis in das Jahr 1490, in die Zeit der Herrschaft von Kaiser Maximilian, zurückverfolgen und nur kurze Zeit später, 1507, wird die Poststation Ellmau in den Akten erwähnt. Später kamen noch Söll und St. Johann hinzu. An den Stationen wurden die Pferde gewechselt und die Boten verpflegt. Daher lag es nahe, diese neben bereits bestehenden oder neu zu eröffnenden Wirtshäusern einzurichten.

Die Poststationen entwickelten sich als Schnittstellen der Kommunikation zu wahren Machtzentren. Die Postmeister bzw. Postwirte waren nicht selten regelrechte „Dorfkaiser". Dort wurde Politik gemacht. Noch heute kündet das Hotel Postwirt in Söll von einer wechselvollen Geschichte: Bei dem Haus handelt es sich um eines der ältesten profanen Gebäude im gesamten Sölllandl. 1266 taucht es erstmals in den Urkunden auf, in der Funktion eines Mairhofs, also eines Verwaltungszentrums einer größeren Grundherrschaft (lat. *mair domus* = Gutsvorsteher). In einer Urkunde aus dem Jahr 1492 wird das Gebäude als „Mayrhof und Tafern zu Sel" genannt. Als Tafern (lat. *taberna* = Taverne) durfte sich nur eine Gastwirtschaft bezeichnen, die vom Landesherrn das ausdrückliche Recht dazu verliehen bekommen hatte. Sie verfügte über umfassende Privilegien, wie das Schank- und Herbergsrecht.

Fromme Erinnerung
an den
Herrn Josef Rainer,
Postmeister u. Güterbesitzer zu Söll,
welcher den 9. August 1843 geboren und am 22. Nov. 1876 selig im Herrn verschieden ist.

Er ruhe im Frieden. Amen!

An euch, die meiner liebevoll gedenken,
Vielleicht auch Thränen spenden mitleidsvoll,
Indem die Hülle sie zu Grabe senken,
Ein geist'ges Wort als letztes „Lebewohl":

Ihr habt in meinem Innern gelesen,
Daß theilnamsvoll und warm ein Herz drin schlug.
Bin fehlerfrei ich leider nicht gewesen;
Noch keiner war's, den man zur Grube trug.

Ich tröste mich, denn jene Pflicht erfüllet
Hab ich, die Christus als die größte lehrt.
Hab manche Thränen, Klagen gern gestillet,
Nicht selten doch nur Undank großgenährt.

Gedenkt ihr meiner und auch meiner Schwächen,
Gedenkt mein ganz, auch was ich Gutes that.
Ein höh'rer Richter hat es auszusprechen,
Wer Anrecht einst auf seinen Himmel hat.

Buchdruckerei von Ed. Lippott in Kufstein.

Todesanzeige für **Josef Rainer** (1843–1876), Postmeister und Wirt in Söll, Nachfahre des berühmten Schützenhauptmannes und Wirtes Josef Rainer

Postkarte vom **Gasthaus zur Post in Söll,** abgesendet 1916

Ausschließlich dort durften alle Sorten von Alkohol ausgeschenkt und Hochzeiten, Totenmahle und sonstige Feiern veranstaltet werden. Daneben gab es noch sogenannte Fratschlereien, wo nur Bier oder Branntwein ausgeschenkt werden durfte. 1665 wurde Johann Neumayr durch Heirat Wirt auf der unteren Taverne in Söll. Er muss ein tüchtiger und charismatischer Gastgeber gewesen sein, denn seither heißt der Gasthof im Volksmund „Beim Neumayr". 1801 wurde der legendäre Schützenhauptmann und spätere „Freiheitskämpfer" Josef Rainer Wirt. Seitdem ist die Bezeichnung Postwirt geläufig. In diesem Jahr wurde nämlich für Söll eine eigene Poststelle genehmigt und Rainer zum Postmeister bestellt. Zu seinen Aufgaben gehörte es, zweimal pro Woche die Post nach Ellmau und Wörgl zu befördern, für einen beeideten Schreiber zu sorgen und vier Pferde zu versorgen.

Auch in Ellmau gab es die Verknüpfung von Wirt und Poststation. Auf der ersten „Tafern", dem heutigen Hotel Hochfilzer, wird ein Wirt erwähnt, der 1632 auch als Postmeister Dienst tat. Heute gibt es in Ellmau noch das Hotel Alte Post im Besitz der Familie Kaisermann. Zwischen ungefähr 1646, das genaue Jahr lässt sich in den Urkunden nicht mehr finden, und 1902 betrieb die Familie Kaisermann das Postamt. Seit 1842 war ein Gastbetrieb damit verknüpft, der mit dem heutigen Hotel fortbesteht. Auch in anderen Orten um das Kaisergebirge gibt es heute noch Posthotels, wie in St. Johann, Kossen oder Ebbs, und auch sie dürfen auf eine lange Tradition zurückblicken. Die Geschichte des Hotels Post in St. Johann lässt sich beispielsweise bis in das Jahr 1297 zurückverfolgen. Jedoch erst 1770 wurde in dem seinerzeit als Gasthof Weißes Rössl bekannten Haus eine Poststation errichtet – seither der Name. Scheffau und Going hatten zwar keine alten Poststationen und damit auch keine solchen Betriebe. Dennoch weisen auch Hotels wie der Stanglwirt oder der Dorfwirt in Going eine mehrhundertjährige Geschichte als Transitstationen an der Hauptstraße nach Wien auf.

Gastronomie gab es also auch in Tirol, aber Hotellerie wie in der Schweiz? Im Französischen bezeichnet der Begriff Hotel einen kleinen Adelssitz am Land. Und tatsächlich wurden die ersten Hotels in Anlehnung an die Aristokratie gebaut, als „Bürgertraum des Adelsschlosses" [82], wo der Gast König auf Zeit sein durfte. Sie entstanden zunächst an berühmten Kurorten, wie beispielsweise in Bad

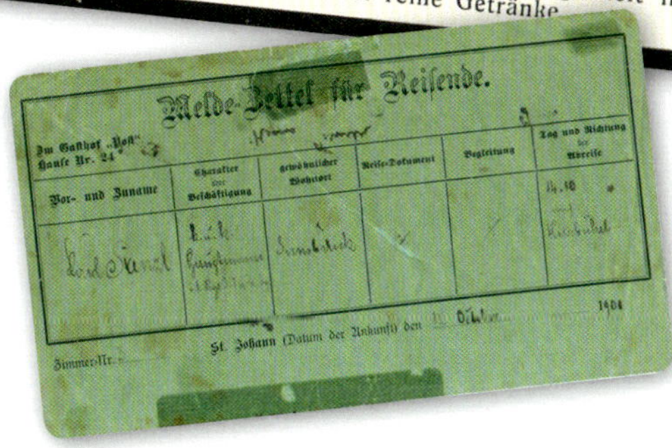

↑↑ **Werbeeinschaltung** im Reiseführer „Kufstein und seine Umgebung", 1904
↑ **Meldezettel** vom Gasthof Post in St. Johann in Tirol aus dem Jahr 1901

Ischl (1828) oder Karlsbad, und in den Metropolen, vor allem in jenen an den neuen Bahnlinien. 1869 entstand beispielsweise das Grandhotel Europa am Innsbrucker Bahnhof. Um ihre neue Bahnlinie besser auszulasten, errichtete die Südbahngesellschaft kurz darauf (1882) ihre ersten Grandhotels in alpineren Gegenden, und zwar am Semmering und in Toblach in Südtirol.

In der Schweiz gab es zu dieser Zeit sogar schon auf Berggipfeln Hotels, beispielsweise auf der Rigi, dem berühmten Aussichtsberg. Die Hohe Salve, damals der berühmteste Panoramagipfel in Tirol, wurde in Anlehnung an das werbeträchtige Vorbild als Rigi von Tirol bezeichnet. Hier gab es aber kein Hotel, sondern nur ein sehr bescheidenes Gasthaus. Noble Reiseschriftsteller forderten daher die sofortige Errichtung eines Hotels auf der Salve, in

Anlehnung an das Schweizer Musterbeispiel. Der Schriftsteller Ludwig Steub urteilte darüber 1871 süffisant: „Nichtsdestoweniger kann leicht noch ein Menschenalter vergehen, bis die gastlichen Einrichtungen auf dem Gipfel, was Comfort betrifft, nur halbwegs denen auf dem schweizerischen Rigi gleichen, während sie diese, was die Rechnungen betrifft, bereits überflügelt haben sollen.“ [83] Heute gibt es auf der Salve ein großes Restaurant. Das bereits im 19. Jahrhundert geforderte Hotel wurde nie realisiert.

Das nächste Kapitel in der Hotelbaugeschichte am Wilden Kaiser wurde 1877 geschrieben, und zwar direkt neben dem Hauptbahnhof in Kufstein, wo das kleine Hotel Gisela gebaut wurde: mit dem Kapital der Zementindustriellen-Familie Kink. „Schöne Salons mit Aussicht ins Kaisertal, Glasveranda, Speisesaal mit angrenzendem Gärtchen, Billardsaal.“ So warb das Prospekt des Hauses um 1900. „Dampfheizung, Elektrisches Licht, Hochquell-Leitung aus dem Kaisertal.“ [84] Alle modernen Errungenschaften der letzten Jahre fanden sich dort. So gab es in Kufstein erst seit 1898 Elektrizität, und die Hochquellwasserleitung als revolutionäre Hygieneeinrichtung der Neuzeit, die den Städten sauberes Wasser lieferte und damit den Epidemien ein Ende bereitete, wurde nur kurz zuvor errichtet. Im „Baedeker“ von 1880 war außerdem bereits das Hotel Post angeführt, nur 2 Minuten vom Bahnhof entfernt. Im Jahr

Hotel Gisela neben dem Bahnhof in Kufstein um 1890

— 8 —

Hotel Gisela

(vis à vis dem Bahnhof).

Modernst eingerichtet. * Dampfheizung.
Elektrisches Licht.
Hochquell-Leitung aus dem Kaisertal.

Zimmer von 1 K 20 h aufwärts.

Schöne Salons mit Aussicht ins Kaisertal.
Glasveranda, Speisezimmer mit angrenzendem Gärtchen.
Billardsaal.

Komplettes Frühstück K 1.—.
Menus zu K 2.50 inkl. Wein.
Abendessen, Souper K 2.—.

Für gute Küche und Getränke ist bestens gesorgt.

Eigene Equipagen.
Tägliche Postomnibusabfahrt nach Walchsee-Kössen.
In nächster Nähe Post- und Telegraphenamt.

Jede Auskunft wird erteilt im Hotel; für die Zufriedenstellung der Gäste wird die größte Aufmerksamkeit verwendet.

Rosa Suppenmoser.

Prospekt des Hauses um 1900

↓ **Gasthof Post** in St. Johann, 1915
↓↓ **Stanglwirt** in Going um 1950

Das **Hotel Auracher** am Unteren Stadtplatz in Kufstein um 1914

1906 wurde es komplett renoviert, um „selbst den grossten Ansprüchen gerecht zu werden“ [85], wie es im Hotelprospekt hieß.

Ganz allgemein entwickelte sich in der nun folgenden wirtschaftlichen Blütezeit, die als Folge des langen Friedens und der Industriellen Revolution eintrat, eine starke Dynamik unter den Kufsteiner Gastwirten und Unternehmern. Aus dem dorfartigen Städtchen Kufstein wurde allmählich eine prosperierende Kleinstadt. Die Einwohnerzahl hatte sich zwischen 1890 und 1910 – also innerhalb kürzester Zeit – von 4000 auf 7000 fast verdoppelt. In dieser Phase, die oft als Gründerzeit oder Belle Epoque bezeichnet wird, rangen sich die Stadtpolitiker dazu durch, einen Stadterweiterungsplan auszuarbeiten, wofür sie den renommierten Münchener Architekten Otto Lasne beauftragten. Dieser fokussierte sich bei seinen Planungen stark auf einen bestimmten Aspekt: „Kufstein ist in erster Linie Fremdenverkehrsstadt. Die wunderbare Umgebung, in der es sich von der Feste Geroldseck bekrönt, an den Gestaden des rasch fließenden Bergstroms ausbreitet

Das **Hotel Drei Könige** im Jahr 1910. Heute befindet sich in dem Gebäude die Eisenwarenhandlung Eder

und an den Festungsgraben schmiegt, zieht einen alljährlich wachsenden Fremdenstrom in seine Mauern.“ [86] Lasne projektierte und baute also für den Tourismus.

Im Jahr 1906 schritt der Gastwirt und deutschfreiheitliche Politiker Josef Dillersberger zum Neubau des Gasthofes Drei Könige, das von Lasne geplant worden war. Es wurde unweit des Oberen Stadtplatzes errichtet; heute befindet sich darin die

Das **Gasthof/Hotel Egger** im Wandel: Oben links noch ein bäuerliches Gasthaus (davor übrigens der heute in Ellmau stehende Brunnen), oben rechts nach dem Umbau, unten links der nicht ausgeführte Plan von Lasne und schließlich unten rechts das 1909 errichtete Hotel.

Eisenwarenhandlung Eder. Das neue Hotel sollte „in der im nördlichen Tirol heimischen Bauweise gehalten"[87] werden. Die Architektur des dreistöckigen Hauses mit dominantem Treppengiebel lehnte der Architekt an seine Pläne für das Rathaus und das ebenfalls neu zu erbauende Hotel Egger an. Lasne zielte nämlich darauf ab, den neu zu gestaltenden Oberen Stadtplatz aus einem Guss zu erschaffen – ein einheitliches Stadtbild war ihm wichtig. Heute dominiert das Gebäude des ehemaligen Hotels Egger gemeinsam mit dem ebenso Anfang des 20. Jahrhunderts errichteten Sparkassengebäude diesen Platz, der damals komplett neu entstand.

Das Hotel Egger wurde schließlich jedoch nicht nach den Plänen Lasnes errichtet. Stattdessen ließ Bürgermeister und Unternehmer Josef Egger das nach seiner Familie benannte Hotel 1909 nach den Plänen des Architekten Willy Graf aus Stuttgart erbauen. Mit diesem 75 Zimmer umfassenden Betrieb hielt in Kufstein die Luxushotellerie Einzug. Architektonisch wurde vor allem an der Fassade eine freie Interpretation und Kombination von deutschen Renaissance-Elementen realisiert.[88] Dies zeigt sich besonders in den Erkern und Ecktürmen. Die Ausrichtung des Gebäudes auf den Sporttourismus zeigt sich in Figuren von Bergsteigern und Wintersportlern an der Fassade. Zum Gesamtkomplex gehörten noch ein Theatersaal und eine Metzgerei. Das Areal hatte beträchtliche Dimensionen und erstreckte sich bis zur Praxmarerstraße.

Im Inneren beeindruckte besonders der im Empirestil gehaltene, an Münchener Sezessionsformen angelehnte Speisesaal für 150 Personen mit Wandbekleidung, viel Marmor und Birnenholz. Im zeitgenössischen Prospekt ist zu lesen: „Ein bedeutender Kunstkenner, der das Haus besichtigte, tat den Ausspruch, daß in dem ganzen letzten Jahrhundert in keinem Profanbau des Tiroler Landes soviel Marmor zur Verwendung kam. Mit diesem edlen Material ist das Vestibül [die Eingangshalle] schon in reichem Maße ausgestattet. Massive Säulen aus grau-rotem Marmelstein, der im nahen Kiefersfelden gebrochen und geschliffen ist, tragen die Decke, glänzender Marmorbelag bildet die Wandgesimse und faßt die Fensternischen ein."[89] In dieser Tonart führt das Prospekt durch das gesamte Haus: Spiegelwände, Sitzmöbel zwischen Palmengruppen, eigens in Wien gefertigte Jugendstilmöbel. „Schon mancher Weitgereiste war überrascht, in dem kleinen Kufstein so

Plan der Hotelanlage **Hohenstaffing**

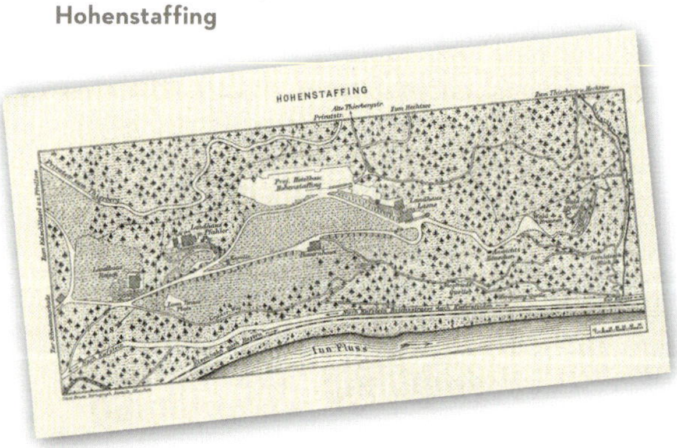

Prospekt Hotel Egger um 1920

kneipe Schicketanz. Der langbärtige Schicketanz hatte einen Hund, der Pfeife rauchte.“ [92] Nicht alle Gäste waren im Hotel Drei Könige jedoch willkommen. Wie der Centralverein Deutscher Staatsbürger Jüdischen Glaubens vermeldete, deklarierte sich das Hotel als antisemitisch. Erst mit einem Pächterwechsel 1914 änderte sich dies.[93] Insgesamt gab es jedoch viele führende Unternehmer, Gastwirte und einflussreiche Bürger in Kufstein – wie auch in anderen Kleinstädten der Monarchie –, die mit deutschnationalen Gruppierungen sympathisierten oder ihnen angehörten. Und Kitzbühels Fremdenverkehrsverein beschloss 1897 unter Franz Reisch: „Anfragen von Juden haben unberücksichtigt zu bleiben.“ [94]

Wenn die Aufbruchsstimmung ansonsten jedoch grenzenlos schien und dem Tourismus ein beträchtliches wirtschaftliches Potenzial beigemessen wurde, das viele Investoren aus Nah und Fern anlockte: Viel mehr Projekte, als in der Gründerzeit in der Kufsteiner Innenstadt gelangen, wurden nie verwirklicht. So hatte Lasne die außerordentlich dimensionierte Hotelanlage Hohenstaffing am Thierberg mit herrlichem Blick auf das Kaisergebirge geplant. Das Hotel wäre für 110 Zweibettzimmer, 90 Einbettzimmer und 18 Salons, also Suiten, ausgelegt worden. Die Villa Reisch (Landhaus Pfahler) und die Villa Lasne, die beide als Bestandteile dieses Hotelkomplexes gedacht waren, gibt es heute noch. Doch selbst in unserer Zeit können in der Region nur Großhotels

weltstädtische Einrichtungen zu finden“ [90], steht da stolz im Prospekt.

Die Zimmer waren verschiedenen Kategorien zugeordnet. Den anspruchsvolleren Gästen standen Salons mit Schlafzimmer und eigenen Bade- und Toilettenräumen zur Verfügung, die heutigen Hotelsuiten entsprechen. In den oberen Stockwerken fanden sich die einfacheren Touristenzimmer. Besonderen Wert legten die Hotelbetreiber auf die Hygiene: „Die Staubplage ist in diesem Haus so gut wie nicht bekannt, denn elektrisch betriebene Vakuumreiniger entfernen den unerwünschten Eindringling ohne jede Belästigung der Einwohner.“ [91] Hierbei handelt es sich um einen der ersten Staubsauger im deutschsprachigen Raum, der aber zentral installiert war und als Luxusgerät galt. Was beim Blick ins Prospekt außerdem auffällt, ist die Konzentration auf die Wintersaison. Das gesamte Haus verfügte schon damals, vor über hundert Jahren, über eine Zentralheizung. Darüber hinaus gab es dort bereits einen Skiverleih, einen hauseigenen Bob für den Leihbetrieb und Trockenräume.

Das Hotel Drei Könige taucht in den Memoiren des Schriftstellers Joachim Ringelnatz auf, nachdem er 1911 dort abgestiegen war: „Ich liebte mein Hotelzimmer und ging gern zu den Bauern und in deren Ställe. […] Ich lernte neue Bekannte kennen, so einen lustigen Herrn Busch, der früher in Afrika gewesen war und jetzt künstliche Blumen fabrizierte. Durch ihn wurde ich Stammgast in der bekannten Wein-

Im berühmt-berüchtigten **Weinhaus Schicketanz (Batzenhäusl)** um 1910. Im Vordergrund der „bärtige Wirt“ mit Gitarre

Beschluss der Gen.-Vers. 1897
Anfragen von Juden haben
unberücksichtigt zu bleiben.

Lage. Geschichtliches. Bewohner.

Kitzbühel liegt im nordöstlichen Teile von Tirol, der an Salzburg und Bayern angrenzt, an der landschaftlich bevorzugten grossartigen Giselabahn zwischen Salzburg und Innsbruck, zu deren Glanzpunkten es gehört. — Am Fusse des Kitzbühelerhorns hingeschmiegt, lehnt sich das Städtchen südlich an die grünen formenreichen Berge der Kitzbüheleralpen an, während im Norden unmittelbar und freistehend der mächtige Dolomitstock des Wilden Kaisers gegenübersteht. — Die beiden Gebirgszüge schliessen um das Tal einen Kreis und verleihen durch ihre markanten Gegensätze der Gegend eigenartigen Reiz und hohe Schönheit.

Der tirolische Chronist Staffler sagt davon sehr zutreffend:

»Rings um die Stadt von Tal und Hügel, so weit »das Auge reicht, so hoch die Berge steigen, glänzt hell- »grüner Schmelz der Wiesen, ausnehmend schön her- »vorgehoben durch das dunkle Grün der Waldstreifen, »durch die grauen, kahlen Zacken des Kaisergebirges, »welche über die schwellenden Grashügel hereinblicken »und durch die Eispyramide des Grossvenedigers, die

Partie in Kitzbühel.

Beschluss der Generalversammlung 1897: Anfragen von Juden haben unberücksichtigt zu bleiben (Stempel im Touristenführer von Kitzbühel aus dem Jahr 1903).

wie der Stanglwirt mit Bettenzahlen um 400 auftrumpfen. Erst in letzten Jahren sind einige wenige Hotels auf solche Dimensionen angewachsen. Die Realisierung der Hotelanlage Hohenstaffing scheiterte schließlich an fehlenden finanziellen Mitteln und am Ersten Weltkrieg.[95]

Landhotellerie. In den Landgemeinden am Kaisergebirge war man sich bewusst, dass man den städtischen Fortschritt und Komfort von Hotels (noch) nicht bieten konnte. Doch gerade deshalb warb man mit diesen vermeintlichen Schwächen und verkehrte sie zu Stärken. Nach dem Werbemotto des sanften Tourismus „Kommen Sie zu uns, wir haben nichts" warb Walchsee schon um 1900 bewusst mit dem „Reiz des Ländlichen und der Einfachheit". Im Ortsprospekt wurde deshalb betont: „Nicht vornehme Hotels schrecken ihn [den Gast von Walchsee] ab, sondern Gaststätten nach alter Tirolerart in ihrem behäbigen, selbstbewußten Stil, als Stätten der ländlichen Gemütlichkeit, nach der sich der Städter sehnt, laden ihn ein."[96] Der Städter von damals suchte genauso wie heute vielfach eine Gegenwelt zu seinem Alltag.

Eine große Ausnahme unter den Landgemeinden um den Wilden Kaiser bildete Kössen. Dort gab es eines der ersten Sporthotels Österreich: das Hotel Kapelle, das inzwischen schon seit vielen Jahren nicht mehr in Betrieb ist und auf einen Unternehmer namens Johann G. W. Lehmkuhl zurückgeht. „Das ganze Schaffen dieses Herrn ist zur Verschönerung Kössens mit Freuden zu begrüßen"[97], war in der Zeitung zu lesen. Dass das Hotel sich dann aber zu einem bekannten Sporthotel entwickelte, hatte vor allem mit dem neuen Pächter Emil Mitter zu tun. Der Zufall hatte den Böhmen, der als großer Sportpionier in die Geschichte Tirols eingehen sollte, nach Kössen verschlagen. Er war nicht nur einer der ersten Fußballer im Land, sondern einer der großen – man kann es so sagen – Sportimporteure, der viele verschiedene Disziplinen erstmals ins Bergland brachte, wie zum Beispiel das damals vornehme Eishockey. Auf seine Initiative wurde der Tiroler Sportklub gegründet, der alle möglichen Sportarten vereinte. Wer wäre geeigneter gewesen, im Landesverband für Fremdenverkehr die Aufgabe zu übernehmen, als Sportreferent den Wintersport-Tourismus in Tirol anzukurbeln und zu organisieren?

Kein Wunder, dass er auch als Hotelpächter bestrebt war, „in Kössen eine Heimstätte für jeden Sport zu schaffen."[98] Seinen Bemühungen ist es zu verdanken, dass Kössen als aufblühender Wintersportort in der Presse gefeiert wurde, mit dem Hotel Kapelle als Mittelpunkt. Kein Zufall auch, dass genau in jener Zeit der Skiklub in Kössen gegründet wurde. Mitter hatte seine Finger im Spiel, und Lehmkuhl, der Hotelbesitzer und Industrielle, zeichnete 1910 für die Gründung der Alpenvereinssektion verantwortlich. Skiklub und Alpenverein – beide waren damals in erster Linie Tourismusvereine. Noble Tennisplätze und sogar internationale Lawn-Tennis-Turniere –

Das **Hotel Kapelle** in Kössen auf einer Postkarte aus dem Jahr 1913. Das Hotel verfügte bereits über Tennisplätze, eine große Parkanlage mit Rosengarten usw., einen Teich zum Fischen und Bootfahren und ein Schwimmbad.

all das gab es damals in Kössen.[99] Sogar die Einrichtung im 150 qm großen Speisesaal des Hotels Kapelle nahm Bezug auf den Sport: „Eine besondere Sehenswürdigkeit sind die vom Architekten entworfenen und vom Kunstmaler Throll bemalten Holzluster, deren Figuren teils auf die Jagd und teils auf den in Kössen aufblühenden Wintersport Bezug nehmen."[100]

Auch in St. Johann eröffnete in jener Phase der Konjunktur 1909 das erste Hotel, direkt neben dem Bahnhof. Zunächst hieß es „Zum hohen Kaiser", später wurde es nach seinem Eigentümer Eduard Huber in Hotel Huber umbenannt. Es verfügte auch bereits über eigene Tennisplätze.[101] Nachdem es in den 1970er Jahren zur Pension Traublinghof umgestaltet worden war, findet sich heute das Restaurant Finks darin.

Dagegen wurden in den kleinen Gemeinden auf der Südseite des Wilden Kaisers in jener Zeit keine Hotels gebaut. Der Kitzbüheler Bürgermeister Herold verspottete diese Orte als verschlafene, hinterwäldlerische Bauerndörfer. Nur der Stanglwirt war schon um 1920 das Ziel von Kutschenfahrten reicher Wintersportgäste aus Kitzbühel. Ansonsten lebten die Gasthöfe noch immer bescheiden vom Durchzugsverkehr und von vereinzelten Sommerfrischlern. Erst nach dem Zweiten Weltkrieg kam es hier zum touristischen Aufschwung, und langsam setzte die Bautätigkeit ein. In Ellmau beispielsweise gab es lange Zeit nur drei Wirtshäuser, weil sich die Wirte erfolgreich gegen neue Konkurrenz wehrten. Erst ab 1954, als das sogenannte Wirtschaftswunder einsetzte und Strickrodt Ellmau als Reiseziel für die neue breitere Mittelschicht entdeckt hatte, wurde viel gebaut. Die Familie Feiersinger errichtete den Ellmauerhof, der Kaiserhof wurde eröffnet, ein Tanzlokal gebaut – um nur drei Beispiele zu nennen.

Aber nicht nur in Ellmau drehten sich die Mischmaschinen rastlos. So eröffneten Aloisia und Leonhard Oberleitner 1955 ihre neu gebaute Pension Gasthof Blattlhof in Going. Unmittelbar nach dem Zweiten Weltkrieg fanden sich in Scheffau und Söll noch doppelt so viele gewerbliche Beherbergungsbetriebe wie in Ellmau, auch Going zählte fast doppelt so viele. Danach holte Ellmau aber rasch auf: 1960 waren es schon 18 Betriebe – während Scheffau 19, Söll 16 und Going 13 hatte. Zum Vergleich: Kufstein hatte damals 40 und St. Johann 47.[102] Bis Ende der 1970er Jahre erfolgte ein rasanter Anstieg. In Bezug auf die Bettenzahl überholte Ellmau sogar alle Orte der heutigen Tourismusregion Wilder Kaiser. Dank Hummel-Reisen wurden dort bereits 1973 über 2000 gewerbliche Betten gezählt, insgesamt kam man mit Privatzimmerbetten auf ca. 4000: auf doppelt so viele wie Kufstein und auf die meisten im ganzen Bezirk. Spitzenreiter am Wilden Kaiser war 1973 noch St. Johann mit über 5000 Betten. Wie in vielen Tiroler Gemeinden wurde der Zenit auch dort um 1980 erreicht (7000 Betten). Heute stehen in St. Johann im Sommer nur mehr 3574 Betten für die Gäste bereit, während Ellmau mit 4700 Betten im Sommer 2014 der neue Spitzenreiter am Wilden

↓ Der **Ellmauer Hof** mit Tankstelle, 1955
↓↓ Bus statt Bahn lautete die neue Losung in den 1950er Jahren. **Gasthof Pension Alpenhof** in Ellmau mit vollem Parkplatz (Foto Jöchler)

↑↑ Der 1955 eröffnete **Blattlhof** in Going
↖ Innenausstattung der **Pension Widauer** in Ellmau, 1960 (Foto Jöchler)
↗ **Gasthof Hochfilzer** in Ellmau, 1938
← Blick in die **Ellmauer Dorfstraße** auf Post und Gasthaus Hochfilzer (Gemälde von Andreas Feigl nach einer historischen Ansicht, 2016)

Kaiser ist.[103] Diese Führungsrolle Ellmaus führt Johann Haselsberger, ehemals Verkehrsvereinsobmann und Geschäftsführer der Bergbahnen in Scheffau, auch auf die Besitzerstruktur in den Ortschaften zurück: „In Scheffau gibt es kaum Hotels, weil dort die wenigen Grundbesitzer nichts verkaufen wollten oder finanziell nie gezwungen waren, etwas zu verkaufen. Es gilt die Regel, dass ein guter Bauer seinen Besitz zusammenhält und keinen Grund verkauft. In Ellmau gab es durch die Ortsgröße von vornherein mehr Grundeigentümer, manche von ihnen waren umtriebige Unternehmerpersönlichkeiten, andere mussten aufgrund wirtschaftlicher Probleme Grund verkaufen.“ [104]

Deutlich wird in den Statistiken als Indikatoren der Tourismusentwicklung der Trend erkennbar, dass für die einst tourismusintensiven, kleinstädtischen Orte wie St. Johann und Kufstein der Tourismus an Bedeutung verliert, während die kleinen Orte sich zu Tourismushochburgen entwickeln. Dafür verantwortlich sind unter anderem einige große Industriebetriebe in den kleinstädtischen Orten, die den Einheimischen berufliche Alternativen zum Tourismus bieten.

In der Hotellerie zeichnet sich das ab, was sich bereits bei der Privatzimmervermietung erahnen lässt: die Ansprüche der Gäste steigen. Während es in den 1970er Jahren noch viele 1- und 2-Stern-Betriebe gab, sind diese mittlerweile so gut wie ausgestorben, hingegen steigt die Zahl der 4- und 5-Sterne-Hotels. Ziehen wir wieder Söll als Beispielort heran, so zeigt sich der Anstieg deutlich: 1995 wurden erst drei Betriebe in der Kategorie 4-Sterne gezählt, 2015 sind es bereits neun Betriebe.[105] Exemplarisch für die Entwicklung vieler Betriebe in der Region kann die Geschichte des Hotels Tyrol in Söll herangezogen werden. Bereits 1968, als auch viele andere aufgrund der „Goldgräberstimmung" im Tourismus einen solchen Schritt wagten, eröffnete die Familie Schernthanner ihre Pension. 1972 bauten sie die Pension zum Hotel aus, 1976 erweiterten sie wieder, und seither wurde ständig investiert und optimiert. 1989 kam eine Wellnessanlage hinzu. Inzwischen hat sich der Betrieb zum 4-Sterne-Hotel entwickelt. Es vergehe kein Jahr, in dem nicht gebaut oder die Qualität verbessert werde, erzählt Josef Schernthanner. Jedoch komme kein Zimmer mehr hinzu, eher würden kleinere Zimmer zu größeren zusammengelegt.[106]

Ähnliche Unternehmensgeschichten finden sich viele in der Region. Die meisten der heutigen großen Hotels wurden Ende der 1960er Jahre oder zu Beginn der 1970er neu gebaut, und bereits bestehende Gasthöfe oder Pensionen wurden in dieser Zeit zu Hotels ausgebaut. So begann Balthasar Hauser 1968, den Stanglwirt zum heute größten und bekanntesten 5-Sterne-Hotel der Region zu erweitern, das Hotel Tom Sojer in Ellmau wurde damals errichtet, der Gasthof Blattlhof wurde komplett abgerissen und 1970 als Hotel mit 120 Betten völlig neu aufgebaut, und die Familie Hochfilzer baute 1970 den gleichnamigen Gasthof zum Hotel aus, um nur einige Beispiele von vielen zu nennen. Die meisten der Hotels sind Familienbetriebe. Mut und Unternehmerwille waren nötig, um sich auf das enorme finanzielle Risiko einzulassen. Für manche gestaltete es sich schwierig, in den teils unruhigen Fahrwassern des globalisierten Tourismus zu bestehen. „Nicht jeder kann einfach so, auch mit viel Geld nicht, ein Hotel führen. Da gehört viel mehr dazu"[107], ist Tourismuskenner Georg Winkler überzeugt. „Es geht schneller bergab, als man meint. Ein Betrieb ist so schwer aufzubauen, aber kinderleicht in kürzester Zeit herunterzuwirtschaften. Es sind oft die Kleinigkeiten. Du musst ständig am Ball und wachsam

Der ehemalige **Gasthof Hochfilzer** wurde 1973 zum Hotel ausgebaut. Um diese Zeit wagten viele in der Region den Schritt zum (Aus-)Bau.

Hotelbau **Hochfilzer**

In Scheffau wurden wenige Hotels gebaut, aber Neubauten mit Privatzimmern wurden in den 1960ern und 1970ern viele errichtet.

↑↑ Der ehemalige Ellmauer Bürgermeister Josef Sojer baute das **erste Apartmenthotel der Region,** vornehmlich für südafrikanische Gäste (während des Baues).
↑ **Das Hotel nach einem Umbau,** so wie es heute noch aussieht

bleiben“ [108], meint auch Ingrid Hochfilzer, die Chefin des Familienbetriebes Hotel Hochfilzer. Im Laufe der Zeit standen manche Betriebe kurz vorm Konkurs. Andere gingen tatsächlich in Konkurs und mussten verkaufen. Wiederum andere fanden keine Nachfolger aus der eigenen Familie. Doch obwohl es nicht immer einfach ist: „Du bist dein eigener Chef. Bist mit Menschen in Kontakt. Es ist in keinem Unternehmen leicht – egal ob im Tourismus oder anderswo.“ [109] So das Fazit von Erna Hochfilzer, der Seniorchefin des Hotels, die sich über Nachfolger aus der eigenen Familie freuen darf.

DIE KLISCHEEKELLNERIN UND DAS PERSONALPROBLEM

„Man kann von den Herrenkellnerinnen, ja von den tirolischen Kellnerinnen überhaupt nichts Schöneres und nichts Wahreres sagen, als daß sie ganz anders sind als die Kellnerinnen der übrigen Welt, denn ihre Sittlichkeit kommt gar nie in Frage. Sie sind überdies fast alle von angenehmer Gestalt und holden, lieblichen Manieren.“ [110] So überhöhend und idealisierend charakterisiert der Schriftsteller Ludwig Steub diesen Berufsstand im 19. Jahrhundert. Das Zitat stammt aus der Erzählung „Die Rose der Sewi“. Sewi – oder heute Sebi geschrieben – war bis zur Schließung 2014 ein Gasthof in Niederndorf am Fuße des Kaisergebirges. Die Protagonistin in diesem Buch war die hübsche Tochter des Wirtes. Sie war mit ihren 18 Jahren die sogenannte Herrenkellnerin im Gasthof. Eine Herrenkellnerin musste die „Herrischen“, also die feinen Herren aus der Stadt, meist aus München, bedienen. Sie hatte den gebildeten Reisenden aus der Ferne aufzuwarten und mit den lokalen Honoratioren aus Beamtenschaft und Geistlichkeit umzugehen. Im sogenannten Herrenstüberl durften nur ganz besondere Kellnerinnen ihren Dienst tun, sie sollten sich durch ihre natürliche Grazie und Anmut auszeichnen.

Ludwig Steub setzte mit seiner Erzählung **„Die Rose der Sewi“** den Tiroler Kellnerinnen ein Denkmal.

In vielen Reiseberichten wird ein Loblied auf diesen Typus Frau gesungen. Vielfach wird sie dort zur reinen, unverdorbenen Unschuld vom Land stilisiert, als Gegenentwurf zur angeblich verbildeten und verdorbenen Städterin. Oft spielt in den Beschreibungen zudem eine erotische Komponente eine Rolle. Steub hingegen beschreibt den Typus Unterländer Kellnerin in feineren Nuancen: „Die natürliche Anlage, die selten fehlte, die Gelegenheit mit Menschenkindern jeder Gattung umzugehen, die heitere, scherzende Art, die dieser Umgang mit sich brachte, die Aufgabe, mit aller Welt freundlich zu sein und sich doch nichts zu vergeben, alles dies half zusammen, um Schliff und Anmut, Witz und Schalkhaftigkeit dieser Mädchen dermaßen zu entwickeln und auszubilden, daß sie die ebenso tugendhaften, aber schwerfälligen Jungfrauen des höheren Bürger-, Beamten- und Ritterstands weit überstrahlten." [111]

Schon Steub beklagte aber damals, dass mit den aufkommenden bürgerlichen Lehranstalten dieser für ihn im Unterland eingeborene Naturtypus vom Aussterben bedroht sei. Inzwischen kann man die originale Unterländer Kellnerin, die Steub beschreibt, noch seltener antreffen. Schuld daran ist aber nicht die professionellere Ausbildung, die das charmante und freche Tiroler „Madel" in die städtische und steife „Weltfrau" verwandelt, sondern der gesellschaftliche Wandel. Anna, eine 24-jährige Studentin aus St. Johann, die eine Zeit lang als Kellnerin gearbeitet hat, erklärt es so: „Leider sind Berufe wie Kellnerin oder Verkäuferin nicht hoch angesehen in unserer Gesellschaft. Da heißt's gleich: Was, nur Kellnerin? Die hat's zu nichts gebracht." [112]

Viele (männliche) Gäste besuchten den Pfandlhof im Kaisertal angeblich nur, weil **„Pfandl-Moidl"** (1873–1936) sie dort bediente. Moidl eilte bis über München hinaus der Ruf voraus, die schönste „Unterlandlerin" zu sein. Sie heiratete übrigens nie.

Moidl wusste freilich um ihre Attraktivität und ließ diese gerne fotografisch festhalten und inszenieren.

Eine gute Kellnerin benötige zwar hervorragende Kommunikationsfähigkeiten und hohe soziale Intelligenz. Aber dafür seien die Bezahlung zu schlecht und die Arbeitszeiten für die Familienplanung mehr als ungünstig, meint Anna. „Wenn andere Familien Urlaub machen, musst du arbeiten und du kommst immer erst spät am Abend heim."

Laut Prognosen der Österreichischen Akademie der Wissenschaften soll bis 2030 jede/r Zweite in Österreich die Matura machen. In den 1980er Jahren waren es nur 10 Prozent. Das wirke sich stark auf die Gastronomie aus, bestätigt Maria Hauser, die Juniorchefin des Stanglwirts. Andererseits werden viele Bereiche der Gastronomie immer komplexer und professioneller, sodass akademische Ausbildungen dafür nötig sind. Vieles sei im Umbruch, meint Maria. „Aufgrund unserer Bekanntheit ist aber ausreichend Nachfrage nach Lehrstellen vorhanden. Die Lehrlinge schätzen unsere professionellen und fairen Rahmenbedingungen" [113], fügt ihre Schwester Elisabeth Hauser, Assistentin der Geschäftsführung, hinzu.

Tirolweit sieht es jedoch anders aus: 2006 begannen noch 862 junge Tiroler und Tirolerinnen eine Lehre im Tourismus, 2014 waren es nur mehr 438.

Erna und Hans Hochfilzer, die Senior-Wirtsleute vom Hotel Hochfilzer in jungen Jahren

Erna Hochfilzer, die Seniorchefin des Hotels Hochfilzer in Ellmau, spricht über die vermeintlich guten alten Zeiten und relativiert: „Früher war es auch schwierig, noch schwieriger. Wie ich damals Wirtin war, da hat es ja noch keine Fremdarbeiter gegeben. Und da hast du oft überhaupt niemanden gekriegt. Zum Beispiel eine Abspülerin: Entweder hatten wir eine Besoffene oder eine ‚Spinnerte'. Furchtbar! Ich habe nächtelang nicht geschlafen. Dann haben wir unsere Jugoslawen bekommen. Und die sind total in Ordnung." [114]

Mit stetigem Wirtschaftswachstum, steigendem Wohlstand und annähernder Vollbeschäftigung verloren in den 1960er Jahren viele Jobs für die Einheimischen an Attraktivität. Das Image der Gastronomie mit den langen und späten Arbeitszeiten litt besonders. Um den Arbeitskräftemangel auszugleichen, unterzeichnete Österreich 1966 ein Abkommen mit dem ehemaligen Jugoslawien zur Anwerbung von Gastarbeitern. In Folge kamen viele auch an den Wilden Kaiser, um in der Gastronomie zu arbeiten – hauptsächlich im Hintergrund: in der Küche oder als Reinigungskraft. Bereits 1964 war ein solches Abkommen mit der Türkei unterzeichnet worden. Die EU-Osterweiterung 2004 erleichterte schließlich osteuropäischen Arbeitskräften den Zugang zum heimischen Arbeitsmarkt. Seither heuert vor allem im Servicebereich Personal aus Ungarn oder der Slowakei an. Damit arbeiten Gastarbeiter nicht mehr nur hinter den Kulissen, sondern auf der touristischen Hauptbühne. Die 22-jährige Camilla aus Ungarn, die perfekt Deutsch spricht und als Kellnerin auf der Gruttenhütte arbeitet, schildert ihre Motivation: „Bei uns kann ich in so kurzer Zeit nie so viel Geld verdienen. Wenn ich hier ein paar Saisonen durchbeiße, kann ich mir bei mir zuhause ein Haus bauen." [115] Was Karl, ein 36-jähriger Gast aus Deutschland, davon hält, dass er in Tirol nicht von einer Tirolerin bedient wird: „Daran habe ich mich längst gewöhnt, das sind leider die Gesetze des Marktes. Mensch bleibt Mensch, Hauptsache ist, dass die Bedienung engagiert und freundlich ist. [...] Und wenn sie noch hübsch anzusehen ist, schadet das auch keineswegs [er grinst]. Was mich aber richtig stört, ist, wenn die Chefs ihr ausländisches Personal als echte Tiroler verkleiden und in kitschige Dirndlgewänder und Lederhosen zwängen. Das geht gar nicht." [116] Für Karl scheint das Tragen von Trachten oder anderer traditioneller Kleidung an die Voraussetzung der Tiroler Herkunft geknüpft zu sein. Die Sehnsucht nach dem vermeintlich Ursprünglichen, Authentischen ist offenbar auch über 100 Jahre nach Ludwig Steub noch präsent. Genauso wie die Suche nach dem Ansehnlichen, Unproblematischen, das sich beispielsweise im äußeren Erscheinungsbild der Kellnerin ausdrücken soll.

KULINARISCHE ANGEBOTE – FRÜHER UND HEUTE

„Die Einfachheit der Speisekarte ist oft zum Verzweifeln. Sie beginnt mit Kälbernem und mit Lämmernem und hört mit Kälbernem und Lämmernem auf. Hie und da bringt eine Mehlspeise einen Wechsel hervor. In den Suppen fehlt jede Auswahl und die Käsesorten finden ihren einzigen Repräsentanten im Emmenthaler. In die ‚Kuchel' selbst mit hineinreden zu wollen, falle dem Reisenden nur ja niemals ein. Souveräner regiert kein asiatischer Despot in seinem Staate als die Tiroler Köchin in ihrer ‚Kuchel'. Wem ihre Art und Weise zu kochen nicht schmeckt, der braucht aus ihrer ‚Kuchel' nicht zu essen." [117]

So hart urteilte der Reiseschriftseller Gustav Rasch über die Tiroler Küche im 19. Jahrhundert. Seither hat sich viel getan in den Speisekarten: „Sashimi von Thunfisch und Lachs", „Kürbis-Erdnuss-Curry" und „Tagliatelle" finden sich beispielsweise beim berühmten Stanglwirt neben klassischen österreichischen Gerichten wie etwa „Gebackenem Landhendl", „Wiener Schnitzel vom Kalb" oder

Die 14-jährige **Katharina Gfäller-Mangst** 1937 beim Kochen in der originalen Rauchküche des Zottenhofes im Kaisertal

Bachforelle „Müllerin". Statt der despotischen Tiroler Köchin führt dort ein Küchenchef seit über zehn Jahren das Zepter. Als Despot würde ihn sein Küchenteam nicht bezeichnen – wohl aber als durchsetzungsstarke Führungskraft, die weiß, was sie will. Immerhin koordiniert Thomas Ritzer 58 Mitarbeiterinnen und Mitarbeiter, darunter durchschnittlich zehn Lehrlinge, in seiner „Kuchel". Das erfordert neben dem Beherrschen der Kochkunst vor allem organisatorisches Talent und viel kommunikatives Geschick.

Gefragt nach dem Küchenkonzept des Stanglwirts, gibt Hans Zieglgänsberger, der Souchef des Stanglwirtes, zur Antwort: „Niemand kommt in den Stanglwirt, um Sushi zu essen."[118] Der Schwerpunkt liege auf der regionalen Küche, die an die globalisierten Bedürfnisse des 21. Jahrhunderts angepasst werde. Bei der Umsetzung lege man Wert auf die Qualität und die Verarbeitung von Bioprodukten aus der eigenen Landwirtschaft. „Immer mehr Gäste wollen genau wissen, was auf den Teller kommt und woher die Produkte stammen"[119], so Ritzer. Mit der eigenen Landwirtschaft hat sich der Stanglwirt eine gewisse Autarkie bewahrt – wie die von Rasch kritisierten Gastwirte früherer Zeiten, freilich mit einigen bedeutenden Unterschieden. Damals gehörte die Landwirtschaft nicht nur selbstverständlich zum Gastbetrieb, sondern sie stand meist im Vordergrund. Heute steht die Küche dagegen im Zentrum. Professionalisierung findet dabei auf allen Ebenen statt, sei es bei der Erzeugung in der Landwirtschaft oder beim Zubereiten in der Küche.

Darüber hinaus hat sich die Küche permanent neuen Herausforderungen zu stellen. So hat sich in den vergangenen Jahren vor allem die Nachfrage verändert. Bewusst und gesund zu essen, wird den Menschen immer wichtiger. Vegetarische und vegane Küche sind heute viel stärker gefragt als früher – aber nicht nur aus gesundheitlichen, sondern oft auch aus ethischen Gründen. Auch auf die zunehmenden Lebensmittelunverträglichkeiten muss die Gastronomie reagieren. Nach wie vor werden üblicherweise aber auch klassische Gerichte der Tiroler Küche angeboten, etwa Schweinsbraten mit Kruste.

Insgesamt ist die Dichte an guten Restaurants, die diesen Anforderungen nachkommen, rund um das Kaisergebirge hoch und in den letzten Jahren stark gestiegen. Dies zeigt etwa ein Blick in die aktuelle Österreichausgabe des renommierten und überaus kritischen Restaurantführers „Gault & Millau".[120] Hervorgehoben sind dort beispielsweise neben dem Stanglwirt auch das Restaurant Kulinarium in Ell-

In der Küche des **Hotels Egger** (um 1920)

mau, das zum Hotel Kaiserhof gehört, sowie das Restaurant im Hotel Bär, ebenfalls in Ellmau. Vergleichbar gute Lokale finden sich aber auch in Ebbs und in Walchsee. Folgende vernichtende Zeilen aus dem Reisehandbuch von Rasch sind also schon längst nicht mehr zutreffend: „Der unglückliche Reisende liebt das Beafsteak in englischer Manier zubereitet zu essen. Die Tiroler Köchin brät das Rindfleisch zur Schuhsohle; der Reisende muss seinen Gaumen an die Schuhsohlenbereitung gewöhnen – oder gar nicht zu Abend speisen.“ [121] Was hat sich seit dem 19. Jahrhundert verändert? Warum hat das Land, mit der – wenn es nach Rasch geht – einst schlechtesten Küche ganz Europas mittlerweile die öster-

In der Küche des **Hotels Egger** um 1910

Das **Auracher Löchl** gehörte zum Bräugasthof bzw. später Hotel Auracher am Unteren Stadtplatz. Der Name Löchl kommt daher, weil dort ein Stollen (Löchl) für die Lagerung des Bieres in den Fels getrieben wurde.

reichweit zweitgrößte Dichte an Haubenlokalen (nach Wien)?

Der starke Anstieg des Gästestromes bis 1910 führte zu einem ersten Professionalisierungsschub in der Tiroler Küche. Regionale Gerichte traten in den Hintergrund. An den Bahnstationen und in den aufsteigenden Tourismusorten orientierten sich die Gastronomen an den Menüs der großen Stadthotels und damit an den Bedürfnissen zahlungskräftiger Gäste aus dem aristokratisch-großbürgerlichen Milieu. Aus den Zentren der Habsburgermonarchie Wien und Prag oder auch aus der Hauptstadt Bayerns kannten sie eine gehobene österreichische Küche mit internationalem, vor allem französischem Anstrich. In der Speisekarte, die 1909 im Hotel Gisela in Kufstein auflag, wimmelte es daher nur so von französischen Begriffen; nach wie vor bildete die französische Haute Cuisine die kulinarische Leitkultur in Europa. In den kleinen Städtchen Tirols versuchten sich die Gastronomen bürgerlich, urban und vornehm zu geben. Sie wollten sich abgrenzen vom Ländlichen, Bäuerlichen, das sie als derb und dumpf empfanden. Die Küche bot eine Möglichkeit dazu.

Die Kufsteiner Gastwirte beispielsweise lernten schnell aus der Kritik der Gäste – wie etwa aus folgender von 1847: „Die Küche ist hier, wie überhaupt in ganz Tirol, von unserer norddeutschen ganz verschieden, und man muss sich erst an die vielen Fleischspeisen und an die fette und gewürzige Bereitung der sogenannten Zugemüse – denn Gemüse im norddeutschen Geschmack kennt man hier nicht – gewöhnen, größtenteils auf Kosten des Magens und der Verdauung. Dazu wird eine solche Masse von Fleischspeisen aufgetragen, dass man eine Tiroler Natur oder strenge Enthaltsamkeits-Grundsätze haben muss, um tagtäglich dieses Übermaß ertragen zu können."[122] Solche harschen Kritiken fanden sich daher schon um 1900 in keinem einzigen Reiseführer zu Tirol und der Region mehr. Bereits um 1900 hatten sich die etablierten Gasthöfe – zumindest in den Zentren der touristischen Nachfrage wie Kufstein oder St. Johann – an die Bedürfnisse ausländischer Gäste mit ihren fremden Esskulturen angepasst.

Statt Kritik an der Schlichtheit der Tiroler Küche gab es nun aber immer mehr Touristen, denen die neue Perfektion, der Einzug der städtischen Moderne mit ihrem manchmal noblen Gehabe missfiel. Sie beklagten den Verlust der alten Tiroler Gasthauskultur, den Verlust der Einfachheit und der bäuerlichen Gastlichkeit. Wenige Kilometer außerhalb von Kufstein oder St. Johann lasse sich diese herkömmliche Gasthauskultur aber noch finden: „In zweieinhalb Stunden von Hinterstein gelangen wir nach dem reizenden Dorfe Ellmau, in dessen trefflichen Gasthäusern der Fremde so gut aufgehoben ist, wo alttirolische Küche und Keller und biederfreundliche Aufnahme noch nicht, wie fast schon überall im schönen Land Tirol, durch hohes, modernes Gepräge mit der dazu gehörigen ellenlangen Rechnung vertrieben ist."[123] So wurde es 1897 in der Alpenvereinszeitschrift beschrieben. In den Zeilen lässt sich eine der Triebfedern des Tourismus erahnen: die Suche nach dem (vermeintlich) Anderen, dem Besonderen, dem längst Vergangenen, dem Exotischen.

Aber selbst in den kleinen Bauerndörfern wie Ellmau blieb die Zeit nicht stehen und auch dort hob sich langsam das Niveau der Gastronomie. Dafür sorgte unter anderem der 1889 gegründete Landesverband für Fremdenverkehr. Dieser sprach Empfehlungen aus: zum Preis-Leistungs-Verhältnis, zur Qualität der Speisen und zur Hygiene. Der Hinweis des Verbandes, nur reines Geschirr zu verwenden, zeigt, dass dies noch keineswegs eine Selbstverständlichkeit war. Viele Touristen aus den Städten kritisierten die mangelnde Sauberkeit in der

Gasthaus Lobewein Ellmau, Besitzerin Katharina Stöckl (Postkarte 1910)

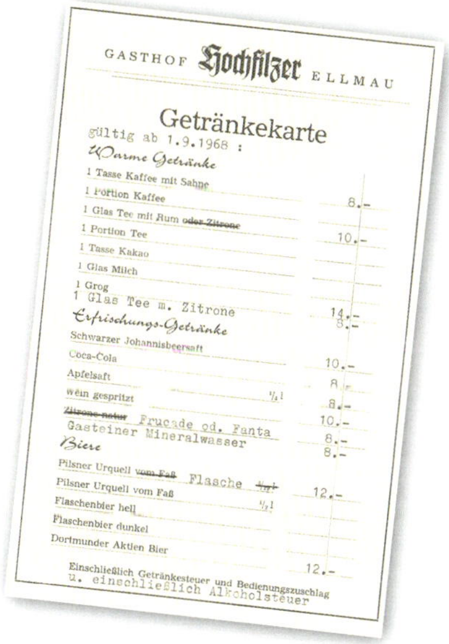

GASTHOF Hochfilzer ELLMAU

Getränkekarte
gültig ab 1.9.1968 :

Warme Getränke
1 Tasse Kaffee mit Sahne 8.-
1 Portion Kaffee
1 Glas Tee mit Rum ~~oder Zitrone~~ 10.-
1 Portion Tee
1 Tasse Kakao
1 Glas Milch
1 Grog
1 Glas Tee m. Zitrone 14.- 8.-

Erfrischungs-Getränke
Schwarzer Johannisbeersaft
Coca-Cola 10.-
Apfelsaft 8.-
Wein gespritzt ¼ l 8.-
~~Zitrone natur~~ Frucade od. Fanta 10.-
Gasteiner Mineralwasser 8.-

Biere 8.-
Pilsner Urquell ~~vom Faß~~ Flasche 12.-
Pilsner Urquell vom Faß ½ l
Flaschenbier hell
Flaschenbier dunkel
Dortmunder Aktien Bier 12.-

Einschließlich Getränkesteuer und Bedienungszuschlag
u. einschließlich Alkoholsteuer

1968: ein Bier um 12 Schilling, also umgerechnet 80 Cent. Entsprechend niedriger waren damals jedoch auch die Löhne.

Gastronomie. Eine weitere Anmerkung betraf die hohe Qualität des Weines. Tirol war als Weinland bekannt. Bereits in der ersten Gaststätte hinter der bayerischen Grenze erhielt man einen guten Tropfen Südtiroler Rotwein, und manche deutschen Gäste kamen nur aus diesem Grund. Zugleich war die Gegend ums Kaisergebirge noch von bayerischem Einfluss geprägt; schließlich waren die Bezirke Kufstein und Kitzbühel bis 1504 ein Teil von Bayern – was sich auch in der Trinkkultur niederschlug. So schreibt ein österreichischer Reiseschriftsteller im 19. Jahrhundert über die Gegend von Kufstein: „Der Bestand von vier Bierbräuereien weist auf den Um-

Das **Huberbräu,** 1930

Kufstein, oberer Stadtplatz.
Michael Egger's
Gasthof und Bierbrauerei
40 Fremdenzimmer.
Altbekannter guter Gasthof Kufsteins.
Ausgezeichnete Küche.
Neu restauriertes Haus nebst Dependance freistehend, schönste centrale Lage der Stadt. — Alpenvereins-Lokal mit Kaisergebirgs-Relief.
Schattiger Restaurations-Garten.

Inserat in der Fremdenverkehrsbroschüre „Kufstein und das Kaiserthal" (um 1900)

stand hin, dass sich der Wanderer der baierischen Grenze nähert, und der Bierverbrauch ungemein steigt."[124] Noch im 20. Jahrhundert gab es in der Gegend bekannte Brauereien, wie das Eggerbräu, Kundlerbier oder Huberbräu in St. Johann. Heute existiert nur mehr die letztgenannte. Dass dies auf sinkenden Bierkonsum zurückzuführen ist, darf bezweifelt werden.

Nach dem Vorbild der Schweiz, wo es bereits seit 1893 eine Hotelfachschule gab, eröffneten die Tiroler 1903 die erste Gasthof- und Gasthausschule in Innsbruck. Aus dieser Schule kamen immer mehr professionelle Gastronomen, die Küche und Keller gleichermaßen im Blick hatten und auf Qualität achteten. Die Ansprüche der Gäste stiegen, schließlich konnten sich nur mehr oder minder betuchte Bürger einen Urlaub leisten. Erst nach dem Zweiten Weltkrieg, als der Wohlstand sich auf breite Gesellschaftsschichten ausdehnte und sich Urlaub allmählich zum Massenartikel für (fast) alle entwickelte, lautete die Devise in der Küche zunächst Quantität statt Qualität. Vor allem die deutschen Gäste forderten üppige Portionen: „Wichtig war, viel und günstig zu essen"[125], schrieb der damalige Söller Postwirt. Ob dieser Trend nur auf die niedrigen kulinarischen Ansprüche und die „Fresslust" der vermeintlich weniger feinen Leute zurückzuführen war, wie manche ernsthaft meinten? Oder darauf, dass die nun vermehrt reisenden Arbeiter größeren Hunger hatten, weil sie üppiges Essen und große Portionen aufgrund ihrer schweren körperlichen Arbeit gewohnt waren? Hermann Strobl, der damals Wirt auf der Gaudeamushütte war, begründet diese Entwicklung eher mit den Folgen des Weltkrieges: „Die Leute hatten nach den Hungerjahren einfach Nachholbedarf und aßen, was das Zeug hielt."[126]

Faktum ist, dass die neue Mittelschicht weniger exklusive Ansprüche stellte als das reiche, sich am Adel orientierende Großbürgertum um 1900. Wie der „Baedeker" bemerkte, blieb der Kochstil in unserer Gegend in den 1950er Jahren derselbe wie vor dem Krieg: „In Tirol sind die süddeutsche und die Wiener Küche in gleicher Weise vertreten, beide bieten viele in Norddeutschland unbekannte oder seltene Gerichte und bevorzugen im allgemeinen mehr die Fleisch- und die Mehlspeisen."[127] Aber mit den steigenden Gästezahlen wuchsen allmählich auch die Ansprüche, die der weniger Finanzkräftigen wie die der Betuchteren. Die stetig steigende Nachfrage

Zum 35. Mal findet 2016 bereits das **Knödelfest** in St. Johann mit dem **längsten Knödeltisch der Welt** statt. 17 Wirte servieren dort 25.000 Knödel in 22 Geschmacksrichtungen.

förderte die Kochkunst. Neue Tourismusschulen, wie die 1950 in Innsbruck eröffnete Villa Blanca oder die 1976 eröffnete Tourismusschule in St. Johann, führten zur weiteren Verbesserung der Gastronomie in der Region.

Allmählich begann sich auch die Globalisierung in der Tiroler Küche bemerkbar zu machen. Ab den 1960er Jahren schlugen sich italienische Einflüsse nieder: Auf ihren Adriaurlauben hatten viele Deutschen die leichte mediterrane Küche kennengelernt, und mancher geschäftstüchtige Tiroler Gastronom gab sich nun als nördlichster Norditaliener. Diese auch in den letzten Jahren noch gut bemerkbare Integration italienischer Küchenkultur – man denke an den seit einigen Jahren nicht mehr wegzudenkenden Balsamicoessig und das Olivenöl im Salat – war aber auch der eigenen Reiselust der Tiroler nach Italien geschuldet. Zudem wurde mit wachsendem Gesundheitsbewusstsein die einst als schlicht und ärmlich geltende mediterrane italienische Küche mit ihren fleischarmen sowie fisch-, obst- und gemüsereichen Gerichten zum Inbegriff der gesunden Ernährung. Dieses Phänomen machte sich – wie überhaupt in der gesamten westlichen Welt – auch am Wilden Kaiser bemerkbar.

Diese Stilisierung der *cucina povera*, die mit ihren hochqualitativen regionalen Produkten nicht billig ist, aber deren Einfachheit von modernen Genießern zelebriert wird, wirkte sich auch auf die regionale Tiroler Küche aus. „Was die Italiener können, können wir auch. Einfache Tiroler Speisen als Luxusprodukte zu inszenieren, muss auch bei uns funktionieren“ [128], meint etwa Haubenkoch Josef Seebacher vom Hotel Bär in Ellmau. Die Rückbesinnung auf das regionale Angebot, das qualitativ hochwertig sein muss und kreativ zubereitet wird, ist ein Ansatz, den viele Küchenchefs in der Gegend verfolgen. „Fetter Fleischkäse und fetttriefende Pizza passen nicht zum heute gelebten Körperkult. Die Ernährung ist Teil des Lebensstils. Und natürlich ist Gesundheit und Schlankheit gerade bei gehobenen, gebildeten Gästen wichtig. Wobei der Biotrend immer breitere Gesellschaftsschichten umfasst.“

Einfache Tiroler Kost, schön angerichtet: **„Kasspatzln“**

Speisekarte Hotel Hochfilzer 1960

Diese mitunter elitäre Abgrenzung von der Masse über das Merkmal der bewussten Ernährung ist kein gänzlich neues Phänomen. Blickt man auf die Kufsteiner Hotelprospekte der Jahrhundertwende, springt einem ins Auge, dass auch damals die elitäre Sommerfrische einem asketischen Kuraufenthalt nachempfunden wurde: „Die Zivilisationsgifte des nervösen Stadtgepräges werden dem Körper durch die reine, nachweislich gesundheitsfördernde Gebirgsluft von Kufstein genommen. Die im Haus gebo-

Ingrid Hochfilzer

Hotelierin (*1965), Hotel Hochfilzer in Ellmau

Warum sind Sie Wirtin geworden?

Aus Liebe zu meinem jetzigen Mann. Ich war für ein Praktikum im Hotel und habe mich wirklich schwerst verliebt. Und mir war nicht bewusst, dass Erna, die Seniorchefin, ja irgendwann in Rente geht. Ich habe den Gedanken der Nachfolge einfach lange vor mir hergeschoben.

Aber Sie haben doch das Tourismuskolleg absolviert?

Ja, aber ich wollte fliegen. Ich wollte ein paar Jahre als Stewardess arbeiten, weil ich so reiselustig bin. Das war der Plan. Und damals hieß es, wenn du die Schule in Klessheim (Salzburg) machst, nehmen sie dich mit Handkuss bei jeder Airline. Das war der einzige Grund. Aber es ist dann, wie man sieht, ganz anders gekommen.

Was begeistert Sie heute am allermeisten an Ihrem Business?

Die Möglichkeit, kreativ sein zu können und damit Alleinstellungsmerkmale zu schaffen, die eine starke Kundenbindung auslösen.

Wer oder was inspiriert Sie?

Klingt wie Süßholzraspelei – jedoch liegt viel Wahrheit drinnen: Das Lob des Kunden ist unglaublich inspirierend und motivierend. Weiters inspirieren Kollegen, die auch auf Kreativität setzen, zu eigenen, weiteren Ideen.

Wer sind Ihre Wunschgäste?

Die aktive, interessierte Familie, die alles „mitmacht“ – die völlig offen ist für die vielen tollen Möglichkeiten der Region, des Ortes und des Hotels– unabhängig von ihrer Nationalität.

Was bedeutet für Sie Erfolg?

Logischerweise die positiven Zahlen bei einer Bilanzbesprechung – jedoch im Alltag in erster Linie die Anerkennung unserer Leistung durch den genießenden Gast, der seine Zufriedenheit ausdrückt. Und natürlich das langjährige Stammteam, das sich zu 100 Prozent mit dem Unternehmen identifiziert – und das in einem saisonal ausgerichteten Tourismusbetrieb. In dieser Branche ist es ja nicht üblich, so viele Stammmitarbeiter über so viele Jahrzehnte halten zu können. Das macht mich stolz und bringt viele Stammgäste.

Welche Marketingmaßnahme im Hotel kam oder kommt am besten an?

Früher das Stammgäste-Marketing vor Ort und durch Postsendungen – jetzt das Online-Marketing, jedoch wieder sehr persönlich gestaltet und auf die internationalen Stammgäste ausgerichtet. Auch die neuen Buchungstools tragen das ihre bei.

Ihr liebstes Social Media Tool? Braucht man so etwas als Hotelierin heute?

Natürlich Facebook – jedoch Gott sei Dank von der jungen Generation im Hotel betreut. Ich liefere die Fotos und die Stories, und die Jugend verwertet. Ich glaube schon, dass man das braucht – man kann sich so ohne sehr großen Aufwand ständig in den Köpfen der Kunden bemerkbar machen, ohne sie zu „nerven“.

tene erstklassige Ernährung wirkt für den gesamten Organismus fördernd.“ [129]

Zweifelsohne ist die Neuentdeckung der Regionalität eine Folge der Globalisierung. Früher sei die Betonung des Regionalen nicht so wichtig gewesen, meint etwa die Seniorchefin des Hotel Hochfilzer in Ellmau. Eher habe man sich sogar vom Regionalen distanziert. Heute diene der Konsum von regionalen Produkten unter anderem auch zur Beruhigung des ökologischen Gewissens, immerhin sind die Transportwege kurz. Demnach trägt auch das steigende Nachhaltigkeitsempfinden, das sich im Umwelt- und Gesundheitsbewusstsein niederschlägt, zu einer Renaissance der regionalen Produkte bei. Thomas Dreher vom Traditionsgasthof Fischerwirt in Walchsee erkennt darin eine Gegenbewegung zur Konsumgesellschaft und zum globalen Wandel: „Je mehr wir alles zu jeder Tages- und Nachtzeit genießen können, desto mehr wächst auch das Bedürfnis nach Einfachheit, nach Heimat, nach lokalen Gerichten.“ [130] Die internationale Küche sei überall konsumier- und damit austauschbar. Durch besondere regionale Spezialitäten hingegen könne man sich von der Masse abheben.

Alex und Thomas Dreher, die Wirtsleute vom Fischerwirt in Walchsee

Inserat im Reiseführer „Kufstein und seine Umgebung“ 1904

JÜNGERE ENTWICKLUNGEN

In der Wahrnehmung vieler ist Tirol heute ein Wintertourismusland. Aber erst in den 1980er Jahren konnten die Nächtigungszahlen im Winter jene des Sommers erreichen. Der Ausbau der Skigebiete vor allem in den 1970er Jahren trug die ersten Früchte. Zugleich jedoch etablierten sich immer mehr internationale Konkurrenzdestinationen für den Sommerurlaub. Das Reiseverhalten begann sich zu verändern, als Flugreisen in ferne Länder immer billiger wurden und die Folgen der Globalisierung die weite Welt selbst für die „einfachen“ Bürgerinnen und Bürger in „greifbare“ Nähe rückten. 1987 wurden tirolweit erstmals mehr Nächtigungen im Winter als im Sommer verzeichnet. In Söll war dies aufgrund der von Stoll angeworbenen britischen Gäste bereits 1981 der Fall, in Scheffau 1982 und in Ellmau 1983. Hier zeigen sich die Auswirkungen des Skigebietszusammenschlusses zur Skiwelt, die die Orte im Winter früh attraktiv machten.

Die wachsenden Gästezahlen im Winter konnten den Rückgang im Sommertourismus kompensieren. Abseits dieser wirtschaftlichen Erfolgsbilanz gab es aber auch negative Auswirkungen. So berichtet der Dorfchronist Jakob Zott aus Söll: „Leider gab es unter den britischen Gästen immer wieder welche, die ihren Alkoholkonsum nicht unter Kontrolle hatten. Der Höhepunkt war eine Christmette zu Weihnachten, als voll besoffene Gäste die Messe störten.“ Daraufhin habe ein Nachdenkprozess eingesetzt und Söll habe versucht, sich im Rahmen des „Dorferneuerungsprozesses“ stärker als ruhiger Familienferienort zu positionieren, was schließlich auch gelungen sei.

Going hingegen hatte sich immer stärker als Sommerort positioniert und erst 2003 überholten dort die Winternächtigungszahlen erstmals jene des Sommers. Seit 2014 hat der Sommer wieder den Winter überholt. Nach Zeiten der Stagnation und des Rückganges im Sommer brachten die Jahre unmittelbar nach der Wiedervereinigung Deutsch-

↑↑ Mit dem **Mountainbike im Kaiser**
↑ **Immer mehr Golfer** kommen in die Region.

lands neue Rekorde – aber nur für kurze Zeit. Viele Bürger aus der ehemaligen DDR sahen damals das erste Mal die Alpen. Inzwischen wächst, bedingt vor allem durch die weltweiten politischen Krisen und Terroranschläge, das Sicherheitsbedürfnis, was Österreich und speziell die Region Wilder Kaiser wieder zu einem attraktiven Reiseziel macht. Zudem sehen viele in den sportlichen Aktivitäten, wie sie im Urlaub am Wilden Kaiser möglich sind, einen wohltuenden Kontrast zum motorisch passiven Büroalltag. In der Sommersaison 2015 gab es ein Rekordplus von 16,7 Prozent im Zweijahresvergleich in der Tourismusregion Wilder Kaiser. „Ich bin mir sicher, dass in spätestens fünf Jahren die Sommersaison stärker als die Wintersaison wird“ [131], prognostiziert TVB-Geschäftsführer Lukas Krösslhuber.

Dementsprechend bemühen sich die Verantwortlichen vor Ort, auf die neuen Bedürfnisse der Reisenden einzugehen und das Angebot zu erweitern. So steht heute neben den klassischen Disziplinen Wandern, Bergsteigen und Klettern noch eine Vielzahl von weiteren Aktivitäten auf dem Programm. Seit Ende der 1980er Jahre erfreut sich das Mountainbiken einer stets wachsenden Fangemeinde und inzwischen bringt das E-Bike völlig neue, noch ungeahnte Möglichkeiten der alpinen Naturerfahrung. Erwähnt werden muss auch das Rennradfahren. Schon um 1900 gründeten sich die ersten Fahrradvereine in der Gegend und 2016 findet bereits der 48. Radweltpokal statt, der jährlich im August zahlreiche Radsportbegeisterte in die Gegend lockt und für ausgelastete Betten sorgt.

Lange schon wird in der Gegend auch Tennis und Golf gespielt. Nach 1900 noch als Nobelsport für die reichen Gäste gepriesen, erfuhr der Tennissport, nicht zuletzt durch die Erfolge von Steffi Graf und Boris Becker, einen regelrechten Aufschwung als Breitensport. Der große Boom ist mittlerweile aber vorbei und manche seinerzeit euphorisch gebauten Tennishallen sind heute verwaist. Golf hingegen erfreut sich immer größerer Beliebtheit. Dies veranlasste Georg Winkler, Jochen Strickrodt und Bernhard Heitzmann zum Bau eines 27-Loch-Golfplatzes in Ellmau, der 2000 eröffnet wurde. „Wir hatten ja schon einen kleinen Golfplatz. Dort haben die Leute Spielen gelernt, aber wenn sie es gekonnt haben, sind sie woanders hin.“ Die Idee, einen großen Platz zu bauen, reifte. Winkler ging es dabei auch darum, die Grundstücke zwischen Dorfkern und Wilder Kaiser vor einer Verbauung zu bewahren: „Da gab es so viele Grundbesitzer und irgendwann wäre das zu Bauland gewidmet worden. Heute haben wir sozusagen eine große Parkanlage zwischen Dorf und Gebirge. Das ist schöner als verbaute Fläche.“ [132]

Neben der sportlichen Angebotserweiterung passierte im Hintergrund viel auf der Organisationsebene. Seit 1997 versucht die Tirol Werbung als Organisation der Tiroler Landesregierung das Tourismusland Tirol als Destination neu auszurichten. Grund dafür war, dass Tirol vor allem im Sommertourismus kontinuierlich Weltmarktanteile eingebüßt hatte. Ein Ziel dieses „neuen Tiroler Weges“ sollte die Fusion von Tourismusverbänden sein.

Bisher waren die Orte als Einzelkämpfer am Weltmarkt aufgetreten. „Kirchturmdenken" bestimmte die Strategie der Dörfer, die sich gegenseitig als Konkurrenten sahen. Durch die Fusionen erhoffte man sich eine Optimierung des Managements und des Marketings, was Effizienz bringen und die Kosten senken sollte. Aus 250 Tiroler Tourismusverbänden wurden 34.

Die Orte Söll, Scheffau, Ellmau und Going fusionierten 2006 – teils unter großem Widerstand – zum Tourismusverband Wilder Kaiser. Mehrere Optionen waren zur Verhandlung gestanden. „Wir Verantwortlichen bei den Skigebieten wollten lieber mit den Brixentalern fusionieren. Wir sind ja auch durch das Skigebiet mit ihnen verbunden" [133], meint etwa der pensionierte Geschäftsführer der Skilifte Scheffau, Johann Haselsberger. Schließlich behielt das Land Tirol das letzte Wort: Es verordnete den Zusammenschluss. Nach einigen holprigen Anfangsjahren, in denen die Rivalitäten und Verteilungskämpfe der einzelnen Orte nachwirkten, kehrte allmählich Ruhe ein. Heute sei die Mehrheit von den Vorteilen der Fusion überzeugt, meint Lukas Krösslhuber, der Geschäftsführer des Tourismusverbandes Wilder Kaiser.[134] Auf die Schaffung von Online-Reiseagenturen habe man mit dem Aufbau eines eigenen provisionsfreien Online-Vertriebes reagiert, um die Wertschöpfung in der Region zu halten. „Darüber hinaus verändert sich die Art, Menschen zu erreichen und sie für den Wilden Kaiser zu begeistern, gerade dramatisch – Facebook ist hier nur die Spitze des Eisberges" [135], stellt Krösslhuber weiter fest. Um auf diese Herausforderungen angemessen reagieren zu können, sei eine Bündelung der Kräfte unabdingbar. „Wir sind eine Region, es darf in der Wahrnehmung von außen kein Blatt zwischen Bergbahnen, Gemeinden, Tourismusverbände und die touristischen Leitbetriebe passen." [136]

10-Jahres-Vergleich
Nächtigungen pro Saison
Winter, Sommer

Dieser Vergleich der Nächtigungszahlen in der Tourismusregion Wilder Kaiser (Söll, Scheffau, Ellmau, Going) zeigt, wie der Sommertourismus in den letzten Jahren zugelegt hat und mit nicht ganz 1 Million Nächtigungen mit dem Winter fast gleichauf liegt.

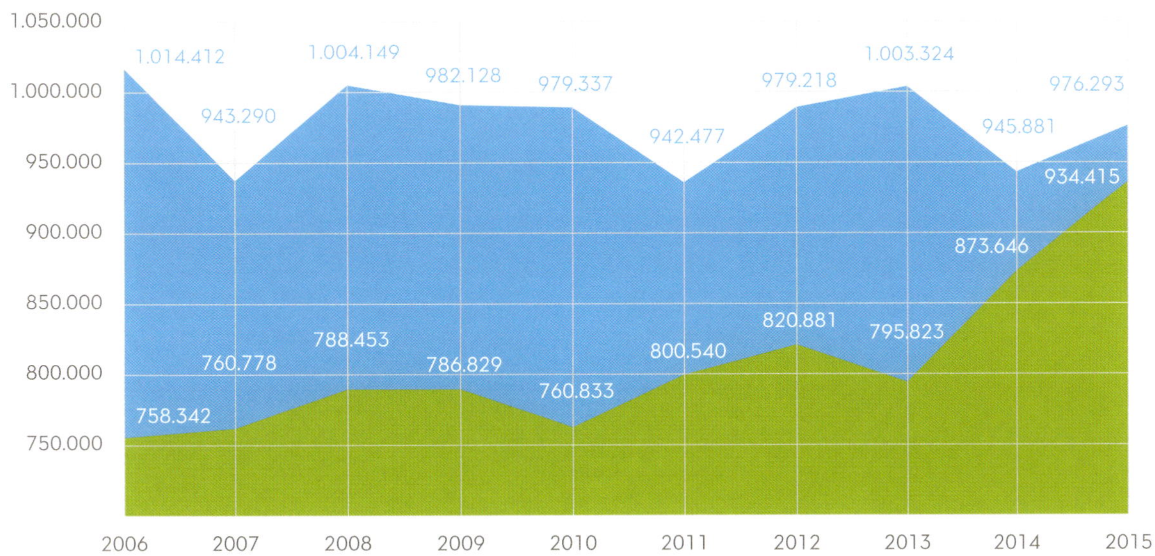

ANMERKUNGEN ZU KAPITEL 5

DER TOURISMUS WIRD ORGANISIERT

1 Festschrift 20 Jahre Tiroler Landesverkehrsverband für Fremdenverkehr, Innsbruck 1910.
2 Vgl. Adolf Lässer: 100 Jahre Fremdenverkehr in Tirol. Die Geschichte einer Organisation, Innsbruck 1989.
3 Zeitungsausschnitt undatiert (ca. 1890er Jahre), Stadtarchiv Kufstein.
4 Im Stadtarchiv Kufstein finden sich noch einige dieser Listen.
5 Bibliothek des Tiroler Landesmuseums Ferdinandeum, FB 111456/10.
6 Vgl. Lässer: 100 Jahre Fremdenverkehr (wie Kap. 5, Anm. 2).
7 Vgl. Josef Blattl: Kufsteiner Fremdenverkehr in 60 Jahren, in: 60 Jahre Tiroler Grenzbote Kufstein 1871–1931, S. 18f.
8 Vgl. Lässer: 100 Jahre Fremdenverkehr (wie Kap. 5, Anm. 2), S. 71.
9 Vgl. Adolf Lässer: 100 Jahre Tourismusverband Walchsee 1896–1996, Walchsee 1996.
10 Die Datensätze wurden von der Landesstatistik Tirol zur Verfügung gestellt. Vielen Dank an Frau Vanessa Heiß für die Aufbereitung des Zahlenmaterials.
11 Vgl. ebenda und Blattl: Kufsteiner Fremdenverkehr (wie Kap. 5, Anm. 7), S. 18f.
12 Vgl. Tiroler Grenzbote, 28.8.1920, S. 2.
13 Tiroler Grenzbote, 26.1.1921, S. 2.
14 Vgl. Tiroler Grenzbote, 24.7.1920, S. 2.
15 Tiroler Grenzbote, 26.1.1921, S. 2.
16 Tiroler Grenzbote, 13.3.1920, S. 3.
17 Tiroler Grenzbote, 6.8.1921, S. 3.
18 Tiroler Grenzbote, 2.2.1924, S. 5.
19 Tiroler Grenzbote, 7.7.1923, S. 3.
20 Vgl. Tiroler Grenzbote, 30.6.1923, S. 3.
21 Vgl. Marianne Zörner: Dorfbuch von Ellmau, Ellmau 1998, S. 147.
22 Vgl. Protokollbuch Fremdenverkehrsverein Scheffau in Tirol, Archiv Tourismusbüro Scheffau.
23 Die folgenden Zahlen beziehen sich auf das statistische Tourismusjahr 1928/29, das vom 1. November bis zum 31. Oktober dauert.
24 Vgl. Österreichisches Statistisches Zentralamt (Hg.): Statistisches Handbuch für die Republik Österreich, Wien 1920–1937, diverse Jahrgänge; Blattl: Kufsteiner Fremdenverkehr (wie Kap. 5, Anm. 7), S. 18f.
25 Ausschusssitzung 11.3.1934, Protokollbuch Fremdenverkehrsverein Scheffau, Archiv Tourismusbüro Scheffau.
26 Vgl. Harald Walser: Die illegale NSDAP in Tirol und Vorarlberg 1933–1938, Wien 1983.
27 Robert Ley: Durchbruch der sozialen Ehre. Reden und Gedanken für das schaffende Deutschland, München 1940, S. 208.
28 Vgl. diverse Berichte aus dem Tiroler Grenzboten 1939/40.
29 Tiroler Tageszeitung, 20.1.1959, S. 4.
30 Vgl. diverse Jahrgänge der Zeitschrift „Der Fremdenverkehr in Österreich" (Wien 1954ff.).
31 Strickrodt war vorher bereits einmal auf Durchreise in den Ort gekommen.
32 Interview des Autors, 12.10.2015.
33 Interview des Autors, 10.5.2016.
34 Tiroler Tageszeitung, 4.2.1956, S. 3.
35 Vgl. Österreichisches Statistisches Zentralamt (Hg.): Statistisches Handbuch für die Republik Österreich (bis 1992), diverse Jahrgänge, Wien; neuere Daten Statistik Austria, online unter: http://www.statistik.at.
36 Tiroler Tageszeitung, 4.2.1956, S. 3.
37 Interview des Autors, 10.10.2016.
38 Josef möchte in dem Buch nicht mit vollem Namen genannt werden. Interview des Autors, 1.6.2014. Alle Personen, die in weiterer Folge nur mit Vornamen genannt werden, haben erklärt, lieber anonym bleiben zu wollen.
39 Interview des Autors, 10.10.2014.
40 Interview des Autors, 3.3.2015.
41 Interview des Autors, 2.6.2015.
42 Interview des Autors, 10.5.2016.
43 Interview des Autors, 10.3.2015.
44 Interview des Autors, 4.3.2015.
45 Interview des Autors, 7.7.2015.
46 Interview des Autors, 6.4.2015.
47 Interview des Autors, 6.6.2016.
48 Landesstatistik Tirol (wie Kap. 5, Anm. 10).
49 Interview des Autors, 3.3.2013.
50 Interview des Autors, 10.6.2016.
51 Ellmauer Zeitung, 8/2004.
52 Vgl. Sabine Hochfilzer: Der Strukturwandel der Landwirtschaft im Bezirk Kufstein seit 1950, Diplomarbeit Innsbruck 1999.
53 Vgl. Statistik Austria, online unter: http://www.statistik.at/blickgem/blick5/g70509.pdf.
54 Interview des Autors, 7.7.2014.
55 Vgl. Landesstatistik Tirol (wie Kap. 5, Anm. 10).
56 Interview des Autors, 3.3.2012.
57 Hannes Winkler, zitiert nach Beate Troger: „Portale sind Leichenfledderer", online unter: http://www.tt.com/home/4460320-91/portale-sind-leichenfledderer.csp (Stand: 25.7.2016).
58 Tiroler Tageszeitung, 20.1.1959, S. 4.
59 Interview des Autors, 5.5.2016.
60 Ebenda.
61 Heinrich Heine: Bummel durch Tirol. Reiseerlebnisse, Innsbruck 2015, S. 24f. (Textstellen entnommen aus: Die Reisebilder, Dritter Theil, Hamburg 1830).
62 August Lewald: Tyrol vom Glockner zum Orteles und vom Garda- zum Bodensee, München 1938 (2. Aufl.), S. 47.
63 Pressemappe Stanglwirt.
64 Interview des Autors, 10.4.2016.
65 Interview des Autors, 3.10.2014.
66 Presseaussendung von Travel-Partner, 2015.
67 Interview des Autors, 28.10.2015.
68 Prospekt Ellmau 1929, Sammlung Tourismusprospekte Ellmau, Bibliothek Tiroler Landesmuseum Ferdinandeum.
69 Dorfchronik Ellmau, LN: 06271, Kassabuch der Musikkapelle 1929.
70 http://www.lonelyplanet.com/austria/soll/introduction (Stand: 14.7.2016).
71 Ebenda.
72 Interview des Autors, 7.8.2014. Alle in dem Kapitel Hexenwasser folgenden Interviews wurden vom Autor – wenn nicht anders angeführt – am 7.8.2014 geführt, weshalb die meisten Zitate keine eigenen Verweise mehr erhalten.
73 E-Mail von Eisenmann an den Autor, 10.9.2015.
74 Ebenda.
75 Ebenda.
76 Bericht über die Ausstellung „Alpen unter Druck" in München, ausgestrahlt im Bayerischen Rundfunk, April 2014, online unter: http://www.br.de/capriccio.
77 Mattias Schenk: Ausflug nach Tirol, 26.6.2010, online unter: http://www.matthiaschenk.de/?p=138 (Stand: 14.7.2016).
78 E-Mail an den Autor, 2.5.2015.
79 Tiroler Tageszeitung, 18.5.2015.
80 Ebenda.
81 Eugen von Hartwig: Briefe aus und über Tirol, geschrieben in den Jahren 1843 bis 1845, Berlin 1846, S. 63.
82 Paul Rösch: Das Traumschloss des Bürgers. Zur Kulturgeschichte des Grand Hotels, in: Cordula Seger/Reinhard G. Witmann (Hg.): Grand Hotel. Bühne der Literatur, München 2007, S. 27–41, hier S. 27.

83 Steub: Drei Sommer (wie Kap. 1, Anm. 18), S. 36.
84 Prospekt Hotel Gisela, Stadtarchiv Kufstein.
85 Prospekt Hotel Post, Stadtarchiv Kufstein.
86 Zitiert nach Arnold Klotz: Stadt Kufstein. Städtebauliche Entwicklung und Gestaltung, Kufstein 1988, S. 50.
87 Ebenda, S. 66.
88 Vgl. ebenda, S. 64.
89 Prospekt Hotel Egger (um 1920), Stadtarchiv Kufstein.
90 Ebenda.
91 Ebenda.
92 Joachim Ringelnatz: Mein Leben bis zum Kriege, Hamburg 2015, S. 215f.
93 Vgl. Im deutschen Reich. Zeitschrift des Centralvereins Deutscher Staatsbürger Jüdischen Glaubens 20 (1914), S. 281.
94 Mitteilungen aus dem Verein zur Abwehr des Antisemitismus 15 (1905), S. 207.
95 Vgl. Klotz: Stadt Kufstein (wie Kap. 5, Anm. 86), S. 74–76.
96 Prospekt Walchsee (um 1900), Stadtarchiv Kufstein.
97 Brixener Chronik, 4.1.1908, S. 6.
98 Innsbrucker Nachrichten, 26.11.1911, S. 5.
99 Innsbrucker Nachrichten, 21.12.1909, S. 4.
100 Innsbrucker Nachrichten, 2.7.1910, S. 20.
101 Information von Peter Fischer, Gemeindeamt St. Johann, Amt für Umwelt, Kultur und Soziales.
102 Vgl. Österreichisches Statistisches Zentralamt (Hrsg.): Fremdenverkehr in Österreich, Wien (div. Jahrgänge).
103 Landesstatistik Tirol (wie Kap. 5, Anm. 10).
104 Interview des Autors, 10.11.2015.
105 Landesstatistik Tirol (wie Kap. 5, Anm. 10).
106 E-Mail von Josef Schernthanner an den Autor, 7.3.2016.
107 Interview des Autors, 10.5.2016.
108 Interview des Autors, 10.11.2015.
109 Interview des Autors, 10.11.2015.
110 Ludwig Steub: Die Rose der Sewi, Stuttgart 1892 (2. Aufl.), S. 15.
111 Ebenda, S. 15f.
112 Interview des Autors, 1.8.2014.
113 Interview des Autors, 3.10.2015.
114 Interview des Autors, 10.11.2015.
115 Interview des Autors, 7.7.2015.
116 Interview des Autors, 8.7.2015.
117 Gustav Rasch: Touristen-Lust und Leid in Tirol. Tiroler Reisebuch, Stuttgart 1874, S. 7f.
118 Pressemappe des Stanglwirts.
119 Ebenda.
120 Vgl. Henri Gault/Christian Millau/Karl Hohenlohe (Hg.): Gault & Millau Österreich 2016, Wien 2015.
121 Gustav Rasch: Touristen-Lust und Leid in Tirol. Tiroler Reisebuch, Stuttgart 1874, S. 7f.
122 Zeitungsausschnitt 1847 (ohne Titel), Stadtarchiv Kufstein.
123 Enzensperger: Der Wilde Kaiser (wie Kap. 2, Anm. 28), S. 282.
124 Weber: Das Land Tirol (wie Kap. 2, Anm. 2), S. 641.
125 Zeitungsausschnitt aus Tiroler Grenzboten 1958, Stadtarchiv Kufstein.
126 Interview des Autors, 3.3.2013.
127 Baedekers Tirol, Malente 1956, S. XXI.
128 Interview des Autors, 4.4.2015.
129 Prospekt Kufstein, um 1890, Stadtarchiv Kufstein.
130 Interview des Autors, 7.5.2015.
131 E-Mail an den Autor, 10.3.2016.
132 Interview des Autors, 10.5.2016.
133 Interview des Autors, 10.11.2015.
134 Jahresbericht des Tourismusverbandes Wilder Kaiser 2015, Archiv TVB.
135 Ebenda.
136 Ebenda.

Beim **„Z'sammkemma" in Söll** treffen sich im Sommer jeden Mittwoch Gäste und Einheimische.

Im St. Johanner Skigebiet anno dazumal. Links die alte Bergstation am Harschbichl mit den damals (1962) typischen Wegweisern, um die noch kaum präparierten Pisten zu finden. Unten die Standseilbahn (1951)

WINTERSPORT IM WANDEL …

Der älteste Wintersport in Tirol ist das Rodeln. Um Holz oder Heu ins Tal zu befördern, hatten die Bauern schon seit Jahrhunderten Schlitten benutzt. Im 19. Jahrhundert entwickelte sich aus dem Transportmittel ein Sportgerät. In den 1890er Jahren kam der „Schneeschuh", heute als Ski bezeichnet, hinzu. Nach dem Zweiten Weltkrieg veränderte der groß angelegte Bau von Liften den Wintertourismus fundamental.

„Bobsleigh": eine Sportart, die heute nicht mehr am Wilden Kaiser praktiziert wird. In den ersten Jahren nach 1900 war das Bobfahren in Kufstein sehr beliebt. In den Hotels konnten die Gäste sogar Bobs mitsamt Fahrer ausleihen.

„Hüttengaudi“: Nachdem der erste Lift in St. Johann eröffnet hatte, füllten sich auch die Terrassen der Angereralm (oben) mit Sonnenhungrigen (Foto Jöchler, 1960). Bis heute hat sich das nicht wesentlich verändert. Nur die „Hütten“ wurden immer größer und spezielle Après-Ski-Hütten in Talnähe entstanden.

Seit in den 1890er Jahren die ersten Skifahrversuche unternommen wurden, entwickelt sich der Sport stetig weiter. Neben dem Alpinskifahren ist auch das Langlaufen (rechts) sehr beliebt: 2016 fand schon zum 44. Mal der internationale „Koasalauf“, ein Volkslanglauf mit mehr als 2000 Startern, statt.

Wedelspaß im Kufsteiner Skigebiet 1964

EINE KURZE GESCHICHTE DES WINTERSPORTS

Bereits vor 4500 Jahren rutschten unsere Vorfahren auf simplen Holzlatten die Hügel hinunter, wie historische Funde belegen. Aber erst als der norwegische Polarforscher Fridtjof Nansen 1888 auf Skiern Grönland durchquerte

Kapitel 6 Winter am Wilden Kaiser

und darüber ein Buch schrieb, wurde das in Norwegen beliebte Skifahren einer breiten Öffentlichkeit bekannt und fand so auch den Weg zum Wilden Kaiser. Nicht nur das Skifahren war beliebt. Man muss sich heute wundern, wie viele Wintersportarten hier um 1900 ausgeübt wurden.

Der gleiche Wedelspaß **50 Jahre später in der SkiWelt** (2014)

DIE ANFÄNGE DES SKIFAHRENS

Ende des 19. Jahrhunderts begannen sich Alpinisten aus den alpennahen Metropolen mit neuen nützlichen Techniken fürs Bergsteigen auseinanderzusetzen. Verstärkt probierten und diskutierten sie ab den 1890er Jahren den Schneeschuh – wie der Ski damals noch genannt wurde – als Fortbewegungsmittel für winterliches Bergsteigen. Pioniere gab es in München und auch in Kitzbühel. Dort hatte Franz Reisch, nachdem er den Bestseller „Auf Schneeschuhen durch Grönland" des Polarforschers Fridtjof Nansen gelesen hatte, schon 1893 das Kitzbüheler Horn befahren. Reisch kam ursprünglich aus Kufstein, weshalb es nicht weiter verwundern muss, dass sich der neue Sport zuerst dort und bald auch in anderen kleinstädtischen Zentren der Region zu etablieren begann. Wie auch beim Sommerbergsteigen profitierten zuerst vor allem die an der Bahnlinie gelegenen Orte (mit geeigneter Topografie und Schneesicherheit) von der aufkommenden Skibegeisterung der Städter. Als frühe Zentren in Tirol kristallisierten sich neben Kitzbühel der Arlberg und – aus heutiger Sicht erstaunlich – Kufstein heraus, wo inzwischen kaum mehr eine Verbindung zum Skitourismus zu finden ist. Bereits 1904 entstand dort einer der ersten Wintersportvereine Tirols, nachdem 1901 der Skiklub Arlberg und 1902 eine freie Wintersportvereinigung in Kitzbühel (1905 in einen Verein umgewandelt) ins Leben gerufen worden waren. In der Landeshauptstadt Innsbruck hingegen kam es erst zwei Jahre nach der Kufsteiner Gründung, im Jahr 1906, zur Entstehung des ersten Skiklubs. Dies verdeutlicht den Pionierstatus des kleinen Städtchens am Wilden Kaiser.

Warum sich Kufstein als Wintersportzentrum etablieren konnte? Neben dem Vorteil des Bahnanschlusses profitierte Kufstein einerseits von der Nähe zum Ballungs- und alpinen Ideen- und Kompetenzzentrum München, wo es viele Skipioniere gab, die sich gegenseitig stimulierten; und andererseits von der Nähe zu Kitzbühel, das als Modell einer erfolgreichen Skidestination Pate stehen konnte. Zudem führten dorthin auch die Wege des Skipioniers Reisch. Dass dies den nötigen Wissens- und Technologietransfer beschleunigte, zeigt ein interessantes Detail. Der Gründer des Kufsteiner Wintersportvereins war Hans Reisch, der Bruder von Franz Reisch. Der Vater der beiden stand nicht nur der Stadt Kufstein als Bürgermeister vor, sondern auch dem Turnverein als Obmann. Zudem wirkte er als erster Obmann des 1891 gegründeten Vereins zur Hebung des Fremdenverkehrs in Kufstein. Die beiden Brüder traten das Erbe des Vaters an, indem sie sich zu Unternehmerpersönlichkeiten und bürgerlichen, deutschfreiheitlichen Multifunktionären entwickelten, die in allen wichtigen Gremien und Vereinen der Stadt etwas zu sagen hatten.

Franz Reisch,
Skipionier, Händler, Hotelier

Das **historische „Logo"** des Wintersportvereins

Solche Biografien bildeten keine Ausnahmen, sondern sind in etlichen österreichischen Kleinstädten gegen Ende des 19. Jahrhunderts zu finden. In Kufstein kam hinzu, dass es eine kleine Gruppe von sich gegenseitig motivierenden Ski-Interessenten aus dem Turnverein gab. Diese meist deutschliberalen Akteure, die dem technischen Fortschritt und sport-

Hans August Reisch,
Motorsport- und Skipionier

Um 1900 brodelte ein Streit zwischen den Skifahrern. Angeregt von Fridtjof Nansens Durchquerung Grönlands hatte sich Matthias Zdarsky aus Lilienfeld – wie Reisch auch – für die jahrhundertealte nordische Skifahrtechnik interessiert. Zdarsky stellte jedoch bald fest, dass sie für den Alpenraum ungeeignet war, weil die damals übliche Rohrbügelbindung dem Fuß zu wenig Halt gab. Er entwickelte eine stabilere Bindung und machte so erstmals das Befahren von Steilhängen möglich. Die Anhänger der klassischen Norwegertechnik hielten jedoch nichts von Zdarskys neuen Ideen. Über Jahre stritten die beiden Schulen um die beste und letztgültige Technik. Wie auf dem Bild ersichtlich, war man mit den Skiern zunächst im flachen Gelände unterwegs. Nicht von ungefähr kommt es daher, dass die Skier Schneeschuhe hießen. Auch die ersten Skirennen in Tirol glichen eher Langlaufrennen als Abfahrtsläufen.

lichen Innovationen offen gegenüberstanden, gab es in den agrarisch und konservativ stärker geprägten Dörfern um den Kaiser freilich nicht. Dort wurde das „Brettelhupfen" zunächst als nutzlose „Spinnerei" und Tagedieberei verurteilt.

Blickt man auf die Topografie Kufsteins im Vergleich zu jener des Arlbergs oder Kitzbühels, mag es verwundern, dass diese als attraktiv genug fürs Skifahren angesehen wurde. Weite, lange, baumfreie Hänge sucht man dort am Fuße des schroffen Kaisergebirges vergebens. Zu Beginn des Skisports gab man sich eben noch mit bescheideneren Geländegegebenheiten zufrieden. Kein Lift, keine Straße brachte den Touristen in den Genuss langer Abfahrten. Wo man hinunterfahren wollte, musste man zuerst mühevoll hinaufsteigen. Kurze Abfahrt bedeutete kurzer Aufstieg. So etablierten sich am Anfang dieser Entwicklung Skizentren mit Skigebieten – oder präziser formuliert: mit Skihügeln oder Skiwiesen –, die heute keines Blickes mehr gewürdigt würden. Ein Beispiel dafür wäre neben Kufstein der Hennersberg bei Wörgl, wo schon 1905 Skirennen stattfanden. Außerdem handelte es sich bei diesen Orten nicht ausschließlich um Skizentren, sondern um universale Wintersportplätze.

BOBSLEIGH, SKELETON UND EISHOCKEY

Vor 110 Jahren war Kufstein der Tiroler Modeplatz des Wintersports schlechthin. Die großen Wintersportfeste, die dort vor dem Ersten Weltkrieg stattfanden, erlangten europäische Berühmtheit. Die Zeitungen in Österreich, Deutschland, England und der Schweiz berichteten darüber im gleichen Atemzug wie von St. Moritz. Am Kufsteiner Wintersportfest 1906 beteiligten sich beispielsweise 160 aktive auswärtige Sportler. Zwei Sonderzüge brachten alleine schon am ersten Tag über 2000 Gäste aus München. Die „Frankfurter Zeitung" schrieb: „Das große Wintersportfest ist im Gange, das dazu beitragen wird den Ruf Kufsteins als eine der vornehmsten Sportzentralen zu festigen."[1] Kufstein wurde mit dem Arlberg auf eine Stufe gestellt. Die Londoner „Daily Mail" zählte 1908 Gossensaß, Kufstein und St. Anton als die großen Wintersportplätze Tirols auf.[2]

Uns scheint diese Einschätzung – abgesehen von St. Anton – heute unerklärlich. Doch die führenden Wintersportarten waren damals Rodeln, Eislaufen, Eisschießen und Pferdeschlittenrennen, nicht das Skifahren. Das Rodeln etwa war schon seit dem Ende des 19. Jahrhunderts sehr beliebt. Was nicht verwunderlich ist, wenn man bedenkt,

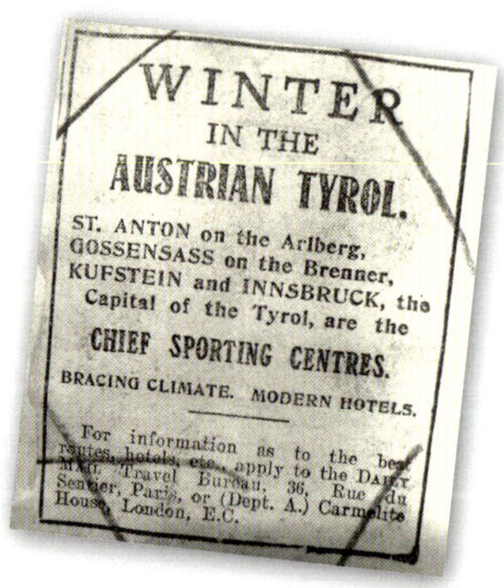

Anzeige im Londoner „Daily Mail" aus dem Jahr 1908

dass der Schlitten eines der ältesten Transportmittel überhaupt ist. Im „Tiroler Grenzboten" heißt es im Januar 1903: „Alles huldigt dem Rodelsport in einer bisher nie dagewesenen Weise und mit einer Ausdauer, welche das Interesse und die Freude an der Sache auch erraten lassen."[3] Alois Strasser, der Pächter der Vorderkaiserfeldenhütte im Zahmen Kaiser, meldete in der Zeitung beste Verhältnisse auf der Rodelbahn. Besonders beliebt waren deshalb auch Wintertouren auf die Pyramidenspitze, denn ab der Vorderkaiserfeldenhütte ging es kraftsparend mit der Rodel ins Tal. Wie lustig es bei den Rodelrennen zuging, zeigt dieser Bericht in einer Sportzeitung: „Die Stimmung wird gehoben durch die flotten Weisen der Ellmauer Musikkapelle, die die Damen zu unwillkürlichen Tanzbewegungen veranlaßten. Ab und zu gibt es einen kleinen Unfall, eine Strandung an gefährlicher Kurve, ein Rodel, das der Herrin vorauseilt usw. Alle diese Unfälle werden mit großer Heiterkeit aufgenommen."[4]

Bald kam das Bob- und Skeletonfahren dazu. 1907 wurde in Kufstein die erste Bob- und Hörnerlschlittenbahn Tirols errichtet, mit der die Stadt in den folgenden Jahren führend in diesem Sport blieb. Es gab dort zwölf Mannschaften mit eigenen Bobs, die alle an den Start gingen. Eine Reihe von internationalen Meisterschaften wurde ausgetragen, wobei die Unterhaltung im Vordergrund stand. Auch die ersten Skirennen sorgten noch mehr für Heiterkeit als für bierernstes Leistungsdenken, wie die Zeitungsberichte bezeugen. Die Einheimischen wunderten sich über die Münchener: „Offenbar ist schon

„Bob Kaufmann" auf der Kufsteiner Bobbahn, 1908

Rodelpartie von der Vorderkaiserfeldenhütte ins Tal (um 1900)

das Herumwaten im tiefen Schnee ein Vergnügen für die Großstädter"[5], heißt es in einem Bericht.

In der Gestaltung der Disziplinen war man kreativ. Es gab einen Abfahrtslauf, der nur 100 m lang war, einen Fernlauf, der eher einem Langlaufrennen glich – es ging bergauf und bergab – und „stilgerechte Läufe", in denen Schön-Skifahren gezeigt wurde: ein gestandener Telemarkschwung, ein eleganter Christiana (Stemmbogen) oder ein sogenannter Schlangenbogen. Die Jugendlichen traten bei Fastaubenrennen an: „Die 10 Knaben begannen die Fahrt, d. h. nach wenigen Metern waren die meisten schon zu Boden und kollerten nun mehr als sie liefen im Kunterbunt den Hang hinunter zum maßlosen Gaudium der Zuseher."[6]

Allmählich wurden die Disziplinen aber ernster, leistungsorientierter. Schon 1906 fand das erste Ski-Abfahrtsrennen statt und 1910 der erste Slalom. Damals tat sich der Wintersportverein mit der Organisation solcher Veranstaltungen noch wesentlich leichter; erhielt er doch vom Ministerium für öffentliche Arbeiten in Wien „Subventionen für Tiroler Wintersportplätze": 5000 Kronen. Dem rührigen Landesverband für Fremdenverkehr blieben diese er-

Es gab kaum eine Wintersportart, die nicht in Kufstein ausgeübt worden wäre. Die Wintersportfeste vor dem Ersten Weltkrieg hatten internationale Bedeutung. Nach dem Ersten Weltkrieg verlor die Stadt allmählich ihren Platz unter den europäischen Wintersport-Topdestinationen.

folgversprechenden Entwicklungen nicht verborgen. Er rief 1909 in Wörgl zur Versammlung auf, um zu beraten, wie der „Winterfremdenverkehr“ auch abseits der Zentren an der Bahnlinie gesteigert werden könnte. Dem Wintersport maß der Referent dabei ganz besondere Bedeutung bei, zumal im Nordtiroler Unterland die viel besseren klimatischen und topografischen Voraussetzungen dafür gegeben waren als im touristischen Konkurrenzland Südtirol. Neben Kufstein und Kitzbühel galt damals bereits das Gebiet um die Hohe Salve als bescheidenes Wintersportzentrum. Daher waren auch die Orte Scheffau und Söll auf der Tagung vertreten. Nicht jeder erblickte jedoch den auf der Tagung vielgepriesenen volkswirtschaftlichen Nutzen des Tourismus: „Heiterkeit erregte der Einwand des Herrn Horngacher aus Söll, welcher meinte, der Wintersport und Fremdenverkehr tauge nichts, man solle besser die Wildbäche verbauen.“ [7]

Frauen in Hosen wurden Ende des 19. Jahrhunderts nicht geduldet. Beim Skifahren sind sie jedoch so praktisch, dass sie sich zumindest allmählich als Sportkleidung durchsetzten. Somit waren die ersten Skifahrerinnen auch maßgeblich am Emanzipationsprozess beteiligt.

SKIKURS FÜR EINSTEIGER

Wie wurde damals das Skifahren gelernt? Geschäftstüchtige Gastwirte und Hoteliers erkannten den Skitourismus rasch als Wirtschaftsfaktor und stellten, lange bevor sich ein organisiertes Skischulwesen etablieren konnte, private Skilehrer ein. Der berühmteste dieser Hotelskilehrer war Hannes Schneider am Arlberg, der mit seiner werbewirksam inszenierten Arlbergtechnik das Skifahren in der Zwischenkriegszeit revolutionieren und durch die Skifilme von Arnold Fanck zum Filmstar werden sollte.

Weniger Berühmtheit erlangte der erste Skilehrer im Wilden Kaiser. In Kufstein stellte der Chef des Hotels Auracher bereits in der Saison 1908/09 den Skipädagogen Josef Wallner ein.[8] Wallner kam aus Mürzzuschlag am Semmering – genau 100 km von Wien und 100 km von Graz entfernt. Die geografisch günstige Position zwischen den beiden Metropolen der Habsburgermonarchie und die Anbindung an die Südbahn hatte Mürzzuschlag den Aufstieg zum ersten Wintersportzentrum Österreichs ermöglicht. Dort am Semmering hatte sich der vormalige Postbote Wallner zu einem der rührigsten Skididaktiker entwickelt. Seine Skikurse in Kufstein wurden sogar in internationalen Zeitungen inseriert. Wallner galt als großer Skipionier, der im Gegensatz zum damaligen „Skiguru“ Mathias Zdarsky bereits zwei Stöcke zum Fahren benutzte und sogar ein Rennen gegen diesen gewann.[9]

Wie sehr das Skifahren damals vor allem bei der britischen High Society in Mode war, zeigten die Schaufenster der angesagten Geschäfte in Londons West End. Dort waren die Schaufensterpuppen im edelsten Skianzug gekleidet. Die finanzkräftigen Kundinnen wurden mit gestrickten Ganzkörperkostümen aus Wolle versorgt, die sich bei Stürzen aber offenbar als unpraktisch erwiesen haben, wie

Das Hotel Auracher warb: Es ist uns gelungen, den bekannten Alpenländischen Meisterschaftsfahrer Herrn Josef Wallner, Inhaber der goldenen Nansenmedaille, 1. Preisträger in Kunstlaufen in Lilienfeld etc., als Ski- und Bobsleigh-Lehrer für unsere Gäste zu gewinnen …

Skikurse in Kufstein

Der Ski-Lehrer **Josef Wallner** veranstaltet auch dieses Jahr

einen Zyklus von Ski-Kursen

und beginnt mit denselben am **25. Dezember.** Die Dauer der Kurse ist auf ca. 8 Tage festgesetzt und beträgt der Preis des Kurses K **6.**— oder Mk. **5.**—. In die Kurse wird auch **Bobsleighfahren** einbezogen. Anmeldungen und Anfragen an b1350

Josef Wallner, Hotel Auracher, **Kufstein.**

St. Johanns erste Skifahrerin (1908) – **Gertraud Schroll** alias **Taxenschuasta Traudl**

diese Scherzworte belegen: „Hier kommt keine Frau, hier kommt ein Schneeball.“ [10] Wie „fashionable“ das Skifahren auch in unserer Gegend war, beleuchtet eine Anekdote um Wallner. Er soll zwei junge Damen zum Skikurs erwartet haben, die am Morgen noch in brandneuem Skianzug und mit nagelneuen Skiern im Hotel gesichtet worden waren. Nachdem sie bis zum Ende der Woche nie zum Unterricht erschienen waren, fragte er sie nach dem Grund. „Die Skier sind nur Teil von unserem Skikostüm“, soll eine von ihnen geantwortet haben, „wir wollten nie wirklich Skifahren gehen.“ [11] Und so entfernten sie sich, die Skier elegant auf den Schultern tragend. Skifahren war also offenbar viel mehr als nur Sport.

Neben Wallner wirkte noch ein weiterer Skipionier am Wilden Kaiser: Sepp Hellensteiner, ein gebürtiger Südtiroler, der in St. Johann aufwuchs. Hellensteiner war der erste Tiroler Profisportler und der erste Tiroler Teilnehmer bei Olympischen Spielen – allerdings nicht im Skisport, sondern 1912 beim Radfahren. Sein Geld verdiente er sich im Winter vorwiegend als Skilehrer: zuerst in Schliersee, dann in Kufstein und am Arlberg, bevor er schließlich in den 1920er Jahren in Kitzbühel als Skischulleiter „sesshaft“ wurde. Er brachte die zukunftsweisende Arlbergtechnik nach Kitzbühel. Als herausragender Skirennläufer war er auch aktiv an der Gründung des St. Johanner Wintersportvereines 1909 beteiligt.

Skikurse rund um den Wilden Kaiser veranstalteten aber nicht nur einheimische Skilehrer. Besonders beliebt waren große Skikurse von auswärtigen Vereinen. Münchener oder Wiener Skiklubs beispielsweise richteten in Kufstein auf der Hinterdux Kurse aus, an denen über 40 Personen auf einmal unterwiesen wurden. Dabei war zweifelsohne militärische Disziplin gefragt.

In den 1920er Jahren wurde der Skisport immer populärer und die Kurstätigkeit verstärkt. Über Jahre hatten sich die verschiedenen Skipioniere gestritten, welche Technik nun die einzig wahre sei. Zwei Hauptkontrahenten standen sich gegenüber: Zdarsky mit der Lilienfelder Technik und die Anhänger der Norwegertechnik. Ausgehend vom Arlberg kam es zu einem Mix und zu einer Vereinheitlichung der Technik, wie sie beispielsweise Hellensteiner lehrte. 1928 wurde die staatliche Skilehrerausbildung eingeführt und damit ein professioneller Weg eingeschlagen. Der damalige Vorsitzende des Tiroler Skiverbandes betonte dabei die Bedeutung des praktischen Lernens: „Der Skilehrer soll nicht Professor […], sondern ein erdgewachsener Sohn der Berge sein, der von der Theorie gerade soviel versteht, als in dem knappen Rahmen des Lehrplanes enthalten. Jedes Zuviel wäre schädlich […]. Die überwiegende Zahl der Lernbegierigen wird den halbgebildeten und verbildeten Skilehrer ablehnen und jenem den Vorzug geben, der auf solche Fragen antwortet: Sell woaß i net, beim Hannes hab i nur Skifahrn g'lernt.“ [12]

Der erste Tiroler Teilnehmer bei Olympischen Spielen – **Sepp Hellensteiner**

Skikurs am Duxerhof oberhalb von Kufstein

Sepp Hellensteiner hatte zu dieser Zeit schon einige Saisonen in Kitzbühel gearbeitet und gründete 1926 die Skischule Kitzbühel. In St. Johann gab es schon länger Skikurse ohne eigene Skischule, aber auch in den kleinen Orten auf der Südseite des Wilden Kaisers begann in jener Zeit ein bescheidener Skitourismus. Wie aus einer Übersicht in der „Tiroler Reisezeitung" hervorgeht, wurden in Ellmau schon im Winter 1932/33 Skikurse angeboten. Ellmau war neben St. Johann der einzige Ort auf der Südseite, der laut der Liste Kurse anbot. Auf der Nordseite in Kufstein, Walchsee und Kössen gab es hingegen teils schon gemeldete Skischulen. Sogar Pauschalpakete von Skikursen in Verbindung mit Übernachtungen in Gasthöfen wurden dort angeboten. Auch Ellmau warb mit Einschaltungen in Zeitschriften: Skikurse für Anfänger, gutbürgerliche Gasthöfe, zahlreiche Privatwohnungen, gut markierte Skiabfahrten vom Zinsberg, hieß es dort; Auskunft gebe es beim Skiklub oder im Fremdenverkehrsverein und in Prospekten. 1938 wurde dann eine Skischulkonzession an Josef Nagiller vergeben.

Am **Brentenjoch** oberhalb von Kufstein um 1910

SKIKLUBS UND SKIHÜTTEN SPRIESSEN

Nach den St. Johannern gründeten die Ellmauer den ersten Skiklub auf der Südseite des Wilden Kaisers. Damals stand dieser noch ganz im Dienste des „Fremdenverkehrs". Seine Aufgabe war es, Werbung für das Skigebiet zu machen und Skitouren zu markieren. Eigene Schilder wurden angebracht, sie wiesen sichere Abfahrten und lawinengefährliche Hänge aus. Kitzbühel mit den sanften Kitzbüheler Alpen galt als Pionierregion für diese Kennzeichnungen. Im Winter fand sich dort ein regelrechter Schilderwald. Hinweise gaben außerdem die Skilehrer, die oftmals eigentlich Skiführer waren. Sie begleiteten ihre Gäste auf die Berge und zeigten ihnen die schönsten Abfahrten.

Der Skisport war damals alles andere als ein Breitensport. Das zeigen beispielsweise etwa die

Skiprospekt aus Ellmau während der NS-Zeit, 1938/39

Als das Skifahren zum Breitensport wurde: Per Pedes auf den Zinsberg in Ellmau 1928. Heute ist der Berg mit Liften erschlossen.

Gewinnspannen bei den Hotelpreisen, die im mondänen Luxusskiort Kitzbühel nie mehr so hoch wie zu dieser Zeit waren. Doch der Glanz Kitzbühels strahlte auch in die Umgebung aus. Schon damals galt zum Beispiel der Stanglwirt als beliebtes Ausflugsziel für die Kutschenfahrten der Kitzbüheler Haute Volée. Vor allem Briten und Amerikaner genossen das teure Skivergnügen. In Ellmau fanden sich auch ein paar wenige wohlhabende Touristen ein, vor allem aus Wien.

Interessant erscheinen aus heutigem Blick auch die Öffnungszeiten der Alpenvereinshütten. So hatte die Gaudeamushütte in den 1920er und 1930er Jahren anders als heute auch im Winter geöffnet. Die Skiabfahrt vom Ellmauer Tor erfreute sich großer Beliebtheit, es gab sogar ein eigenes Rennen, den „Wilder Kaiser Pokal", der von der Edelweißgilde Kitzbühel und dem Skiklub Ellmau veranstaltet wurde.[13] Auch auf der Nordseite hatten Stripsenjochhaus, Hinterbärendbad und Vorderkaiserfeldenhütte den ganzen Winter geöffnet; wobei am Stripsenjoch bald wieder davon abgelassen wurde, weil das geeignete Skigelände fehlte.

Die Winteröffnungszeiten deuten darauf hin, wie eng das Skifahren damals, in Zeiten ohne Lift, an Aufenthalte auf Skihütten gebunden war. Überall im Land mieteten deutsche Skiklubs und Alpenvereinssektionen deshalb Almhütten an und richteten sie als Skihütten ein, zum Beispiel am Brentenjoch oder im Kaisertal (Stripsenalm). Zentrum dieser Aktivitäten blieben aber die Kitzbüheler Alpen.

KLISCHEE „SKILEHRERSCHMÄH“

„Lieber Sepp! Vor allem herzlichen Dank für Deinen lieben Brief. Nun will ich erzählen, wie es mir ergangen ist. Daß ich gut heimgekommen bin, ist klar, sonst könnte ich wohl kaum schreiben. Erholt habe ich mich gut, braun bin ich fast wie Du und übermütig wie ein Kind … Armes Hascherl, wenn ich bei Dir wäre, würde ich Dir in die Augen sehen und Dich streicheln und recht gut zu Dir sein … Meinen Eltern habe ich bereits von Dir erzählt, nur nicht, daß wir uns gleich am zweiten Tag geküßt haben und uns duzen. Das würden sie mir übelnehmen, deshalb bitte ich Dich auch Dich bis nach Ostern zu gedulden. Wenn Du mir schreibst, bitte ich Dich per ‚Sie‘ zu sprechen, weil meine Eltern doch gelegentlich draufkommen. Nun freue ich mich schon auf Deinen nächsten Brief und besonders auf Ostern! Auf Wiedersehen mein Liebster, herzlich grüßt und küßt Dich – Deine Lily“ [14]

Dieser Brief einer jungen Frau aus Deutschland an ihren Kufsteiner Skilehrer, verfasst um 1920, deutet auf ein amouröses Abenteuer hin, das die Urlauberin während ihres Skiaufenthalts erlebt hat. Wie zeigt sich das Klischee der sexuellen Freizügigkeit von Skilehrern heute? Solche Briefe oder Karten gebe es keine mehr, dafür WhatsApp- oder Facebook-Nachrichten mit ähnlichem Inhalt, versichert der Skilehrer Karl ironisch augenzwinkernd. Schließlich sei man von Berufs wegen der „Leithammel“ der Gruppe, und alleine diese Position wirke auf manche anziehend. Dazu komme, dass ein Skilehrer mit Abstand am besten skifahren könne und daher naturgemäß „der tollste Hecht der Gruppe“ sei. „Da musst du nicht einmal gut aussehen. Das ist aber nicht nur beim Skilehrern so, sondern in allen – wenn du so sagen willst – Führungspositionen. Außerdem sind die Menschen im Urlaub und locker drauf. Hier kennt sie niemand, nach einer Woche bist du wieder weg. Manche sind auf einen Flirt aus. Was du aus diesen Rahmenbedingungen machst, ist aber grundunterschiedlich und individuell. Den Klischee-Aufreißer-Skilehrer gibt es so aber definitiv nicht mehr, würde ich sagen.“ [15]

Außerdem gehe die Mehrzahl der Skilehrer nach Dienstschluss heim und fröne nicht mehr so ausgiebig wie vielleicht früher noch dem Nachtleben. Die Möglichkeiten dafür sind in der Region ohnehin begrenzt. „Wer die große Après-Ski-Party sucht, ist bei uns aber eher nicht richtig“, sagt Gerhard Told, der ehemalige Leiter der Skischule Scheffau. In Ellmau und Söll sei ein bisschen mehr los, aber selbst in Söll sei es im Vergleich zu früher ruhig geworden.

Rennstart auf der Hinteren Goinger Halt 1931, Ziel: Gaudeamushütte. Der Schnellste, Hansjörg Schlechter, benötigte 12 Minuten und 24 Sekunden für die gesamte Strecke. Der Bergsteiger und Skifahrer Schlechter war gelernter Wagner und produzierte seit 1921 Skier in Kitzbühel.

SCHWERPUNKT FAMILIE

Die Skiwelt Wilder Kaiser Brixental versteht sich immer mehr als Familiengebiet, und entsprechend viel Aufmerksamkeit bekommen hier die ganz kleinen Wintersportler. „Das jüngste Kind, das wir hatten, war erst 18 Monate alt“ [16], erzählt Gerhard Told. Zu seiner Schule gehört das Kinderkaiserland

Berthold

Ellmau im Winter

Plaţzkonzerte, weiters auch die Ellmauer Theatergesellschaft durch
Aufführungen von Volksstücken. Im Winter herrliches

Skigelände

für Anfänger sowie leichte und schwierige Ski-Bergfahrten für Ge-
übte. Rodelbahn. Vom Skiklub Ellmau markierte Abfahrten.
„Ausgangspunkt für sämtliche Touren im „Wilden Kaiser".

Empfehlenswerte Ausflüge

Hausberg 1 Stunde, Gaudeamushütte 1½ Stunden, Gruttenhütte
2½ Stunden, Hartkaiser 2 Stunden, Ellmauer Tor 4 Stunden, Ell-
mauer Halt 5 Stunden, Hintersteiner See 2 Stunden. Der Skiberg:
Zinsberg. Näheres im Führer „Kufstein und Umgebung"
von Lipott.

Auskünfte erteilt kostenlos Fremdenverkehrsverein Ellmau

Ausschnitt aus dem ersten **Ortsprospekt von Ellmau,** 1929

auf dem Brandstadl – eine 7000 qm große Skierlebniswelt nur für Kinder. Kleine Lifte ziehen die Knirpse auf winzige Hügel, von denen sie dann im Schneepflug – oder auf ihrem Hintern – hinabrutschen. Jeden Abend werden die Hügel etwas höher gebaut, damit die Kinder am nächsten Tag vor neuen Herausforderungen stehen. Erst wenn sie die gemeistert haben, dürfen sie mit ihrem Skilehrer auf die Erwachsenenpisten. Mit Schneeschloss, Grottenbahn, Zauberteppich, Mini-Lift, Zwergerl-Express, Kinderalm zum Aufwärmen und vielem mehr zählt das Kinderkaiserland zu den professionellsten Kinderskiparks Österreichs.

Anfang der 1990er Jahre war ein Rückgang bei den Skifahrern zu verzeichnen, ganz speziell bei den Anfängern. In der Skischule Scheffau steuerte man mit Werbekampagnen dagegen, die zumindest Fortgeschrittene für Kurse motivierten. Nun entstand aber die Idee, bei den Kleinsten anzusetzen.

Bis vor wenigen Jahren noch in Betrieb:
die Skipiste beim **Alpengasthof Hinterdux** in Kufstein (1930er Jahre)

Im **Kinderkaiserland in Scheffau**

„Früher war es wegen der Größe, des Alters, der nicht gut angepassten Ski-Ausrüstung und der fehlenden Kinderlifte immer schwierig, Kinder unter sechs oder fünf Jahren in die Skischule aufzunehmen. Es gab Ausfallszahlen von bis zu 30 Prozent nach den ersten beiden Tagen“[17], erklärt Told. Außerdem stellten sich kaum Skilehrer für diese pädagogisch und auch körperlich sehr anspruchsvolle Arbeit zur Verfügung. Told und Skiliftgeschäftsführer Johann Haselsberger wollten die Skischulen auch für jüngere Kinder öffnen. In etwa zeitgleich begann die Firma Sunkid aus Imst damit, Förderbänder für junge Skianfänger zu entwickeln. Told zeigte sich von Anfang an begeistert davon, und so war Scheffau eines der ersten Skigebiete, wo 1997 ein solcher „Zauberteppich“ installiert wurde. Gemeinsam mit Sunkid entwickeln Told und sein Team seither innovative Lernhilfen für die Skischule, speziell für Kleinkinder zwischen zwei und fünf Jahren. Darunter waren auch patentierte Mini-Carver ohne scharfe Kanten. Damit nahm Scheffau auf dem Gebiet der Skipädagogik eine Pionierrolle ein.

Nur nicht aus dem Lift fallen!

Unterwegs mit dem **Privatskilehrer**

Seither versuchen viele andere Skischulen das erfolgreiche Konzept nachzuahmen. Vor allem kleinere, ruhigere Skigebiete inszenieren sich gerne als Familienskigebiete und bewerben ihre Kinderfreundlichkeit. Auch die Skischulen in Ellmau, Söll und Going haben sich inzwischen als Kinderskiparadiese einen Namen gemacht.

DER SKILIFT

An einem eiskalten Sonntag im Jänner 1951 wartet in Ellmau eine Menschenmenge auf die erste Fahrt mit dem neuen Sessellift, dem Postbauernleitenlift[18]. Ein rhetorisch begabter Herr hält die Eröffnungsrede.

Der **erste Sessellift in Ellmau**

Es ist Lehrer Schmittner. Als Verkehrsvereinsobmann und Kapellmeister in Personalunion muss er anschließend auch noch die Musikkapelle dirigieren, die für die Umrahmung der Eröffnungsfeier zuständig ist. „Alles, was Rang und Namen hatte, war zur Eröffnung des Ellmauer Sesselliftes gekommen“, erinnert sich Georg Winkler senior, damals „ein kleines Rädchen im aufkeimenden Tourismus“[19]: Reiseleiter, Schilehrer und Liftwart in einer Person. Dann durfte endlich der erste Fahrgast in den 350 Meter langen Lift auf der Postbauernleiten einsteigen. Aus dem Lautsprecher unter dem Dach des Lifthäuschens säuselte Schlagermusik, erzeugt von einem Plattenspieler im Häuschen.

Doch der Einstieg war alles andere als einfach. Heutzutage werden die Sessel in der Talstation entkoppelt und nähern sich mit langsamer Geschwindigkeit der einsteigwilligen Person an. Damals hingegen rasten die Sessel ungebremst auf das Gesäß der Skifahrer zu. Nur Liftwart Winkler konnte den Sessel händisch ein bisschen abfangen. Trotzdem gelang es nicht allen sofort, auf dem flink vorbeisausenden Stuhl Platz zu nehmen. Köstliche Szenen hätten sich bei der Talstation abgespielt, erinnert sich Winkler schmunzelnd. Vor allem der Kapellmeister habe große Probleme mit dem Einstieg gehabt und gleich mehrere Anläufe gebraucht. Und einmal habe ein Amerikaner den Ausstieg bei der Bergstation, die nur aus einem Betonsockel mit Umlaufrad bestand, verpasst und die Fahrt ging retour ins Tal. Angekommen bei der Talstation sei er so rasant ums Umlaufrad geschleudert worden, dass ihm beide Skier abbrachen. „Gott sei Dank ist ihm sonst nichts passiert“.

Mit noch größeren Problemen hatte man vor dieser offiziellen Eröffnung zu kämpfen gehabt, erinnert sich Winkler. Beim ersten Probelauf hatten die Sessel den Boden gestreift. Der zuständige Ingenieur hatte sich offenbar beim Durchhang des Drahtseils verrechnet. Kein Wunder: die Erfahrungen mit Sesselliftbauten waren im Allgemeinen noch sehr bescheiden, und noch dazu hatte der Auftrag gebende Fremdenverkehrsverein einen bereits pensionierten Ingenieur aus Kufstein engagiert, um Geld zu sparen. Der Fehler wurde jedoch sofort behoben, indem ein Zimmermann aus Going die Holzstützen verlängerte. Auf welche Versatzstücke die damals noch junge Seilbahntechnik unter anderem zurückgriff, zeigen die weiteren Bestandteile der Anlage. Der Antrieb war ein Kriegsrelikt und stammte aus einem ausrangierten Heerespanzer. Diese Art der Wiederverwertung war damals nicht außergewöhnlich und kam auch schon bei der Errichtung des ersten Sesselliftes in Tirol zur Anwendung. Dieser drehte seit der Wintersaison 1946/47 in der Wildschönau seine Runden[20] und auch dort wurde altes Kriegsgerät verbaut.

Was den Bau von Sesselliftanlagen betrifft, war die heutige Skiwelt Wilder Kaiser pionierhaft. Denn eine der ersten Anlagen in Tirol – und zugleich der erste Lift der zukünftigen Skiwelt – wurde zu Weihnachten 1947 in Westendorf eröffnet, nachdem bereits 1946 die „Berglifte Westendorf GesmbH" als älteste Gesellschaft der Skiwelt gegründet worden war. Das Besondere daran war, dass die Erbauer dafür auf keinen Kredit aus der Marshallplanhilfe zurückgreifen konnten. Denn dieses amerikanische Hilfsprogramm für den Wiederaufbau Westeuropas nach dem Zweiten Weltkrieg, auch bekannt unter dem Namen European Recovery Program (ERP), lief erst 1948 an. Die Maßnahme gilt als Initialzündung für den touristischen Aufschwung nach dem Zweiten Weltkrieg: Mit der Vergabe von niedrig verzinsten ERP-Krediten wurde bis in die 1970er Jahre die Mehrheit der Tiroler Liftprojekte gefördert. Zwischen 1948 und 1953 erhielt Österreich 1,1 Milliarden Dollar Wirtschaftshilfe. 6,3 Prozent davon flossen in Tourismusinfrastrukturprojekte vor allem im Westen Österreichs, der nicht unter sowjetischer Kontrolle stand. Tirol erhielt mit über 30 Prozent der für den Tourismus ausgegebenen Kredite mit Abstand am meisten, worin der Aufstieg des Bundeslands zum führenden Wintertourismusland mitbegründet war.

Auch nach 1953 endeten die Kreditvergaben jedoch nicht, denn die Mittel wurden in einen Fonds eingebracht, aus dem weiterhin subventionierte Kredite vergeben wurden. Die Aussicht auf billige Kredite unterstützte in Folge eine enorme Wachstumsspirale im Liftbau: Um die Schulden zurückzuzahlen, tätigten die Skigebietsbetreiber oft weitere Investitionen, mit denen sie gegenüber den Attraktionen der Nachbargemeinden konkurrenzfähig bleiben wollten. Aber auch noch ohne finanzielle Unterstützung aus dem ERP-Programm spornte die regionale Konkurrenz an die Liftbetreiber an. Die Beispiele Wildschönau und Westendorf strahlten in die Region aus. Schon 1947 gründeten Hopfgartener Bürger ein Komitee zur Einleitung von Vorarbeiten für einen Seilbahnbau auf die Hohe Salve. Daraus entstand im selben Jahr eine GesmbH. Die Idee einer Bahn auf die Hohe Salve war nicht neu. Schon um die Jahrhundertwende gab es den Plan einer Zahnradbahn, von der die Projektwerber aufgrund der hohen Baukosten aber wieder Abstand nahmen. Der im September 1949 eröffnete Einsersessellift von Hopfgarten auf die Hohe Salve war damals mit einer Länge von 2850 m der längste Sessellift Europas. In ganz Tirol wurde nun gebaut: am Gschwandkopf in Seefeld oder auf der Nordkette in Innsbruck entstanden weitere Pionierbauten des neuen Skiliftzeitalters.

Warum sich genau zu dieser Zeit der Sessellift entwickelte? In der Zwischenkriegszeit hatte sich der Skisport zu einem Massensport entwickelt. Schon in den 1920er Jahren wurden die ersten Seilbahnen in Nordtirol errichtet, zum Beispiel auf die Nordkette,

Am Ausstieg des **Postbauernleitenlifts**

Seinerzeit der längste Sessellift in Europa: auf die Hohe Salve von Hopfgarten aus

Französische Besatzungstruppen halfen tatkräftig beim Bau des Kaiserliftes mit.

Ein Jahr nach der Eröffnung des kurzen Postbauernliftes in Ellmau wurde der Pionierort des Tourismus im und um den Wilden Kaiser schlechthin aktiv: Kufstein. 1952 begann man dort mit dem Bau eines Ski- und Bergliftes, dessen Bergstation in Nähe des Brentenjochs auf dem Stadtberg errichtet wurde. Beim Bau des Kaiserliftes (nicht zu verwechseln mit dem heutigen, 1970 gebauten) stellten General Latour und Gouverneur Lechevallier eine starke Abordnung der französischen Besatzungstruppen für den Arbeitseinsatz am Liftbau zur Verfügung. Der Lift kostete insgesamt 2 Millionen Schilling, wovon 750.000 über einen ERP-Kredit finanziert wurden, für den die Gemeinde und der Fremdenverkehrsverband hafteten.[21]

Die Fahrzeit des 1600 m langen Liftes betrug 17 Minuten. Die 100 Sessel ermöglichten eine Frequenz von 200 Personen pro Stunde. Im Vergleich dazu befördert zum Beispiel die 2014 eröffnete 3S-Bahn zum Pardatschgrat in Ischgl 14-mal so viele Personen pro Stunde (2800) über mehr als die doppelte Strecke (3,5 km) und in fast der halben

den Patscherkofel oder die Zugspitze. Als erste Seilbahn, die in erster Linie für den Skibetrieb und nicht für den Aussichtstourismus gebaut wurde, gilt die 1929 in Betrieb genommene Hahnenkammbahn in Kitzbühel. Natürlich übte der mondäne Wintersportort damit immense Vorbildwirkung auf die Umgebung aus. Aber die Seilbahn verschlang auch sehr viel Geld; Geld, das unmittelbar nach dem Zweiten Weltkrieg nicht vorhanden war. Die Sessellifte, die für mittellange Abfahrten geplant waren, kosteten viel weniger.

Gekommen war die technische Innovation aus der Schweiz. Dort war 1943 die erste Anlage in Engelberg eröffnet worden. Die Idee beruhte auf der Weiterentwicklung eines Schleppliftes zu einem Beförderungsmittel, das auch im Sommer betrieben werden kann. Zuvor hatten die Schweizer noch den Gehlift verwendet. Das war nichts anderes als ein gewöhnlicher Schlepplift, den sie im Sommer als Gehhilfe im Aufstieg verwendeten. Nach verschiedenen Testversuchen brachte der Schweizer Unternehmer Sameli-Huber dann den Einsersessel nach einer Idee von Ernst Constam heraus. Constam hatte bereits 1930 den Schlepplift zum Patent angemeldet.

Beim **Bau des Kaiserliftes**

Am **Kaiserlift,** 1957

Zeit (9,4 Minuten). Bei der Eröffnungsfeier 1952 war man in Kufstein hingegen am beschleunigten technischen Puls der Zeit. Kaum eine andere Anlage konnte damals mehr Personen befördern. Allerdings hatte die moderne Technik auch ihren Preis. So klagte ein Journalist, die Liftkarte sei viel zu teuer. Die Bergfahrt kostete damals 8 Schilling, für Einheimische 6 Schilling, umgerechnet 40 Cent. Zum Vergleich: Ein Bier auf dem Aschenbrennerhaus kostete seinerzeit nicht ganz 3 Schilling. Trotzdem war der Lift schon in der ersten Saison voll ausgelastet und erreichte in der Weihnachtszeit mit einer Tagesrekordhöhe von 1400 Personen die äußerste Leistungsgrenze überhaupt. Dabei fiel hauptsächlich der Zustrom der bayerischen Skifahrer und Ausflügler ins Gewicht, welche dem Wintersport nun bequem gleich an der Grenze nachgehen konnten. Kurioserweise bildete der Lift nicht nur eine Attraktion für Rodler und Skifahrer, sondern auch für Kriegsversehrte, die aus der nahe gelegenen Prothesenfabrik Striede kamen und dank Lift auch noch einmal in den Genuss einer Bergtour kamen.

Der Bergsteiger und vormalige Stripsenjochwirt Peter Aschenbrenner nützte die Chance des Kaiserliftbaues und errichtete bei der Bergstation **das Aschenbrennerhaus.**

Der Krieg hatte überall seine Spuren hinterlassen.

Ein weiterer Ort am Wilden Kaiser, in dem es frühe Initiativen zum Liftbau gab, war St. Johann. Wie Kufstein hatte es nicht nur den Vorteil eines Bahnanschlusses; beide Orte waren darüber hinaus städtischer geprägt als die übrigen Gemeinden um den Wilden Kaiser und verfügten über eine längere Tourismustradition sowie mehr Einwohner – und

Auf dem **Harschbichl,** 1960 (Foto Jöchler)

damit auch mehr Köpfe mit unternehmerischen Ideen, mehr Investoren, mehr Kapital und mehr Innovationskraft. Bereits 1952 wurde dort die erste Standseilbahn in Österreich nach dem Zweiten Weltkrieg errichtet. Sie führte bis Windegg, wurde aber bald darauf verlängert. 1957 erschlossen die St. Johanner schließlich den Harschbichl mit einem Sessellift. Günstig wirkte sich in St. Johann auch die Nähe zu Kitzbühel aus. Das St. Johanner Skigelände am Harschbichl auf der Nordseite des Kitzbüheler Horns zählte genauso wie Kirchberg und Jochberg zum erweiterten Kitzbüheler Skiraum. Bereits auf der ersten touristischen Skitourenkarten von Kitzbühel, die der Wintersportverein Kitzbühel schon 1913 herausgab, waren die Abfahrtsmöglichkeiten vom Harschbichl verzeichnet.

Auf der Nordseite des Kaisergebirges war neben Kössen, wo schon 1954 die Unterberghornbahn bis Scheibenwald gebaut wurde, in Walchsee ein frühes Interesse am Ausbau der zweiten Saison vorhanden, freilich mit Blick auf die Erfolge in Kössen und Kufstein. Zuallererst wurde 1955 die Wiedergründung des Wintersportvereines forciert, dessen Aufgabe die Betreuung der Wintergäste sein sollte, wie es auf der Hauptversammlung hieß. Darüber hinaus wurden Konzepte und Ideen für einen Liftbau eingebracht. Einer der damaligen Vorschläge erscheint uns heute skurril: Statt einen Skilift zu bauen, solle man doch einen Hubschrauber anschaffen, mit dem die Pyramidenspitze, der Heuberg und viele andere Punkte angeflogen werden könnten. Schließlich nahm 1957/58 ein Schlepplift in Amberg den Betrieb auf.

Die **St. Johanner Standseilbahn,** 1954 (Foto Jöchler)

Doch würden wegen dieser kleinen Anlage tatsächlich viele Gäste kommen? Die Zweifel daran ließen Ideen von neuen Liften auf den Brennkopf und auf den Ebersberg entstehen. Doch die Kosten waren zu hoch und/oder andere Probleme vereitelten die Projekte vorerst.[22]

Die Expansion. Wirtschaftswachstum und ökonomische Prosperität führten dazu, dass der Urlaub allmählich zum Konsumartikel der Massen werden konnte. Der Sommertourismus brachte jedes Jahr neue Rekordzahlen. Zwischen 1950 und 1960 hatten sich die Nächtigungszahlen im Sommer verzehnfacht und im Winter im Schnitt zumindest verfünffacht. In Orten mit Skiliften waren die Zahlen im Winter auch um etwa das Zehnfache angestiegen, wenn im Sommer auch immer noch dreimal so viele Gäste kamen wie im Winter. Es zeichnete sich ab, dass der Skisport sich von einer Domäne der bürgerlichen Eliten in den Nobelskiorten zum Konsumgut der Mittelschichten entwickelte. Mobilität wurde für breite Schichten leistbar. In Anbetracht der Erfolgszahlen scheint der Glaube an grenzenloses Wachstum im Tourismus nicht verwunderlich. Hatten unmittelbar nach dem Zweiten Weltkrieg noch vielerorts Zweifel ob der Rentabilität eines Skiliftes bestanden, so verstummten bis in die 1960er Jahre immer mehr Kritiker.

Auch im Sölllandl, also auf der Nordseite der heutigen Skiwelt Wilder Kaiser Brixental, tauchten nun Pläne für größere Erschließungsprojekte auf. Bisher war dort außer in Ellmau nur in Going ein kleiner Schlepplift errichtet worden. Nachdem es schon von Hopfgarten einen Lift zur Hohen Salve gab, erschien als logische Konsequenz, den Berg auch von Norden zu erschließen, zumal die Nordseite viel größere Schneesicherheit bot. 1959 kam es zur Gründung der Gesellschaft Berglifte Söll im Gasthof Post. Das Stammkapital von 131.000 Schilling (9500 Euro) kam aus der unmittelbaren Umgebung: von Gesellschaftern aus Söll, dem Frächter Alois Wimpissinger aus Angath, dem Rechtsanwalt Armin Santner aus Kufstein und dem Wörgler Bauwarengroßhändler Alois Mayr, insgesamt von zwölf Gesellschaftern. 1960 ging mit dem Schlepplift Angeralm der erste Lift in Betrieb.

Der **Sessellift zum Scheibenwald** am Unterberg in Kössen (um 1970)

Am **Unterberghorn** mit Blick auf den Wilden Kaiser

Das Gebiet schien Potenzial zu haben, für einen weiteren Ausbau benötigte man jedoch mehr Kapital. Dem aus Ellmau stammenden und als Brauereidirektor in Mainz tätigen Romed Aspmair überzeugten die Erschließungsideen und er gewann noch vier kapitalkräftige Freunde aus Deutschland für das Projekt, darunter Otto Henkell, den Besitzer der bekannten Sektkellerei in Wiesbaden. Eine Kommanditgesellschaft mit 65 Gesellschaftern wurde gegründet, mit einem Stammkapital von 7,4 Millionen Schilling. Damit konnte der Bau des Einsersesselliftes von Söll nach Hochsöll begonnen werden, welcher am 1. Jänner 1966 in Betrieb ging. Zuvor hatten die Skifahrer mit dem Auto nach Salvenmoos gelangen müssen, das nun werbewirksam als Hochsöll bezeichnet wurde. In den 1960er Jahren entstanden außerdem die Schlepplifte Salvenmoos, Knolln und Stöckllift.[23] Der Bau des Skigebietes hatte beträchtliche Auswirkungen auf die Tourismuszahlen: Während in der Wintersaison 1963 nur 7952 Nächtigungen verzeichnet worden waren, zählte Söll nach dem Sesselliftbau 1968 mit 55.936 das Siebenfache davon.[24] Überall in der Region waren ähnliche Wachstumszahlen durch Liftbauten zu verzeichnen.

Nach den Liftbauten in Söll reiften auch in der Nachbargemeinde Scheffau solche Ambitionen. Nach einigen Uneinigkeiten bezüglich des Standorts beschlossen der Bürgermeister sowie der spätere Geschäftsführer und Pensionsinhaber Michael Werlberger und der Sägewerkbesitzer Michael Widschwentner einen Lift auf der dem Dorf gegenüberliegenden, nach Norden hin ausgerichteten Talseite. Als Crowdfunding würde man das Finanzierungsmodell, das sich fand, heute wohl bezeichnen: 66 Scheffauer Bürger brachten zusammen 451.000 Schilling auf. Damit wurde 1962 die Skilift Scheffau GmbH gegründet und der kurze Siegelsberglift erbaut. 1964, ausgerechnet im Jahr der Olympischen Spiele in Innsbruck, gab es kaum Schnee im Land. Eine Ausnahme bildete die Region um die Hohe Salve. Sogar die Kitzbüheler Skischulen mussten nun in das schneereichere Scheffau ausweichen. Scheffau wurde mit einem Schlag bekannt! Mit diesem Erfolg in der Tasche nahmen die Geschäftsführer das Gebiet um den Brandstadl, ein Hochplateau auf 1650 m, in den Blick. Doch angesichts des finanziellen Risikos zögerten sie und schoben die Realisierung der vorhandenen Pläne auf.[25]

Tourismusprojekt von Scheffau
aus den 1980er Jahren

Liftprospekt Söll
(1960er Jahre)

In den 1960er Jahren wurde eine regelrechte Kettenreaktion im Wintersportsektor ausgelöst. Auch Gebiete mit wenigen vorhandenen Liften bauten damals massiv aus. Zum Beispiel wurde in Sölden mit der Seilbahn auf den Gaislachkogel die damals höchstgelegene Seilbahn Österreichs eröffnet. Und auch in der zukünftigen Skiwelt Wilder Kaiser tat sich einiges: In Brixen, einer der letzten Gemeinden im Brixental, die noch keinen Lift hatten, wurde zur Wintersaison 1964/65 ein Schlepplift auf der Kandleralm gebaut. Bisher hatten die Tourismusfunktionäre dort argumentiert, dass ein Lift nicht nötig sei, weil die Verkehrsverbindung in die umliegenden Gemeinden mit bestehenden Skigebieten (Westendorf, Kirchberg, Hopfgarten) so gut seien, dass die Gäste problemlos dorthin ausweichen könnten; die Investition würde sich nicht lohnen. Die wirtschaftlichen Zahlen sprachen jedoch eine andere Sprache. Nach Brixen fuhren im Winter bis dahin kaum Touristen (nur 11 Prozent aller Jahresnächtigungen wurden im Winter verbucht), während Kirchberg und Westendorf bereits 1955/56 fast die Hälfte ihrer Nächtigungen im Winter verzeichneten. Nachdem der erste Lift gebaut war, freute man sich auch in Brixen über ein großes Nächtigungsplus, ein Drittel der Nächtigungen erfolgten nun auch im Winter. 1975/76 waren es schon 49 Prozent, womit Brixen nach Kirchberg an zweiter Stelle in der Region lag.[26]

Neben Söll, Scheffau und Brixen wurde in den 1960er Jahren auch noch Going aktiv. 1965 wurde dort der Astberglift eröffnet. Auch auf der Nordseite, in Kufstein und in Walchsee, wurde mit großem Elan weitererschlossen. In Kufstein baute man das Steinberg-Skigebiet mittels Schleppliften aus und in Walchsee gründete sich die Wintersport AG, um die Lifte am Fuße des Zahmen Kaisers zu bauen. Diese Gesellschaft zeichnete in den 1970er Jahren auch für die Erschließung des Stubaier Gletscherskigebietes verantwortlich und zählt heute zu den großen Seilbahngesellschaften des Landes. Am Beginn dieser Geschichte stand der Deckname Alexander Albrecht, unter dem der Schriftsteller und Journalist Heinrich Klier nach Walchsee reiste, um seinen Bruder Hubert, den dortigen Ortsgendarmen, zu besuchen. Den Decknamen hatte sich Klier zugelegt, weil er als „Südtirolaktivist" für Bombenanschläge in Italien zu zwanzig Jahren Haft verurteilt worden war und ihn auch die österreichischen Behörden auf Druck Roms verhaften wollten. Immer, wenn der heute 89-Jährige zu Besuch in Walchsee war, habe man ihn gebeten, doch einmal über den dortigen Lift zu schreiben. „Der ist ja nur 100 Meter lang, was soll ich denn da schreiben? Da müsst's schon was Größeres bauen", lautete die Antwort Kliers. Für etwas Größeres war aber kein Geld da. Der gebürtige Zirler hingegen hatte wohlhabende Freunde in München. „Und Abrakadabra, haben wir im Jahre 1964 die Wintersport Tirol AG gegründet, mit mir als Vorstand. Obwohl ich davon keine Ahnung hatte. Ich hab' Philosophie und Sprachen studiert, da kommen Aktiengesellschaften nicht vor." Trotzdem warf das Unternehmen von Anfang an Gewinne ab, was die Münchener Freunde auf den Geschmack brachte. „Also hab' ich mich weiter umgesehen nach Skibergen"[27], erzählt Klier. Das führte zur Gründung der Glungezerbahn und schließlich zu den Stubaier Gletscherbahnen.

Trotz der allgemeinen Aufbruchsstimmung damals erkannten einige Tourismusakteure auch etwaige Nachteile der Entwicklungen. Der Ökonom Felix Jülg machte sich Sorgen, weil der Tourismus die Tendenz hatte, sich auf relativ wenige Orte zu konzentrieren. So entfielen 1964 von fast 60 Millionen Nächtigungen in Österreich 60 Prozent auf nur 136 Gemeinden mit je mehr als 100.000 Nächtigungen jährlich. Diese Konzentration sei im Winter noch viel größer als im Sommer. Zusätzliche Seilbahnen förderten diesen Trend. Deren Bau löse im entsprechenden Ort eine Entwicklung auf mehreren Ebenen aus; etwa baulich, kulturell, sozioökonomisch. Weil mehr Gäste mehr Betten bräuchten, müssten die Kapazitäten in Folge gesteigert werden. Und je mehr Gäste im Ort seien, desto größer werde wiederum der Bedarf an Seilbahnen. So entstehe eine Entwicklungsspirale, die nach Meinung des Ökonomen zu großen Seilbahnkonzentrationen in einigen wenigen großen alpinen Wintersportzentren mit nahezu „großstädtischen Verhältnissen" führe. Dies widerspreche aber den immanenten Gesetzen des Tourismus, denn der urbane Urlauber suche ja das Gegenteil der Stadt, den Erholungsurlaub auf dem Land, fernab dicht verbauter Siedlungen und verdorbener Luft. Um dieser Gefahr für den Skitourismus entgegenzuwirken, schlug Jülg vor, dass bestehende Skigebiete von mehreren Orten aus zugänglich gemacht werden sollten. Mit diesen sogenannten Skizirkussen werde die Konzentrationstendenz vermieden und eine „gesunde" wirtschaftliche Entwicklung für mehrere Orte möglich, die sich den „Kuchen" aufteilen. In der Studie von 1966 sind Hopfgarten und Söll als Musterbeispiele dafür genannt.[28] Übrigens gab es den ersten „Skizirkus" in Österreich

Skistyle zu Beginn der 1970er Jahre

am Hahnenkamm: seit 1948. Dort war es möglich, wie auf einem Kreisverkehr eine Runde auf Skiern zu bewältigen. Lech und Zürs am Arlberg zogen mit dem „Weißen Ring" bald nach.

Die Region folgte dem Modell des Ökonomen, ohne sich ausdrücklich darauf zu beziehen. Die erwähnte Konzentration wurde in der Skiwelt Wilder Kaiser Brixental verhindert. Zwar haben sich die Orte massiv verändert und sind von Hotels und anderer touristischer Infrastruktur geprägt, aber von „großstädtischen Verhältnissen" sind sie weit entfernt. Der dörfliche Charakter wurde bewahrt und alle Orte der Skiwelt profitieren vom „Kuchen". Die negativen Begleiterscheinungen des Massentourismus halten sich dadurch in Grenzen.

↓ **Zusammentreffen der Erschließungsgesellschaft** für die Hartkaiserbahn im Klosterbräu in Seefeld. In Seefeld gab es schon eine Standseilbahn, die als Vorbild diente.
↓↓ Beim **Bau der Trasse** der Standseilbahn, 1972

Der letzte Schritt: Die Erschließung der Gipfel. In Hinblick auf die Skigebietserschließungen in der Gegend um den Wilden Kaiser – wie in Tirol insgesamt – darf die Bedeutung der Autobahn nicht unterschätzt werden: 1968 öffnete die Autobahnausfahrt Kufstein Süd, 1972 wurde die Autobahnstrecke von Kufstein Süd nach Wiesing fertiggestellt. Der Baubeginn der Inntalautobahn auf deutscher Seite war 1954, aber erst 1964 wurde die Strecke Rosenheim–Kiefersfelden zweispurig ausgebaut. Die Erschließungsdynamik durch die Autobahn führte in den 1970er Jahren zum Ausbau der Skiwelt in die höheren Regionen. Überall wurden nun auch die Gipfel und Hügel erschlossen.

Im Jänner 1973 nahm die Hartkaiser-Standseilbahn in Ellmau den Betrieb auf. Sie hatte 36 Millionen Schilling gekostet, mit Berg- und Talstation sowie einem Restaurant auf dem Berg rund 80 Millionen Schilling. Weil das Baubudget damit stark überzogen worden sei, hätten die Firmen bereits ihre Arbeit eingestellt, erzählt Josef Sojer, der damalige Bürgermeister und Obmann der Erschließungsgesellschaft. „Es war in Folge jedes Jahr möglich, pleite zu gehen. Wenn die Liftbaufirma nicht die Voest, also ein Staatsbetrieb, gewesen wäre, sondern eine private Firma, wer weiß, ob die uns nicht hätten in Konkurs gehen lassen. Uns wurden 10 Millionen über 10 Jahre kreditiert, und als wir die Schulden in 10 Jahren immer noch nicht zurückzahlen konnten, haben sie uns Gott sei Dank noch einmal den Kredit gestundet." [29] So Geschäftsführer Georg Winkler über die schwierigen Anfangsjahre.

Am Ostersonntag 2015 hatte die Bahn ihre letzte Fahrt und in Ellmau ging damit ein Stück Seilbahngeschichte zu Ende. 34 Millionen Fahrgäste hatte sie seit 1973 befördert. Und obwohl bei den letzten kostenlosen Fahrten doch ein wenig Wehmut dabei war, trauert der Geschäftsführer der Bergbahnen Ellmau-Going, Klaus Exenberger, der Hartkaiserbahn alles in allem nicht nach: „Wenn Sie mich ganz persönlich fragen, ich hänge keine Sekunde an dieser Bahn, aber ich verstehe diese Emotionen von der Gründergesellschaft her, von den Initiatoren aus dem Jahr 1970. Pioniergeist, Aufbruchsstimmung – damals wurde sicher ein Highlight geschaffen, das weit über die Grenzen hinaus be-

Montage der Waggons der Firma Swoboda

kannt war und Ellmau bekannt gemacht hat. Und dass diese Herrschaften nun eine gewisse Wehmut haben, verstehe ich und kann mich auch ganz gut hineinfühlen. Nur meine Persönlichkeit ist einfach, irgendwo nach vorne in die Zukunft zu schauen und dem Gast das zu bieten, was er sich erwartet. Und mit der alten Bahn können wir das leider Gottes nicht mehr."[30] Das sei weder in qualitativer noch in quantitativer Hinsicht möglich: Im letzten Winter habe man an 14 Tagen über eineinhalb Stunden Wartezeit gehabt.

In der Nachbargemeinde Scheffau überlegte man schon in den 1960er Jahren das Brandstadlgebiet zu erschließen. In den 1970er Jahren wurde der Plan der Brandstadlbahn schließlich konkret. Sie sollte über das Gebiet von vier Gemeinden führen, nämlich Scheffau, Ellmau, Brixen und Söll. Nach schwierigen Verhandlungen und zahlreichen Hindernissen in der Projektierung der Bahn wurde im Dezember 1971 die Bergbahn Scheffau GesmbH & Co. KG gegründet. Angedacht waren schließlich ein Doppelsessellift und zwei Schlepplifte. Mittels Inseraten in internationa-

Bau der Talstation der Hartkaiserbahn, 1972

↑↑ **Die fertiggestellte Hartkaiserbahn,** 1974
↖ Bundesminister **Erwin Frühbauer** und Landeshauptmann **Eduard Wallnöfer** bei der Einweihung am 21. Jänner 1973.
←↑ In den 1970er Jahren waren kontaktfreudige **Zweiersessellifte** (Scheffau) noch das Maß der Dinge. Inzwischen bringen **Achtersessel** mehr Menschen denn je auf die Gipfel.

len Zeitungen, wie der „Neuen Zürcher Zeitung", der „FAZ" oder der „Herald Tribune", warb man Geldgeber an. Damit war der Startschuss für die Erschließung des Brandlstadlgebietes, dem heutigen Herzstück der Skiwelt, gefallen. Inzwischen wurde der alte Doppelsessellift längst durch eine moderne Umlaufseilbahn mit höheren Transportkapazitäten ersetzt. Nur die Erinnerungen an den alten Lift sind noch präsent. So erzählt Hans Kieroth, der damals als Jugendlicher mit seinen Eltern in der Gegend Urlaub machte, von seinen Erfahrungen am Lift: „Der Zweiersessellift hatte einen Vorteil. Er war eine Kontaktbörse für uns Burschen. Derjenige, der es schaffte zufällig neben einem schönen Mädchen Platz zu nehmen, war der König. Die modernen 4er- und 6er-Bahnen sind ja für die Kommunikation ganz abträglich. Da quatscht man seine Nachbarn nicht mehr an."[31]

Die 1970er Jahre brachten in allen Skigebieten um den Wilden Kaiser einsame Einser- und kontaktfreudige Doppelsesselbahnen. Überall wurde bis in die Gipfelregionen hinaufgebaut. In Kössen wurde der Unterberg bis knapp unter den Gipfel erschlossen. In Kufstein baute man einen zweiten Sessellift vom

Tal aus als Zubringer zum Steinseegebiet, das bereits in den 1960er Jahren mit Liften erschlossen worden war. Die geplante Gondelbahn zur Überwindung des Gaisbachgrabens wurde dort aber nicht gebaut: aus Kosten- und Naturschutzgründen. Das Kaisergebirge war nämlich 1963 zum Naturschutzgebiet erklärt worden, woran die Landgemeinden wenig Gefallen fanden. Der Widerstand gegen das Liftbauprojekt in dem Naturschutzgebiet ist ein herausragend frühes Beispiel für die damals erst aufkeimende Erschließungskritik an Seilbahnen. Der Glaube an grenzenloses Wachstum und die ökonomischen Hoffnungen waren größer als die Sorge um eine intakte Natur. Daher waren auch andere Liftbauprojekte in der Gegend zu jener Zeit kein ökologisches Diskussionsthema. Erst in den 1980er Jahren kam die Debatte über Skigebietserschließungen und Umweltschutz langsam in Schwung.

Ein Blick in die Gegenwart. Heute zählt die Skiwelt Wilder Kaiser Brixental 90 Bahnen und 280 Pistenkilometer. Damit ist sie das größte zusammenhängende Skigebiet Österreichs. Stetig wurde seit den 1970er Jahren, als die große Ausbauphase der Skigebiete ihren ersten Höhepunkt erreicht hatte, weiterentwickelt, modernisiert und expandiert. Die einzelnen Skigebiete der Orte südlich des Kaisergebirges wuchsen zusammen. In der Wintersaison 1971/72 hatten die Bergbahnen Hopfgarten und Söll damit begonnen, die Liftkarten des jeweils anderen Skigebiets für das eigene anzuerkennen. Zwei Saisonen später führte man einen 7-Tage-Großraumskipass ein, der in Brixen, Ellmau, Going, Hopfgarten, Itter, Scheffau und Söll galt. Dieser Schritt schien naheliegend, denn in Gästebefragungen stellte sich immer wieder heraus: Die Hauptattraktivität eines Skigebietes ist seine Größe. Je mehr Pistenkilometer, desto mehr Gäste. Doch so einleuchtend der Großraumskipass im Nachhinein erscheinen mag, so schwierig war es damals, ihn umzusetzen. Wie soll man die verschiedenen Gesellschaften unter einen Hut bringen und die Karteneinnahmen gerecht verteilen? Vorbilder dafür gab es noch kaum. 1985 schlossen die teilnehmenden Liftgesellschaften schließlich einen Poolvertrag, in dem die Verrechnung der Einnahmen geregelt ist. Gleichzeitig kamen die Bergbahnen Westendorf als neuer Partner in den Skiverbund.

↑↑ Der **erste Pistenplan** nach dem Bau der Hartkaiserbahn
↑ Die einzelnen Liftgesellschaften im Skigebietszusammenschluss versuchten sich seit jeher gegenseitig mit **immer noch perfekter präparierten Pisten** zu übertrumpfen. Das Resultat: Die SkiWelt ist in Sachen Pistenqualität unschlagbar.

Pistendienst 1974. Die wenigen und technisch einfachen Pistengeräte von damals konnten noch keinen glatten Pistenteppich wie heute zaubern.

↑↑ Die **Bergstation am Hartkaiser** in den 1980er Jahren
↑ **SB-Restaurants** aus einer anderen Zeit: 1988 musste man sich noch in einer Reihe an der Theke anstellen. Heute bietet das Bergkaiser, ein modernes Freeflow-Restaurant mit frei stehenden Vitrinen, schnelle Abwicklung in modernem Ambiente.

KÜNSTLICHES WEISS

„Grüne oder besser braune Wiesen. Dazwischen ganz vereinzelt die Reste eines weißen Kunstschneebandes. Dieser traurige Blick bot sich mir in der Wintersaison 2006/07, als ich durch das Sölllandl fuhr. An Skifahren wollten wir nicht denken. Da gingen wir lieber ins Klettergebiet Achleiten zum Klettern“ [32], erzählt Mike aus München. Der Winter 2006/07 gilt als der wärmste seit Beginn der Wetteraufzeichnungen. Die vom Wintersport abhängigen Betriebe in der Region führte er an die ökonomischen Grenzen. Die Zahlen zu den Beschneiungsanlagen zeigen die Reaktionen darauf. Noch 2007 gab es rund 3100 Schneekanonen in ganz Europa. 2015 verfügten alleine die drei Tiroler Skigebiete Skiwelt (1600), Ischgl (1100) und Kitzbühel (800) zusammen über 3500 Schneekanonen.

Durch den Klimawandel geraten vor allem die niedriger gelegenen Skigebiete unter 2000 m Seehöhe unter Druck. Zu diesen Gebieten zählt neben dem Skigebiet Kitzbühel auch die Skiwelt. Laut einer Studie von Robert Steiger an der Universität Innsbruck könnte in der Region Kitzbühel schon 2020 ein durchgängiger Skibetrieb über die Weihnachtszeit und Neujahr, wo die meisten Gästezahlen zu verbuchen sind, in Gefahr sein, und das trotz verstärkter technischer Beschneiung. „Soll man die Skiwelt etwa deshalb einfach zusperren? Das würde wenig Sinn machen. Die Beschneiung ist wohl die einzige Möglichkeit den Betrieb so lange wie möglich aufrecht zu erhalten“ [33], meint die Klimaforscherin Lea Hartl von der Akademie der Wissenschaften.

Die österreichischen Skiregionen versuchen mit allen Mitteln, in diesem Konkurrenzkampf zu bestehen. Skifahren ist zwar ein Milliarden-, aber kein Wachstumsmarkt mehr. Der Verdrängungswettbewerb und das Wettrüsten mit Kunstschnee sind längst voll entbrannt. Wie viele Schnee-Erzeuger österreichweit im Einsatz sind, darüber gibt es keine genaue Erhebung. „In Tirol gab es 2013 etwa 10.000 Stück“ [34], sagt Franz Hörl, der Obmann des Fachverbandes für Seilbahnwirtschaft. In den heimischen Alpen, schätzt der Tiroler, produzieren rund 19.000 Kanonen Kunstschnee. Die Zahl wächst stetig. Die Skiwelt Wilder Kaiser steht mit gewissem Respektabstand an der Spitze: 250 der 280 Pistenkilometer sind inzwischen beschneibar. Angesichts

Frühe Versuche mit Schneekanonen (1984)

dieser Vorreiterrolle der Skiwelt könnte man meinen, dass dort auch die ersten Beschneiungsanlagen in Tirol errichtet worden wären. Diese wurden jedoch 1970/71 in Achenkirch gebaut.

Zu den Pionieren auf diesem Gebiet zählte die Skiwelt gewissermaßen aber dennoch. Denn bereits in der Saison 1979/80 begannen die Ellmauer Skigebietsbetreiber mit der technischen Beschneiung, zu einer Zeit, in der es in ganz Tirol noch keine zehn Beschneiungsanlagen gab (bis 1985). Freilich kann die damalige Anlage nicht mit den heutigen Standards verglichen werden. „Eine Pumpstation gab es noch nicht", erzählt der langjährige Bergbahngeschäftsführer Georg Winkler. „Stattdessen haben wir das Wasser provisorisch mit der Güllepumpe in die Leitungen befördern müssen."[35] Trotz dieser Schwierigkeiten war die Innovation ein voller Erfolg. Beschneit wurde zuerst am Hartkaiser, und zwar die Piste von der Rübezahlalm bis hinunter ins Tal. Oberhalb der Alm verließ man sich noch auf den Naturschnee. Allmählich wurde das System erweitert, vor allem kritische Bereiche, wo sich schnell apere Flecken bildeten, wurden beschneit. „Am Anfang waren die Schneekanonen noch an zusammengestückelte Feuerwehrschläuche angeschlossen. Wir sind noch in der Versuchsphase gesteckt und haben nicht zu viel investieren wollen. Das Wasser ist vom

Die Anfänge: **Wasserpumpe** für die ersten Schneekanonen

2016 verfügt die SkiWelt bereits über 1700 „Schneeerzeuger". Und jedes Jahr kommen neue hinzu.

Johann Haselsberger

Geschäftsführer der Bergbahnen Scheffau (*1941), Pionier des Skigebiets-Zusammenschlusses SkiWelt

Wie sind Sie zu Ihrem Beruf als Skiliftbetreiber gekommen?

Ich bin 1968 Obmann des Verkehrsvereins Scheffau geworden, schon vier Jahre vor dem Beginn der Bergbahn Scheffau. Die Geschichte mit der Bergbahn hat sich dann irgendwie ergeben, ich hatte nämlich einen Arbeitsunfall und dabei ein Auge verloren. Dadurch konnte ich 18 Monate lang nicht Auto fahren – ich war damals Taxi- und Transportunternehmer – und da habe ich viel Zeit gehabt und mich ein bisschen um die Skilifte Scheffau gekümmert. Daraus ist dann mehr geworden. Es herrschte ja damals, in den 1970er Jahren, überhaupt eine ungeheure Aufbruchstimmung.

Wie entstand aus den einzelnen örtlichen Liftgesellschaften der Zusammenschluss SkiWelt Wilder Kaiser Brixental?

Die ersten waren die Hopfgartener und die Söller, die vom Süden und vom Norden her die Hohe Salve erschlossen hatten und 1971/72 die Liftkarten gegenseitig anerkannt haben mit einem komplizierten Verrechnungssystem. 1973, am Heiligdreikönige-Tag, haben Winkler Schorsch, der Geschäftsführer von Ellmau, und ich uns im Waldhof auf ein Seidel Bier getroffen. Wir haben uns gefragt, was für eine Zusammenarbeit macht Sinn? Ihr habt die Standseilbahn und wir den Sessellift. Was sollen wir machen? Gegenseitig die Karten gelten lassen? Ja, lassen wir sie gelten. So schnell war das ausgemacht. Ich war eher der Benachteiligte, aber nicht sehr stark, weil wir ja auch Gäste gebraucht haben. Die Ellmauer hatten ja fast doppelt so viele Betten wie wir. Wir haben die Ellmauer Karte gelten lassen und sie die Scheffauer. Es gab damals noch keine gegenseitige Verrechnung. Die Gäste haben also kein Geld dagelassen. Aber weder Ellmau noch Scheffau hat die Anlagen gebaut, um direkt damit Geld zu verdienen. Wir wollten den Winterfremdenverkehr allgemein ankurbeln. Und mit der Anerkennung der Karten haben wir ein tolles touristisches Angebot geschaffen. Schon bald darauf kam die Idee einer Sieben-Tage-Großraumkarte, die in Hopfgarten, Söll, Brixen, Scheffau, Ellmau und Going Gültigkeit haben sollte, ohne gegenseitige Verrechnung. Ziel war wieder eine Infrastrukturverbesserung und nicht vordergründig eine Umsatzsteigerung. Es ist doch wunderbar, wenn ein Gast aus Hopfgarten in Scheffau skifahren kann. Damit ein Gast länger bleibt, muss man ihm mehr Möglichkeiten bieten. Damit hatten wir dem Kundenwunsch entsprochen: ein großes Skigebiet mit einer Karte. Längerfristig brachte das natürlich auch eine Umsatzsteigerung. Schließlich ist ein großes Gebiet attraktiver für die Menschen, und für ein attraktives, großes Gebiet ist man letztlich bereit, mehr zu zahlen. Es war ein toller Erfolg. Mit den neuen technischen Möglichkeiten der Firma Skidata wurde dann auch eine gegenseitige Verrechnung möglich. Schritt für Schritt wurden dann Verbindungspisten und -lifte gebaut, sodass die SkiWelt zusammenwuchs.

Wenn so viele Liftgesellschaften in einem Skiverbund vereint sind, gibt es da nicht auch Streitigkeiten?

Freilich. Es ist nicht immer alles eitel Wonne gewesen. Wir haben bei den Versammlungen schon auch gestritten und geteufelt und manch einer hat unter Protest die Versammlung verlassen. Bei der nächsten Versammlung wurde dann alles ausgeredet, wir haben immer Kompromisse geschlossen, damit ein Streit nicht eskaliert. Unser Erfolg war, dass wir eine Preisdisziplin gehalten haben. Wir haben nur in der Pistenqualität konkurriert. Da haben wir uns gegenseitig übertrumpfen wollen, weshalb die Qualität der Pisten so hoch geworden ist. Mit dem Preis haben wir uns nie wehgetan. Wir haben außer dem Poolvertrag keinen einzigen Vertrag! Den Poolvertrag zur gegenseitigen Verrechnung der Einnahmen haben wir gegenseitig unterschrieben. Da war kein Notar dabei, wir haben keinen einzigen Rechtsanwalt gebraucht, nichts! Bei den Verhandlungen haben wir bis 12 Uhr in der Nacht gekämpft und verhandelt. Damit war alles erledigt. Daraufhin haben wir bis 4 Uhr einen getrunken. Es herrschte große Kollegialität. Ich möchte sagen, wir haben eine richtige Gaudi gehabt untereinander. Seit den letzten Jahren kann es sich keiner mehr leisten auszusteigen, alle profitieren. Es sind sieben arme Firmen, die durch Teamarbeit stark geworden sind. Dieser Zusammenschluss ist sicher auf der ganzen Welt einzigartig.

Es gibt Studien, die behaupten, dass immer weniger Kinder das Skifahren erlernen und der Skisport allmählich vom Aussterben bedroht sei oder nur mehr von Reichen ausgeübt werden kann. Wie sehen Sie diese Entwicklungen?

In den letzten 15 bis 20 Jahren haben wir immer eine Steigerung gehabt, und auch in Hinkunft wird sich das nicht groß ändern. Ich bin schon so alt geworden und so geläutert, dass ich weiß, dass uns nicht viel passieren kann, weil wir einfach verkehrstechnisch gut liegen. Der süddeutsche Raum umfasst zehn Millionen Skifahrer und der ganze süddeutsche Raum erstreckt sich nicht nur bis München, sondern geht bis Nürnberg hinauf. Der Skifahrer kommt an uns nicht vorbei. Wir sind das nächste und auch nicht das teuerste Gebiet. Das größte Problem, das ich sehe, ist, dass uns der Verkehr einmal umbringt. Dass die Bayern sagen, da kannst du ja nicht mehr hineinfahren. Das tu ich mir nicht mehr an: am Abend zwei oder drei Stunden nach München zurück stop and go zu fahren. Und irgendwann ist auch der Zenit erreicht. Zu Spitzenzeiten hatten wir 49.000 Ersteintritte in der SkiWelt. Das muss man sich erst einmal vorstellen. Auf dem Bühel sind 49.000 Menschen, also eine Kleinstadt. Da gibt es einfach Kapazitätsgrenzen. Irgendwann kann man bei so vielen Menschen nicht mehr Skifahren.

Stichwort Klimawandel: Die Wissenschaft geht davon aus, dass es stetig wärmer wird. Macht es überhaupt noch Sinn, in Beschneiungsanlagen zu investieren?

Dass es wärmer wird, kann keiner leugnen. Wer das leugnet, ist blind. Faktum ist, wir müssen auf wärmere Temperaturen reagieren. Ich bin aber der Meinung, dass bis 2050, wenn die Erwärmung gleich fortschreitet wie bisher, die Beschneiungstechnologie mit der Erwärmung Schritt halten kann. Und was nach 2050 ist, kann niemand sagen.

Als wir den Jochstubenteich für die Beschneiung gebaut haben, wurde mir schon einmal diese Frage gestellt. Meine Antwort: Wir investieren jetzt 10 Millionen in die Beschneiung, dann haben wir eine Abschreibungsdauer von ca. 12,5 Jahren, in Wirklichkeit eine Lebensdauer von 20 Jahren, und in diesem Zeitraum werden wir finanziell alles stemmen können. Und was danach ist? Dann ist ohnehin alles abgeschrieben. Natürlich sind die Kosten immens, aber die Seilbahnindustrie trägt die Infrastruktur für die gesamte Tourismuswirtschaft im Winter. Wenn wir zusperren, müssen viele andere auch zusperren. Von dieser Warte aus betrachtet, wäre es nicht falsch, wenn sich die Hotellerie und andere Nutznießer auch mit einem schon oft angedachten Beschneiungscent, also mit einem gewissen Beitrag, an den Investitionen beteiligen würden. Natürlich wird der Klimawandel auch zu einer Marktbereinigung führen. Diejenigen, die eine hohe Pistenqualität halten können, werden bleiben, die anderen werden verschwinden.

Gemeindehydranten gekommen." [36] Wichtig sei es außerdem gewesen, die talnahen Übungslifte für den Skikursbetrieb schneesicher zu machen. Die Zeiten, in denen an warmen Märztagen Skikurse aufgrund von Schneemangel abgesagt werden mussten, waren damit vorbei.

Da die künstliche Schneeerzeugung in Tirol noch weitgehend unbekannt war, fuhr Winkler mit seinen Mitarbeitern in die Schweiz und nach Norditalien, wo man auf diesem Gebiet weit voraus war. Im Anschluss an diese Besuche schien eine Erweiterung der Anlage unumgänglich. Zu groß war die Angst, den Gast an höhergelegene Regionen mit größerer Schneesicherheit zu verlieren. Und zu groß auch der wirtschaftliche Druck: Stillstehende Bahnen würden den finanziellen Ruin bedeuten. Das Hartkaiserprojekt erforderte riesige Investitionen, die Schulden mussten erst zurückbezahlt werden, weshalb Winkler und seine Gesellschafter weiter investieren mussten. Angesichts dieser teufelskreisartigen Investitionsspirale sah sich Georg Winkler auch Kritik gegenüber. Viele meinten nach zwei schneereichen Saisonen, die Investitionen seien unnötig gewesen. Für Winkler war jedoch klar: „Wir können nur auf Dauer als Skiregion erfolgreich sein, wenn wir nachhaltig ohne Unterbrechungen dem Gast bestmögliche Bedingungen bieten." [37]

Bereits 1986 wurden Vorbereitungen für die Errichtung eines Speicherteiches mit Pumpstation

Die **„Schneefabrik" der Bergbahn Scheffau** 2009. Enorme Technologie sorgt hinter den Kulissen für Schneesicherheit.

unterhalb der Bergstation getroffen. Naturgemäß war die Südseite der Skiwelt mit den Sonnenhängen früher von den warmen Wintern betroffen als die Nordseite, weshalb in Brixen schon 1987 die erste große Beschneiungsanlage errichtet wurde. Die schneearmen Winter 1987/88 und 1989/90 drängten auch die anderen Orte zum Handeln und schließlich begannen alle „aufzurüsten". Inzwischen gibt es neben der großen Zahl an Schneeerzeugern viele künstliche Speicherteiche, die das Wasser für die Schneeerzeugung bereitstellen. Vor allem in den letzten zehn Jahren wurde massiv ausgebaut. Beispielsweise wurde 2008 der Speicherteich Jochstube mit einem Fassungsvermögen von 70.000 Kubikmeter auf 180.000 Kubikmeter erweitert. Im Sommer wird der Teich für die Erlebniswelt Kaiserwelt genützt.

Die Ansichten über die ökologischen und landschaftsästhetischen Folgen der massiven Baumaßnahmen gehen auseinander. Während die Skigebietsbetreiber die neu entstandenen künstlichen Seen als schöne Bergseen vermarkten wollen, haben andere in der Region genug davon: „Es reicht. Der Plafond ist erreicht. Die Beschneiung ist notwendig. Daran zweifle ich nicht, aber irgendwann muss Schluss sein. Wir müssen uns nach der Natur richten, und nicht umgekehrt. Warum muss die Saison künstlich verlängert werden? Die Skigebietopenings Anfang Dezember oder noch besser im November – das muss alles nicht sein. Maßlosigkeit ist die Krankheit unserer Zeit." [38] So äußert sich etwa Christian aus Söll dazu.

15 Speicherseen mit einem Gesamt-Fassungsvolumen von 1.228.000 m³ stellen das Wasser für die technische Beschneiung bereit.

ANMERKUNGEN
ZU KAPITEL 6
WINTER AM WILDEN KAISER

1 Zeitungsausschnitt, Sammlung Wintersport, Stadtarchiv Kufstein.
2 Ebenda.
3 Tiroler Grenzbote 18.1.1903, S. 3.
4 Zeitungsausschnitt 1906, Sammlung Wintersport, Stadtarchiv Kufstein.
5 Zeitungsausschnitt ohne Quellenangabe, Sammlung Wintersport, Stadtarchiv Kufstein.
6 Zeitungsausschnitt ohne Quellenangabe, Sammlung Wintersport, Stadtarchiv Kufstein.
7 Innsbrucker Nachrichten, 18.10.1909, S. 6.
8 Vgl. Herbert Kuntscher: Wintersport seinerzeit, in: Rundschau, 25.1.1984, S. 15.
9 Vgl. Erich Bazalka: Skigeschichte Niederösterreichs, Waidhofen an der Ybbs 1977, S. 28–33.
10 Zitiert nach E. John B. Allen: The Culture and Sport of Skiing: From Antiquity to World War II, Massachusetts 2007, S. 147.
11 Ebenda, S. 146f.
12 Aussage aus dem Jahr 1933, zitiert nach Kuntscher: Wintersport seinerseits (wie Kap. 6, Anm. 8), S. 15.
13 Kitzbüheler Nachrichten, 21.3.1936, S. 5.
14 Privatsammlung Herbert Kuntscher, Kufstein.
15 Interview des Autors, 4.2.2014.
16 Interview des Autors, 7.9.2014.
17 Ebenda.
18 Vgl. Tiroler Tageszeitung, 17.1.1951, S. 3.
19 Interview des Autors, 10.5.2016; vgl. auch Ellmauer Zeitung 8/2004.
20 Eröffnung Jänner 1947.
21 Vgl. Tiroler Tageszeitung, 19.5.1952, S. 3.
22 Vgl. Lässer: 100 Jahre Tourismusverband (wie Kap. 5, Anm. 9).
23 Vgl. 50 Jahre Bergbahn Söll. Die Geschichte von Erfolg und Wandel, Söll 2009.
24 Vgl. Jakob Zott: Kleine Heimatkunde Söll, Söll 1983, S. 68.
25 Vgl. Highlights. Broschüre 40 Jahre Bergbahnen Scheffau, 50 Jahre Schilift Scheffau, Archiv Bergbahnen Scheffau.
26 Vgl. Posch: Brixen im Thale (wie Kap. 1, Anm. 8), S. 310.
27 Tiroler Tageszeitung, 10.11.2014.
28 Vgl. Felix Jülg: Die Seilbahnen Österreichs und ihre Auswirkungen auf die Wirtschaft, Wien 1966.
29 Interview des Autors, 10.5.2016.
30 Ellmauer Zeitung, 11/2014.
31 Interview des Autors, 4.11.2013.
32 Interview des Autors, 6.2.2012.
33 Interview des Autors, 18.6.2014.
34 Der Standard, 28.2.2013.
35 Interview des Autors, 10.5.2016; vgl. auch die Berichte des Ortschronisten Christian Kuen in der Ellmauer Zeitung.
36 Ebenda.
37 Ebenda.
38 Interview des Autors, 2.4.2016.

Schneegestöber in der SkiWelt

Das Stripsenjoch vom Kaisertal aus betrachtet, gezeichnet von Edward Theodore Compton, veröffentlicht in der Zeitschrift des Alpenvereins 1897

VON DEN MALERN ZU DEN FILMSTARS

Es waren die Landschaftsmaler des 19. Jahrhunderts, die als erste – wenn auch freilich unbewusst – die Destination vermarkteten. So suchte die bedeutende Münchener Schule der Landschaftsmalerei ihre

Kapitel 7 IMAGINATION: DIE KRAFT DER BILDER

Motive auch im Wilden Kaiser. Durch die neuen Drucktechniken wurden die Bilder tausendfach als Illustrationen in Zeitschriften und als Postkarten vervielfältigt. Als nächste kamen Hobby- wie Profifotografen und schließlich Filmemacher.

Drehaufnahmen zum „Bergdoktor" am Bergbauernhof Köpfing in Söll

ALPENGEMÄLDE ALS ERSTE WERBEBILDER

Die Landschaftsmalerei entwickelte sich im 18. Jahrhundert in eine neue Richtung. Verkürzt könnte man sagen, dass sich die Landschaft nun in den Vordergrund drängte. Sie diente den Malern nicht mehr als Kulisse, als schmückender Hintergrund, sondern wurde ihnen zum Protagonisten, zum eigentlichen Darstellungsobjekt. Auch die menschenfeindlichen Alpen, das schwer zugängliche Hochgebirge wurde auf die Leinwand gebannt, dadurch ästhetisiert, dem Menschen zugänglich gemacht und somit sukzessive zum freundlichen Erholungsraum umgedeutet. Stilgeschichtlich befinden wir uns in jener Phase zwischen Aufklärung und Romantik.

Als Wegbereiter dieser neuen Gebirgsmalerei gilt der Schweizer Maler Caspar Wolf (1735–1783). Er nimmt mit der bildlichen Darstellung des Hochgebirges eine Entwicklung vorweg, die hinsichtlich der touristischen Aneignung der Alpen erst später, in die Zeit nach der Romantik, Mitte des 19. Jahrhunderts, eingeordnet werden könnte. Nahezu rastlos schuf er eine Unzahl von Alpenskizzen und Gebirgsbildern. Die Wiedergabe der Alpennatur mit all ihren Eigentümlichkeiten erfolgt zwar ganz in romantischer Manier: mit einer Dramatisierung der Motive und einer Verstärkung der Hell-Dunkel- sowie der Licht-Schatten-Kontraste. Doch mit seiner Schaffenskraft und Produktivität trug Wolf nicht nur zur Popularisierung des Genres, sondern der Alpen im Allgemeinen bei. Zunehmend begann er die Reste der Zivilisation in seinen Bildern wegzulassen, die Rolle des Menschen reduzierte er auf den passiven Betrachter. Darin eine leise Zivilisationskritik zu erkennen, dürfte keine überzogene Interpretation sein.

Von der **Antoniuskapelle im Kaisertal** dürfte es (gefühlt) Tausende Postkarten und Bilder geben (Holzstich von Richard Püttner um 1880).

Die „malerische" **Sparchenschlucht** als beliebtes Motiv für Künstler (gemalt von Edward Harrison Compton)

Zwar war Wolf nie im Kaisergebirge, aber die von ihm direkt oder indirekt beeinflussten Maler der deutschen Romantik und der Münchener Schule suchten den Gebirgsraum vor den Toren der Stadt München auf. Besonders der Eingang zum Kaisertal, die Sparchenschlucht mit einer Mühle, findet als besonders „malerische" Szenerie Aufnahme in den Kunstkanon des frühen 19. Jahrhunderts. Bekannte Landschaftsmaler wie Max Josef Wagenbauer oder Carl Spitzweg widmen sich ihr. Allmählich drangen die Landschaftsmaler auch weiter ins Kaisertal zu den Bauernhöfen vor. Das war nicht zuletzt den alten Reisehandbüchern[1] und Zeitschriften geschuldet, die eigens auf die „pittoresken" Motive hinwiesen: „Besonders wird der kunstsinnige Tourist hier mannigfach Interessantes finden: die Hauptreize in malerischer Hinsicht bestehen in dem grünen Gehügel des Thallandes, überdeckt nach allen Seiten bis zu den höheren Bergen hinan mit Häusergruppen, Hainen, Fluren, Wäldern. Darüber ringsum die ernsten Gestalten der Hochgebirge."[2] Hier war von der Gegend um Scheffau die Rede.

Auch Schaubach lobte in seiner Reisebeschreibung das Sölllandl wegen seiner kontrastreichen Landschaft als äußerst attraktiv für den reisenden Maler: „Der vorzüglichste Reiz dieser Landschaft möchte der Baustyl der Häuser seyn, und schon deshalb sollte der Maler hierher reisen; er wird selten irgendwo bessere und schönere Alpenhäuserstudien finden, als hier; denn auch die Häuser der reichsten Bauern sind oft drey bis vier Stockwerke hoch aus Holz aufgezimmert, voll des schönsten Schnitzwerkes an Giebel und Altan [Balkon]."[3] Schaubach rückt wieder den Mensch und seine kulturellen Hinterlassenschaften in den Vordergrund. Er vermittelt in seiner Beschreibung ein Bild ländlicher Idylle, die

Carl Kessler, Ölgemälde **Hinterkaiserhof** (um 1915)

Edward Theodore Compton zeichnete Bilder, die als **Illustrationen für die Alpenvereinszeitschrift** dienten (Stock der Ackerlspitze, abgedruckt 1897).

Edward Theodore Compton malte auch unterhaltsame Motive für Postkarten: **„Der Wilde und der Zahme Kaiser".**

sich ebenso in den Kunstwerken der als Biedermeier oder Spätromantik apostrophierten Kunstepoche finden. Der Stil dieser Bilder wirkt realistisch, der niederländischen Landschaftsmalerei nachempfunden. Dennoch erscheint die Wirklichkeit hier oft idealisiert.

Weniger geschönt und zugleich am konsequentesten erscheint es uns heute, wie der englische Künstler Edward Theodore Compton das Gebirge in den Vordergrund rückt. In seinen Bergbildern vollzieht er den Schritt der völligen Loslösung von

Alfons Walde aus Kitzbühel war mit seiner Heimat so verwachsen, dass er das gesamte, eigentlich schmale Repertoire der Motive seiner Landschaftsbilder in dem relativ kurzen Zeitraum von den 1920er bis zum Beginn der 1940er Jahre aus ihr bezog. Deren geradezu klassisch anmutende Art bezauberte das ständig wachsende Publikum der aufstrebenden Fremdenverkehrs-Region. Durch Teilnahme an zahlreichen Ausstellungen, mehr aber noch durch die Vervielfältigung auf Postkarten im Selbstverlag fand sein Werk eine außerordentlich starke Verbreitung.

der Zivilisation. Der Mensch existiert darin nicht mehr, nicht einmal als Staffage. Mit 18 Jahren war er nach Deutschland übersiedelt und wohnte später am Starnberger See bei München. Die Nähe zum Kaisergebirge war also nicht nur durch sein künstlerisches Interesse, sondern auch geografisch gegeben. Compton war der erste Maler, der das Kaisergebirge „von innen" zeigte, der sich den Wänden und Graten annäherte und diese zur ästhetischen Kategorie erhob. Zugleich war er auch der Erste, der es von innen zeigen konnte, denn Compton war Bergsteiger und Kletterer. Seine in großer Zahl entstandenen Gebirgsdarstellungen entbehren meist jeglicher Hinweise auf eine Anwesenheit des Menschen. Naturmagische, überhöhte Momente fehlen, der Künstler ist vor allem um ein möglichst realistisches Abbild des Hochgebirges bemüht. War das romantische Bild der Gebirgsszenerie klassischerweise aus einem sicheren Beobachtungsposten heraus entstanden, in beträchtlicher horizontaler Distanz zur unwirtlichen hochalpinen Umgebung, so bezieht die neue realistische Bildsprache ihre Ästhetik aus einer unmittelbaren Einbindung in das Geschehen am Berg. Compton führt die Eindrücke, die ein Bergsteiger im Gelände hat, direkt an sein Publikum heran. Seine eigene alpinistische Tätigkeit, darunter mehr als 20 Erstbesteigungen, öffnet ihm diese naturalistische Sichtweise, in der die Berge unverkennbar, also detailgetreu, regelrecht „vermessen" werden. Die unterschiedlichen Grautöne des Kalkgesteins, die mit Wolken- und Schattenspielen zu verschwimmen scheinen, kann genau genommen nur erfassen, wer sich selbst schon den Bedingungen des Hochgebirges ausgesetzt hat.

Als Illustrator der Alpenvereinspublikationen erzielte Compton breite Aufmerksamkeit. Seine Bilder wurden x-fach im Druck vervielfältigt und erreichten hohe Werbewirksamkeit. Sein Sohn Harrison führte

Josef Meng kam 1919 nach Kufstein. Er unternahm unzählige Wanderungen in das Kaisergebirge und hielt seine Eindrücke auf seinem Skizzenblock fest. In seinem Atelier in der Feldgasse schuf der fleißige Maler viele Ölgemälde. Die meisten hatten das Kaisergebirge oder die Landschaft um Kufstein zum Inhalt.

Die Ellmauer Halt: „Künstlerpostkarte“ von Edward Theodore Compton (1900)

Die **Geisterschmiedwand** am Eingang des Kaisertals, Aquarell von Edward Harrison Compton, 1903

M. Schultze, **Totenkirchl und Kleine Halt** im Kaisertal, Federzeichnung 1892

Der **Hintersteinersee,** Aquarell von Edward Harrison Compton, 1902. Das Motiv wurde als Postkarte vervielfältigt.

den Stil seines Vaters fort. Dessen Ansichten des Kaisergebirges wurden als Postkarten gedruckt und fanden Aufnahme in den Reiseführer „Kufstein und das Kaisergebirge". Sie sind sozusagen die letzten handwerklichen Manifeste der Tourismuswerbung, bevor die Fotografie die bildende Kunst als Medium überholte, wenn auch nicht vollständig. Als die Fotografie schon längst etabliert war, tauchte ein Künstler auf, der die Tourismuswerbung mit seiner Kunst quasi neu erfand und die nachhaltigsten Ansichten und Werbebilder vom Wilden Kaiser schuf: Alfons Walde.

Als Fotograf machte **Anton Karg** (1835–1919) den Wilden Kaiser einem breiten Publikum bekannt. Karg war aber nicht nur Fotograf, sondern auch Vorsitzender der Alpenvereinssektion Kufstein und Bürgermeister von Kufstein. In allen diesen Funktionen engagierte er sich besonders für den Tourismus.

Spektakuläres Postkartenmotiv um 1900 (Foto Karg)

FOTOGRAFIE: ANTON KARG

Im Archiv der Familie Karg findet sich ein vergilbtes Wanderbuch, ausgestellt am 2. September 1857, darin eingetragen der Name Anton Karg, Uhrmacher. Ein solches Wanderbüchlein sollte damals die üblicherweise auf die Lehre folgenden Wanderjahre eines Handwerksgesellen dokumentieren. Wie daraus hervorgeht, sammelte der zu diesem Zeitpunkt erst 17-jährige, laut Personenbeschreibung „mittelschlanke, ledige junge Mann mit lichtbraunen Haaren und blauen Augen" seine ersten beruflichen Erfahrungen als Geselle in München, wo er eineinhalb Jahre blieb. Wie prägend diese Zeit für den jugendlichen Karg war, erfährt man aus Nachrufen und biografischen Skizzen. So geht zum Beispiel die Gründung des Kufsteiner Turnvereins durch Karg im Jahr 1876 auf seine Münchener Erfahrungen zurück – und letztlich auch die Gründung der Freiwilligen Feuerwehr Kufstein (1866). Aus der Münchener Zeit ist ein Ölbild erhalten, das der damals in der Münchener Boheme hoch angesehene Franz von Lenbach vom jungen Tiroler malte. Lenbach arbeitete mit einer neuen Technik: Er fotografierte zuerst das zu porträtierende Subjekt, dann malte er nach der Fotovorlage. Wir wissen nicht, ob Karg es schon damals mit der Technik der Fotografie zu tun bekam.

Im April 1855 wechselte Karg von München nach Salzburg, und noch Ende des Sommers ging er für mehrere Monate nach Wien, ehe er seine Wanderjahre mit einer Reise nach Triest, Venedig und Verona beendete. Der letzte Eintrag stammt vom 15. Juli 1856. Karg war wieder daheim in Kufstein angekommen. Im Haus der Eltern eröffnete er dann eine Uhrmacherwerkstatt. Ein Bauplan aus dem Jahr 1860, der die Fassade des Hauses mit dem Geschäft im Parterre abbildet, findet sich noch im Archiv der Familie.

Mit dem neuen Medium Fotografie waren zu dieser Zeit erst ganz wenige vertraut. Mancher Pionier der Fotografie kam aus der pharmazeutischen oder chemischen Branche, weil für das Entwickeln der Fotos chemisches Fachwissen nötig war. So war es auch in Kufstein ein Apotheker, der als Erster Lichtbilder anfertigte: Johann Stenzel, der mit Karg in Kontakt gestanden sein muss. War es vielleicht Stenzel, der sein Wissen über die Fotografie an Karg weitergab? Briefe, Berichte oder irgendwelche anderen Dokumente, die darüber Auskunft geben konnten, sind bisher nicht aufgetaucht. Wir wissen nur von einem Zählblatt der Bezirkshauptmannschaft, dass der Gewerbeschein zur Anmeldung des Fotografengewerbes Kargs im Jahr 1867 ausgestellt worden sein muss. Das Original ist leider nicht mehr auffindbar.

Karg-Postkarten:
↓ Totenkirchl, 1912
↙ Stripsenjochhaus, 1903
↓↓ Blick ins Kaisertal, 1891

Karg hatte also rund zehn Jahre als Uhrmacher gearbeitet, bevor er seinen Beruf wechselte oder – präziser ausgedrückt – sein Berufsfeld erweiterte. Denn zu Beginn findet sich auf seinen Fotos noch der Aufdruck „Anton Karg: Photograph und Uhrmacher". Dass sich allmählich der Erfolg einstellte, zeigt eine Annonce im Lokalblatt „Tiroler Grenzbote": „Gebe hiermit bekannt, daß ich während des Baues meines neuen Ateliers einen geschlossenen, provisorischen Aufnahmeplatz in meinem Hofe errichtet habe. A. Karg, Fotograf & Uhrmacher" [4]. Zwar firmiert er auch hier noch als Uhrmacher, aber immerhin schienen die Geschäfte schon so gut und hoffnungsvoll zu laufen, dass er sich für die Investition entschieden hatte. In den ersten Jahrzehnten stand im Atelier noch kein elektrisches Licht zur Verfügung, man war auf das Tageslicht angewiesen. Bald schon verließ Karg das Atelier jedoch immer häufiger und entwickelte sich vom Porträtfotografen zum Chronisten des urbanen Wandels, Landschafts- und Sportfotografen. Neben Straßenzügen, neuen Gebäuden, Denkmälern und Festveranstaltungen dokumentierte er die sich Ende des 19. Jahrhunderts neu etablierenden Sportarten wie Turnen, Klettern oder Skifahren. Vor allem das Kaisergebirge setzte er gekonnt als ästhetische Landschaft in Szene.

Schon 1879 bemerkte Trautwein in der ersten touristischen Abhandlung über das Kaisergebirge: „Photographische Aufnahmen von einzelnen Theilen des Gebirges bestehen in ziemlicher Anzahl und zwar von Anton Karg in Kufstein" [5] – ganz im Gegensatz zu den bis dato kaum vorhandenen schriftlichen Informationen für Touristen. Kargs Landschaftsaufnahmen, aber auch seine Kletter- und Bergsteigerfotos prägten den touristischen Blick auf den Wilden Kaiser. Seine Bildsprache dominierte die frühe Wahrnehmung des Gebirges und trug fundamental dazu bei, die vormals als nutzlos wahrgenommene Steinwüste zur alpintouristischen Metropole für den süddeutschen Raum zu machen. Analysiert man die Häufigkeit der Blickwinkel, aus denen der Wilde Kaiser Ende des 19. und zu Beginn des 20. Jahrhunderts betrachtet wurde, wird deutlich, dass Karg den Blick lenkte, ja beherrschte. Seine Sicht auf den Wilden

Mit dem Zeitungsverleger Eduard Lippott gründete Karg einen **Postkartenverlag,** der Karten wie diese produzierte.

Tragtiere am Weg zur Gruttenhütte 1954. Anton Karg war zwar einer der ersten, aber nicht der einzige Fotograf in der Region. Richard Jöchler aus Südtirol meldete 1941 ein Fotogewerbe in St. Johann an. In den 1950er und 1960er Jahren fertigte er Tausende Bilder im Dienste des aufstrebenden Tourismus an.

Kaiser war eine Kufsteiner Perspektive. Geografisch lag ihm das Kaisertal nahe und dementsprechend häufig produzierte er Bilder, die den Wilden Kaiser von Norden aus inszenierten. Als Karg dann gemeinsam mit Lippott den ersten Postkartenverlag der Region gründete, hielt er sozusagen ein Monopol auf diesen Blickwinkel. Wilde-Kaiser-Postkarten waren in der Regel Karg-Postkarten.

Hinzu kam, dass der sportliche Karg nicht nur am Ausüben des Bergsteigens Gefallen fand, sondern sich auch als Organisator und Vereinsmanager hervortat. In der Funktion des Alpenvereinsobmannes, der Hörfarter nachfolgte, nahm er die Erschließung des Kaisertales und des Kaisergebirges ernst. Unter Karg wurde der Großteil der alpinen Infrastruktur im Wilden Kaiser geschaffen. Das Wegenetz, so wie wir es heute im Wilden Kaiser kennen, wurde hauptsächlich in seiner Amtszeit ausgebaut, und die beiden größten Hütten im Kaiser, das Stripsenjochhaus und das Anton-Karg-Haus, stammen ebenso aus jener Periode. Schon 1879, zwei Jahre nach der Gründung des Kufsteiner Alpenvereins, war Karg im Ausschuss. 1884 wurde er Vorstandsstellvertreter und 1888 Hüttenwart von Hinterbärenbad, ehe ihn die Vereinsmitglieder 1890 zum Obmann wählten.

In Anbetracht dieser regen Aktivität und seines Aufgabenspektrums verwundert sein fotografischer

Dr. Karl Kaser war Rechtsanwalt und Fotograf aus Wien, der um 1900 unzählige Fotos in seinen Sommerfrischeaufenthalten am Kaisergebirge aufnahm. Die Fotos publizierte er in Zeitschriften und präsentierte sie in Vorträgen.

Inszenierte Wirklichkeit: Sommerfrischler um 1900 beim Picknick am Fuße des Kaisergebirges, fotografiert von Karl Kaser

Fokus nicht weiter. Karg war sich seiner Rolle als Tourismus-Propagandist voll bewusst und verfolgte eine klare Marketingstrategie. Mit seinen Bildern wollte er dem Wilden Kaiser und den Kufsteiner Alpenvereinshütten ein Mehr an Gästen bescheren. Mitgedacht muss dabei die anfängliche „massentouristische“ oder – weniger negativ konnotiert – demokratisch-universalistische Ausrichtung des Alpenvereins werden. Gerade zu Beginn wollte der Alpenverein möglichst viele Alpenfreunde, die keineswegs ausübende Bergsteiger sein mussten, gewinnen und den Zugang zu den Alpen durch verschiedenste Werbe- und konkrete Erschließungsmaßnahmen erleichtern. Karg war genau in jener Zeit Obmann (1890–1919), als der Alpenverein noch ähnliche Aufgaben wie ein Fremdenverkehrsverein wahrnahm.

UNGEWÖHNLICHE WERBEBILDER

Bilder – und somit indirekt zugleich Werbebilder – vom Wilden Kaiser fanden sich sogar in einem Münchener Museum: Das 1911 gegründete Alpine Museum führte bis zum Zweiten Weltkrieg eine eigene Abteilung, die einem berühmten Kaisergipfel gewidmet war. Walter Schmidkunz, ein Alpinschriftsteller der Zwischenkriegszeit, schrieb darüber: „Das Totenkirchl-Kabinett, das auch ein gutes Kaiserpanorama und ein paar weitere einschlägige

Schauobjekt im Alpinen Museum: Besteigungen des Totenkirchls im Jahre 1910

Das **Totenkirchl-Kabinett** im Alpinen Museum in München

Belegstücke wie Bildnisse oder ein inhaltsreiches Gipfelbuch enthält, ist eine der am meisten beachteten Schaustellungen des Museums, die nicht nur beim Münchener Nachwuchs Anklang findet, für den das ‚Kirchl‘ eine der großen Etappen des alpinen Werdeganges ist, auf die man sich hier gebührend vorbereiten kann, sondern auch den harmlos bummelnden Museumsbesucher anzieht, für den das ‚Totenkirchl‘ eine etwas unheimliche, aber ein wenig fernliegende Angelegenheit ist.“ [6]

Damals war das Totenkirchl ein ausgesprochener Modeberg, dessen Besteigung als Initiationsritual der süddeutschen Bergsteigerzunft galt und zum Pflichtprogramm jeder ernstzunehmenden Bergsteigerpersönlichkeit gehörte. Den größten Publikumsmagneten in diesem Ausstellungsraum bildete ausgerechnet eine Statistik, die als visuell ansprechendes Modell aufbereitet wurde. Der Museumsleiter hatte aus den Gipfelbüchern sämtliche Besteigungen des Jahres 1910 zahlenmäßig erfasst und die Besteiger mittels Figuren dargestellt. Da stand ein riesiges Heer von Bleisoldaten, das die größte Gruppe, die Totenkirchlkletterer ohne Bergführer, repräsentierte, zum Vergleich ihnen gegenüber eine nur kleine

Wandbild vom Totenkirchl im Alpinen Museum mit eingezeichneten Routen

Mannschaft von Kirchlbesteigern mit Bergführer und daneben ein paar einzelne Damen. An kaum einem anderen Berg der nördlichen Kalkalpen ließ sich die rasante Entwicklung des Klettersports so eindrucksvoll mit Besteigungszahlen belegen und illustrieren. Neben dem Zahlenmaterial fanden sich in dem Ausstellungsraum außerdem mehrere kleinere Bilder, die den Berg aus verschiedenen Blickwinkeln zeigten, und ein großes Bild, auf dem alle fünfzig Anstiegsrouten eingezeichnet waren. Wie viele Bergsteiger wohl in das Kabinett kamen, um sich davon anregen zu lassen? Wie viele Sehnsüchte dort erzeugt wurden? Wie viele wohl die Wandbilder und Routenskizzen genau studiert haben und für ihre Tourenplanung abgezeichnet haben?

In diesem Raum befanden sich darüber hinaus auch einige sperrige Gebirgsreliefs, anders ausgedrückt, Geoplastiken: maßstabsgetreue Modelle von Bergen. Zu sehen war eine detailgetreue Miniaturausgabe des Totenkirchls und noch zwei weitere Modelle des gesamten Kaisergebirges; das gesamte Gebirge in 3-D sozusagen. Leider wurde das Museum im Zweiten Weltkrieg zerstört – und damit auch das Totenkirchlzimmer.

DER „KAISER" IM KINO: BERGDRAMA UND BERGDOKTOR

Nur ein Jahr nach den ersten öffentlichen Filmvorführungen durch die Brüder Lumière in Paris im Jahr 1895 wurden auch in Tirol bewegte Bilder gezeigt. Es mag verwundern, dass die neue Unterhaltungstechnik so früh in das vermeintlich konservative Bergland importiert wurde. Bereits im Jahr 1905 reiste der Engländer Frank Ormiston Smith nach Tirol, um für seine Reisevorträge in England Kurzfilme zu drehen. Wie gewieft und weitsichtig die Tiroler Touristiker damals waren, zeigt die Tatsache, dass sie den Experten daraufhin engagierten, Werbeaufnahmen von der Tiroler Bergwelt zu produzieren. Diese Kurzfilme zeigte man dann in den – heute würde man sagen – touristischen Quellmärkten England und Deutschland. Einer dieser ersten Kurzfilme aus Tirol wurde am Wilden Kaiser gedreht und beleuchtete ein „Skirennen in Kufstein", wiederum ein anderer zeigte beispielsweise „Schlitten- und Trabrennen in Kitzbühel". Der Zweck dieser frühen Werke war nichts anders als Tourismuswerbung im Auftrag vom Landesverband für Fremdenverkehr.

Das neue Genre „Bergfilm". In den 1920er Jahren strömten Tausende in die neuen Lichtspieltheater, um sich an den opulenten Bergbilderorgien des Freiburgers Arnold Fanck zu erfreuen. Fanck erfand damit ein neues Genre: den Bergfilm. Seine Skifilme „Das Wunder des Schneeschuhs" (1920/21) oder „Der Weiße Rausch" (1930/31) haben bis heute Kultstatus.

Einzelbild aus dem Film **„Der Weiße Rausch"**

Damals ermöglichten sie einen völlig neuen Zugang zu den Bergen: bequem vom Kinosessel aus. Die touristische Werbewirksamkeit dieser Filme zeigte sich vor Ort. Der Arlberg, wo die Filme hauptsächlich gedreht wurden, entwickelte sich unter anderem dadurch zur skipädagogischen Hochschule der Alpen schlechthin.

Auch im Wilden Kaiser – dem damaligen Klettermekka – drehten zu dieser Zeit die Kameramänner. 1920 berichtet die Regionalzeitung etwa von einem Kinoabend in München, bei dem ein Hochgebirgsfilm der Neuen Kinematographischen Gesellschaft München aus dem Wilden Kaiser gezeigt werde. „In photographisch wohlgelungenen, stofflich stets in hohem Maße fesselnden Bildern zogen Ansichten vom Predigtstuhl und vom Totenkirchl vorüber. Vor allem aber erregten Staunen und Bewunderung die ganz hervorragenden Aufnahmen schwieriger Kletterpartien.“ [7]

Um Kletterpartien geht es auch im Film „La Croix de Cime“ aus den 1930er Jahren. Darin spielte der bekannte Bergsteiger Anderl Heckmair, Erstbegeher der Eiger-Nordwand, eine zentrale Rolle. Er erzählt, wie es dazu kam: Auf der Gaudeamushütte begegneten sein Seilpartner und er hübschen Französinnen, für die sie als Bergführer einsprangen. Die Damen zeigten sich so begeistert von der Natur und ihren jungen Bergführern, dass ihnen die Idee eines Spielfilms kam, den der Ehemann einer der beiden Damen, ein Filmproduzent, herausbringen sollte. Die Grundlage des Plots lieferten Heckmair und sein Freund selbst, und zwar mit einem wahren, herzzerreißenden Liebesmelodram aus ihrem Freundeskreis: Freund Eugen Minarek musste einst als Bergretter eine Bergung im Wilden Kaiser machen. Ein Wiener Bergsteiger, der gemeinsam mit seiner Verlobten eine Tour auf die Ackerlspitze unternommen hatte, war tödlich verunglückt. Eugen tröstete das Mädchen und verliebte sich ihn sie. Während er darauf wartete, dass sie, wie versprochen, wiederkam, zimmerte Eugen ein Kreuz mit dem Namen des Verunglückten und stellte es an der Unglücksstelle auf. Mit einem Blumenstrauß erwartete Eugen die Angebetete am Bahnhof, die tatsächlich kam: Sie sprang aus dem Zug und gab ihm einen flüchtigen Kuss auf die Wange. Dann jedoch sprang sie wieder in den Zug zurück und fuhr mit ihrem neuen Liebhaber weiter.

Heckmair und sein Freund wurden als schauspielende Bergführer für diesen Film engagiert. Gedreht wurde an der Fleischbank und am Totenkirchl. Heckmair erinnert sich: „Im Film hatte ich die Rolle des Verunglückten zu spielen. Dabei mußte ich einen Quergang klettern. Wie beim Film üblich, ließ mich der Regisseur die Traverse einige Male wiederholen, da ich nach seiner Meinung aussah, als würde ich über einen Gehsteig laufen. Auch mein Versuch, ängstlich und zittrig zu klettern, mißlang. Daraufhin mußte mich ein Träger doubeln. Er zitterte wirklich, der Regisseur war zufrieden.“ [8]

Filmprogramm,
1938

„Edelweißkönig“: Der erste Heimatfilm. In Ellmau und im Wilden Kaiser oberhalb der Wochenbrunneralm wurde 1938 ein Unterhaltungsfilm gedreht, der in das – erst nach dem Zweiten Weltkrieg aufblühende – Genre Heimatfilm fiel. Der von UFA-Film produzierte „Edelweißkönig“ nach dem Roman von Ludwig Ganghofer spielt mitten in den Bergen[9], auf dem Finkenhof in einem idyllischen Dörfchen. Die junge Schwester des Bauern, Hannerl, verliebt sich in einen Grafen, der sie aber nur für ein amouröses Abenteuer ausnutzt. Daraufhin versucht sie sich selbst umzubringen. Die Harmonie der Familie, für die Ansehen und Ehre wichtig ist, scheint zerstört. Der Bruder von Hannerl will den Graf zur Rechenschaft ziehen, es geht um Leben und Tod, bis der Bruder in die Berge flieht. Schließlich führen romantische Almszenen vor der Kulisse des Wilden Kaisers zum Happy End: Alle Beteiligten finden die wahre Liebe. Mit langen Einstellungen werden der Wilde Kaiser ästhetisch in Szene gesetzt und touristische Werbebilder produziert. Wie auch gegenwärtig beim Bergdoktor spielt die Landschaft hier eine zentrale Rolle.

„Skilehrer Cilly": Tourismuswerbung in Spielfilmlänge. In den 1950er Jahren, als die Heimatfilme die alpinen Lebenswelten erneut inszenierten und mit seichter Unterhaltung von den Entbehrungen der Nachkriegszeit abzulenken versuchten, kam Ellmau wieder vor die Linse. „Ellmau hält Winterschlaf. So scheint es wenigstens. Doch in Wirklichkeit bereiten sich in diesem idyllischen Fleck einige Dinge vor, die dem Ruf Ellmaus neues Echo in der Welt der Winterfrischler und Skiurlauber verschaffen werden. In diesen Tagen hört man auf den sanften Hügeln und den molligwarmen Bauernstuben das diskrete Surren einer Filmkamera, deren Beherrscher sich auf Motivjagd begibt, um die offenen und verborgenen Schönheiten des Kaiserdorfes, das in königlicher Ruhe den Winter genießt, neu zu entdecken."[10] Zweck dieses 1956 gedrehten Films, für den Hans-Joachim Strickrodt verantwortlich zeichnete, war nichts anderes als die Tourismuswerbung. Der Reiseunternehmer wollte die erfolgreiche Sommerdestination auch als Wintersportzentrum verkaufen. Dafür engagierte Hummel-Reisen den Regisseur Oskar Kühlken, einen Spezialisten für Reise-, Berg- und Skifilme.

Für die weibliche Hauptrolle des Films mit dem Titel „Skilehrer Cilly" verpflichtete Kühlken die junge Inge Lanner aus Zell am See, ein Mädchen, das „wie der Teufel Ski fahren kann" – so die Zeitung. Daneben war Madeleine Hentschel aus München zu sehen, ein Mannequin und Fotomodell, das bisher kleinere Rollen in deutschen Filmprojekten überhatte. Walter Pistorius von der Skischule Kitzbühel, Siegfrid Moritz von der Skischule Kufstein-Ellmau und der Münchener Karl Appel waren die männlichen Darsteller rund um die Skilehrerin. Mit ihnen waren also keine Profischauspieler am Werk. Doch es sollte bei diesem Werbefilm nicht so sehr auf die Schauspieler, sondern auf die Atmosphäre ankommen – erzeugt durch herausragende Landschaftsaufnahmen.

Diese Werbebilder wurden in folgende amüsante und seichte Handlung verpackt. Der Chefschilehrer Siegi Moritz verletzt sich, woraufhin die Skischule in wirtschaftliche Bedrängnis kommt. Als Ersatz soll das Bauernmädchen Cilly einspringen. Doch die Skilehrerrolle ist neu für sie, niemand nimmt sie ernst, bis Cilly an ihrer Aufgabe zu wachsen beginnt und sich emanzipiert. Bald findet sie in der Person eines echten Barons einen Verehrer, der aber keineswegs nur ehrliche Absichten verfolgt. Tausende Menschen sahen den Werbefilm, viele davon konnten sich für das „Goldene Dorf" Ellmau begeistern.

Filmprogramm zum **„Bergdoktor von damals"**

Bergdoktor anno dazumal: „Oberarzt Dr. Solm". Ein weiterer deutscher Spielfilm aus jener Zeit, der unter anderem auch in Ellmau und im Wilden Kaiser gedreht wurde, kam 1955 in die Kinos: „Oberarzt Dr. Solm". Das Drehbuch basierte auf dem gleichnamigen Roman von Harald Baumgarten, Regie führte Paul May. Die Geschichte erinnert stark an den Plot der gegenwärtigen Bergdoktorserien: Ein ehrgeiziger und erfolgreicher Oberarzt in der Stadt, dessen Spezialgebiet die Gehirnchirurgie ist, übernimmt eine Landarztpraxis in den Bergen Oberbayerns. Dort wandelt er sich vom gefeierten Star-Arzt zum bescheidenen Helfer in der Not. Schließlich verliebt er sich in seine Assistentin Regine und geht mit ihr als gewandelter und geläuterter Mensch zurück in die Stadt und an seine alte Klinik. Im Gegensatz zu „Skilehrer Cilly" wartet dieser Film mit den Stars der damaligen Zeit auf. In den Hauptrollen sind Hans Söhnker, Sybil Werden und Antje Weisgerber zu sehen. Hans Clarin und Harald Juhnke spielten in Nebenrollen.

Mehr Tiefgang: „Weiße Schatten". Gleich nach dem Zweiten Weltkrieg entstand am Thiersee in der Nähe des Kaisergebirges ein alpines Klein-Hollywood. Das leerstehende Passionsspielhaus wurde 1947 kurzerhand für eine Produktion in ein Filmstudio verwandelt und blieb als solches bestehen. Bis 1951 verwirklichten bekannte Regisseure nicht weniger als 18 deutsche, österreichische und internationale Produktionen in Thiersee. Das Staraufgebot ließ sich sehen: Oskar Werner, Curd Jürgens, Attila Hörbiger, Paula Wessely und viele andere standen vor der Kamera. Manche Außenaufnahmen wurden nicht nur in Thiersee, sondern auch in der Umgebung wie im Wilden Kaiser gedreht. Ein Beispiel dafür ist der Film „Weiße Schatten", der im Gegensatz zu den vielen Heimatromanzen ungleich mehr Tiefgang hatte. Das Deutsche Filminstitut schrieb dazu: „Helmut Käutners eindringliches Kammerspiel aus dem Jahr 1951 setzt sich mit der Frage nach Schuld und persönlicher Verantwortung des Einzelnen auseinander und reiht sich somit ein in die Liste seiner großen Nachkriegsfilme wie z. B. ‚In jenen Tagen' (1946/47) oder ‚Die letzte Brücke' (1953)."[11] Gedreht wurde „Weiße Schatten" unter anderem in Ellmau.

Zum großen Kinoklassiker wurde auch die Verfilmung des Buches „Das Fliegende Klassenzimmer" von Erich Kästner. Der 1954 uraufgeführte Film, der unter anderem in Kufstein gedreht wurde, zählte zu den populärsten Filmen der Nachkriegszeit.

↓ Der Film **„Weiße Schatten"** wurde unter anderem im Bereich des Ellmauer Tores gedreht.
↓↓ **Kitschige Romanze:** Sturm am Wilden Kaiser

Alpenkitsch reloaded. Später wurde es filmisch wieder trivialer, klischeehafter und kitschiger rund um den Wilden Kaiser, etwa mit Filmen wie „Das Hirtenlied vom Kaisertal" (1956), „Sturm am Wilden Kaiser" (1964; Alternativtitel: „Bergwind") oder „Da lacht Tirol" (1967). Der erste genannte Film bedient sich jedoch nur des bekannten Namens „Kaisertal", die Aufnahmen dazu wurden anderswo gemacht. Mit den Titeln aller drei Filme wird ein konkreter geografischer Bezug hergestellt, mit dem aktiv Tourismuswerbung betrieben werden konnte und wurde. Dies gilt auch für eine ganze Reihe von Heimatfilmen, die „Tirol" im Titel führen. Sie alle trugen zur Bekanntheitssteigerung und zum touristischen Aufschwung bei.

Im Film „Sturm am Wilden Kaiser", der auf einer Vorlage des Tiroler Schriftstellers und – bereits erwähnten – Liftpioniers Heinrich Klier beruht, standen mit Alwy Becker und Hans von Borsody zwei der gefragtesten deutschen Filmstars von damals vor den Kameras. Das Filmlexikon „Zweitausendundeins" fasst zusammen: „Eine Tanz- und Kinodiva, die zur Erholung in einem Alpengasthof weilt, wendet sich dem verschlossenen Tierarzt des Dorfes zu und überlebt mit ihm die Gefahren des Hochgebirges. Dilettantisch anmutender Berg- und Liebesfilm."[12]

Einzelbilder aus dem Film **„Sturm am Wilden Kaiser“** (1963)

Die Schauspieler **Hans von Borsody** und **Alwy Becker** beim Dreh (1963)

Die Bergfilmkomödie „Da lacht Tirol“ von Lothar Brandler, der zugleich einer der besten Kletterer seiner Zeit war, beurteilt der Filmdienst ähnlich: „Die Besteigung einer Bergwand als alpenländische Touristenfolklore mit harmlos-naiven Späßen. Einzig die Landschaftsaufnahmen haben ihren Reiz.“ Der Dresdner hinterließ im Wilden Kaiser nicht nur einen Film, der in den Wänden des Wilden Kaisers sowie in Going und St. Johann gedreht wurde, sondern auch schwierige Kletterrouten wie den Brandlereinstieg zu den berühmten Pumprissen. Sein sportliches Geschick machte Brandler zu einem der renommiertesten Bergfilmer damals. Wie früher Heckmair spielten heimische Bergsteiger auch in diesem Film eine gewichtige Rolle. Als Hauptdarsteller waren der Bergführer Hansjörg Hochfilzer aus Going und sein Kollege Franz Jäger zu sehen. Jäger starb kurz darauf bei einer Manaslu-Expedition mit Hochfilzer und einigen anderen Bergsteigern. Expeditionsteilnehmer Reinhold Messner erreichte damals als einziger den Gipfel.

Der Film, in dem es um die Konkurrenz zwischen einer einheimischen und einer deutschen Seilschaft um die erste Durchsteigung einer Wand geht, ist heute noch im Namen einer Kletterroute präsent: im „Flimmerkistendach“. In diesem riesigen Überhang an der Karlspitze wurden die Drehaufnahmen gemacht. Heute zeugen neben dem Namen noch die vielen Bohrhaken davon.

Erwähnt seien auch noch Filmproduktionen in Kitzbühel. Bei einigen davon ist der Wilde Kaiser im Hintergrund zu sehen.

Filmstar Alwy Becker wird von der Musikkapelle empfangen (1963)

Ausschnitte für die **Werbung 1967**

Wie der „Bergdoktor" nach Ellmau kam. „So richtig los ging die neuere Filmgeschichte am Wilden Kaiser 1995 mit der Musiksendung ‚Lustige Musikanten' mit Marianne und Michael auf der Rübezahlalm"[13], erzählt Peter Moser. Er war als Ellmauer Tourismusdirektor von Anfang an mit dabei. „Der Gerhard von der Rübezahlalm hatte die zwei kennengelernt. Es war damals eine lange Produktion. Das Team war zwei, drei Wochen da und daraus ist eine Freundschaft entstanden. Der Kontakt zum ZDF war hergestellt." Darauf folgten diverse Musiksendungen, Filme und Fernsehproduktionen wie die „Hüttenwirtin" oder die TV-Serie „Der Wilde Kaiser". Über diese ZDF-Produktion sei dann 2007 auch der „Bergdoktor" nach Ellmau gekommen, weiß Peter. „Der ZDF hat die Serie ‚Der Bergdoktor' von SAT.1 gekauft und die Neue Deutsche Filmgesellschaft als Produktionsfirma beauftragt. Die haben einen Location Scout, also Drehorte-Sucher, losgeschickt. Und die Steffi, Location-Scout bei der Serie ‚Der Wilde Kaiser', hat der neuen Drehort-Sucherin den Tipp gegeben. […] Wir haben dann gleich mal die Bergdoktorpraxis gefunden, das Elternhaus vom ehemaligen Bürgermeister Hans Leitner. Ich bin mit ihr gefahren. Tag und Nacht. Hab pausenlos tolle Orte fotografiert und geschickt."

Peter war dann auch das Bindeglied zwischen Produktionsfirma und Grundbesitzern, stellte die Kontakte her und vermittelte. Von Anfang an war er auch für die Unterbringung der Crew verantwortlich. Für die ersten Bergdoktorfolgen suchte er sogar die Komparsen im Dorf zusammen; eine Aufgabe, die mittlerweile eine Agentur übernimmt. Wenn Peter erzählt, spürt man, wie wichtig ihm die Serie ist. Früh habe man den enormen Werbewert für die Region erkannt und heute profitierten alle vom „Bergdoktoreffekt", meint er. Dass in der Serie nicht fiktive Ortsnamen auftauchen, sondern die realen Drehorte genannt werden, sei ein genialer Verhandlungsschachzug der damaligen Tourismusverantwortlichen gewesen, bestätigt Lukas Krösslhuber.

Was wohl den Erfolg dieser Serie ausmacht, die von Kritikern als neuer Heimatfilm belächelt wird? Für die 24-jährige Nadine Houbé aus Deutschland ist es die atemberaubende Landschaft: „Ich kann mich nicht satt sehen an den Bergbildern. Die Kameraführung, das ist einfach geil gemacht. Das anzuschauen, ist wie Bergurlaub, das ist Stadtflucht."[14] Zum Inhalt meint sie: „Der Plot ist naja, sagen wir mal so: relativ seicht, allerdings schon viel komplexer als früher, aber doch noch simpel genug, um als leichte Kost für Entspannung am Abend zu sorgen." Die Mischung aus amerikanischer Arztserie à la „Emergency Room" und verjüngtem Heimatfilm begeistert nicht mehr nur das einstige Zielpublikum von 60 plus und auch nicht nur Frauen, denen eine natürliche Nähe zu männlichen Heldenfiguren und schnulziger Romantik nachgesagt wird. Grinsend erzählt Peter von seinen geführten Bergdoktorwanderungen zu den Drehplätzen: „Unlängst war ein junger Mann dabei, der sein Handy am Bergdoktorhaus gezückt hat und fast schon wie ein Groupie hineingekreischt hat: ‚Schatz, du glaubst nicht, wo ich gerade stehe: vorm Bergdoktorhaus!'"

Die 2008 reaktivierte Serie erreicht mittlerweile ein Millionenpublikum in Deutschland, ja die immer neuen Rekord-Einschaltquoten von teilweise über

Peter Moser, der Filmexperte beim Tourismusverband

7 Millionen stellen sogar Unterhaltungsformate wie das Dschungelcamp in den Schatten. Mittlerweile dauert die Serie 90 Minuten und arbeitet einen umfassenden Themenkatalog ab, meist brennende Alltagsprobleme; die großen Fragen der Gesellschaft bleiben freilich außen vor. Manchmal macht der Filmheld aber auch Fehler, wenn auch nicht im medizinischen Bereich. „Er hat immer Zeit für seine Patienten, er kennt den Pschyrembel auswendig und kann auch endemische Stoffwechselerkrankungen von aus Tuvalu nach Ellmau eingewanderten Hausmädchen erkennen. Und behandeln!“ [15] Dagegen hat der Frauenversteher auch nach zehn Staffeln seine wahre Liebe noch nicht gefunden bzw. halten können. Auch Lebensträume zerplatzen also in der Serie, nicht alles läuft auf ein Happy End hinaus.

Bergdoktor, das ist in der Filmsprache ein „Well-made-Play“, eine Geschichte mit klarem Rahmen, dem Guten in der Hauptrolle und viel Empathie. Der eigentliche Hauptdarsteller ist jedoch der Wilde Kaiser. So argumentieren viele Zuseher, die – wie sie behaupten – eigentlich lieber ARTE sehen: Man schaue die Serie ausschließlich wegen der Landschaftsaufnahmen. „Wer diese Serie guckt, sucht ein Stück heile Welt, ohne den 50er-Jahre-Mief der ‚Sennerin von St. Kathrein‘“ [16], bringt es Kulturredakteur Karsten Heidböhmer auf den Punkt. Der Bergdoktor verhalte sich zum klassischen Heimatfilm wie Helene Fischer zu Karl Moik, was ihn in unseren krisenhaften Zeiten der Globalisierung so erfolgreich mache.

Die **Bergdoktorpraxis** in Ellmau

Seit 2008 verkörpert der aus der Steiermark stammende Schauspieler **Hans Sigl** den Bergdoktor.

Hanne und Rainer Jaacks

Der pensionierte Gymnasiallehrer aus Hamburg und seine Frau (beide *1936) sind **seit 40 Jahren Stammgäste** am Wilden Kaiser.

Wie lange kommen Sie schon in die Gegend um den Wilden Kaiser?
Wir lernten den Ort Schwendt am Wilden Kaiser vor etwa 40 Jahren kennen und kamen anschließend alle zwei bis drei Jahre dorthin. Seit gut 20 Jahren verbringen wir jährlich im Sommer ein bis zwei Monate direkt in Schwendt.

Warum kommen Sie immer wieder zum Wilden Kaiser?
Es ist vorteilhaft, den Urlaubsort bereits vor der Anreise gut zu kennen, weil dadurch die Eingewöhnungsphase entfällt und der Urlaub am ersten Tag auch tatsächlich beginnt. Und wir brauchen den Blick auf den Wilden Kaiser jedes Jahr wieder!

Was schätzen Sie an der Region?
Uns reizen die Vielfalt der Landschaft – Berge, Almen, Seen, Flüsse, Alpenflora, Bergbahnen, Passstraßen –, die verschiedensten kulturellen Angebote in der Nähe und in Bayern und der persönliche Kontakt mit den Einwohnern.

Sehnen Sie sich nach dieser Zeit wieder nach der großen Stadt?
Nein, auf keinen Fall. Hamburg ist zwar die Nummer 10 in der Liste der beliebtesten Städte dieser Erde, und wir leben dort natürlich sehr gerne. Aber wenn wir in Schwendt wohnen, dann sind wir dort fest mit dieser Gegend und ihren Menschen verbunden – und vergessen den Rest der Welt.

Welchen Beschäftigungen gehen Sie am liebsten im Urlaub nach?
Wir genießen vornehmlich die Landschaft, wandern viel, lesen gerne in Ruhe, besuchen klassische Konzerte, z. B. in Erl oder München und kehren gern in typisch Tiroler Gaststätten ein.

Glauben Sie, dass sich die Region durch den Tourismus verändert hat? Wie nehmen Sie das wahr?
Es werden neue, größere Hotels und größere Bauernhäuser gebaut, um mehr Fremdenzimmer zur Verfügung zu haben. Aber Tirol hat schon immer stark vom Tourismus gelebt. Und das ist gut so, denn die Einheimischen erzielen dadurch ein gewisses Einkommen.

In Deutschland gibt es ja viele Klischees von Tirolern, genauso wie es in Tirol viele Klischees von archetypischen Deutschen gibt. Finden Sie diese Klischees im Kontakt mit den Einheimischen tatsächlich wieder?
Entschuldigung, aber da uns Klischees nicht interessieren, kennen wir auch keine. Wir akzeptieren in Tirol die Bewohner in all ihrer Vielfalt, so wie sie sind. Sie sind unfreundlich und freundlich, abweisend und gastlich, dumm und klug, garstig und sehr liebenswert …

Touristisch ist dieser Erfolg natürlich ein Segen: eine Gratiswerbung für die Region und daher unbezahlbar. Geschickt und effizient kurbelt der Tourismusverband Wilder Kaiser, zu dem auch Ellmau gehört, den Filmtourismus um den Bergdoktor an. Ein einzelner Ort hätte nie diese Kapazität, ist Ingrid Hochfilzer, die Wirtin des gleichnamigen Hotels, überzeugt. Im Frühling und Herbst gibt es dort einen einwöchigen Event, die „Bergdoktorwoche", bei der als Höhepunkt ein Treffen mit Bergdoktorschauspieler Hans Sigl am Programm steht.

Die Nächtigungszahlen im Sommer sind in den letzten Jahren spürbar gestiegen, was die Touristiker Lukas Krösslhuber und Peter Moser rund zur Hälfte auf den Bergdoktor zurückführen. Nur wissenschaftlich belegen lasse sich der offenkundige Zusammenhang bisher schwer, weil der Bergdoktor nicht das einzige Reisemotiv sei. Es gebe aber mittlerweile viele Touristen, die von sich sagen, hauptsächlich wegen der Serie zu kommen und die Schauspieler beim Drehen entdecken zu wollen, wie Peter Moser bestätigt. Mittlerweile sei der Hype um die Schauspieler und Drehorte so groß geworden, dass er keine Auskunft mehr uber Drehtermine und Unterkünfte der Schauspieler geben will und darf. Der Bekanntheitsgrad der Region habe sich enorm gesteigert, betont auch Erna Hochfilzer, die Seniorchefin des bereits erwähnten Hotels: „Ich war letztens in der Schweiz und plötzlich wissen auch die Schweizer, wo der Wilde Kaiser liegt. Früher hast du dafür die Landkarte auspacken müssen."

Manchen in der Region geht das „Theater" um die Serie aber auch auf die Nerven: „Wir müssen aufpassen, dass unsere Kinder uns nicht irgendwann für dieses Theater belächeln, wie wir unsere Eltern für die geheuchelten Tiroler-Abende mittlerweile belächeln. Wir sind mehr als nur Kulisse für eine Heimatschnulze im Serienformat."[17] Das sind vereinzelte Stimmen, die hier aber auch Platz finden dürfen, ja müssen.

Wie es zum Thema Bergdoktor verschiedene Stimmen und Sichtweisen in der Region gibt, so gibt es sie zum Tourismus im Allgemeinen. In dieser Rückschau über die letzten 200 Jahre habe ich versucht, möglichst viele dieser Stimmen zu Wort kommen zu lassen. Allerdings mussten ein paar tausend – und über die Jahrhunderte wohl zehntausende – Stimmen ungehört bleiben. Da der Tourismus in der Region um den Wilden Kaiser in (fast) alle Lebensbereiche hineinwirkt, hat nämlich so gut wie jede(r) ihre oder seine ganz persönliche Geschichte zum Thema zu erzählen. Dazu kämen noch die Geschichten der tausenden, ja hunderttausenden Gäste.

Die Bergdoktorfamilie: Hans (Heiko Ruprecht), Martin (Hans Sigl), Lisbeth (Monika Baumgartner) und Lilli Gruber (Ronja Forcher). In der Serie leben sie am „Gruberhof", idyllisch gelegen auf der Sonnseite des Söller Brombergs auf rund 1200 Metern Seehöhe. Wenn nicht gerade das Bergdoktor-Team dort eingezogen ist, heißt der Bergbauernhof „Köpfing" und gehört der Familie Mayr, die ihn auch bewirtschaftet. Im Sommer werden wöchentlich Führungen zum Drehort angeboten.

In der Region arbeiten viele Wirtschaftszweige direkt oder indirekt mit und für den Tourismus. Sie stehen in gegenseitiger Beziehung und Abhängigkeit. All das wiederum wirkt auf das Dorfleben und das soziale Gefüge in der Region und bedingt sich gegenseitig. In diesem Buch konnten nur ein paar Teilaspekte dieses komplexen Systems behandelt werden. Viele interessante Fragen müssen offen bleiben. Resümierend ist sicher: Zweifellos hat der Tourismus die Region bereichert – im mehrfachen Sinn, ökonomisch, aber auch kulturell: durch den permanenten Austausch mit internationalen Gästen. Das alles hat die Region, die Landschaft und die Menschen, massiv verändert. Jeder Wandel hat aber auch negative Seiten. So sind ökologische und soziale Probleme entstanden, vieles droht aus dem Gleichgewicht zu geraten. „Der Tourist zerstört, was er sucht, indem er es findet."[18] Damit dieser Satz des Schriftstellers Hans Magnus Enzensperger nicht irgendwann Gültigkeit erhält, müssen diese Probleme in der Zukunft stärker denn je ins Auge gefasst werden.

←←← **Prospekt vom Kaiserlift** in Kufstein aus den 1950er Jahren
←← **Prospekt des Hotels Auracher** in Kufstein aus dem Jahr 1908
← **Prospekt von Kössen** aus den 1970er Jahren

WERBUNG IM WANDEL …

Destinationen werden nicht erst seit einigen Jahren vermarktet. Schon Ende des 19. Jahrhunderts begannen die ersten Orte am Wilden Kaiser damit, sich mittels Broschüren und Prospekten als Reiseziele zu bewerben. Inzwischen haben sich mit dem Internet zwar die Kommunikationsmittel radikal gewandelt, das Ziel, den Tourismus zu fördern, bleibt aber immer dasselbe.

Prospekte von St. Johann zwischen 1900 und den 1970er Jahren

Bildsprache im Wandel:
links die 1980er Jahre,
rechts die Gegenwart

Tourismuswerbung heute

ANMERKUNGEN ZUM KAPITEL 7

IMAGINATION: DIE KRAFT DER BILDER

1 Vgl. Weber: Das Land Tirol (wie Kap. 2, Anm. 2), S. 642.
2 Bote für Tirol und Vorarlberg, 5.8.1880, S. 1540.
3 Adolph Schaubach: Die Deutschen Alpen. Ein Handbuch für Reisende durch Tyrol, Oesterreich, Steyermark, Illyrien, Oberbayern und die anstoßenden Gebiete, Zweiter Teil, Jena 1845, S. 159; ders.: Die Deutschen Alpen II. Nordtirol, Vorarlberg, Oberbaiern für Einheimische und Fremde geschildert, Jena 1866 (2. Aufl.), S. 278f.
4 Tiroler Grenzbote, 10.2.1875, unpaginiert.
5 Zeitschrift des DuOeAV 10 (1879), S. 192.
6 Walter Schmidkunz: Das Alpine Museum des Deutschen und Österreichischen Alpenvereins in München, München 1930, S. 30f.
7 Tiroler Grenzbote, 24.3.1920, S. 3.
8 Anderl Heckmair: Kaisergeschichten, in: Bergsteiger 7 (1982), S. 34.
9 Vgl. Helma Türk: Filmland Tirol. Eine Reise durch Tirols Filmgeschichte, Innsbruck 2007, S. 25.
10 Tiroler Tageszeitung, 4.2.1956, S. 3.
11 http://deutsches-filminstitut.de/filmverleih/highlights/weisse-schatten/ (Stand: 14.7.2016).
12 http://www.zweitausendeins.de/filmlexikon/?sucheNach=titel&wert=45488 (Stand: 14.7.2016).
13 Interview des Autors, 10.4.2016.
14 Interview des Autors, 21.11.2015.
15 Nataly Bleuel: Die Rache des Bergdoktors, online unter http://sz-magazin.sueddeutsche.de/texte/anzeigen/44317/Die-Rache-des-Bergdoktors (Stand: 14.7.2016).
16 http://www.stern.de/kultur/tv/der-bergdoktor--warum-ist-die-zdf-serie-so-erfolgreich--6661302.html (Stand: 14.7.2016).
17 Interview des Autors, 24.2.2016.
18 Hans Magnus Enzensberger (1957), zitiert nach: Hans-Jürgen Seel/Ralph Sichler/Brigitte Fischerlehner (Hg.): Mensch – Natur. Zur Psychologie einer problematischen Beziehung, Opladen 1993, S. 205.

Bei Sonnenaufgang am **Astbergsee**

BILDERVERZEICHNIS

Die Quellen der zitieren Texte und abgedruckten Bilder werden in den Kapitelendnoten bzw. im Bildnachweis genannt. Die Abdruckrechte wurden bei den Rechteinhabern nach bestem Wissen und Gewissen eingeholt. Trotz intensiven Bemühens war es uns nicht möglich, zu allen zitierten Texten und abgedruckten Bilder die Rechteinhaber ausfindig zu machen. Für Hinweise an den Verlag sind wir dankbar.

Autor und Verlag danken allen Institutionen und Personen, die die Bildrecherche zu diesem Buch unterstützt und Bildmaterial zum Abdruck bereitgestellt haben:

Akademischer Alpenverein München S. 110 (oben und unten rechts); Albin Kraisser S. 128; Andreas Feigl S. 186; Archiv Achleiten S. 157 (unten); Archiv Bergbahnen Scheffau S. 226 (rechts unten); Archiv Darshano L. Rieser S. 100; Archiv des Deutschen Alpenvereins, München S. 37 (unten), 39 (oben), 41, 49, 51 (links unten), 52 (oben rechts), 59 (unten), 60 (rechts), 65, 66 (unten), 67, 68, 74 (links oben und rechts unten), 78 (rechts oben), 80 (links), 82 (oben), 83, 84, 85 (unten), 86, 87, 89, 92, 99, 107, 108, 113, 114 (links), 123 (links), 127, 131 (unten), 126 (oben), 127, 131 (unten), 242 (links); Archiv Dreher S. 196, 197; Archiv Georg Winkler S. 166, 169, 216, 224, 225, 226 (oben und Mitte links), 228, 229 (oben); Archiv Haselsberger S. 230; Archiv Hochfilzer S. 152 (rechts unten), 186 (rechts), 187, 190, 193 (unten), 195 (links), 196; Archiv des Österreichischen Alpenvereins, Innsbruck S. 1, 21 (unten), 22 (links oben und rechts unten), 23 (unten), 32 (oben) 36 (links unten), 37 (oben), 40, 46, 48, 50, 52 (links), 53, 59 (oben), 66 (links oben), 69, 70, 71, 72, 73, 74 (rechts oben), 75 (unten), 76 (oben), 77, 78 (links), 79, 80 (rechts), 81, 85 (oben), 88, 93, 98, 109, 110 (links unten), 111, 112, 115 (links), 119 (rechts unten), 120, 122 (oben), 125 (links oben), 130, 131 (oben), 142 (unten), 163 (links unten), 234 (oben), 238 (Mitte links), 242 (rechts), 243 (links); Archiv Peter Brandstätter S. 95 (rechts oben), 96; Archiv Peter Fahringer S. 95 (links oben); Archiv Reisch S. 205(oben links und unten); Archiv Sojer S. 188; Archiv Stanglwirt S. 24, 152 (unten), 155 (rechts unten), 170 (rechts), 171, 172 (oben), 180 (links unten); Archiv Stoll S. 165; Archiv Unterwurzacher S. 56, Bibliothek des Tiroler Landesmuseums Ferdinandeum S. 16 (unten), 18 (oben), 23 (oben), 34 (unten), 38 (oben), 136, 137, 138, 141, 144, 145 (links), 147 (links unten), 152 (oben), 158, 159 (links), 178 (unten), 184 (rechts), 193 (oben), 212 (rechts), 214 (oben), 221 (unten), 222, 232 (links oben); Christian Hechenberger S. 95 (unten); Dorfchronik Ellmau S. 30 (links unten), 139 (unten), 141 (rechts unten), 143 (oben), 147 (oben), 150 (rechts), 153, 154 (links und rechts unten), 155 (rechts oben), 156, 167 (unten), 168, 170 (links), 172 (unten), 173 (rechts oben und links unten), 112 (links), 227 (links und rechts oben), 247; Edelweißgilde Kitzbühel S. 213; Eduard Lippott S. 13, 179 (oben), 198 (unten); Gerhard Lehmann S. 119; Heimatkalender Ellmau S. 151 (unten); Heimatverein Kufstein S. 9, 10 (oben), 11 (unten), 12, 14 (oben), 19, 20, 21 (oben), 22 (links unten), 26, 27 (oben), 33, 44, 45, 52 (oben links), 61, 64 (oben), 66 (rechts oben), 75 (oben), 76 (unten), 90 (unten), 106 (oben), 114 (rechts), 119 (links unten), 121, 122 (unten), 123 (rechts), 125 (unten), 15 (rechts oben), 126 (unten), 132, 135 (rechts), 140 (oben), 142 (oben), 143 (unten), 146 (unten), 161, 162 (oben und Mitte), 163 (links oben), 167 (oben), 178 (oben), 181, 182, 183 (rechts), 189, 191, 192, 202 (unten), 206 (links), 207, 208, 209 (rechts), 211, 214 (unten), 218, 219, 236, 237, 238, 239 (rechts), 240, 241 (links oben); Karl Kaser (Fotos)/ Familie Kaser (Bildrechte), S. 27 (unten), 30 (oben), 31 (links oben und Mitte), 241 (links und rechts unten); Klaus dell'Orto S. 94; Landesarchiv Salzburg S. 11 (oben); Landesmuseum Touriseum Meran S. 248; Markus Stadler S. 102 (oben); Michael Meisl S. 64 (unten), 101, 102 (links und rechts unten); Monopol S. 204; Museum St. Johann in Tirol S. 12, 16 (links oben), 18 (unten), 34 (oben), 36 (rechts unten), 54, 60 (links), 61 (Porträt Hochfilzer), 63, 151 (oben), 134 (oben), 154 (Mitte links), 155 (links oben), 157 (oben), 159 (rechts), 162 (unten), 179 (unten), 180 (links oben), 185, 186 (oben und links Mitte), 194 (oben), 203 (oben), 210, 217, 220, 241 (rechts oben); Österreichische Nationalbibliothek S. 8 (oben), 145 (rechts), 148; Österreichischer Alpenverein Sektion Kufstein S. 57, 58, 124 (rechts); Privatarchiv Georg Winkler S. 149, 150 (links); Privatarchiv Lehmann S. 235; Scharnow Reisen S. 164; Stadtarchiv Kufstein S. 15, 16 (oben rechts), 17, 115 (rechts), 124 (oben), 135 (links und rechts unten), 146 (links), 180 (rechts), 183 (links), 194 (links unten), 205 (rechts oben), 206 (rechts), 209 (links), 235 (rechts), 239 (links); TVB Söll S. 173 (rechts unten); TVB Wilder Kaiser S. 2, 7, 8 (unten), 10 (unten), 30 (rechts unten) 31 (rechts), 32 (unten), 35, 38 (unten), 39 (unten), 42, 43, 47, 51, 52 (unten rechts), 106 (unten), 116, 134 (unten), 139, 140 (unten), 154 (oben), 160, 163 (rechts), 174, 175, 176, 177, 195 (rechts), 198, 201, 203 (oben rechts), 204 (unten), 215, 223, 226 (links unten), 227 (rechts unten), 229, 232, 233, 234 (unten), 248 (rechts), 249, 252, 254; Universitätsbibliothek Innsbruck S. 184 (links).

DANK

Ohne die Hilfe und Geduld vieler Menschen wäre dieses Buch nie möglich gewesen. Neben allen Interviewpartnern gilt mein besonderer Dank (in alphabetischer Reihenfolge):

Martin Achrainer, Alpenvereinssektion Kufstein, Berta und Manfred Bendler, Peter Brandstätter, Valerie Braun, Swami Prem Darshano, Andrea Fischer, Peter Fischer, Fabian Gwiggner, Margret Haider, Johann Haselsberger, Balthasar Hauser, Maria Magdalena Hauser-Lederer, Balthasar Hinterholzer, Familie Hochfilzer, Ramona Hochfilzer, Institut für Interdisziplinäre Gebirgsforschung, Hanne und Rainer Jaacks, Hildegund und Hermann Kaser, Anette Köhler, Martin Köpl, Anita Kraisser, Lukas Krösslhuber, Christian Kuen, Gerhard Lehmann, Gerhard Markl, Lisa Maurer, Michael Meisl, Peter Moser, Klaus Oberhuber, Lena und Kathrin Plank, Franziska und Alois Plank, Veronika Raich, Stefan Ritter, Familie Ronikier, Marcus Sappl, Brigitte Scott, Roland Sila, Josef Sojer, Hans-Joachim Strickrodt, Guido Unterwurzacher, Georg Winkler, Barbara Zangerl, Jakob Zott.

WILDER
KAISER

Ellmau | Going | Scheffau | Söll

Die Idee zu diesem Buch kam vom Tourismusverband Wilder Kaiser, der mit seiner Unterstützung auch dessen Entstehung ermöglichte.

2016
© **Verlagsanstalt Tyrolia, Innsbruck**

Grafische Ausstattung: hoeretzeder grafische gestaltung, Scheffau/Tirol
Lektorat: Dr. Margret Haider, Innsbruck
Druck und Bindung: Christian Theiss GmbH, St. Stefan im Lavanttal

ISBN 978-3-7022-3547-5

www.tyrolia-verlag.at
buchverlag@tyrolia.at

FSC
www.fsc.org
MIX
Papier aus verantwortungsvollen Quellen
FSC® C012536